Mallorca

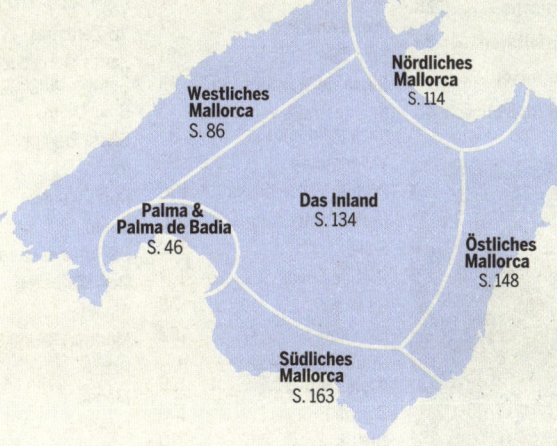

Westliches Mallorca
S. 86

Nördliches Mallorca
S. 114

Das Inland
S. 134

Palma & Palma de Badia
S. 46

Östliches Mallorca
S. 148

Südliches Mallorca
S. 163

Kerry Christiani

Inhalt

DAVID TOMLINSON/GETTY IMAGES ©

POLLENÇA S. 115

Willkommen auf Mallorca

Der ewige Star des Mittelmeers hat ein strahlend sonniges Gemüt und wartet mit traumhaften Stränden, einem abgeschiedenem Hochland und atmosphärischen Bergdörfern auf.

Faszinierende Landschaften

Für Miró war es das pure mediterrane Licht. Für Wanderer und Radfahrer sind es die großartigen Kalksteintürme und Klippen der Serra de Tramuntana an der Westküste. Für andere vergängliche Momente wie von Mandelblüte weiß gefärbte Wiesen oder in herbstlichem Gold leuchtende Weinberge im Landesinneren. Egal, wo es hingeht: Mallorca verführt jeden. Bei der Fahrt entlang der Küste bietet sich ein Ausblick, der jedes Postkartenidyll blass erscheinen lässt. Und sogar in der Hauptsaison stößt man auf idyllische Fleckchen, während man bei einer Wanderung zu einem Bergkloster oder einer Radtour durch beigefarbene Dörfer Mallorcas unvergessliche Landschaften erkundet.

Zurück zur Tradition

Über Jahrzehnte stand Mallorcas Kultur im Schatten der Strände, doch das beginnt sich zu ändern. Überall auf der Insel entdecken Einheimische ihre Wurzeln und verwandeln alte Gutshäuser, ländliche Anwesen und verlassene Fincas in paradiesische Ruheoasen. Wer ein paar friedliche Momente inmitten Oliven-, Johannisbrot- und Mandelhainen verbringt, verfällt schnell dem idyllischen Charme des mallorquinischen Hinterlands. Der Sommer ist eine einzige Party, und Dorf-*festes* gewähren authentische Einblicke in das Inselleben.

Küstenkultur

Obwohl es viele Gründe gibt, warum Mallorca zu den beliebtesten Reisezielen Europas zählt, ist seine wunderschöne Küste eindeutig der entscheidende. Jenseits der Urlaubsresorts säumen Buchten die Insel und locken mit traumhaften Strandlandschaften. Im Westen warten imposante Felsen und saphirblaues Meer, im Norden Wanderwege zu mit Pinien gespickten Buchten und eine ordentliche Brise, die Kitesurfer, Windsurfer und Segler über das Meer trägt. Im Osten lassen sich verlassene Buchten erkunden, im Süden Tauchspots vor weißen Stränden. Ein Zimmer mit Meerblick, abendliche Strandspaziergänge mit zirpenden Zikaden und ein Meeresfrüchte-Mahl unter freiem Himmel: Der entspannte Rhythmus der Küste nimmt Besucher schnell für sich ein.

Mediterrane Aromen

Nie war ein Restaurantbesuch in Palma spannender: Die Köche, gleichermaßen von ihren mallorquinischen Großmüttern und der mediterranen Nouvelle Cuisine inspiriert, verleihen der Küche Kreativität und Würze. Lokale im Landesinneren servieren herzhafte Gerichte wie perfekt gebratenes Spanferkel und dazu Weine von der Insel. An der Küste kommt vor der großartigen Meerkulisse fangfrischer, einfach zubereiteter Fisch auf den Tisch.

HOLGER LEUE/GETTY IMAGES ©

Cala Sant Vicenç (S. 121)

Warum ich Mallorca liebe

Von Kerry Christiani, Autorin

Keine Insel bedeutet mir so viel wie Mallorca. Immer wieder zieht es mich zurück zu den Wanderwegen der Tramuntana und den Küstenpfaden von Formentor und des Cap des Pinar. Hier, in den Seitenstraßen von Pollença, perfektionierte ich mein Spanisch, hier, an einem diesigen Sommertag vor 14 Jahren an der Platja de Muro, traf ich meinen heutigen Ehemann. Bei jedem Besuch verliebe ich mich aufs Neue in die Insel, sei es bei einem Klippenspaziergang im Frühling inmitten blühenden Rosmarins oder bei einem Klosteraufenthalt mit Kaminfeuer im Winter.

Mehr zu unserer Autorin siehe S. 244

Mallorca

MITTELMEER

Sa Calobra
Eine 12 km lange Strecke
voller Haarnadelkurven (S. 111)

Serra de Tramuntana
Ein Paradies für
mutige Radfahrer (S. 93)

Sóller
Eine atmosphärische Zugfahrt führt
zu diesem hübschen Ort (S. 102)

Deià
Wunderschönes Dorf mit
Künstlerflair (S. 100)

Valldemossa
Historische Ortschaft mit
gepflasterten Gassen (S. 97)

Palma
Beeindruckende Kathedrale und
moderne Kunstmuseen (S. 49)

Inca
In rustikalen *celler*-Restaurants
richtig schlemmen (S. 138)

Puig Roig (1002 m)
Puig Tomir (1103 m)
Sa Calobra
Cala Tuent
Escorca
Puig Major (1445 m)
Puig de Massanella (1365 m)
Badia de Sóller
Port de Sóller
Son Torella
Caimari
Cap Gros
Biniaraix
Fornalutx
Mancor de la Vall
Selva
Cala de Deià
Sóller
Puig de l'Ofre (1093 m)
Inca
Deià
Puig d'Alfàbia (1069 m)
Port de Valldemossa
Puig des Teix (1062 m)
Orient
Lloseta
Cala de Vallemossa
Valldemossa
Alaró
Binissalem
Cala de Banyalbufar
Port des Canonge
Ma1110
Bunyola
Consell
Banyalbufar
Santa Maria del Camí
Ma1101
Esporles
S'Esgleieta
Sencelles
Cala d'Estellencs
Estellencs
Ma1040
Ma11
Ses Alqueries
Biniali
Serra de Tramuntana
Puigpunyent
Son Sardina
Ma13
Santa Eugènia
Pina
Establiments
La Cabaneta
Illa de Sa Dragonera
Puig Galatzó (1025 m)
Ma1041
La Vileta
Palma de Mallorca
Ma3011
Ma10
Sant Elm
S'Arracó
Ès Capdellà
Calvià
Gènova
Terreno
Ma20
Son Ferriol
Ma15
Algaida
Andratx
Es Camp de Mar
Es Molinar
Ciutat Jardí
Castellitx
Port d'Andratx
Ca'n Pastilla
Randa
Cap de Sa Mola
Peguera
Ma19A
Las Maravillas
Cala Llamp
Ma1
Ses Illetes
Badia de Palma
Puig de Randa (548 m)
Cap des Llamp
Magaluf
Cala Major
S'Arenal
Santa Ponça
Sa Porrassa
Cala Blava
Bella Vista
Llucmajor
Illa Malgrat
El Toro
Sol de Mallorca
Portals Vells
Cala Portals Vells
Cap Enderrocat
Ma6015
Illa del Toro
Cap de Cala Figuera
Badia Gran
Capocorb Vell
Ma6014
Sa Ràpita
Cap Blanc
Cala Pi
S'Estanyol de Migjorn

N 0 ▬▬▬▬▬▬▬▬▬▬▬▬ 20 km

3°O

Cala Figuera
Cap de Formentor
Illot del Colomer
Cases Velles
Ma2210
Moll des Patronet

Cap de Formentor
Atemberaubende Halbinsel hoch
über dem Mittelmeer (S.124)

Cala Sant Vicenç
Ca'n Es Faro
Vall de Boquer
Badia de Pollença
Port de Pollença
Serra de Tramuntana
Pollença
Ma10
Bonaire
Cap des Pinar
Sa Marina
Ma2200
Mal Pas
Platja des Coll Baix
Alcúdia

Platja des Coll Baix
Abgelegener, toller
wilder Strand (S.129)

Cova de Sant Martí
Alcanada
Port d'Alcúdia
Badia d'Alcúdia
Platges de Mallorca

Pollença
Pilgerstadt mit mittelalterlichen
Straßen (S.115)

Binibona
Campanet
Pare Natural de S'Albufera
Cap Ferrutx
Talaia Moreia (432m)▲
Cala Fosca
S'Arenal et des Verger
Moscari
Sa Pobla
Son Serra de Marina
Colònia de Sant Pere
Betlem
Cala Matzoc
Ma13A
Ca'n Picafort
Pare Natural de la Península de Llevant
Cala Mesquida
Puig de Santa Magdalena (307m)▲
Muro
Ma3410
Finca Pública de Son Real
S'Estanyol
Son Morell
Cala Agulla
Llubí
Santa Margalida
Son Vell
Cala Ratjada
Punta de Capdepera
Ses Pastoras
Capdepera
Son Moll
Ma3551
Son Doblons
Ma12
Artà
Font de Sa Cala
Costitx
Maria de la Salut
Son Figuera
Ma4041
Coves d'Artà
Sineu
Ariany
Ma15
Ma4040
Canyamel
Ruberts
Son Servera
Cala Bona
Costa de los Pinos
Lloret de Vistalegre
Sant Joan
Petra
Sant Llorenç d'es Cardassa
Ma4030
Son Moro
Badia de Son Servera
Ma3220
Els Calderers
Son Carrio
S'Illot
Cala Millor
Montuïri
Vilafranca de Bonany
Manacor
Ma4020
Coves dels Hams
Cala Moreia
Cala Moranda
Ma5017
Ma4015
Porto Cristo
Cala Moranda
Porreres
Ma14
Porto Cristo Novo
Coves del Drac

Cala Ratjada
Einsame Strände (S.154)

Ma5020
Cova del Pilar
Cala Romántica
Cala Varques
Cala Sequer

Artà
Festung mit Ausblick und
großartigem Essen (S.150)

Felanitx
Ma4010
Cales de Mallorca

Campos
Ma5120
Ca'n Roig
Cala Murada
Portocolom
Sa Punta
M I T T E L M E E R
Ma6030
Ca's Concos des Cavallers
S'Horta
Caló d'en Marçal
Ma19
Ma14
Calonge
Cala Mitjana
S'Alqueria Blanca
Cala d'Or
Parc Natural de S'Albufera
Paradies für Vogelfans
(S.131)
Santanyí
Portopetro
Ses Salines
Cala Mondragó
Colònia de Sant Jordi
Llombards
Cala Figuera
Cala Santanyí
Cova de Sa Piana
Cala Llombards
Cala en Tugores
Ma6110
Caló des Màrmols
Reserva Marina del Mig jorn de Mallorca
Cap de Ses Salines

HÖHE

	1000 m
	700 m
	500 m
	300 m
	200 m
	100 m
	0

Illa de Cabrera
Unberührte Insel mit
herrlichen Buchten (S.170)

Illa des Conills

Illa de Cabrera

3°O

3°30'O

39°30'N

Mallorcas
Top 17

Kathedrale von Palma

1 Palmas Catedral (S. 49), das architektonische Highlight der Insel, dominiert die Skyline wie ein riesiges am Stadtrand vertäutes Schiff. Auf der dem Wasser zugewandten Seite versetzen einen Strebebogen in Staunen, während Buntglasfenster und Arbeiten von Gaudí sowie Miquel Barcelós Interpretation eines Bibelgleichnisses das Innere schmücken. Wahrscheinlich wird man häufiger an diesen Ort zurückkehren, weil er sich als Orientierungspunkt anbietet oder um den Bau aus jedem Winkel zu bewundern.

Die Straße nach Sa Calobra

2 Sogar Einheimische bekreuzigen sich, bevor sie die wilde Straße nach Sa Calobra (S. 111) angehen. „Die Schlange" windet sich über zwölf aufregende, die Bremsen beanspruchende Kilometer voll atemberaubender Aussichten über die Klippen. Schon mit dem Auto sind die Serpentinen eine Herausforderung, doch es nehmen sich tatsächlich auch Mountainbiker die Strecke vor und wagen sich gefährlich nah an den Abgrund, um einen Blick auf die Schlucht zu werfen, die sich zwischen den blanken Gipfeln der Tramuntana zum tiefblauen Meer erstreckt.

1

DAVID C TOMLINSON/GETTY IMAGES ©

Platja des Coll Baix

3 Abgeschiedene Buchten gehören zu den Highlights der Insel, doch nur wenige können es mit der Platja des Coll Baix (S. 129) aufnehmen. Der weiße sichelförmige Traumstrand ist nur zu Fuß durch duftende Wälder oder auf dem Wasserweg zu erreichen und versteckt sich auf der mit Pinien gespickten Landzunge Cap des Pinar. Die Kulisse von Klippen und des in Blau- und Türkistönen schimmernden Meeres ist genauso einzigartig wie der Soundtrack: plätschernde Wellen, Vogelgezwitscher und, beim richtigen Timing, absolute Stille.

Deià

4 Die Berge der Serra de Tramuntana erheben sich imposant über Deià (S. 100), das wie ein Vogelnest über dem Mittelmeer thront. Mit diesen goldfarbenen Häusern an einem pyramidenförmigen Hügel, die in der Abenddämmerung wie Honig leuchten, kann es kaum ein Städtchen auf Mallorca aufnehmen. Schon lange inspiriert Deià Künstler und Schriftsteller, u. a. den Dichter Robert Graves. In der Nähe bietet Son Marroig, einstiges Domizil eines österreichischen Erzherzogs, eine herrliche Aussicht auf das bei Sonnenuntergang rot leuchtende Meer.

/ GETTY IMAGES ©

HOLGER LEUE/GETTY IMAGES ©

HOLGER LEUE/GETTY IMAGES ©

HOLGER LEUE/GETTY IMAGES ©

SEBASTIA TORRENS/GETTY IMAGES ©

Bummelbahn nach Sóller

5 Mit der alten Holzbahn (S. 79), die zwischen den attraktiven Städten Palma und Sóller verkehrt, begeben sich Passagiere auf eine Reise in die Vergangenheit. Ausschnitte des ländlichen Mallorcas fliegen vorbei, während sich der Zug seinen Weg durch fruchtbare Täler bahnt und langsam in die Ausläufer der Serra de Tramuntana vordringt. Die unvergessliche Fahrt durch Tunnel und enge Senken bis ins hübsche Sóller beweist auf eindrucksvolle Weise, dass manchmal der Weg das Ziel ist.

Küstentour am Cap de Formentor

6 Die schmale Halbinsel Formentor (S. 124) besticht durch eine der faszinierendsten Berglandschaften Südeuropas. Hier schießen Gipfel wie schartige Festungswälle einer monumentalen mediterranen Festung in die Höhe und Aleppokiefern bedecken die Abschnitte zwischen nackten Klippen, die steil zu ein paar herrlichen einsamen Stränden und Buchten abfallen. Egal, wie man sich auf der Straße zum Kap fortbewegt, hinter jeder Kurve warten dramatische Fotomotive.

Parc Natural de S'Albufera

7 Ornithologen aufgepasst: Im idyllischen Parc Natural de S'Albufera (S. 131), einer der Topadressen im Mittelmeer zum Vogelbeobachten, leben 300 Arten, von denen 64 hier brüten. Die Wege durch das geschützte Sumpfland sind am besten zu Fuß oder mit dem Rad zu erkunden. Von den im Schilf versteckten Aussichtsdecks lassen sich Reiher und Fischadler erspähen und mit einem Fernglas stehen die Chancen gut, Wasservögel in den Sümpfen zu sichten.
Oben: Flussseeschwalbe bei der Fütterung

DAVID TOMLINSON/GETTY IMAGES ©

GONZALO AZUMENDI/GETTY IMAGES ©

HOLGER LEUE/GETTY IMAGES ©

Pollenças heilige Stätten

8 Aus allen Städten im Inselinneren sticht Pollença bersonders hervor. In den Bergen überblicken zwei Klöster und Pilgerstätten mittelalterliche Dächer aus Stein und Terrakotta. Die 365 Stufen zum Calvari (S. 115) und der von Steineichen und Pinien gesäumte Weg zum Santuari de la Mare de Déu des Puig (S. 120) bieten eine herrliche Aussicht. Unten warten ein Gewirr aus Gassen, der sonntägliche Markt und Straßencafés an der Plaça Major mit Blick auf das geruhsame Treiben. *Blick vom Calvari auf Pollença*

Wassersport

9 Ein Blick auf Mallorcas unergründliches blaues Meer lässt Wasserratten in ihren Neoprenanzug oder auf das nächste Surfbrett hüpfen. Taucher sind in den Höhlen von Formentor und rund um die südlichen Inseln Illa de Sa Dragonera (S. 91) und Illa de Cabrera (S. 170) mit Wracks, steilen Gewölben, Rochen, Kraken sowie Pfeilhechten in ihrem Element. Im Norden erwarten Abenteuerlustige Küstenklettertouren, Kajakfahrten und Klippensprünge, während die Winde vor der Badia de Pollença Kitesurfer anlocken. *Illa de Sa Dragonera*

Kellerrestaurants in Inca

10 Das Spanferkel dreht sich langsam am Spieß, angeregte Unterhaltungen mischen sich mit den Geräuschen klappernder Pfannen und klirrender Gläser, umherwuselnde Kellner bringen großzügige Portionen *conill amb ceba* (Kaninchen mit Zwiebeln), *frit Mallorquí* (gebratene Lamminnereien) und *llom amb col* (in Kohlblätter gewickelte Schweinelende). In Incas *celler*-Restaurants (S. 139) genießt man herzhafte Küche und jede Menge lokale Weine unter Balken und neben riesigen Fässern – hier erlebt man das wahre kulinarische Mallorca!

Palmas Kunstmuseen

11 Im 20. Jh. kamen viele angesehene europäische Maler nach Mallorca. Zwei werden ganz besonders mit der Insel in Verbindung gebracht: Joan Miró und der hier geborene Miquel Barceló. In Mirós ehemaligem Wohnhaus, der Fundació Pilar I Joan Miró (S. 83), kann man zahlreiche Werke des Meisters bewundern, während einige von Barcelós Arbeiten die Kathedrale in Palma (S. 49) schmücken. Die Galerien der Hauptstadt, etwa das Es Baluard (S. 60), das Palau March (S. 51) oder das Museu Fundació Juan March (S. 58), zeigen Werke von Picasso und Dalí. Es Baluard

Ausflug zur Illa de Cabrera

12 Die Illa de Cabrera gilt als absolutes Highlight des einzigen Nationalparks der Balearen, des Parc Nacional Marítim-Terrestre de l'Arxipèlag de Cabrera (S. 170). Die größte der 19 unbewohnten Inseln des Meeresschutzgebiets ist traumhaft unberührt und mit rauen Landzungen sowie einsamen Stränden gesegnet. Dank einer gesetzlichen Regelung ist hier nur eine begrenzte Besucherzahl pro Tag zugelassen. Bootsfahrten nach Cabrera ab Colònia de Sant Jordi machen in Sa Cova Blava Halt, einer bildschönen Meeresbucht mit tiefblauem Wasser.

HOLGER LEUE/GETTY IMAGES ©

11

DAVID C TOMLINSON/GETTY IMAGES ©

12

Strände von Cala Ratjada

13 Bettenburgen verschandeln einen Großteil des Ostens, doch traumhafte Buchten und sichelförmige Strände erinnern daran, warum Menschen seit jeher in Scharen herbeiströmen. Die Buchten direkt bei Cala Ratjada, vor allem die Cala Agulla (S. 154), die Cala Mesquida (S. 157) und die Strände im Parc Natural de la Península de Llevant, gehören zu den malerischten der Insel – dafür sorgen perlenweißer Sand und türkisfarbenes Wasser vor der Kulisse von Pinien und Dünen. Cala Mesquida

Valldemossa

14 Bei einem Wettbewerb um das schönste Dorf auf den Balearen wäre Valldemossa (S. 97) der klare Favorit. An den östlichen Ausläufern der Serra de Tramuntana gelegen, bietet es die inseltypischen Kopfsteinpflastergassen, Blumentöpfe und eine hübsche Kirche. Das Besondere sind jedoch der eigene Stadtheilige und ein ehemals königliches Kloster, in dem einst Frédéric Chopin und George Sand residierten; ihr Aufenthalt brachte eine der besten Musikveranstaltungen Mallorcas hervor, das Festival Chopin.

JUERGEN RICHTER/GETTY IMAGES ©

TRAVELPIX LTD/GETTY IMAGES ©

Durch die Serra de Tramuntana

15 Wenn der britische Radrennfahrer Bradley Wiggins von Mallorca schwärmt, meint er vor allem die Serra de Tramuntana (S. 113), die Profis gerne zur Vorbereitung auf die Tour de France nutzen. Die wilde Berglandschaft aus zerklüfteten Kalksteingipfeln, Serpentinen und Klippen vor Mittelmeerkulisse ist ein kleines Paradies für Radfahrer und das anspruchsvollste Terrain der Insel. Zu den besten Strecken zählen die 55 km lange Route zwischen Pollença und dem Monestir de Lluc (S. 113) und – für gut Trainierte – der 12 km lange Anstieg ab Sa Calobra.

Urlaub auf einer Finca

16 In den idyllischen Fincas (Landhäusern; S. 176) in Mallorcas Hinterland – gefühlte Lichtjahre von den betriebsamen Küstenorten entfernt – kann man fast schon eine Olive auf den Boden fallen hören. Ob rustikal-charmant oder modernisiert-schick: Gäste erwarten tolle Einblicke in das ländliche Mallorca. Hier locken entspannte Tage mit faulen Morgenstunden am Pool, Spaziergängen durch Olivenhaine und Zitronengärten sowie Abendessen unter den Sternen zu zirpenden Zikaden. Agroturisme Monnàber Vell (S. 176)

Mittelalterliches Artà

17 Artà (S. 150) liegt ein Stück abseits der Ostküste, an der im Sommer der Teufel los ist. Hier drängen sich Steingebäude in schmalen mittelalterlichen Gassen aneinander, die langsam einen Hügel erklimmen und schließlich steil zu einem der ungewöhnlichsten Gebäudekomplexe der Insel hinaufführen: einer Kombination aus Burg und Kirche. In der hübschen Stadt erwarten einen tolle Restaurants, Hotels und eine verträumt-verschlafene Atmosphäre. Dies ist die perfekte Basis für Erkundungstouren, etwa in den Parc Natural de la Península de Llevant.

Gut zu wissen

Weitere Informationen siehe S. 220

Währung
Euro (€)

Sprachen
Spanisch und Mallorquinisch (Dialekt des Katalanischen)

Einreise
Deutsche, Österreicher und Schweizer benötigen lediglich einen gültigen Personalausweis oder einen Reisepass.

Geld
Geldautomaten sind weithin verfügbar. Kreditkarten werden in den meisten Hotels, Restaurants und Geschäften akzeptiert.

Handys
In Spanien bekommt man problemlos SIM-Karten und kann diese in europäischen Handys nutzen.

Zeit
Mitteleuropäische Zeitzone.

Reisezeit

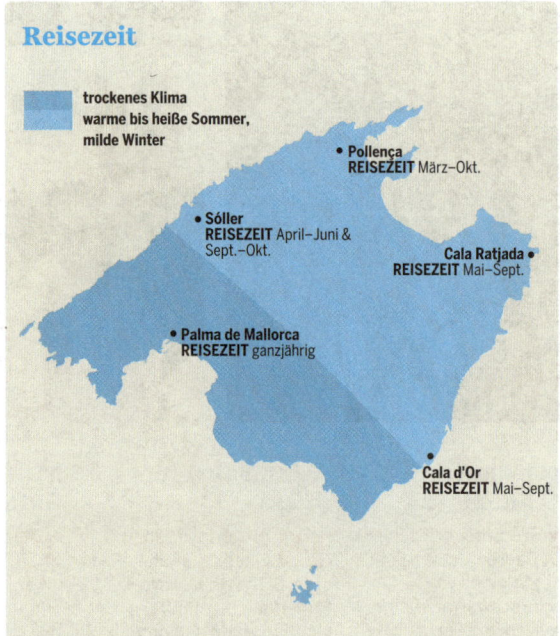

trockenes Klima
warme bis heiße Sommer,
milde Winter

• Pollença
REISEZEIT März–Okt.

• Sóller
REISEZEIT April–Juni &
Sept.–Okt.

Cala Ratjada •
REISEZEIT Mai–Sept.

• Palma de Mallorca
REISEZEIT ganzjährig

Cala d'Or •
REISEZEIT Mai–Sept.

Hauptsaison
(Juli–Aug.)

➡ Blauer Himmel, sonnige Tage, warmes Wasser.

➡ Mit den Temperaturen steigen auch die Zimmerpreise. Im Voraus buchen oder auf ein Last-minute-Angebot hoffen.

➡ Fiesta-Zeit in den Inselorten! Partys, Paraden und Musikfestivals.

Zwischensaison
(Ostern–Juni, Sept. & Okt.)

➡ Hotels und Restaurants öffnen von Ostern bis Oktober.

➡ Tagsüber ist es meist noch mild und es sind keine Touristenmassen unterwegs.

➡ Ideal zum Wandern, Klettern, Mountainbiken und Canyoning.

Nachsaison
(Nov.–Ostern)

➡ Viele Hotels und Restaurants schließen. Palma ist die Ausnahme.

➡ Wärmende Kleidung für eventuelle kühle Abende einpacken.

➡ Besucher haben die Inselpfade, Strände und Sehenswürdigkeiten ganz für sich allein.

Nützliche Websites

Consell de Mallorca (www.infomallorca.net) Mallorcas offizielles Tourismusportal.

Lonely Planet (www.lonelyplanet.de) Infos zu Reisezielen und Reiseforen.

Top Fincas (www.topfincas.com) Buchungsservice für ländliche Unterkünfte.

ABC Mallorca (www.abc-mallorca.de) Lifestyleportal.

Mallorca.de (www.mallorca.de) Alle möglichen Infos rund um das Leben auf der Insel und ein Buchungsservice für Unterkünfte, Mietwagen, Flüge usw.

Wichtige Telefonnummern

Es gibt in Spanien keine Ortsvorwahlen.

Internationaler Zugangscode	☏0
Landesvorwahl	☏34
Internationale Auskunft	☏11825
Notruf	☏112
Policía Nacional	☏91

Wechselkurse

Schweiz	1 SFr	0,82 €

Aktuelle Wechselkurse siehe unter www.xe.com.

Tagesbudget

Günstig: unter 100 €

➡ Schlichtes Zimmer in einem Hostel oder einer Pension: 45–60 €

➡ Frühstück im Hotel, dreigängiges *menú del día* zum Mittagessen: 15–20 €

➡ Busfahrt zu nahe gelegenen Orten und Stränden: 2–5 €

Mittelteuer: 100–250 €

➡ Doppelzimmer in einem Mittelklassehotel: 75–150 €

➡ Mittagessen im Café, Abendessen in einer Tapasbar: 30–40 €

➡ Mietwagen: ab 30 € pro Tag

Teuer: mehr als 250 €

➡ Doppelzimmer in einem Luxushotel: ab 150 €

➡ Mittag- und Abendessen in erstklassigen Restaurants: 80–100 €

➡ Bootstour oder geführte Aktivität: etwa 50 €

Öffnungszeiten

Die Öffnungszeiten variieren im Laufe des Jahres. Wir nennen in diesem Reiseführer die Geschäftszeiten während der Hauptsaison, die in der Zwischen- und Nachsaison verkürzt werden. Viele Resortlokale und -hotels schließen von Mitte Oktober bis Ostern.

Banken Mo–Fr 8.30–14 Uhr; manche auch Do 16–19 und Sa 9–13 Uhr

Bars 19–3 Uhr

Cafés 11–1 Uhr

Clubs 24–6 Uhr

Geschäfte Mo–Sa 10–14 & 16.30–19.30 Uhr; Supermärkte und Kaufhäuser Mo–Sa 10–21 Uhr

Postämter Mo–Fr 8.30–21.30, Sa 8.30–14 Uhr

Restaurants Mittagessen 13–15.30 Uhr, Abendessen 19.30–23 Uhr

Ankunft auf Mallorca

Flughafen Palma de Mallorca (PMI) Bus 1 fährt alle 15 Minuten vom Flughafen (im Erdgeschoss der Ankunftshalle) zur Plaça d'Espanya im Zentrum von Palma (3 €, 15 Min.); Tickets bekommt man beim Fahrer. Mit dem Taxi zahlt man für die gleiche Strecke vom Stadtzentrum aus zwischen 18 und 22 €. Einige Hotels können den Transport arrangieren.

Fährhafen, Palma Bus 1 (der Flughafenbus) verkehrt alle 15 Minuten vom Fährhafen (Estació Marítima) zur Plaça d'Espanya. Tickets kosten 1,50 € und die Fahrt dauert zehn bis 15 Minuten. Wer ein Taxi zum Stadtzentrum nimmt, muss mit 10 bis 12 € rechnen.

Unterwegs vor Ort

Öffentliche Verkehrsmittel auf Mallorca sind relativ preiswert, allerdings steuern die Busse und Bahnen nicht jede Ecke der Insel an und starten in der Nachsaison zudem nur sehr selten. Fahrpläne erhält man bei Transport de les Illes Balears (www.tib.org).

Zug Moderate Preise und regelmäßige, aber begrenzte Verbindungen: Die Züge bedienen Sóller im Westen sowie Inca, wo sich die Strecke teilt und nach Sa Pobla bzw. Manacor führt.

Auto Großartig, um die abgelegeneren Strände der Insel sowie die Orte in den Hügeln und die Berge im eigenen Tempo zu erkunden. Autos können in jedem Städtchen und Ferienresort gemietet werden.

Bus Die Inselbusse decken alle Hauptorte und viele Dörfer ab. In der Nachsaison wird der Service auf ein Minimum reduziert und teilweise (das gilt z. B. für die Verbindungen zu den Stränden) sogar komplett eingestellt.

Mehr zum Thema **Unterwegs vor Ort** siehe S. 228 ➡

REISEPLANUNG GUT ZU WISSEN

Mallorca für Einsteiger

Weitere Informationen siehe S. 220.

Checkliste

➡ Unterkünfte, Restaurants, Tickets für Busse und Eisenbahn etc. sowie Touren gegebenenfalls vorab buchen

➡ Auslandskrankenversicherung abschließen (S. 225)

➡ Herausfinden, was man benötigt, um einen Wagen zu mieten (inkl. Infos zur Versicherung mit Selbstbehalt; siehe S. 229)

Ins Gepäck

➡ Sonnenmilch mit hohem Lichtschutzfaktor

➡ Insektenschutzmittel

➡ Flip-Flops

➡ Wanderschuhe für Tramuntana-Touren

➡ Ladegerät fürs Handy

➡ Sonnenhut und Sonnenbrille

➡ Strandhandtuch und Badesachen

➡ Wasserfeste Tasche (z. B. für Geld)

➡ Spanisch-/Mallorquín-Wörterbuch

➡ Plauderlaune – die Mallorquiner halten gern ein Schwätzchen

Top-Tipps für die Reise

➡ Mallorca hat zwei Gesichter: Abseits der Touristenroute locken bukolische Landschaften, gemütliche Fincas (Landhäuser) und menschenleere Strände.

➡ Die beste Aussicht hat man von den Klöstern, Festungen und Burgen, die sich an zahlreiche Hügel klammern. Mit dem richtigen Timing kann man glühendrote Sonnenuntergänge aufs Foto bannen.

➡ Es dauert, von A nach B zu gelangen. Der Blick auf die Karte ist irreführend, denn Mallorca ist zwar eine recht kompakte Insel, doch die Serpentinenstraßen ziehen die Reisezeiten in die Länge.

➡ Zu einem Kloster pilgern, auf Kopfsteinpflaster durch ein Altstadtviertel laufen oder zu einer versteckten Bucht wandern – viele der schönsten Sehenswürdigkeiten Mallorcas kann man nur zu Fuß richtig erleben.

Kleidung

➡ Die meisten Reisenden packen zu viel ein, insbesondere für Strand- bzw. Pool-Urlaube, denn eigentlich braucht man wenig mehr als die Badesachen, ein paar kurze Hosen und T-Shirts. Auch wenn man abends ausgeht, können Schlips und Jacketts ruhig zu Hause bleiben, selbst in den schicksten Restaurants.

➡ Im Sommer wird es sehr heiß, für den Rest des Jahres empfehlen wir das altbewährte „Zwiebelsystem" mit mehreren Kleiderschichten. Hohe Hacken werden einem keine Freude bereiten. Das Kopfsteinpflaster der Bergdörfer bewältigt man am besten mit flachen Schuhen.

Schlafen

➡ Wer in der Hauptsaison (Juli und August) nach Mallorca reist, sollte die Unterkünfte mindestens zwei Monate im Voraus buchen.

➡ **Hotels** Von Familienresorts am Meer bis zu umgebauten Villen mit Boutique-Hotel-Charme im Landesinneren ist alles dabei.

➡ **Hostales** Kleine Budgetunterkünfte ohne viel Schnickschnack; oft familienbetrieben.

➡ **Fincas** Bauernhäuser und -güter in ländlich-ruhigen Gegenden.

Geld

Bei kleineren Summen regiert das Bargeld, etwa für den Kaffee zwischendurch oder spontane Einkäufe auf dem Markt. An den Strand sollte man nur genug für ein Eis, Getränke und Sonnenliege/Sonnenschirm mitnehmen (10–15 € pro Tag).

Hotels (mit Ausnahme einiger B&Bs auf dem Land) akzeptieren gewöhnlich EC- und Kreditkarten. In kleinen familienbetriebenen Restaurants und Cafés ist wiederum oft Bargeld Trumpf – am besten vor dem Bestellen klären.

In den Ferienorten gibt's reichlich Bankautomaten, in ländlichen Gegenden seltener. Gewöhnlich kann man mit den gängigen Karten Geld abheben, zuzüglich der Gebühren für den Auslandseinsatz.

Mehr Infos hierzu auf S. 221.

Handeln

Die Feilschlaune sollte man sich für die Märkte aufsparen, andernorts sind die angegebenen Preise meist fix.

Trinkgeld

➡ **Hotels** Ermessenssache. In schickeren Hotels wird Pagen meist rund 1 € pro Koffer/Tasche und Zimmermädchen 2 € pro Tag gegeben.

➡ **Cafés und Bars** Nicht üblich, aber guten Service kann man durch Aufrunden auf den (über-)nächsten Euro honorieren.

➡ **Restaurants** Das Trinkgeld ist bereits im Rechnungsbetrag inbegriffen. Viele Gäste zahlen trotzdem etwa 5 % mehr.

➡ **Taxis** Nicht üblich, doch man kann dem Fahrer natürlich etwas Geld zustecken, vor allem bei längeren Strecken.

Sprache

Auf Mallorca finden sich auch Reisende ohne jegliche Spanisch- bzw. Mallorquín-Kenntnisse zurecht, aber wer sich die Mühe macht, ein paar Brocken zu lernen, wird die Herzen der Einheimischen im Sturm erobern. In den Badeorten und Städten spricht fast jeder Englisch oder Deutsch, im „Hinterland" und in kleinen Dörfern können ein paar einfache Sätze Spanisch/Mallorquinisch sehr nützlich sein. Außerdem macht es Spaß, mit den Leuten in ihrer Sprache zu kommunizieren!

1 **Wann wird es geöffnet/geschlossen?**
¿A qué hora abren/cierran? a ke o·ra ab·ren/sje·ran

Spanier legen Wert auf ihre Siesta, deswegen sollte man sich auf ungewohnte Öffnungszeiten einstellen.

2 **Ist das umsonst?**
¿Son gratis? son gra·tis

Tapas werden in spanischen Bars zu jeder Tages- und Nachtzeit serviert. In einigen gibt's sie sogar als kostenlosen Snack.

3 **Wann ist der Eintritt frei?**
¿Cuándo es la entrada gratuita?
kwan·do es la en·tra·da gra·tui·ta

Viele Museen und Galerien in Spanien gewähren regelmäßig kostenlosen Eintritt. Einfach am Ticketschalter fragen.

4 **Wo können wir (Salsa) tanzen?**
¿Dónde podemos ir a bailar (salsa)?
don·de po·de·mos ir a bai·lar (sal·sa)

Flamenco ist ohne Frage ein authentisches Stück Spanien, es eignet sich jedoch besser zum Tanzen als bloß zum Hören.

5 **Wie sagt man auf (Katalanisch//Galizisch/Baskisch)?**
¿Cómo se dice ésto en (catalán/gallego/euskera)?
ko·mo se di·se es·to en (ka·ta·lan/ga·lje·go/e·us·ke·ra)

Die Spanier haben vier Amtssprachen und schätzen Besucher, die sich bemühen, in der regionalen Sprache zu kommunizieren.

Umgangsformen

➡ **Kennenlernen** Beim ersten Treffen wird die Hand geschüttelt, dazu heißt es *bon dia* (Guten Tag) oder *bona tarda* (Guten Abend) . In familiärerem Umfeld gibt's zwei Wangenküsse (rechts anfangen).

➡ **Unters Volk mischen** Auf Mallorca geht's meist gesellig zu. Wer den rasanten Gesprächen folgen kann, sollte sich ruhig einklinken. Achtung: Der Mallorquiner an sich hält nicht unbedingt großzügigen Gesprächsabstand.

➡ **Essen und trinken** Bei Einheimischen geladen? Dann ist ein kleines Geschenk angebracht, wie eine Flasche Wein, Blumen oder Schokolade. Wenn der Gastgeber *bon profit!* (Guten Appetit!) sagt, darf zugelangt werden. Brot in die Suppe zu tunken gehört sich nicht, davon abgesehen geht es beim Essen aber sehr entspannt zu. Beim Anstoßen erhebt man das Glas und sagt *salut*!

Wie wär's mit ...

Malerische Auto- & Motorradrouten

Steile Küsten und Berge voller Haarnadelkurven gebieten ein gemäßigtes Reisetempo. Autofahrer dürfen sich auf fröhliches Gängewechseln einstellen, Radfahrer auf konstant hohen Puls.

Von Andratx zum Monestir de Lluc Mallorcas schönste Autostrecke durch die spektakuläre Serra de Tramuntana hoch über dem Mittelmeer. (S.94)

Sa Calobra „Die Schlange" klingt nach Rummelplatz. Und tatsächlich: Die Straße, die zu einer einsamen Bucht führt, ist eine wahre Achterbahn. (S.111)

Cap de Formentor Die 18 km lange Route entlang der Klippen offenbart einen einzigartigen Ausblick aufs Meer. (S.124)

Von Artà zur Ermita de Betlem Auf 7 km Pinienwälder, großartige Ausblickspunkte und eine friedliche Einsiedelei. (S.130)

Von Sóller nach Alaró Tolle Gebirgsausläufer, Olivenhaine und ruhige Dörfer. (S.109)

PERSÖNLICHE PILGERFAHRTEN

In stiller Ehrfurcht durch das Kloster Monestir de Lluc (S.112) wandeln oder eine Nacht im Santuari de la Mare de Déu des Puig (S.177) oberhalb von Pollença verbringen – erhebend!

Strandschönheiten

Tiefblaue Buchten, von Kiefern und Dünen gesäumte samtweiche Strände und nur zu Fuß erreichbare felsenumrahmte Buchten. Für jede Stimmung gibt's hier den passenden Strand.

Platja des Coll Baix Tief Luft holen und die Felsen hinab zu diesem perfekten, von kobaltblauem Wasser umspülten Halbmond klettern. (S.129)

Platja des Trenc Der weitläufige Sandstreifen lädt zum Ausbreiten ein. (S.166)

Platja de Muro Puderweicher Sand, Dünen und seichtes, kristallklares Wasser; ideal für Kinder. (S.131)

Ostküste Hier reihen sich weiße Traumstrände aneinander. Unsere Favoriten: Calas Torta (S.155), Agulla (S.154), Matzoc (S.155) und Mitjana (S.155).

Cap de Formentor Abgeschiedenheit im Schutze der Klippen; erreicht man nur zu Fuß. (S.124)

Cala Tuent Der 1445 m hohe Puig Major wacht über Sa Calobras ruhige Schwester. (S.111)

Kulturhighlights

Weg vom Strand und hinein in die Kathedralen, Museen und Bergdörfer. Mallorca hat auch kulturell viel zu bieten.

Catedral Ein Wunder gotischer Baukunst an Palmas Promenade mit Buntglasfenstern in allen Regenbogenfarben. (S.49)

Museu Fundació Juan March Picasso, Miró, Dalí, Juan Gris und der Mallorquiner Miquel Barceló. (S.58)

Real Cartuja de Valldemossa Könige nutzten das Kartäuserkloster als Wohnsitz, aber auch Chopin lebte einst hier. (S.98)

Ses Païsses Das Puzzle der *talayots* (Wachttürme) aus der Bronzezeit wieder zusammensetzen. (S.150)

Pol·lèntia Ausgedehnte Anlage römischer Ruinen mit einem eindrucksvollen Theater. (S.125)

Fundació Pilar i Joan Miró Mirós früheres Zuhause. (S.83)

Familienabenteuer

All die Aktivitäten, Traumstrände, Burgen, Aquarien und Spaßbäder bringen Kinderaugen zum Leuchten.

Palma Aquarium Zeigt Mallorcas Unterwasserwelt und bietet für Mutige auch Übernachtungen „mit den Haien" an. (S.80)

(Oben) Cap de Formentor, S. 124
(Unten) Palma Aquarium, S. 80

Coves del Drac Mit Taschenlampe und Helm die Stalaktiten in den magischsten Höhlen der Insel erforschen. (S. 160)

Castell d'Alaró Wie kann sich diese mittelalterliche Burg bloß am Hang halten? (S. 110)

Aqualand Eins der größten Spaßbäder Europas mit wilden, aufregenden Rutschpartien. (S. 82)

Parc Natural de S'Albufera Das vogelreiche Feuchtgebiet lädt zu Streifzügen ein. (S. 131)

Nordküste Höhlen- und Küstenwanderungen, Sprünge von meterhohen Felsen sowie Tauchgänge begeistern größere Kinder. (S. 114)

Küstenwanderungen

Dem Zauber des Meeres kann sich keiner entziehen, der auf Klippen entlangspaziert, von Bucht zu Bucht wandert oder Mallorcas Silhouette von einem Berg aus in Augenschein nimmt.

Ruta de Pedra en Sec Eine der besten Küstenwanderungen führt in mehreren Tagen quer durch die Serra de Tramuntana. (S. 92)

Ermita de la Victòria to Penya Rotja Die Halbinsel im „Kiefernmantel" gewährt einen Blick auf die gesamte Nordküste. (S. 130)

Cap de Formentor Atemberaubender Nordzipfel der Tramuntana. (S. 124)

Parc Natural de la Península de Llevant Leise Pfade verbinden Strände und kiefernbestandene Täler. (S. 152)

Vom Cap de Ses Salines nach Colònia de Sant Jordi Gilt als eindrucksvoller Beweis, dass nicht der ganze Süden von Beton bedeckt ist. (S. 168)

Von der Finca Can Roig zur Cala Magraner Vier schöne, einsame Buchten bestaunen. (S. 159)

Monat für Monat

Januar

Es kehrt Ruhe auf der Insel ein. Das Wetter ist teils mild, teils kühl, die Strandorte sind noch im Winterschlaf und viele Hotels und Restaurants geschlossen. Eine Ausnahme: Palma.

Drei Könige

Einen Tag vor dem Dreikönigsfest am 6. Januar bringen die *tres reis* (drei Könige) Gold, Weihrauch und Myrrhe. Sie stehen im Mittelpunkt eines prächtigen Umzugs in Palma.

 Festes de Sant Antoni Abat

Die Festes de Sant Antoni Abat (16. und 17. Januar) werden mit Konzerten, Tanz, Dämonen, riesigen Scheiterhaufen, Feuerwerk und der Segnung von Tieren begangen. Besonders eindrucksvoll sind die Feierlichkeiten in Sa Pobla und Artà.

Sant Sebastià

Am Vorabend des Ehrentags seines Stadtpatrons (20. Januar) lässt es Palma mit Livemusik, Feuerwerk und Partystimmung auf den Plätzen krachen.

Februar

Blühende Mandelbäume lassen die Landschaft weiß erstrahlen. Ausgelassene Karnevalisten rütteln die Insel vor der Fastenzeit mit Festen und Umzügen wach. Vieles ist noch geschlossen.

Karneval

Die Karnevalszeit wird mit Umzügen auf der ganzen Insel gefeiert. In Palma sind bei Sa Rueta zunächst die Kinder an der Reihe. Die Version für Erwachsene, Sa Rua, lockt mit lauter Musik, schrillen Kostümen und bunten Wagen.

März

Ein toller Monat, mit feierlichen Osterumzügen, blühenden Wildblumen und besten Bedingungen für die Sichtung von Vögeln im Parc Natural de S'Albufera.

Semana Santa

In der Karwoche finden allerorts Prozessionen statt. Besonders eindrucksvoll sind die abendlichen Feierlichkeiten am Gründonnerstag in Palma, das bewegende Davallament (Abnahme vom Kreuz) in Pollença am Karfreitag und Montuïris S'Encuentro am Ostersonntag.

April

Allmählich nimmt der Hotel- und Restaurantbetrieb Fahrt auf und die Urlaubsorte füllen sich. Das milde Wetter eignet sich perfekt zum Wandern und Mountainbiken.

Fira del Vi

Ende April stößt Pollença in der Fira del Vi (Weinmesse) im Convent de Sant Domingo auf regionale Weine an.

Mai

Voller Elan erwachen die Urlaubsorte an Mallorcas Küste zum Leben.

Sa Fira

Schon seit 1318 wird in Sineu immer am ersten Maisonntag die Sa Fira abgehalten, Mallorcas größter und authentischster Markt für Vieh, Obst und Gemüse.

Es Firó

Am zweiten Maiwochenende findet in Sóller das Es Firó statt. Höhepunkt des Festes ist die Darstellung eines Angriffs maurischer Piraten im Jahr 1561, der von mutigen Einheimischen unter der Führung der sogenannten „Tapferen Frauen" abgewehrt wurde.

Fronleichnam

Fronleichnam, der Donnerstag der neunten Woche nach Ostern, wird vor allem in Palma groß gefeiert. In den Wochen davor gibt's Konzerte in den barocken Höfen der Stadt.

Juni

Mallorca läuft zur absoluten Hochform auf. Die Namenstage der Schutzheiligen, bei denen munter religiöse und heidnische Traditionen vermischt werden, bieten perfekte Gelegenheiten für ausgelassene Feste.

Nit de Sant Joan

In der Johannisnacht (vom 23. auf den 24. Juni) steigt auf der Insel eine wilde Party namens Nit de Sant Joan. Palma lockt mit *correfocs* (Feuerläufe), Konzerten und Strandfeten bis zum Morgengrauen.

Juli

Kaum etwas unterbricht die faulen Strandtage und feuchtfröhlichen Nächte.

 Festa de la Verge del Carme

Am 16. Juli finden in vielen Küstenstädten Prozessionen anlässlich der Festa de la Verge del Carme, der Schutzheiligen der Fischer und Seefahrer, statt.

Festa de Sant Jaume

Zur Festa de Sant Jaume am 25. Juli bieten *cossiers* auf den Straßen Algaidas traditionelle Tänze dar. Dabei tanzen sechs Männer und eine Frau neben einem Dämon, der sich schließlich befreien kann.

August

Das Wetter ist heiß, der Veranstaltungskalender voll und in den Hotels und an den Stränden herrscht Hochbetrieb.

Festes de la Patrona

In Pollença wird eines der buntesten Feste gefeiert. Das Highlight der einwöchigen Festes de la Patrona ist eine inszenierte Schlacht zwischen Städtern und maurischen Piraten.

☆ Chopin-Festival

Valldemossa erinnert im August mit großartigen Klassikkonzerten in der prächtigen Real Cartuja de Valldemossa an den Komponisten und Stadtbewohner Frédéric Chopin.

☆ Jazz-Festival

Jeden August richtet Sa Pobla eines der besten Jazz-Festivals im Mittelmeerraum aus. Auf dem Programm stehen einige große Namen des Genres.

September

Zeit für den letzten genussvollen Drink vor der Katerstimmung. Der Herbst eignet sich bestens für das Beobachten von Zugvögeln im Parc Natural de S'Albufera, Küstenwanderungen, Radtouren und Wassersport.

✕ Festes de la Verema

Ende September wird im Landesinneren mit den Festes de la Verema die Weinernte gefeiert. Binissalem veranstaltet aus diesem Anlass eine wild-klebrige Traubenschlacht.

Oktober

Letzte Runde! In den Resorts verabschieden sich Besucher tränenreich von ihren Urlaubsbekanntschaften.

 Stadtfest in Alcúdia

Am ersten Oktoberwochenende sorgen Konzerte, Lebensmittelmärkte, Musik und Umzüge in Alcúdia für Abwechslung.

November

Die Temperaturen sinken und die meisten Hotels und Restaurants schließen für den Winter. Auf Herbstmärkten werden Wein sowie frisch geerntete Oliven und Pilze verkauft.

Dezember

Auf Palmas Plaça Major findet ein glitzernder Weihnachtsmarkt statt und die Einheimischen begrüßen das neue Jahr mit Glückstrauben und Feuerwerkskörpern.

Reiserouten

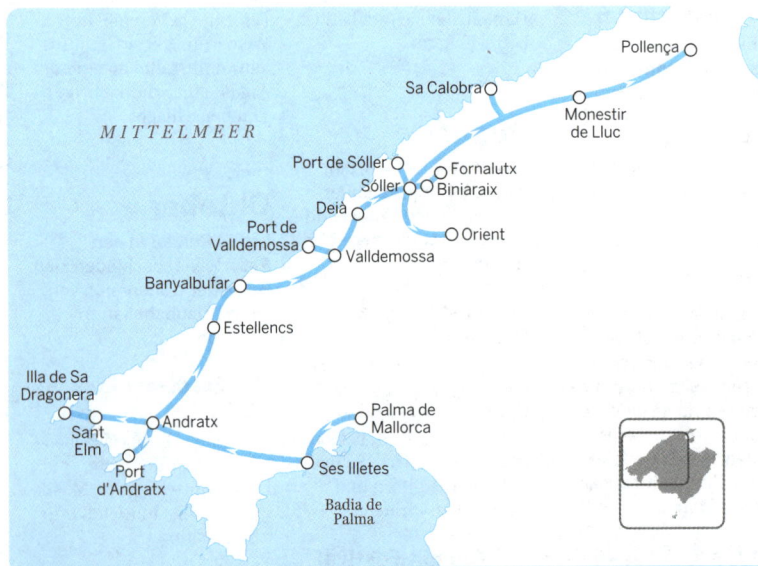

Westküste

Den Anfang machen ein bis zwei Tage im maritimen **Palma** mit seiner großartigen
Kathedrale, charmanten Gassen sowie eindrucksvollen Galerien und Palästen. Im Südwesten locken die Strandschönheit **Ses Illetes,** die Hafenstadt **Port d'Andratx** und das
reizende **Sant Elm** samt Abstecher zur **Illa de Sa Dragonera**. Auf der spektakulären
Straße nordöstlich von **Andratx** genießt man einen traumhaften Ausblick auf Klippen
und Berge, bevor man es in den verwinkelten Gassen von **Estellencs** und **Banyalbufar**
ruhiger angehen lässt und im Bergort **Valldemossa,** der einstigen Heimat Chopins,
übernachtet. Die Herrenhäuser Miramar und Son Marroig bezaubern mit romantischen
Panoramen, während das Bergdorf **Deià** im Norden einfach nach einem Foto verlangt.
Für eine Abkühlung sorgt die Cala de Deià, dann wartet im Norden **Sóller** mit Spaziergängen, modernistischen Schätzen, Picasso und Miró. Wenn es die Zeit erlaubt, lohnt
sich ein Abstecher zu den hübschen Bergdörfern **Orient, Biniaraix** und **Fornalutx,**
alternativ geht's mit der Bummelbahn nach **Port de Sóller.** Auf der Ma 10 gen Landesinneres folgt man nun der abenteuerlichen Straße nach **Sa Calobra** zur Pilgerstätte
Monestir de Lluc, bevor die ehrfürchtig machenden Gipfel der Tramuntana den Weg
nach **Pollença** freigeben, der mallorquinischen Stadt schlechthin.

 **1 Woche** Nordosten

 **10 TAGE** Osten & Süden

Die Reise beginnt mit ein paar faulen Tagen im malerischen **Pollença**, wo man durch die verschlungenen Gassen und über den betriebsamen Dorfplatz schlendert, die 365 Stufen hoch zum Calvari erklimmt und den lebendigen Sonntagsmarkt besucht. Nächster Halt ist die von Klippen gesäumte **Cala Sant Vicenç**, die zu einem Bad in den türkisfarbenen Buchten und einem Mittagessen mit fangfrischem Fisch einlädt. Die schwindelerregende Küstenstraße zum **Cap de Formentor** mit seinem Leuchtturm versetzt ins Staunen, und wer die Zeit hat, wandert hinab zur Bucht von **Cala Figuera**. Für Wasserratten oder Familien lohnt sich eine Übernachtung in **Port de Pollença** oder **Port d'Alcúdia**, ansonsten geht's ins mittelalterliche **Alcúdia.** Östlich davon lockt das untouristische **Cap des Pinar**, eine wunderschöne piniengesäumte Halbinsel, mit Küstenwanderungen und erholsamen Momenten an der traumhaften Platja des Coll Baix und weiter Richtung Osten im Sumpfgebiet des **Parc Natural de S'Albufera** lassen sich Vögel beobachten. Anschließend genießt man im entspannten **Artà** den eindrucksvollen Ausblick von der Festung und lernt Mallorcas prähistorische Vergangenheit kennen.

Auf einen Tag in **Artà** und seiner Festung folgt ein Besuch des abgeschiedenen **Parc Natural de la Península de Llevant** an der schönen Küste mit idyllischen Buchten und ruhigen Wegen. Von Artà aus führt ein Abstecher nach **Capdepera** und hinauf zu seiner imposanten Burg. Dann bieten sich ein paar Übernachtungen rund um **Cala Ratjada** und Ausflüge zu sichelförmigen Traumbuchten wie Cala Mesquida, Cala Agulla und Cala Matzoc an der Ostküste an. Südlich von Cala Ratjada besichtigt man die Coves d'Artà und den mittelalterlichen Torre de Canyamel bei der **Platja de Canyamel.** Weiter Richtung Süden locken die glitschigen Tiefen der Coves del Drac in **Porto Cristo,** während im Landesinneren die Weindörfer **Petra** und **Sineu** sowie auf dem Weg dorthin ein paar Kellereien warten. Die Route zurück zur Küste führt am stattlichen mallorquinischen Anwesen **Els Calderers** vorbei, hoch zum **Santuari de Sant Salvador**, einem Einsiedlerkloster mit grandiosem Ausblick, ins Künstlerdorf **Ses Salines** und zu ein paar hübschen Stränden. Den Abschluss bildet ein Ausflug zur **Colònia de Sant Jordi** samt Abstecher zu den Inseln des **Parc Nacional Marítim-Terrestre de l'Arxipèlag de Cabrera**.

MITTELMEER

SA FORADADA

Die Felsnase ragt am Fuße des Son Marroig ins Mittelmeer. Durch mit Schafen gespickte Olivenhaine führt ein Weg zum Wasser, in dem sich der Sonnenuntergang spiegelt. (S. 98)

BANYALBUFAR

Deià und Valldemossa sind bereits abgehakt, wie wäre es jetzt mit Banyalbufar? Über jahrhundertealte Terrassen geht's hinab zum aufgewühlten Meer – das Dorf bietet echte Postkartenidylle. (S. 95)

Sa Calobra ○

Cap Gros

○ Sóller **PUIG D'ALARÓ** ▲

Deià ○

○ Valldemossa

◎ **SA**

BANYALBUFAR ○ **FORADADA**

ILLA DE SA DRAGONERA

Palma de
○ Mallorca

○ Andratx

○ Peguera

Cap
des
Llamp

*Badia de
Palma*

Llucmajor
○

Cap
Enderrocat

Cap de
Cala Figuera

ILLA DE SA DRAGONERA

Die Felsinsel ruht wie ein schlummernder Drache vor dem Westzipfel Mallorcas. Durch das Naturschutzgebiet gelangt man zu ruhigen Kaps, weit vom Trubel der Strände entfernt. (S. 91)

Cap
Blanc

PUIG D'ALARÓ

Nur wenige erklimmen den Felsgipfel. Nach einer anstrengenden zweistündigen Wanderung erreicht man die geheimnisvollen Überreste einer maurischen Burg, wobei die Hälfte des Weges mit dem Auto zurückgelegt werden kann. (S. 110)

(N) 0 ━━━━━━━━━━ 20 km

FUMAT

Abseits der Besuchermassen von Formentor lockt eine Wanderung zum Fumat, einem 334 m hohen Felsen, von dem man ein Panorama von der Spitze der Landzunge bis zur Tramuntana genießt. Am Wegrand sonnen sich gelegentlich Ziegen. (S. 125)

SANTUARI DE LA MARE DE DÉU DES PUIG

Stille liegt über den Höfen und der Kapelle des ehemaligen Nonnenklosters oberhalb von Pollença. Der Ausblick über die gesamte Nordküste zieht jeden Besucher in seinen Bann. (S. 120)

CALES DE MALLORCA

Die winzigen Buchten an der Küste nördlich von Cales de Mallorca sind nur zu Fuß erreichbar, dort hat man das glitzernde Meer dann aber oft für sich allein. (S. 159)

PLATJA DES TRENC

Der 3 km lange schneeweiße und von Dünen gesäumte Sandstreifen an der Südküste wird von aquamarinblauem Wasser umspült. FKKler sind willkommen und sogar im August ist es nicht allzu voll. (S. 166)

Reiseplanung

Essen & Trinken wie Einheimische

Hungrig? Gut. Die Mallorquiner lieben nämlich nichts mehr als glücklich gesättigte Urlauber. Unser Tipp: Den obersten Hosenknopf aufmachen und ordentlich zugreifen! Wie wär's z. B. mit Spanferkel vom Spieß in den Gewölbe-*cellers* (Weinkeller) von Inca, fangfrischem Fisch auf einer Terrasse mit Meerblick oder moderner Balearen-Küche in Palma?

Essen im Wechsel der Jahreszeiten

Frühling

Wilder Rosmarin und Thymian verleihen *anyell de llet* (Baby-Lamm) eine besondere Note und auf vielen Karten stehen *espàrrecs* (Spargel) und *caracoles* (Schnecken).

Sommer

Fonoll marí (Meerfenchel), ein Küstenkraut, das mariniert eine beliebte Salatzutat ist, sprießt und gedeiht. Märkte (und Speisekarten) strotzen nur so vor frischem Obst, Gemüse und Fisch.

Herbst

Auf den Hügeln suchen die Einheimischen nach *esclata-sang,* einem Reizker-Pilz. Die Traubenernte und Weinfeste Ende September machen Laune, insbesondere die „Traubenschlacht" in Binissalem.

Winter

Tierische Stars wie *sobrassada* (gepökelte Schweinswurst mit Paprikageschmack), *llom amb col* (Schwein mit Pinienkernen und Rosinen im Kohlmantel) und *lechona asada* (Spanferkelbraten) dominieren die Speisekarten.

Kulinarische Highlights
Unvergessliche Gerichte

➡ **Simply Fosh** (S. 67) Die Krönung von Palmas Gastronomieszene: Im früheren Refektorium eines Konvents aus dem 17. Jh. zaubert Marc Fosh Mediterranes mit kreativer Note.

➡ **Es Verger** (S. 111) Am Ende einer langen Serpentinenstraße thront dieses rustikale Schlupfloch. Das Highlight ist im eigenen Saft langsam überm Holzfeuer gegartes Lamm.

➡ **Es Racó d'es Teix** (S. 102) Ein Michelin-Stern weist Gourmets den Weg zu Josef Sauerschells kulinarischem Tempel in Deià. Vor einer einzigartigen Bergkulisse wird regionale Küche stilvoll serviert.

➡ **Béns d'Avall** (S. 106) An einer Klippe über dem glitzernden Meer gelegen. Verleitet Romantiker und Meeresfrüchtefans zum Träumen.

➡ **Celler Ca'n Amer** (S. 139) Incas urige *celler* sind ein Muss. Wir empfehlen Herzhaftes wie knusprigen Spanferkelbraten.

Günstig schlemmen

In den *forn* oder *confiterias* (Bäckereien) bekommt man oft für weniger als 5 € knusprige *ensaïmades* (erinnern an mit Puderzucker bestreute Gebäckschnecken; manchmal mit Creme gefüllt), *empanades* (Fettgebäck mit herzhafter Füllung) und die größere Version, *cocarrois.*

Tapas und *pintxos* (Mini-Tapas; oft Weißbrothappen mit verschiedenen Belägen) stillen den ersten großen Hunger und sind gleichzeitig ein Stück mallorquinischer Alltag. Dienstag- und Mittwochabends gibt's ein Getränk und eine Tapa auf der Ruta Martiana in Palma für nur 2 €.

Für Waghalsige

➡ **Caracoles** Schnecken werden in einem Knoblauch-und-Kräuter-Sud gekocht oder in einem kräftigen Eintopf serviert.

➡ **Arròs brut** Der Name, „schmutziger Reis", klingt nicht so charmant, dabei schmeckt dieses suppenartige Gericht mit Schwein, Kaninchen und Gemüse einfach himmlisch.

➡ **Botifarró** Die Blutwurst ist erstaunlich lecker.

➡ **Percebes** Entenmuscheln: wie Klauen geformte, an den Felsen „klebende" Krustentiere – sehen scheußlich aus, sind aber köstlich als Snack.

➡ **Frit Mallorquí** Gebratene Lamminnereien mit Gemüse, klassisches „Arme-Leute-Essen".

Kochkurse

Kochkurse sind auf Mallorca erst seit Kurzem im Kommen, dennoch bieten Restaurants und Fincas gelegentlich Anfängerunterricht an. **Cooking Holidays Mallorca** (☏971 64 82 03; www.cooking holidaysmallorca.com; Avinguda Llonga, Cala d'Or) hält Kurse im Yacht Club Cala d'Or ab (von eintägigen Tapas-Seminaren bis zu Gourmeturlauben mit sieben Übernachtungen). Wie man Tapas und Paella zubereitet, lernt man auch in dreistündigen Crash-Kursen von **Mallorca Cuisine** (☏971 61 67 19; www.mallorcacuisine.com; Sa Mola Gran 8, Galilea). Dieser Anbieter organisiert auch Besuche von Weingütern und Märkten. Infos und Preise stehen auf den Webseiten.

Typisch Mallorquinisch

Angesichts der langen Küste liegt die Vermutung nahe, dass auf der Speisekarte vor allem Fisch steht. Die traditionelle Küche ist aber sehr bodenständig und überraschend fleischlastig, insbesondere im Landesinneren. Schweinefleisch ist eine beliebte Zutat, Bestandteil vieler Würste, Eintöpfe und Suppen und sogar in ein paar Gemüsegerichten sowie Desserts enthalten. Nach Jahrhunderten des Hungers wissen Mallorquiner jedes Teil des Tieres zu schätzen und verarbeiten einfach alles.

Ein Großteil der Fische, die in Mallorcas Kochtöpfen landen, wird eingeflogen, trotzdem gibt's rund um die Insel immer noch viele Arten. *Besugo* (Meerbrasse) und *rape* (Seeteufel) gehen mit am häufigsten ins Netz. Großer Beliebtheit erfreut sich zudem der *cap roig;* dieser hässliche rote Fisch tummelt sich meistens in der Nähe der Illa de Cabrera.

Fisch und Meeresfrüchte werden zwar in verschiedenen Soßen gekocht, doch das ist vor allem ein Zugeständnis an die Essgewohnheiten der Ausländer. Mallorquiner wissen nämlich seit Langem, dass die frischen Köstlichkeiten am besten nur mit etwas Salz und Zitrone gegrillt werden. *„A la sal"* (in Salzkruste gebacken) ist eine andere köstliche Zubereitungsart.

Die Paella kommt zwar ursprünglich aus Valencia, doch die Mallorquiner haben dieses und andere Reisgerichte so ins Herz geschlossen, dass auf ihrer Insel einige der leckersten Varianten zu finden sind.

Vegetarier & Veganer

Es gibt immer mehr Restaurants und Cafés für Vegetarier und Veganer. Die Köche bedienen sich großzügig aus Mallorcas Gemüse-Schatztruhe, die vor Fava-Bohnen, Paprika, Auberginen, Artischocken, Blumenkohl und Spargel förmlich überquillt. Auch Feigen, Aprikosen und Orangen gibt es in Hülle und Fülle (vor allem rund um Sóller).

Steht einem der Sinn nach etwas Leichtem, ist vielleicht *trempó* das Richtige: ein

---

MITBRINGSEL

Wer den Geschmack Mallorcas mitnehmen will, kann von Hand geerntetes Salz aus d'es Trenc, Feigenbrot, *sobrassada* (gepökelte Schweinswurst mit Paprikageschmack), Oliven, Mandeln, Wein, Hierbas-Kräuterlikör und Orangenmarmelade aus Sóller kaufen, z. B. hier:

➡ Enseñat (S. 120)

➡ Típika (S. 76)

➡ Flor de Sal d'es Trenc (S. 127)

➡ Fet a Sóller (S. 106)

➡ Tramuntana Gourmet (S. 109)

➡ Cassai Gourmet (S. 169)

➡ Colmado Santo Domingo (S. 76)

➡ Malvasia de Banyalbufar (S. 96)

erfrischender mallorquinischer Salat aus gehackten Tomaten, Paprika und Zwiebeln mit ein paar Spritzern Olivenöl. Ebenfalls empfehlenswert sind *pa amb oli* und *tumbet* (ein Gemüseauflauf). Spanischer *gazpacho* (eine kalte Tomatensuppe mit Knoblauch) und Tortillas, dicke Omeletts aus Kartoffeln und Gemüse, sind weitere Klassiker.

Vorsicht: In zahlreiche traditionelle Gemüsegerichte haben sich gepökeltes Schweinefleisch, Fleischbrühe oder Speck eingeschlichen. Um ein tatsächlich vegetarisches Gericht zu bekommen, sollte man den Kellnern sagen, dass man Vegetarier ist: *Soy vegetariano/a* (Ich bin Vegetarier/in) oder *no como carne* (Ich esse kein Fleisch).

Wein

Schon zur Zeit der alten Römer wurde auf Mallorca Wein angebaut, der aber erst seit ein paar Jahren Anerkennung findet. 30 Weingüter mit insgesamt 2500 ha Anbaufläche produzieren eine eher bescheidene Menge, die größtenteils in Mallorcas Restaurants und Hotels weggebechert wird. Sie befinden sich vor allem in den beiden DOs (Denominaciones de Orígen), in Binissalem und einem Gebiet im Inselinneren, zu dem Manacor, Felantix und Llucmajor gehören: Hier gedeiht der Wein optimal. Internationale Reben wie Cabernet Sauvignon wachsen neben einheimischen Sorten wie Manto Negro, Fogoneu und Callet. Zu den mallorquinischen Weißweinen zählen Prensal Blanc und Girò Blanc. Sie werden mit katalanischen Trauben wie Parellada, Macabeo und Moscatel oder internationalen Rebsorten wie Chardonnay veredelt.

Auch an den zum Meer liegenden Hängen der Serra de Tramuntana wird Wein angebaut, besonders rund um Banyalbufar, wo die Sorte Malvasia ein Comeback erlebt.

Die Touristeninformationen haben Listen mit örtlichen Weingütern.

PREISE

Die Preiskategorien in diesem Reiseführer beziehen sich auf ein typisches Hauptgericht.

KATEGORIE	PREIS
€ Günstig	<€15
€€ Mittelteuer	€15-25
€€€ Teuer	>€25

Wie die Einheimischen essen

Sich hinsetzen und in Ruhe schlemmen gehört mit zum Besten am Mallorca-Urlaub. Hier ist Essen mehr als eine bloße Notwendigkeit. Die Mallorquiner essen stets später, als es die meisten Traveller gewohnt sind. Wegen der vielen ausländischen Inselbewohner öffnen zahlreiche Restaurants aber mindestens eine Stunde eher als auf dem Festland.

Was steht auf der Karte?

➡ **Arròs bogavante** Saftiger Hummerreis.

➡ **Arròs brut** „Schmutziger Reis", Suppengericht mit Schwein, Kaninchen und Gemüse.

➡ **Arròs negre** „Schwarzer Reis", mit Tintenfischtinte gefärbt und manchmal mit Schalentieren serviert. Eine regionale Paella-Variante.

➡ **Botifarra** Schweinswurst mit viel Geschmack. Sie und die *botiffarón* (eine längere Version der *botifarra*) sind so ziemlich die leckersten Wurstspezialitäten der Insel.

➡ **Cocas de patata** Zuckerbestäubtes Kartoffelbrot. Besonders berühmt in Valldemossa.

➡ **Conill amb ceba** Karnickel mit Zwiebeln.

➡ **Ensaïmada** Das mallorquinische Gebäck schlechthin ist ein mit Puderzucker bestreutes süßes Brötchen, manchmal mit Creme, Schokolade oder *cabell d'àngel (*Kürbispaste) gefüllt.

➡ **Gató Mallorquí** Ein mächtiger Mandelkuchen.

➡ **Lechona** Spanferkel, oft an einem Spieß über offenem Feuer gegart.

➡ **Llom amb col** Schweinelende im Kohlmantel, mit Knoblauch, Tomaten, *sobrassada,* Petersilie, Rosinen und Pinienkerne.

➡ **Marisquada** Eine riesige Schüssel voller gedünsteter Schalentiere, die einer allein kaum schaffen kann.

➡ **Pa amb oli** Wörtlich „Brot mit Öl". Traditionell wird *pa moreno* (Roggenbrot) mit gehackten Tomaten oder anderen Belägen serviert. Manche Portionen sind wie eine Hauptmahlzeit.

➡ **Sobrassada** Pikante gepökelte Schweinswurst, gewürzt mit Paprika und Meersalz.

➡ **Suquet** Eintopf mit Fisch oder Meeresfrüchten, in einem reichhaltigen Fischfond gekocht.

➡ **Tumbet** Erinnert an ein französisches Ratatouille mit Auberginen, Zucchini, Kartoffeln, Knoblauch und Tomaten. Dazu bestellt man knuspriges Brot.

Wann gegessen wird

Die meisten Mallorquiner starten mit *cafè* (schwarzem Kaffee) in den Tag und gönnen sich am späten Vormittag ein *esmorzar* („Frühstück" auf Katalanisch) im Café. Das ist die ideale Zeit, um eine *ensaïmada* (süßes typisch mallorquinisches Gebäck) zu probieren. Dazu passt sehr gut ein *cafè amb llet* (Espresso mit Milch) oder *ein suc de taronja natural* (frisch gepresster Orangensaft).

Das Mittagessen ist die wichtigste Mahlzeit. Sonntags im Familienkreis kann es sich bis in den späten Nachmittag hinziehen. Auch gesellige Abendessen werden von den Appetithäppchen bis zum Verdauungsschnaps voll ausgekostet. Wenn die Mallorquiner am Mittag kein *menú* (mehrgängiges Menü) bestellen, verputzen sie dennoch meist zwei Gänge und einen Nachtisch.

Der an mallorquinische Esszeiten gewöhnte Magen beginnt gegen 19 Uhr zu knurren. Dann ist Tapas-Zeit! Als Import vom Festland sind diese zwar nicht so allgegenwärtig wie im restlichen Spanien, trotzdem bieten viele Bars und Cafés eine kleine Auswahl an. Oliven und Mandeln eignen sich perfekt als Snack zu einer *caña* (Bier).

Die meisten Einheimischen essen gegen 21 Uhr. Zumeist startet das Abendessen mit *pa moreno* und manchmal mit *pica pica* (ein Berg Appetithäppchen auf einem großen Gemeinschaftsteller). Als Nächstes folgt der *primer plato* (Vorspeise), z. B. Salat, Pasta, gegrilltes Gemüse oder etwas Einfallsreicheres. Zum Nachtisch gibt's oft einfach ein Eis, Pudding oder Obst.

Wohin zum essen

➡ **Celler** Weingüter auf dem Lande mit Restaurant. Die Spezialität ist solide Hausmannskost. Viele einheimische Gäste, entspanntes Flair.

➡ **Cafe** Hier gibt's alles vom Morgenkaffee bis zu Tapas und Getränken am Abend, leichte Mahlzeiten wie Salate und *pa amb oli.*

➡ **Chiringuito** Eine Strandbude, in der man neben Getränken und Snacks manchmal auch Tapas und Meeresfrüchtegerichte bekommt.

➡ **Confiteria** Die Bäckereien werden z. T. auch als *forn* oder *pastelería* bezeichnet. Hier gibt's die besten *ensaïmades*.

➡ **Gelateria** Eissalons, oft mit Gelato wie aus Italien.

GÜNSTIGES MITTAGESSEN: DAS MENÚ DEL DÍA

Wer sparen will, sollte es Einheimischen gleichtun und das Mittagessen zur Hauptmahlzeit erklären. Das *menú del día* ist die preiswerteste Option; es umfasst eine Auswahl an *primeros* (Vorspeisen), *segundos* (Hauptgerichten) und *postres* (Desserts) sowie Brot und ein Getränk (auch Wein oder Bier) zum Fixpreis (10–15 €).

➡ **Marisquería** Spezialisiert auf Fisch und Meeresfrüchte. Auch die Bezeichnung *restaurant de marisc*.

➡ **Restaurant** Von schlicht bis edel ist alles dabei. Ist ein „ca'n" oder „ca's" im Namen enthalten, darf man sich auf traditionelle Küche in familiärer Atmosphäre freuen.

➡ **Tabernas** Rustikale „Tavernen", die Tapas und vollwertige Mahlzeiten servieren. *Tascas* sind ähnlich aufgemacht.

Tipps

Speisekarten in englischer oder deutscher Sprache sind Standard in den Ferienorten, nicht jedoch in kleineren Orten und auf dem Lande. Es findet sich aber fast immer ein Kellner, der übersetzen kann. Dennoch lohnt es, ein paar Brocken Mallorquín zu lernen, um die Karte auch allein zu entschlüsseln. Gewöhnlich wird Mineralwasser *(aigua mineral)* in Flaschen serviert, nach Wunsch entweder mit *(amb)* oder ohne *(sense)* Kohlensäure.

Glückspilze, die zum Abendessen bei jemandem zu Hause eingeladen werden, bringen am besten ein kleines Gastgeschenk wie Wein oder Pralinen mit und machen sich auf ein Festmahl gefasst, denn mallorquinische Gastgeber legen sich schwer ins Zeug. Mittagessen im Kreis der Familie sind häufig ebenfalls ein riesiges Event. Auch wenn es nicht leichtfällt, sollte man versuchen, gegen den Lärmpegel anzukämpfen und mitzuerzählen! *Bon profit* heißt „guten Appetit" und *salut* „Prost".

Ebenfalls gut zu wissen: Wer ins Restaurant eingeladen hat, zahlt gewöhnlich die Rechnung. Der Service ist in der Endsumme inbegriffen, einem netten Kellner kann man aber ein zusätzliches Trinkgeld in Höhe von 5 % geben.

Meeresfrüchte-Paella

CRESPELL
CASERO
1,20€

Kekse in einer mallorquinischen
Bäckerei

Reiseplanung

Outdoor-Aktivitäten

Wanderungen über zerklüftete Felskuppen an der Nordküste, Mountainbike-Touren durch die wilde Kalksteinlandschaft der Tramuntana oder Kajakfahrten zu einsamen Buchten, die auf keiner Karte eingezeichnet sind: Mallorca ist ein Paradies für Aktivurlauber. Hier warten Berge, Schluchten und eine 550 km lange Küste darauf, entdeckt zu werden.

Reiseplanung

Reisezeit

Aufgrund des recht milden Winters und der viel beworbenen 300 Sonnentage eignet sich Mallorca theoretisch das ganze Jahr über für Outdoor-Aktivitäten. Viele werden allerdings nur von etwa Ostern bis Oktober angeboten, vor allem im Bereich Wassersport.

Die idealen Jahreszeiten für die meisten Aktivitäten, besonders Wandern und Radfahren, sind Frühling und Herbst. Im Sommer wird es tagsüber oft sehr heiß, außerdem bremst der starke Verkehr auf den Straßen das Radelvergnügen. Teilweise entschädigt einen dafür jedoch die Tatsache, dass es lange hell bleibt.

Was man mitbringen sollte

Fast alle Tourveranstalter stellen die entsprechende Ausrüstung zur Verfügung, darüber hinaus kann man sich auf der ganzen Insel hochwertige Räder leihen. Professionelle Standardausrüstung für Wanderer ist zwar erhältlich, aber eigene Schuhe gehören trotzdem ins Gepäck. Die Wege durch die Serra de Tramuntana sind für das Einlaufen von neuem Schuhwerk gänzlich ungeeignet!

Die besten Outdoor-Aktivitäten

Canyoning

Die Serra de Tramuntana ist mit Schluchten durchzogen. Besonders dramatisch sind der Gorg Blau Sa Fosca und der Torrent d'es Pareis.

Radfahren

Mountainbiker und Radfahrer sind in den Höhen der Serra de Tramuntana mit steilen Anstiegen, epischen Abfahrten und wunderschönen Serpentinen in ihrem Element.

Tauchen

Der Süden Mallorcas ist ein Tauchermekka, denn um die Illa de Sa Dragonera und die Illa de Cabrera finden sich Wracks, steile Höhlen und klares Wasser mit Rochen, Tintenfischen und Pfeilhechten.

Wandern

Die Halbinseln Cap de Formentor und Cap des Pinar laden mit ihren pinienbewachsenen, steil ins tiefblaue Meer abfallenden Klippen zu großartigen Küstenwanderungen ein.

Wind- & Kitesurfen

Die Winde, die vor der Küste Sa Marinas in der Badia de Pollença wehen, bieten perfekte Bedingungen für Wind- und Kitesurfen.

An Land

Canyoning

Diese Abenteuersportart, bei der man sich in Schluchten stürzt und durch Canyons und Wasserläufe kraxelt, sorgt für den ultimativen Adrenalinkick. Bei einer Tour geht's Felsen hinab, Klippen hinauf und in eiskalte kristallblaue Felsbecken hinein.

Ein professioneller Guide ist unerlässlich. Empfehlenswert sind Món d'Aventura (☎606 879514; www.mondaventura.com), Rock and Ride (S.110), Tramuntana Tours (S.107) und Experience Mallorca (S.132), die Touren aller Schwierigkeitsgrade anbieten.

Routen

Die zentrale Serra de Tramuntana zwischen Valldemossa und Sa Calobra eignet sich am besten fürs Canyoning. Hier liegen auch zwei unserer Lieblingsspots:

➡ **Gorg Blau-Sa Fosca** Schwierige 2,5 km lange Route mit 300 m hohen Wänden, 40 cm breiten Spalten und 400 m kompletter Dunkelheit.

➡ **Torrent de Pareis** Moderate 8 km lange Route mit Felsen und grandioser Kalksteinlandschaft samt Klippen, Höhlen und dergleichen.

Coasteering

Coasteering eine sommerliche Alternative zum Canyoning, bei der man dem kühlen Nass noch ein ganz klein bisschen näher ist. Dabei können Abenteuerlustige schwimmen, klettern, sich abseilen, von Klippen springen, Felsen horizontal passieren und notfalls ins Wasser fallen lassen. Routen gibt's ab Bonaire nahe Alcúdia im Norden bis nach Peguera im Südwesten. Die Veranstalter versorgen Teilnehmer mit der nötigen Ausrüstung wie Helme und Rettungswesten. Mon d'Aventura (S.115) bietet zwei Schwierigkeitsgrade; der einfachere eignet sich für Kinder. Halbtagestouren von Experience Mallorca (S.132) richten sich an alle über zwölf Jahre.

Golf

Palma ist aufgrund des angenehmen mediterranen Klimas und der hübschen Naturkulisse ein beliebtes Ziel für Golfer. Nach letzter Zählung gibt's auf der Insel 22 Golfplätze; zu den besten gehören die rund um Capdepera und Artà im Osten. Für die Runde auf einem 18-Loch-Platz zahlt man von 30 bis zu 130 €, im Durchschnitt aber zwischen 40 und 75 €. Die Miete für einen Golfwagen kostet weitere 30 und 45 €. Im Sommer wird's billiger, denn dann ist es meistens zu heiß zum Golfen. Im Frühling und Herbst hingegen steigen die Preise.

Infoquellen

Mehr zum Thema Golf auf Mallorca:

➡ Die Touristenbehörde **Consell de Mallorca** (www.infomallorca.net) veröffentlicht die Broschüre *Mallorca Golf* mit Kurzbeschreibungen aller 22 Plätze. Auf ihrer Website gibt's auch Links zu den jeweiligen Seiten: Einfach auf „Tourismusinformation", dann auf „Themen", „Sport" und schließlich auf „Golf" klicken.

➡ **Federació Balear de Golf** (Golfverband der Balearen; ☎971 72 27 53; www.fbgolf.com) Allgemeines zum Thema Golf.

➡ **Simply Mallorca Golf** (☎971 58 82 96; www.simplymallorcagolf.com) Infos zu allen Plätzen.

Höhlenwandern

Mallorcas zerklüftete Kalksteinlandschaft eignet sich perfekt für Höhlenwanderungen. Mit Stirnlampen geht's in die kühle Halbfinsternis der vielen Höhlensysteme unter den Klippen der Süd-, Nord- und Ostküste. Ein Guide ist sehr zu empfehlen.

Experience Mallorca (S.132) bietet das ganze Jahr über halbtägige Touren. Dabei passieren Teilnehmer Kammern mit Stalaktiten, klettern durch enge Gänge und bestaunen ein Kathedralen-ähnliches Gewölbe, in dem problemlos 30 Personen Platz finden. Nichts für Klaustrophobiker!

Klettern

Der Gedanke an Mallorcas majestätische Kalksteinwände lässt Sportkletterer strahlen. Mit Hängen, Felsen und Klippen im Überfluss hat die Insel unter ihnen den Ruf als eines der besten Ziele Europas. Sie strömen vor allem in drei Regionen: den Südwesten mit Mehrseillängenrouten, den Nordwesten mit großartigen Felsen und den Osten mit Deep Water Soloing (DWS).

Als besonderes Highlight gilt Sa Gubia, ein riesiger Fels mit Mehrseillängenrouten. Beliebt sind außerdem die zerklüfteten Kalksteinfelsen der Halbinsel Formentor sowie die Buchten von Porto Cristo und Cala Barques im Osten der Insel.

Erfahrene Kletterer können allein losziehen. Rock and Ride (S.110) bietet Mehrseillängentouren und Anfängerkurse. Rockfax (www.rockfax.com) veröffentlicht Kletterführer und Miniguides im PDF-Format.

Radfahren

Mallorcas Beliebtheit bei Mountainbikern und Radfahrern nimmt immer weiter zu, nicht zuletzt dank Profis wie dem Briten Bradley Wiggins, der in der Tramuntana für die Tour de France trainiert.

Fast die Hälfte des 1250 km langen Straßennetzes der Insel wurde radfahrerfreundlich gestaltet: von Ausschilderungen bis hin zu extra Radwegen. Für Bergregionen ist die Hauptsaison von März bis Mai bzw. Ende September bis November. Dann ist das Wetter am angenehmsten.

Auch Mountainbiker finden auf Mallorca zahlreiche Routen – von flachen, unbefestigten Strecken bis zu raueren, einspurigen Anstiegen. Vor jeder Tour sollte man sich unbedingt eine gute Straßen- oder Wanderkarte besorgen.

Überall auf der Insel gibt's Fahrradverleihe; bei örtlichen Touristeninformationen erhält man die entsprechenden Adressen. Preise schwanken zwischen 8 € pro Tag für ein einfaches Tourenrad bis zu 30 € für ein hochwertiges Mountainbike oder Rennrad. Auch Kinderräder und -sitze sind erhältlich.

Die besten Routen

Jede Region bietet schöne Strecken: Radwege überziehen die gesamte Insel, und je nach Fähigkeiten und Vorlieben sind überall großartige Touren möglich. Ein paar Favoriten haben wir natürlich trotzdem:

➡ **Von Palma nach Capocorb Vell** (Palma & Südliches Mallorca)

➡ **Von Andratx zum Monestir de Lluc** (Westliches Mallorca)

➡ **Parc Natural de la Península de Llevant** (Östliches Mallorca)

➡ **Cap de Formentor** (Nördliches Mallorca)

➡ **Port d'Alcúdia & Cap des Pinar** (Nördliches Mallorca)

Guides

Wer nichts gegen Begleitung hat, kann sich einer der großartigen Touren anschließen, deren Guides Mallorca wie ihre Westentasche kennen:

➡ **Bike & Kite** (S.122) Der in Port de Pollença ansässige Veranstalter bietet Mountainbike-Touren durch den Norden, Mieträder und einen Shuttleservice bergabwärts.

➡ **Tramuntana Tours** (S.107) Touren ins Herz der Tramuntana.

➡ **Rock and Ride** (S.110) Veranstaltet Kurse und veröffentlicht eine exzellente Mountainbike-Broschüre (ca. 12 €) mit Karten und GPS-Daten.

Infoquellen

Die **Federació de Ciclisme de les Illes Balears** (Radsportverband der Balearen; ☑971 75 76 28; www.webfcib.es) hat Adressen von lokalen Fahrradclubs. Immer mehr Hotels sind auf Radfahrer eingestellt und verfügen über Fahrradstellplätze sowie spezielle Nahrungsmittel für Sportler.

Reiten

Mallorcas weites Netz von holprigen Pfaden ist perfekt für Ausritte. Die Wege verlaufen quer durch das bergige Landesinnere und parallel zur Küste. In vielen Orten bieten Ställe Reitstunden (10–20 €) oder Ausritte an. Die erste Stunde kostet etwa 15 €, zwei-/fünfstündige Ausritte schlagen in der Regel mit rund 25 bis 60 € pro Person zu Buche. Auch längere Ausflüge sind möglich. Zudem bieten manche Ställe Ponyritte für Kleinkinder an.

Routen

Großer Beliebtheit bei Reitern erfreuen sich Cala Ratjada, Colònia de Sant Jordi und Pollença; über den nächstgelegenen Stall informiert die jeweilige Touristeninformation. Von Cala Ratjada aus geht's einen größtenteils unberührten Küstenabschnitt entlang in Richtung Cala Mesquida. Der größte Stall von Cala Ratjada, Rancho Bonanza (S.155), unter deutscher

---

MALLORCA VON OBEN

Von oben betrachtet wirkt Mallorca winzig. Heißluftballons kann man bei **Illes Balears Ballooning** (☑607 647647; www.ibballooning.net) chartern; bei einer Fahrt lässt sich die ganze Insel aus der Vogelperspektive bestaunen. Rund um Port d'Alcúdia sind oft Gleitschirmflieger am Himmel zu sehen. Wer es ihnen gleichtun möchte, wendet sich an Tandem Mallorca (S. 128). Neben Tandemflügen für Anfänger gehören ganzjährige Kurse für Anfänger und Fortgeschrittene zum Angebot.

GIPFELSTÜRMER

Eine Herausforderung gefällig? Mallorcas höchster Gipfel, der Puig Major (1445 m), ist militärisches Sperrgebiet, doch der zweithöchste, der **Puig de Massanella** (1365 m), kann bestiegen werden. Für die Fünf-Stunden-Wanderung benötigt man genügend Proviant und eine anständige Karte. Wenn man die 11 km zum Gipfel zurücklegt hat, wird man mit Panoramablicken auf die zerklüftete Tramuntana bis zur Badia d'Alcúdia belohnt. An klaren Tagen sieht man sogar Menorca am Horizont. Weitere Details s. www.lluc.net.

Leitung, bietet neben Ausritten aufs Land und an der Küste Ponyritte für Kinder.

Infoquellen

Mehr Infos erhält man bei Federació Hipica de les Illes Baleares (Reiterverband der Balearen; ☏ 971 75 67 54; www.fhbalear.com; Avinguda Uruguay). Auf der Website sind unter dem Link „Clubes Illes Balears" 15 Gestüte auf Mallorca aufgeführt.

Wandern

Von kahlen, dramatischen Kalksteinbergen im Westen bis zu felsigen Küstenpfaden im Norden und Osten vor maritimer Kulisse: Mallorcas Wanderwege zählen zu den besten Europas. Mittlerweile kümmert sich der Consell de Mallorca (www.consell demallorca.net) intensiv um die Beschilderung und Pflege der Routen, die jahrhundertelang von Lasttieren und reisenden Pilgern genutzt wurden.

Die Tramuntana erreicht zwar nicht dieselben Höhen wie die Alpen, ihre rauen Gipfel, Felsen und Schluchten sollte man dennoch nicht unterschätzen. Sie bieten eine ebenso dramatische Kulisse und zudem ist die Wandersaison hier länger. Verschiedene *refugis* (Berghütten; S.176) sowie Bergklöster und Einsiedeleien bieten Unterkünfte für die Nacht.

Dank der kurzen Entfernungen zwischen den einzelnen Routen können Wanderer viele Kilometer bewältigen. Besonders entlegene Ausgangspunkte erreicht man am besten mit dem Auto. Dort angekommen, kann man den Weg dann aber auch ganz für sich allein genießen.

Die besten Tageswanderungen

Fast jede Touristeninformation hat Tipps zu Tageswanderungen in der Gegend und berät Besucher bei der Suche nach der geeigneten Route. Unsere fünf Favoriten:

➡ **Vom Cap de Ses Salines nach Colònia de Sant Jordi** (S.168) Halbtägige Wanderung an der Südküste mit toller maritimer Landschaft und vielen Bademöglichkeiten.

➡ **Von der Finca Can Roig nach Cala Magraner** (S.159) Tolle, entspannte Route von Bucht zu Bucht, abseits des touristischen Ostens.

➡ **Von Sóller zum Mirador de Ses Barques** (S.105) Durch Olivenhaine zu einem Aussichtspunkt und zurück über den Bergort Fornalutx.

➡ **Von der Ermita de la Victòria nach Penya Rotja** (S.130) Klippenwanderweg durch Pinienwälder mit Ausblicken auf die Nordküste.

➡ **Von Cala en Gossalba nach Fumat** (S.125) Formentors dramatischster Küstenpfad beginnt sanft und endet mit spektakulärer Aussicht vom 334 m hohen Fumat.

Mehrtägige Wanderungen

Mallorcas zwei bedeutende Fernwanderwege (GR-Wege) sind wie auch überall sonst in Spanien rot-weiß markiert.

➡ Fitte Wanderer können sich die vier- bis siebentägige **Ruta de Pedra en Sec** (Trockenmauerroute, GR221; www.gr221.info) vornehmen, die über die Serra de Tramuntana von Port d'Andratx nach Pollença führt. Auf dem Weg findet man Unterschlupf in mehreren *refugis de muntanya* (rustikale Berghütten).

➡ Die **Ruta Artà-Lluc** (GR222) wird derzeit ausgeschildert — allerdings recht langsam.

Karten & Guides

Gute Wanderkarten wie *Tramuntana Central, Tramuntana Norte* und *Tramuntana Sur* von Editorial Alpina (Maßstab 1:25 000) werden in vielen Buchläden der Insel verkauft, die verlässlichste Adresse ist jedoch die direkte Quelle La Casa del Mapa (S.76) in Palma. *Mallorca* von Kompass (1:75 000) und *Wandern auf Mallorca* von DuMont mit Touren und vielen Karten sind ebenfalls zu empfehlen.

Wer mehr als eine Karte braucht, wendet sich an einen sachkundigen Guide:

➡ **Tramuntana Tours** (S.107) Der renommierte Anbieter mit Sitz in Sóller und Port de Sóller hat sich auf die Serra de Tramuntana spezialisiert.

➡ **Mon d'Aventura** (S.115) Der Abenteuerspezialist in Pollença organisiert Wanderungen verschiedener Schwierigkeitsgrade, etwa entlang der Ruta de Pedra en Sec.

➡ **Mallorca Muntanya** (www.mallorcamunta nya.com) Die beiden zertifizierten Führer Salvador und David bieten sechs unterschiedliche Tageswanderungen sowie individuell geführte Touren an.

Wassersport

Kajakfahren

Mallorcas zerklüftete Küste ist mit reizvollen Buchten gespickt, von denen viele nur per Boot erreichbar sind. Mit dem Kajak lassen sich zum gemächlichen Rhythmus des Meeres Felsformationen, Höhlen und ruhige Strände erkunden. Oftmals sieht man Falken, Kormorane und Wildgänse sowie vielleicht sogar Delfine oder fliegende Fische. Die Küsten rund um Sóller im Westen, Porto Cristo im Osten und Port de Pollença im Norden eignen sich perfekt für Kajaktouren.

Routen

Rund um Alcúdia und Port de Pollença findet man mehrere Schulen und Verleiher.

➡ **Escola d'Esports Nàutics Port de Sóller** (S. 107) Port de Sóller

➡ **Kayak Mallorca** (S. 123) Port de Pollença

➡ **Piraguas Mix** (S. 166) Colònia de Sant Jordi

➡ **Nemar Kayaks** (S. 173) Cala d'Or

➡ **Skualo Adventure Sports Centre** (S. 160) Portocolom

➡ **Skualo Adventure Sports & Dive Centre** (S. 162) Porto Cristo

Infoquellen

Infos zu Kursen für Kinder und Erwachsene sowie eine Liste von Wassersportclubs mit Kajaks sind erhältlich bei **Federación Balear de Piragüismo** (Kanu- & Kajakverband der Balearen; ☎ 971 79 20 19; www.fibp.org; Carrer Joan Miró 327).

Segeln

In vielen von Mallorcas 35 Marinas kann man Jachten chartern, Jollen mieten und Segelkurse buchen. Palma, Port de Pollença und andere Ferienorte haben große Segelschulen. Ein zweitägiger Kurs kostet rund 400 €; die Sea School (S. 65) in Palma ist die professionellste Anbieter.

Llaüts (S. 90) in Port d'Andratx verleiht Jachten ab 150 € pro Tag.

Routen

Wer eine Jacht chartert oder sein eigenes Boot mitbringt, kann sich über Spitzenmöglichkeiten zum Segeln freuen. Besonders beliebte Törns:

➡ **Von Palma zur Illa de Cabrera** Für einen Besuch des Nationalparks muss vorher eine Genehmigung eingeholt werden.

➡ **Von Port d'Andratx nach Port de Sóller** Eindeutig der schönste Küstenabschnitt der Serra de Tramuntana.

➡ **Von Cala Sant Vicenç nach Port d'Alcúdia** Eine Tour rund um das Cap de Formentor.

Infoquellen

Der Segelsport nimmt auf der Insel einen wichtigen Stellenwert ein. Es gibt jede Menge Organisationen, die ihn fördern, darüber informieren und dafür sorgen, dass der Umwelt nicht geschadet wird.

➡ **Harbours & Marinas Guide** Informiert über Ankerplätze und Häfen, wird jährlich von Tallers de Molí herausgegeben und liegt kostenlos in Touristeninformationen sowie Häfen aus.

➡ **Conselleria de Medi Ambient** (☎ 971 17 68 00; www.caib.es; Avinguda de Gabriel Alomar i Villalonga 33) Erteilt Auskünfte über die Richtlinien zum Schutz des Meeresbodens, die beim Ankern im offenen Gewässer beachtet werden müssen.

➡ **Federación Balear de Vela** (Segelverband der Balearen; ☎ 971 40 24 12; www.federacion

---

INFOS FÜR WANDERER

Zwei ausgezeichnete Broschüren sind bei der **Touristeninformation Consell de Mallorca** (Karte S. 56 f.; ☎ 971 71 22 16; www.infomallorca.net; Plaça de la Reina 2; Mo–Fr 8–20, Sa 9–14 Uhr) in Palma erhältlich. Die Karten in beiden Broschüren dienen aber lediglich der Orientierung, deshalb benötigt man unbedingt zusätzlich detaillierte Wanderkarten:

➡ **Rutes per Mallorca (Routen durch Mallorca)** Sechs Routen zwischen 33 und 113,5 km.

➡ **Caminar per Mallorca (Wandern auf Mallorca)** Zwölf Tageswanderungen zwischen 4,5 und 14 km.

BOOTSTOUREN

Von Ostern bis Oktober schippern Glasbodenboote die Ostküste rauf und runter und ermöglichen es, das Meer zu erkunden, ohne selbst für ein Schiff verantwortlich zu sein. Die meisten Touren dauern nicht länger als vier Stunden. Auf allen Routen werden Tickets für Hin- und Rückfahrten verkauft, auf manchen an der Ostküste auch für einfache Fahrten. Unsere drei Lieblingsrouten:

➡ **Transportes Marítimos Brisa** (S.128) Von Port d'Alcúdia über das Cap de Formentor nach Cala Sant Vicenç und wieder zurück.

➡ **Barcos Azules** (S.107) Von Port de Sóller nach Sa Calobra.

➡ **Excursions a Cabrera** (S.170) Rundfahrten mit Schnell- oder gewöhnlichen Booten von Colònia de Sant Jordi zum Parc Nacional Marítim-Terrestre de l'Arxipèlag de Cabrera.

balearvela.org; Avinguda de Joan Miró 327) Eine gute Infoquelle.

Tauchen & Schnorcheln

Mallorca gehört zu den besten Tauch- und Schnorchelrevieren Südeuropas. Dank des kristallklaren Wassers und der professionellen Tauchzentren eignet sich die Insel perfekt für einen entspannten Tauchgang sowie für PADI-Kurse im offenen Meer. **Mallorca Diving** (www.mallorcadiving.com) führt zehn renommierte Tauchschulen auf. Von Mai bis Oktober sind die Bedingungen am besten. Ein-Tank-Tauchgänge kosten rund 45 €, zweistündige Einführungskurse etwa 80 €. Wer weitere bucht, erhält Rabatte. Weil Ausrüstung und Versicherung nicht unbedingt im angegebenen Preis inbegriffen sind, sollte man immer danach fragen. Die Preise fürs Schnorcheln beginnen bei 15 € pro Stunde.

Tauch- & Schnorchelspots

Vor der Küste Mallorcas gibt's unzählige Möglichkeiten, von Port d'Andratx im Südwesten bis nach Formentor an der Nordspitze der Insel. Drei beliebte Stellen sind:

➡ **Badia de Pollença** Erfahrene Taucher bezeichnen die Bucht entlang der Südwand der Halbinsel Cap de Formentor bzw. am Südende des Cap des Pinar mit ihren Höhlen und dem ansprechenden Unterwasserleben als schönsten Spot der Insel.

➡ **Parc Nacional Marítim-Terrestre de l'Arxipèlag de Cabrera** (S.172) Hier benötigen Taucher eine Sondergenehmigung. Schnorchler finden großartige Bedingungen vor.

➡ **Illa de Sa Dragonera** Vor der Südwestküste ist die Unterwassersicht am besten.

Wind- & Kitesurfen

Da es hier zu wenig Wind und Wellen gibt, ist Mallorca kein echter Hotspot für Wind- und Kitesurfer. Ausnahmen sind die Badia de Pollença und Port d'Alcúdia. Dreitägige Windsurfkurse für Anfänger kosten etwa 145 €, die Leihausrüstung erhält man ab 16 € pro Stunde. Kitesurfen ist teurer – die Ausrüstung kann man für rund 120 € pro Tag mieten, ein dreitägiger Kurs schlägt mit 390 € zu Buche.

➡ **WSM** Kitesurfkurse in Playa de Muro und Sa Marina.

➡ **Bike & Kite** (S.122) Kitesurfkurse und Ausrüstungsverleih in Port de Pollença.

➡ **Sail & Surf Pollença** (S.123) Segel- und Windsurfkurse sowie Ausrüstungsverleih in Port de Pollença.

KLIPPENSPRINGEN

Eigentlich klingt Klippenspringen eher nach Selbstmordabsicht als nach Strandurlaub, doch unter der Anleitung sachkundiger Guides ist das Unterfangen ungefährlich. Der Adrenalinkick ist etwa mit dem eines Bungee-Sprungs zu vergleichen. Die Klippen, von denen man sich ins Wasser hinabstürzt, sind zwischen 3 und 12 m hoch – das klingt zwar nicht so spektakulär, der Sprung mit anschließendem Eintauchen ist es jedoch zweifellos. In Cala Sant Vicenç an der Nordküste werden Einheimische bei ihren gekonnten Sprüngen und Überschlägen von euphorischen Zuschauern bejubelt.

Reiseplanung
Mit Kindern reisen

Ein Urlaub auf Mallorca ist unkompliziert und bietet Spaß für die ganze Familie. Es gibt Burgen (aus Sand und echte), flaches Meer und Wasserparks zum Planschen, Höhlen zum Erforschen, tolle Strände zum Austoben, und überall wird man mit offenen Armen empfangen.

Mallorca für Kinder

Strandorte erstrecken sich entlang der Küsten und sind mit ihren gepflegten Uferpromenaden, Spielplätzen, Pools, Freizeitangeboten sowie kinderfreundlichen Hotels und Restaurants ideal für Familien. Die Mallorquiner sind ganz verrückt nach Kindern, denen überall durchs Haar gestrichen, in die Wangen gekniffen und Süßigkeiten sowie jede Menge Aufmerksamkeit geschenkt wird.

Besondere Highlights sind oft Kleinigkeiten: schneckenförmige *ensaïmadas* zum Frühstück essen, Sandburgen bauen und auf einer abenteuerlichen Straße die Küste entlang nach Sa Calobra oder mit einem klapprigen Zug nach Sóller fahren.

Auch ältere Kinder kommen voll auf ihre Kosten: Mountainbiking, Tauchen, Höhlentauchen und sogar Cliffjumping – auf jeden Fall haben sie nach dem Urlaub jede Menge zu erzählen.

Sehenswertes & Attraktionen

Mallorca bietet unzählige kinderfreundliche Sehenswürdigkeiten. Statt des Strands kann man die Forts auf den Hügeln rund um Capdepera (S. 153), Alaró (S. 110) und Artà (Santuari de Sant Salvador; S. 150) besuchen – hier lässt sich toll König (oder Königin) spielen. Kinder lieben die Wälder aus Stalagmiten und Stalagtiten in den

Beste Regionen für Kinder

Nördliches Mallorca

Alcúdia und Port de Pollença sind mit ihren riesigen Sandbuchten super für Familien und entspannte Strandtage. Der Hidropark (S. 128) lockt mit Wasserrutschen, der Parc Natural de S'Albufera (S. 131) lädt zu einfachen Radtouren und Vogelbeobachtung ein. Für Teenies ist das Programm von Kajakfahren bis hin zu Höhlentouren nahezu unendlich.

Östliches Mallorca

Ostmallorca wartet mit zahlreichen riesigen Höhlen mit glitzernden Innenräumen auf. Doch keine ist so beeindruckend wie die Coves del Drac (S. 160). Dort regen Burgen die Fantasie an, man kann Ponyreiten, Bootsausflüge und Safaritrips unternehmen. Außerdem liegen an der Ostküste schöne ruhige Buchten.

Palma & Badia de Palma

In der Hauptstadt fühlt man sich regelrecht in der Zeit zurückversetzt, etwa durch die Wasserspeier an der Kathedrale (La Seu; Carrer del Palau Reial 9; Erw./Kind 4/3 €; ☉ Mo–Fr 10–17.15, Sa bis 14.15 Uhr) oder das geschichtsträchtige Castell de Bellver (S. 63). Riesige Wasserparks und ein Aquarium mit furchteinflößenden Haien befinden sich ganz in der Nähe.

labyrinthähnlichen Höhlen im Osten und Landesinneren wie die Coves del Drac (S. 160), Coves d'Artà (S. 158) und Coves de Campanet (S. 141).

Die Wasserparks bieten im Sommer herrliche Abkühlung. Am schönsten ist das **Aqualand** (☑ 971 13 08 11; www.aqualand.es; Carretera de Cala Figuera; Erw./Kind 21/13 €; ☺ Juli–Aug. 10–18, Mitte Mai–Juni & Sept. bis 17 Uhr) in Palma, doch auch der Western Water Park (S. 85) in Magaluf und der Hidropark (S. 128) in Alcúdia locken mit Wellenbädern, Rutschen und Wasserbahnen. Das tolle Aquarium in Palma (S. 80) zeigt Meeresbewohner von Haien bis hin zu im Dunkeln leuchtenden Quallen und im Artestruz (S. 167) nahe Ses Salines können Kids Strauße streicheln und füttern.

Tourismusbüros geben Tipps zu Aktivitäten für Kinder.

Aktivitäten im Freien

Mallorca ist ein Freiluftparadies. Kinder können überschüssige Energie am Strand und im Meer abbauen. Je nach Alter gibt's in den großen Strandorten allerlei Aktivitäten rund ums Wasser, von Banana-Boot-Fahrten bis hin zu PADI-Tauchkursen, Schnorcheln und Kajakfahren entlang der Küste. Glasbodenboote liefern ohne körperliche Anstrengung einen Einblick ins Meeresleben.

Zurück an Land lassen sich dann wunderbar die Fahrradwege der Insel per Leihrad entdecken, etwa die flache Strecke durch die Sümpfe des Parc Natural de S'Albufera (S. 131). Ausritte begeistern ältere Kinder, wobei die Kleineren bei Ponyritten auf ihre Kosten kommen.

Rund um die Straßen durch die Serra de Tramuntana liegen rund zwei Dutzend Erholungsgebiete, Parks und Anlagen mit Grill- und Spielplätzen.

Essen gehen

Mit dem Nachwuchs ins Restaurant zu gehen ist auf Mallorca ein Klacks. Große Familienessen gehören zur Lebenskultur. Im Lokal umherlaufende Sprösslinge ernten in der Regel freundliche Blicke, solange sie keine Weinflaschen kaputt machen oder andere Gäste stören.

In vielen Strandorten werden günstige Kindermenüs angeboten, etwa einfaches Grillfleisch, Pommes, Spaghetti oder Tortilla; zum Nachtisch dann ein Eis. Gibt es keine spezielle Karte, wird etwas für die Kleinen gezaubert und in kleineren Portionen serviert. Aufgeschlossene Kids probieren vielleicht sogar *pa amb oli* (Tomatenbrot mit Knoblauch und verschiedenen Aufstrichen) und Paella. Das Orangeneis von Sóller schmeckt aber allen.

Viele, aber nicht alle Restaurants haben Hochstühle. Wer einen ergattern möchte, sollte früh da sein. Besser noch hat man seinen eigenen im Gepäck. Wickeltische gehören nicht zum Standard. Windeln, Babynahrung und Milchpulver bekommt man vielerorts in Supermärkten und in der Apotheke.

Ermäßigungen

Bei öffentlichen Transportmitteln gelten für Kinder (meist unter zwölf Jahren) ermäßigte Preise. Kleine unter fünf Jahren fahren umsonst. Bei Sehenswürdigkeiten werden oft starke Ermäßigungen gegeben, wobei die Altersgrenze für freien Eintritt zwischen 0 und 16 Jahren schwankt. Generell zahlen Kids unter vier Jahren nichts und unter 12 den halben Eintrittspreis. Für Jugendliche gibt es Ermäßigungen. Bei den meisten Touren (z.B. Bootsausflügen) bekommen Kinder 50 % Rabatt.

TOP-TIPPS ZUM REISEN MIT KINDERN

➡ In Bars und Restaurants nach Extra-Tapas für kleine Leckermäuler wie Oliven und Karottensticks fragen.

➡ Die Kinder so schnell wie möglich an den spanischen Lebensrhythmus (d.h. an lange Abende) gewöhnen, damit sie nicht die Hälfte verpassen.

➡ Wer mit den Kindern im selben Bett schläft, zahlt keinen Aufpreis; Extrabetten kosten dagegen 20 bis 30€ extra.

➡ In den örtlichen Touristeninformationen erhält man Auskunft zu nahe gelegenen Spielplätzen.

Highlights für Kinder

Austoben

➡ **Wasserspaß** Schwimmen, Schnorcheln und Tauchen, Windsurfen und Kajakfahren rund um die Insel.

➡ **Wandern** An der Küste entlang oder durch die Naturparks streifen und dabei nach Wildziegen und watenden Vögeln Ausschau halten.

➡ **Fahrrad fahren** Entspannte Radtouren entlang der Küste und durch die vogelreichen Sumpfgebiete des Parc Natural de S'Albufera. Aktive Teenies können in der Tramuntana Mountainbike fahren.

➡ **Adrenalinrausch** Der Norden ist ein riesiger Spielplatz für Aktivsportarten von Höhlenwandern bis hin zu Coasteering, Klippenspringen und Canyoning (ab 12 J.).

Wasser- & Freizeitparks

➡ **Aqualand** (S. 82) Kids lieben die Rutschen und Wildwasserbahnen im gigantisch großen Wasserpark bei Palma.

➡ **Artestruz** (S. 167) In diesem einzigartigen Park bei Ses Salines kann man Strauße streicheln, füttern und beim Rennen beobachten.

➡ **Palma Aquarium** (S. 80) Rund 8000 Meeresbewohner, darunter auch Haie, tummeln sich in den Aquarien.

➡ **Western Water Park** (S. 85) Unerschrockene Kinder lieben die kurvigen, nahezu senkrechten Rutschen dieses Wildwest-Wasserparks.

➡ **Safari-Zoo** (S. 158) Im Osten der Insel hat man die seltene Gelegenheit, von einem Safarizug aus Giraffen, Emus und Löwen zu sehen.

➡ **Marineland** (S. 85) Purzelbäume schlagende Delfine, verspielte Pinguine, Seelöwen und mehr.

➡ **Hidropark** (S. 128) Der kinderfreundliche Wasserpark liegt günstig zu den Ferienorten im Norden.

Naturwunder

➡ **Coves del Drac** (S. 160) Mit dem Boot durch unterirdische Höhlen voller jahrtausendealter Stalaktiten gleiten.

➡ **Serra de Tramuntana** (S. 93) In den seltsam verwitterten Berggipfeln der Gebirgskette Gesichter und eigenartige Formationen erkennen.

➡ **Sa Calobra** (S. 111) Auf der Serpentinenstraße hinab nach Sa Calobra mit Blick auf imposante Felsklippen und Schluchten sein Herz klopfen hören.

➡ **Coves d'Artà** (S. 158) Eine magische Höhle voller Formationen, darunter die „Königin der Säulen" und die „Höllenkammer" bestaunen.

➡ **Blaue Höhle** (S. 170) Bei einer Bootsfahrt zur Illa de Cabrera, die Teil von Mallorcas einzigem Nationalpark ist, das unwirklich blaue Meer auf sich wirken lassen.

➡ **Parc Natural de S'Albufera** (S. 131) Fernglas mitbringen und watende Vögel, Schildkröten und sogar Wasserbüffel im von Schilf gesäumten Naturpark beobachten.

Familienstrände

➡ **Platja de Muro** (S. 131) Traumhafter weicher Strand und flaches türkisfarbenes Meer in der Badia d'Alcúdia im Norden, die an den Parc Natural de S'Albufera angrenzt.

➡ **Cala Mondragó** Die südliche, mit blauer Flagge ausgezeichnete Bucht im Parc Natural de Mondragó (S. 172) mit kristallklarem Wasser und feinem Sandstrand ist wunderschön. Ideal zum Schnorcheln.

➡ **Cala Agulla** (S. 154) Malerische sichelförmige Bucht vor Pinien und Dünen, ebenfalls mit blauer Flagge, unmittelbar nördlich von Capdepera. Toll zum Paddeln.

➡ **Platja de Formentor** (S. 124) Mit dem Boot oder über die kurvige Küstenstraße an den ruhigen, piniengesäumten Strand zu fahren ist an sich schon ein Vergnügen.

➡ **Cala Mesquida** (S. 157) Die traumhafte, leicht abfallende Cala Mesquida an der Ostküste mit glasklarem Wasser, kräftigem Wind und tollen Wellen eignet sich eher für größere Kinder.

Zurück in die Vergangenheit

➡ **Castell de Bellver** (S. 63) Von der mächtigen runden Burg aus die Badia de Palma im Miniaturformat bewundern.

➡ **Zug von Palma nach Sóller** (S. 79) Der klapprige alte Zug ist ein herrliches Relikt – und ein Hit bei Groß und Klein.

➡ **Santuari de Sant Salvador** (S. 147) Über die Befestigungsmauern der Burg auf einem Hügel oberhalb von Artà schlendern.

➡ **Mittelalterliche Mauer** (S. 125) In Alcúdia einen Rundgang über die alte Stadtmauer machen.

➡ **Torre des Verger** (S. 95) In diesem Wachturm in gewagter Lage bei Estellencs über dem Meer Pirat spielen.

Neben dem Lonely Planet Ratgeber *Travel with Children* bieten folgende Websites allgemeine Infos für Reisen mit Kindern
➡ www.reisen-mit-kindern.info
➡ www.fernweh-mit-kids.de

Planung

Reisezeit

Viele der Sehenswürdigkeiten und Aktivitäten für Kinder haben nur von Mai bis Oktober geöffnet. Die passende Reisezeit hängt davon ab, was man sehen und tun möchte. Frühling und Herbst sind trocken, warm und bestens zum Klettern, Radfahren und für anderen Sport geeignet. Familien (auch einheimische) fallen in den Sommerferien in Scharen an der Küste ein, sodass man sich zu dieser Zeit lieber einen ruhigeren Ort oder eine Finca (Landgasthaus) im Inland sucht.

Unterkunft

Ob Apartment für Selbstversorger, ein Urlaubsort am Strand oder Landgasthaus mit Ziegen und Eseln zum Streicheln – in diesem Reiseführer sind zahlreiche familienfreundliche Optionen mit dem Symbol 🖭 gekennzeichnet.

Viele Hotels in Badeorten bieten Apartments, die groß genug für Familien sind. Andere sind mit Schlafzimmer, kleiner Sitzecke und Schlafsofa ausgestattet. In die meisten darf man kostenlos ein Babybett oder gegen einen kleinen Aufpreis ein Kinderbett stellen – dies sollte man jedoch bereits bei der Buchung angeben.

Die All-inclusive-Resorts, die an der Süd-, der Ost- und zum Teil auch an der Nordküste weit verbreitet sind, haben einen Vorteil: Animateure organisieren hier Aktivitäten für Kinder, von Spielen über Disco und Bastelworkshops bis hin zu Exkursionen im Freien.

Weitere Informationen hierzu siehe S. 175.

Babyausstattung

In der Regel transportieren Fluglinien – u.a. Ryanair und easyJet – einen Buggy umsonst (er bekommt beim Check-in oder bei der Gepäckaufgabe ein Schild). Zusätzliche Gegenstände wie Sitzerhöhungen und Reisebetten kosten oftmals einen Aufschlag von ca. 35–45 € pro Flug. Babynahrung, Milch und sterilisiertes Wasser darf man im Handgepäck mitführen.

Alternativ vermieten z.B. **Multi-Hire** (www.multi-hire.com) und **Baby Equipment Hire Mallorca** (www.babyequipmenthiremajorca.co.uk) die wichtigste Ausstattung. Oft ist dies die günstigere Alternative.

Babynahrung

Babynahrung (auch zum Anrühren) sowie Mittel zum Sterilisieren von Fläschchen bekommt man in *farmacias* (Apotheken). Wegwerfwindeln sind in den meisten Supermärkten und *farmacias* erhältlich. Frische Milch, in Kartons oder Plastikflaschen, gibt's in Supermärkten der größeren Städte, während in kleineren Ortschaften H-Milch oft die einzige Option ist.

Wer im Restaurant Babynahrung dabeihat, kann nachfragen, ob die Küche diese aufwärmt. Meist ist das kein Problem.

Betreuung

Einige gehobene Hotels können Kinderbetreuer zu Stundensätzen organisieren. Auf der Website **Canguroencasa** (www.canguroencasa.com) findet man Deutsch sprechende Babysitter *(canguros);* einfach auf „Canguros Baleares" klicken. Der Service kostet zwischen 5 und 10 € pro Stunde.

Kindersitze

Viele Autovermietungen verleihen Baby- und Kindersitze (meist wird die Gebühr pro Tag abgerechnet), allerdings sollten diese im Voraus reserviert werden. Die meisten Wagen der Kompaktklasse bieten nur wenig Platz und oft wird es zwischen Gepäck und Buggy eng im Kofferraum. Genaue Maße des Autos überprüfen oder ein größeres Modell in Erwägung ziehen.

Mallorca im Überblick

Palma & die Badia de Palma

Architektur
Galerien
Essen

Mittelalterliche Architektur

Palma ist wie ein 3D-Lehrbuch zu mediterraner Architekturgeschichte. Das Prunkstück ist die gotische Kathedrale, daneben warten die Gassen der Altstadt mit Meisterwerken der Modernisten, mittelalterlichen Villen sowie barocken *patis* (Patios) auf.

Miró, Barceló, Picasso & Dalí

Viele bedeutende spanische Künstler des 20. Jhs. hatten ein Faible für Palma. Mirós verspieltes Erbe prägt die ganze Stadt, Miquel Barceló kam aus dem nahe gelegenen Felanitx, und Werke von Picasso und Dalí schmücken die Galerien.

Mallorquinische Küche

Die Hauptstadt ist der kulinarische Star Mallorcas, dafür sorgen die besten Fischlokale der Insel, die exklusiven Restaurants des Promikochs Marc Fosh, intime Tapasbars rund um die Plaça Major und unwiderstehliche Konditoreien.

S.46

Westliches Mallorca

Dörfer
Natur
Wandern

Bergdörfer

Welcher Künstler ließe sich wohl nicht von den Bergschönheiten im Westen Mallorcas inspirieren? Bei einer Tour durch die Ausläufer der Tramuntana locken Valldemossa, Deià, Fornalutx, Binaraix und Orient.

Mallorcas Rückgrat

Ein Highlight der einzigartigen mallorquinischen Natur ist die Serra de Tramuntana mit ihren wilden Kalksteingipfeln, steilen Klippen und der maritimen Kulisse.

Bergwanderungen

Die mehrtägige Ruta de Pedra en Sec durch die Tramuntana ist ein unvergleichliches Erlebnis. Daneben locken Touren auf den Puig de Massanella, durch Sóllers Zitronenhaine oder zur Pilgerstätte Monestir de Lluc.

S.86

Nördliches Mallorca

Natur
Alte Städte
Strände

Cap de Formentor

Die nördliche Halbinsel der Serra de Tramuntana ist märchenhaft schön, mit Berggipfeln, steilen Klippen und versteckten Buchten. Sie lässt sich per Auto, Fahrrad oder zu Fuß erkunden.

Kulturstätten

Im nördlichen Küstenhinterland liegen zwei der interessantesten mittelgroßen Städte: Pollença mit seinen 365 Stufen zum Calvari und Alcúdia mit römischen Ruinen und Festungsmauern.

Traumstrände

Der breite Sandstrand und das klare Wasser der Badia de Pollença und der Badia d'Alcúdia im Norden ziehen Besucher scharenweise an. Ruhigere Buchten bieten Cala Sant Vicenç, das Cap de Formentor und das Cap des Pinar.

S.114

Das Inland

**Weine
Essen
Architektur**

Wein & Weingüter

Mallorcas Anbaugebiete verteilen sich über das gesamte Inselgebiet. Weingüter verkaufen ihre Erzeugnisse meist direkt vor Ort, manche veranstalten auch Führungen.

Herzhafte Küche

Im Inselinneren zu essen – z. B. in den *celler*-Restaurants Incas und Sineus oder den ländlichen Fincas, die in Hotels und Restaurants verwandelt wurden – ist eine authentische Erfahrung.

Klöster & mittelalterliche Städte

Fast jede Bergstadt im Inland war einst Sitz eines Klosters. Von ihnen bieten sich faszinierende Ausblicke. Städte wie Sineu und Petra besitzen einen stillen Charme.

S.134

Östliches Mallorca

**Strände
Höhlen
Natur**

Jenseits der Hotels

Die wilden abgeschiedenen Strände nordwestlich von Cala Ratjada sind absolut hinreißend. Als ebenso schön gelten die idyllischen *cales* (Buchten) südlich von Porto Cristo.

Unterirdische Kathedralen

Zu Mallorcas beeindruckendsten Naturphänomenen gehören die gewaltigen Formationen und Stalaktitenwälder der Höhlen im Osten, z. B. der Coves del Drac, Coves d'Artà und Coves dels Hams.

Geschützte Halbinsel

Der Parc Natural de la Península de Llevant im Norden Artàs lockt Vogelfreunde und Wanderer an. An seinem Ende liegt Cap Ferrutx. Die Ermita de Betlem berührt die Seele.

S.148

Südliches Mallorca

**Strände
Natur
Archäologie**

Unberührter Sand

Der Süden ist mit großartigen Stränden und klarem Wasser ideal für Taucher. Zudem kann man sich an der endlosen Platja des Trenc erholen, oder die Küstenschönheiten Cala Pi, Cala Llombards und Parc Natural de Mondragó besuchen.

Küstenbollwerke

Die hohen Klippen an der Küste haben den Süden vor der allgemeinen Bauwut geschützt, vor allem zwischen dem Cap Blanc und dem Cap de Ses Salines. Die Illa de Cabrera ist besonders schön.

Geheimnisvolle Vergangenheit

Mallorcas Urgeschichte liegt noch weitgehend im Dunkeln. Talayot-Stätten wie Capocorb Vell und das nahe Ses Salines bieten Einblicke in diese Epoche.

S.163

Reiseziele auf Mallorca

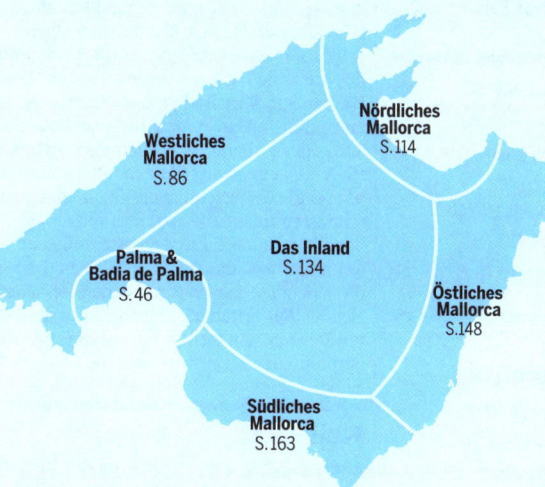

Nördliches Mallorca
S. 114

Westliches Mallorca
S. 86

Palma & Badia de Palma
S. 46

Das Inland
S. 134

Östliches Mallorca
S. 148

Südliches Mallorca
S. 163

Palma &
Badia de Palma

Schön essen

➡ Simply Fosh (S. 67)

➡ Can Cera Gastro Bar (S. 67)

➡ Wine Garage (S. 69)

➡ Toque (S. 70)

➡ Misa Braseria (S. 67)

Schön übernachten

➡ Can Cera (S. 177)

➡ Hotel Tres (S. 179)

➡ Palma Suites (S. 177)

➡ Boutique Hotel Calatrava (S. 178)

➡ Puro Oasis Urbano (S. 179)

Auf nach Palma

Die schnuckelige, meerumspielte und feierfreudige Hauptstadt ist wohl eine der am meisten unterschätzten Europas und muss sich nicht vor den großen Metropolen verstecken: Gemessen an Palmas Größe birgt es beeindruckende Sehenswürdigkeiten, man denke bloß an die stattliche gotische Kathedrale, die wie die Gallionsfigur eines imposanten Schiffs auf das Mittelmeer blickt. Und dann sind da natürlich auch die anspruchsvollen Museen: Das Es Baluard mit Werken von Miró und Picasso oder das Museu Fundació Juan March mit all seinen Dalís und Barcelós sind nur die Spitze des Eisbergs. In den labyrinthartigen Straßen der Altstadt ist kaum genug Platz für all die mittelalterlichen Paläste und die herrschaftlichen Villen, in denen sich einige der schönsten Innenhöfe Spaniens verbergen.

Sollten einen diese Sehenswürdigkeiten kaltlassen, gibt es immer noch das traumhafte Meer, das leckere Essen und die lebendige Barszene, die jeden Besucher in ihren Bann ziehen. Wer Frischluft braucht, ist in null Komma nix in einer Burg mit Aussicht, an einem Strand oder an Bord eines altmodischen Zugs, der durch die Berge ruckelt.

Reisezeit

Anders als die übrigen Orte auf der Insel gibt Palma konstant Vollgas: Fast alle Sehenswürdigkeiten, Hotels und Restaurants sind 365 Tage im Jahr geöffnet. Von April bis Oktober, wenn es schön warm ist, verströmt die Stadt eine besonders unwiderstehliche Gute-Laune-Stimmung. Dann schaukeln unzählige Masten im Jachthafen hin und her und Segelregatten locken die Reichen und Schönen an. Es vergeht kaum ein Monat ohne Festival, Markt oder Parade: Im Februar stehen Karnevalsumzüge auf dem Programm, im Juni Feuerwerk anlässlich des Nit de Foc und im Dezember wird der Weihnachtsmarkt aufgebaut. Im Winter sind die Strandresorts an der Badia de Palma geschlossen.

Palmas Höfe

Es gibt kaum ein schöneres Erlebnis, als sich durch die Gassen der Altstadt treiben zu lassen, die sich östlich der Kathedrale erstreckt. Hinter Eisentoren verstecken sich die *patis*: In diesen prächtigen Höfen empfingen einst Adelige ihre Gäste, die in Pferdekutschen anreisten. Sie waren die Schnittstelle zwischen öffentlichem und privatem Leben und mussten als solche natürlich repräsentativ sein – sie wurden geputzt, bis sie blinkten, und quollen über vor Blumen und anderem Grün.

In Palma gibt es immer noch 150 Patrizierhäuser mit *patis*, ein Großteil kann aber nur aus der Ferne betrachtet werden. Die Höfe demonstrieren unterschiedliche Baustile: Gotik, Renaissance, Barock, Modernisme ... Die anmutig geschwungenen Bogen und ionischen Säulen, die ausladenden Treppen mit den schmiedeeisernen Balustraden und Brunnen bzw. Zisternen finden sich aber in allen. Der Stadtspaziergang (S. 61) führt an ein paar unserer Lieblingshöfe vorbei. Wer richtig auf Tuchfühlung gehen möchte, sollte eine Führung von Mallorca Rutes (S. 65) buchen.

✗ Zum Markt

Palmas Bauernmärkte und Markthallen sind eine tolle Gelegenheit, beim Stöbern zwischen den Ständen mit frischen Erzeugnissen die Stadt von ihrer kulinarischen Seite kennenzulernen. Hier gibt's alles, was man für ein Picknick braucht: von Käse und Wurst bis zu Obst und Gemüse. Die größte Auswahl bietet der Mercat de l'Olivar (S. 70). Dort findet man die ganze Palette von dicken Oliven, fremd klingenden Gemüsesorten, fußballgroßen Melonen über an Schnüren aufgereihte *sobrassadas* (geräucherte Schweinswurst mit Paprikageschmack), große Stücke Serrano-Schinken bis hin zu genug Fisch, um einen kleinen Ozean zu füllen. So kann man sich problemlos den kompletten Morgen vertreiben und anschließend an den Ständen Tapas und Austern zum Mittagessen bestellen. Ähnlich betriebsam, aber weniger touristisch sind der **Mercat de Santa Catalina** (Karte S. 66; Plaça de la Navegació; ◷ Mo–Fr 8–14 & 17–20, Sa 8–14 Uhr) und der **Mercat de Pere Garau** (Karte S. 52; Plaça de Pere Garau; ◷ Mo–Fr 8–14 & 17–20, Sa 8–14 Uhr).

Die besten Museen

➜ **Museu Fundació Juan March** (S. 58) Die Stars der modernen Kunstszene, darunter Miquel Barceló, ein Sohn der Insel.

➜ **Es Baluard** (S. 60) Picasso, Miró und ein toller Blick auf die Stadt. Das Museum ist Teil der Ufermauer aus der Renaissance.

➜ **Fundació Pilar i Joan Miró** (S. 83) Miró total mit mehr als 2500 seiner Arbeiten.

➜ **Museo Can Morey de Santmarti** (S. 53) Ein Fest für Dalí-Fans in einer opulenten Stadtvilla.

➜ **Palau March** (S. 51) Ein exquisiter Palast beherbergt Gemälde Dalís und Skulpturen von Moore, Rodin und Chillida.

Fotomotiv Kathedrale

Für das perfekte Foto der Kathedrale sollte man zur „blauen Stunde" (Dämmerung) in den Parc de la Mar kommen; dann ist das Bauwerk herrlich beleuchtet.

Gut zu wissen

➜ Viele der Hauptattraktionen in Palma bleiben montags geschlossen, auch die Fundació Pilar i Joan Miró und das Es Baluard.

➜ Sonntags sind die Kathedrale, der Palau March und Palau de l'Almudaina geschlossen.

Vorausplanen

➜ Wer in der Hauptsaison anreist, sollte die Unterkünfte mehrere Monate im Voraus buchen.

➜ Tische in den Edelrestaurants von Palma bis zu zwei Wochen vorab reservieren.

➜ Die „To-do-Liste" eine Woche vor der Reise unter Berücksichtigung der Ruhetage zusammenstellen.

➜ Wanderungen mit Guides und Stadtführungen ein paar Tage im Voraus organisieren.

Infoquellen

➜ **Ajuntament de Palma**
www.palmademallorca.es

➜ **Consell de Mallorca tourist office**
www.infomallorca.net

➜ **Visit Calvia**
www.visitcalvia.com

➜ **EMT Palma public transport** www.emtpalma.es

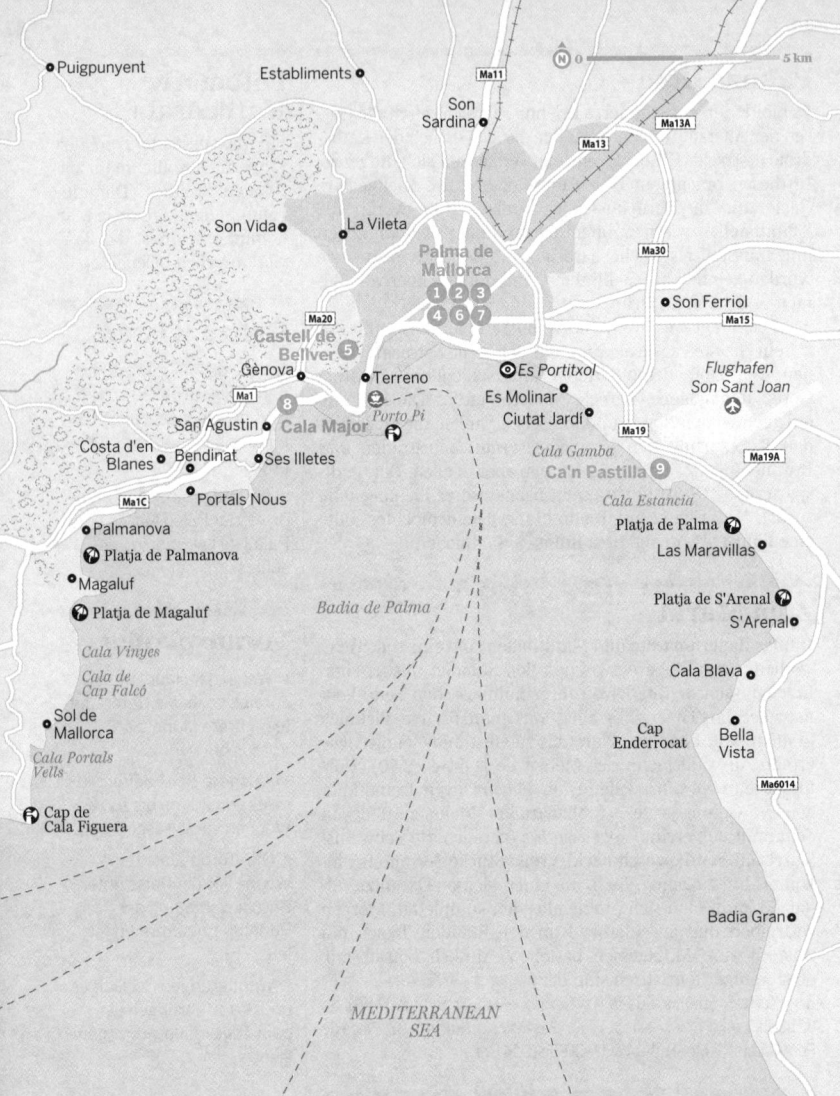

Highlights

① Barceló, Gaudí und Buntglas in allen Farben des Regenbogens in der gotischen **Catedral** bestaunen (S. 49).

② Palmas Szene für moderne Kunst im **Es Baluard** (S. 60) kennenlernen.

③ Im Labyrinth von Alt-Palma Barock-Höfe und die maurischen **Banys Àrabs** (S. 53) entdecken.

④ Picasso, Miró und Dalí im **Museu Fundació Juan March** (S. 58) besuchen.

⑤ Die Badia de Palma aus der luftigen Höhe des **Castell de Bellver** (S. 63) überblicken.

⑥ Palmas Bohemien-Rhythmus in den Bars und Boutiquen von **Santa Catalina** (S. 73) erleben.

⑦ Die Kathedrale bei Dämmerung vom **Parc de la Mar** (S. 52) aus ablichten.

⑧ In der **Fundació Pilar i Joan Miró** (S. 83) in Cala Major das Licht wie Miró wahrnehmen.

⑨ Im **Puro Beach** (S. 82) in Ca'n Pastilla mit coolen Leuten Cocktails schlürfen.

PALMA DE MALLORCA

407 650 EW.

Die Hauptstadt von Mallorca schmiegt sich in die Badia de Palma und ist wohl eine der angenehmsten Mittelmeerstädte. Sowohl seine Form als auch seinen Charakter verdankt Palma dem Meer. Auf einer leichten Anhöhe erstreckt sich die Altstadt, gekrönt von der imposanten gotischen Kathedrale. Entfernt man sich nur wenige Meter von den Hauptattraktionen und Menschenmassen, findet man sich in einem Labyrinth aus Kopfsteinpflastergassen wieder, die förmlich danach schreien, erkundet zu werden. Man sollte sich an die Einheimischen halten, ein Schwätzchen mit den Händlern auf dem Markt halten, in Boutiquen nach kleinen Schätzen stöbern und Schnappschüsse von barocken Kirchen, Palästen und Höfen machen. Das Mittagessen zieht sich hier schon mal gern bis in den Nachmittag.

Geschichte

Palma war schon in römischer Zeit besiedelt und wurde damals Palmeria oder Palma genannt. Im 12. Jh. gehörte die sogenannte Medina Mayurka (Stadt von Mallorca) zu den florierendsten muslimischen Hauptstädten Europas. Nach der christlichen Eroberung 229 erlebte Palma im 14. Jh. als Handelszentrum eine neuerliche Blütezeit. Die Christen tauften die Stadt auf den Namen Ciutat de Mallorca oder Ciudad Capital (Hauptstadt).

Im 16. Jh. versank sie samt dem Rest der Insel für eine ganze Weile in Apathie. Die hohen Ufermauern, die noch heute zu sehen sind, entstanden weitgehend im 16. und 17. Jh. Damals leitete man auch den Lauf des Flusses Riera von seinem natürlichen Bett entlang des heutigen Passeig d'es Born in den Kanal westlich der Stadtmauern um. Mit der Altstadt ging es derweil immer weiter bergab. Ein Großteil der Ufermauern wurde Anfang des 20. Jhs. abgerissen, um Platz für die rasant wachsende Stadt zu schaffen. Seit der Tourismus in den 1960er-Jahren zur reichlich sprudelnden Einnahmequelle wurde, hat sich das Stadtzentrum zum Positiven verändert und ist kaum wiederzuerkennen. Einem Bericht von 2007 zufolge sollen Immobilien um Dalt Murada zu den teuersten in ganz Spanien gehören.

Im Juli und August 2009 machten Bombenanschläge der baskischen Untergrundorganisation ETA in Palma weltweit Schlagzeilen. Diese standen angeblich in Zusammenhang mit dem bevorstehenden alljährlichen Sommerbesuch des Königs und der Königin von Spanien auf der Insel.

◉ Sehenswertes

◉ Altstadt

★ **Catedral**   KATHEDRALE

(La Seu; Karte S. 56 f.; www.catedraldemallorca.org; Carrer del Palau Reial 9; Erw./Kind 6 €/frei; ⊙ Mo–Fr 10–18.15, Sa bis 14.15 Uhr) Die Kathedrale ist das Wahrzeichen und prachtvollste Bauwerk Palmas. Ihre immensen Dimensionen, ihre Schönheit und die atemberaubende Innenarchitektur von Antoni Gaudí und dem bekannten zeitgenössischen Künstler Miquel Barceló machen sie einzigartig. Der Baustil

---

PALMA IN ZWEI TAGEN

Palma ist perfekt geeignet, um für ein Wochenende ins Stadtleben einzutauchen und eine große Zahl von Sehenswürdigkeiten abzuklappern. Logischer Ausgangspunkt sind die **gotische Kathedrale** (S. 49) und der **Palau de l'Almudaina** (S. 51). In den verzweigten Altstadtgassen verliert man sich leicht stundenlang. Wer genug davon hat, schaut sich ein paar Dalís im **Museo Can Morey de Santmarti** (S. 53) an und besucht die **Banys Àrabs** (S. 53). Zum Mittagessen geht's in die **Can Cera Gastro Bar** (S. 67) und im Anschluss zur **Basílica de Sant Francesc** (S. 54). Im **Es Baluard** (S. 60) kann man einen Snack im Schatten der Stadtmauern verzehren. Zum Ausgehen empfiehlt sich Santa Catalina: Nach dem Abendessen im **Koh** (S. 69) und Drinks im **Idem Café** (S. 74) wird an der Passeig Marítim getanzt. Tags darauf verlässt man die Stadt in westlicher Richtung, um das **Castell de Bellver** (S. 63) und die **Fundació Pilar i Joan Miró** (S. 83) zu besuchen. Mittagessen (reservieren!) gibt's im **Ca'n Eduardo** (S. 71). Der Nachmittag verfliegt im **Museu Fundació Juan March** (S. 58), bevor man im **Guiness House** (S. 74) einkehrt. Danach ist es Zeit für eine *ensaïmada* (süße Schnecke mit Puderzucker, manchmal mit Creme gefüllt) im **Ca'n Joan de S'Aigo** (S. 68), gefolgt vom Abendessen im **Simply Fosh** (S. 67) oder der **Misa Braseria** (S. 67). Und schließlich heißt es: hinein in die Bars von Sa Gerreria – etwa **L'Ambigú** (S. 72).

DIE SCHÄTZE DER KATHEDRALE

Besucher betreten die Kirche auf der Nordseite. Im Vorraum werden die Eintrittskarten verkauft, dahinter liegt die Sakristei. Sie beherbergt den Hauptbereich des kleinen **Museu Capitular** (Kapitelmuseum), in dessen Mitte eine gewaltige vergoldete Monstranz aus dem Jahr 1585 prangt, die bei der jährlich stattfindenden Fronleichnamsprozession zum Einsatz kommt. Zu den weiteren Exponaten gehört ein Reisealtar, der wahrscheinlich aus dem Besitz von Jaume I. stammt. Seine kleinen Fächer enthalten Heiligenreliquien. In einem der ausgestellten Reliquienschreine liegen angeblich drei Dornen von der Dornenkrone Christi.

An die Sakristei schließen sich ein **gotisches Kapitelhaus** von Guillem Sagrera und ein **barockes** an. Im gotischen sind vor allem das Grab von Bischof Gil Sánchez Muñoz (dem Gegenpapst Clemens VIII.), die *Tabla de l'Almoina* (Almosentafel) und zwei Gemälde des Meisters Monti-Sion – *El Calvario* (Der Kalvarienberg) und *Nuestra Señora de la Misericordia* (Unsere liebe Frau der Barmherzigkeit) – beachtenswert. Sie erinnern an eine furchtbare Flut 1403, die 5000 Menschen in Palma das Leben kostete. Das barocke Kapitelhaus mit seinen feinen Meißelarbeiten und dem mit Edelsteinen besetzten *relicario de la vera cruz* (Reliquiar des wahren Kreuzes) aus dem 16. Jh. ist ebenso beeindruckend, genau wie die beiden Silberkandelaber, die je 243 kg wiegen.

Durch eine der Seitenkapellen geht's in die eigentliche Kathedrale. Unwillkürlich wird der Blick nach oben zu den Kreuzgratgewölben gelenkt, die auf schlanken Achtecksäulen ruhen. Kapellen flankieren die Gänge und das breite **Mittelschiff**. Kaleidoskopartige „Vorhänge" aus Buntglas – darunter 87 Fenster und acht umwerfende Rosetten – lassen die Wände erstrahlen. Besonders prachtvoll ist das **oculus maior**, das „große Auge", das einen Davidstern zeigt. Es besteht aus 1115 Glasscheiben, leuchtet rubinrot, golden und saphirblau und ist die größte Fensterrosette der Welt. Wer morgens herkommt, kann das faszinierende Spiel aus buntem Licht und Schatten an der Westwand bewundern. Am schönsten ist dieses Spektakel am 2. Februar und 11. November um 8.30 Uhr, denn dann werden Farben und Formen der Hauptrosette überdimensional groß an die Wand unterhalb der anderen Rosette projiziert.

Die drei auffallend unterschiedlichen **Apsiden** zeigen die Eucharistie in drei Teilen. In der linken Apsis erlebt man sein „goldenes Wunder" in Form des Fronleichnamsaltarbildes, eines überladenen barocken Traums von Jaume Blanquer (1626–1641). Es widmet sich der Eucharistie während des Letzten Abendmahls.

Von 1904 bis 1914 führte Antoni Gaudí Renovierungsarbeiten an der Kathedrale durch. Sein wichtigstes Werk war der merkwürdige **Baldachin** mit einem ausgefallenen Kruzifix, flankiert von Maria und Johannes, über dem Hauptaltar. Der Baldachin wirkt wie das klaffende Maul eines riesigen prähistorischen Hais, das in einem alten Naturkundemuseum von der Decke baumelt. Daran hängen 35 Lampen und darüber spannt sich etwas, das nach einem fliegenden Teppich aussieht. Damit gibt das Genie des Modernisme aus Barcelona dem Betrachter ein echtes Rätsel auf. Zu seiner Entschuldigung muss man sagen, dass die Installation nur als Provisorium gedacht war. Die endgültige Version wurde nie realisiert.

Als ob diese Absonderlichkeit noch nicht genügt hätte, beauftragte das Domkapitel den modernen mallorquinischen Künstler Miquel Barceló (einen Agnostiker), die **Capella del Santíssim i Sant Pere** im rechten Seitenschiff umzugestalten. Die Traumlandschaft aus 15 Tonnen Keramik, die das Wunder der Vermehrung von Brot und Fisch darstellt, wurde 2007 eingeweiht. Links brechen Fische und andere Meerestiere aus der Wand. Gegenüber verbreiten die Darstellungen von Brot und Früchten ein Dschungelfeeling. Zwischen den Fischen und Palmzweigen steht auf Totenköpfen eine leuchtende Gestalt, die Christus darstellen soll, aber vielmehr dem kleinen, hageren Künstler nachempfunden ist.

Im Inneren der Kathedrale sind neben der **gigantischen Orgel** von 1798 (kostenlose Vorführungen an jedem ersten Dienstag im Monat um 12 Uhr) noch die beiden Kanzeln bemerkenswert. Die kleinere wurde von Gaudí teilweise umgestaltet.

ist gotisch, nur die ungewöhnliche Hauptfassade vereint verschiedene Stilrichtungen.

Die Kathedrale steht an der Stelle, an der sich einst die zentrale Moschee der Medina Mayurka befand. Diese war unter maurischer Herrschaft 300 Jahre lang Hauptstadt von Mallorca. Obwohl Jaume I. und seine marodierenden Mannen die Stadt bereits 1229 eroberten, begann der Bau der Kathedrale (auf Katalanisch La Seu), einem der größten Bauwerke seiner Art in ganz Europa, erst um 1300. Zunächst wurde die alte Moschee als Kirche genutzt und der Jungfrau Maria geweiht. 1601 wurde das neue Gotteshaus fertiggestellt.

Zunächst war es gewissermaßen das Renaissance-Sahnehäubchen auf dem gotischen Kuchen, doch dann richtete ein Erdbeben 1851 erheblichen Schaden an. Statt die alte Fassade nachzubauen, verpasste man dem Ganzen mit verflochtenen Strebebogen und hoch aufragenden Türmchen einen Hauch neugotisches Flair. So entstand ein Mischwesen mit vielen Original-Renaissance-Elementen (vor allem am Hauptportal), ein Beispiel pseudogotischen Monumentalismus des 19. Jhs., das zuweilen recht künstlich anmutet.

Die Zeiten für die Gottesdienste variieren, aber eine Messe findet stets um 9 Uhr statt.

★ **Palau de l'Almudaina**   PALAST
(Karte S. 56f.; Carrer del Palau Reial; Erw./Kind 9/4 €, Audioguides 4 €, Führungen 6 €; ◷ 10–20 April–Sept., Okt.–März bis 18 Uhr) Ab Ende des 13. Jhs. diente die ehemalige islamische Festung gegenüber der Kathedrale als Wohnsitz der Königsfamilie. Noch heute ist dies, zumindest symbolisch, Juan Carlos' Sitz, doch die Königsfamilie hält sich außer zu feierlichen Anlässen nur selten in diesem Palast auf; sie verbringt den Sommer lieber im Palau Marivent (in Cala Major). Die höhlenartigen Zimmer mit Steinwänden und opulenter Ausstattung können besichtigt werden.

Angeblich errichteten die Römer ein *castrum* (Kastell) an dieser Stelle, an der es vermutlich schon eine prähistorische Siedlung gab. Die muslimischen Wälis (Emire) Mallorcas erweiterten und veränderten die römische Festung, während Jaume I. und seine Nachfolger schließlich den maurischen Palast komplett umbauten, sodass kaum etwas davon übrig blieb.

Der erste kleine Raum, der zu besichtigen ist, hat eine schwarz-weiße Decke als Symbol für Tag und Nacht, Licht und Dunkel. Von dort geht's in eine Flucht aus drei Sälen. Hier fallen gotische Ziegelbogen auf, die auf halber Höhe wie abgeschnitten wirken. Ursprünglich waren diese drei Räume doppelt so hoch wie heute und bildeten einen einzigen Saal, der an die arabische Festung angebaut war. Dieser **Saló del Tinell** (vom italienischen *tinello* für „Essplatz") diente als riesiger Bankett- und Festsaal. Die Räume sind mit Stilmöbeln, Tapisserien und anderen Raritäten eingerichtet. Die sechs nächsten, leeren Räume und die Terrasse gehören zur ursprünglichen maurischen Zitadelle.

Im Haupthof, dem **Patio de Armas**, traten die Truppen zur Inspektion und Parade an, bevor sie in die Stadt marschierten. Der Löwenbrunnen in der Mitte ist eines der wenigen Relikte aus maurischer Zeit. Über die imposante Königstreppe gelangt man in die **Königsgemächer**. Herzstück der üppig ausgestatteten Räume – man beachte vor allem die herrliche Kassettendecke – ist der Saló Gòtic, die obere Hälfte des früheren Saló del Tinell. Hier kann man auch die gotischen Bogen bewundern. Neben den Königsgemächern liegt die königliche **Capella de Sant'Anna**. Der Eingang der Kapelle ist eines der wenigen spätromanischen Portale Mallorcas aus weißem und rosa Marmor.

Nach dem Tod Jaumes III. 1349 residierte hier kein König mehr auf Dauer.

An der Avinguda d'Antoni Maura liegt der S'Hort del Rei (Königsgarten).

★ **Palau March**   MUSEUM
(Karte S. 56f.; Carrer del Palau Reial 18; Erw./Kind 4,50 €/frei; ◷ Mo–Fr 10–18.30, Sa bis 14 Uhr) Dieses palastartige Gebäude war nur einer von mehreren Wohnsitzen der sagenhaft reichen Familie March. Auf der Terrasse, dem Zugang zum Palau, tummeln sich Skulpturen bedeutender Künstler des 20. Jhs. (Henry Moore, Auguste Rodin, Barbara Hepworth, Eduardo Chillida & Co.). Im Mittelpunkt steht eine enorme Skulptur von Xavier Corberó aus Barcelona: *Orgue del Mar* (1973). Das Innere birgt noch mehr Meisterwerke, hinter denen bekannte spanische Namen stehen: Josep Maria Sert oder Salvador Dalí. Von Letzterem ziehen einen mehr als 20 Gemälde zum Thema „Alchimie und Ewigkeit" in den Bann. Darüber hinaus findet sich dort die ungewöhnliche *belén* (Krippe) aus dem 18. Jh. mit Hunderten unglaublich detaillierter Figuren von Engeln, Königen und Hirten, Tieren und Marktszenen – eine einzigartige Darstellung der Geburt Christi.

Im Obergeschoss malte der Künstler Josep Maria Sert (1874–1945) das Hauptdeckengewölbe und die Decke des Musikzimmers aus.

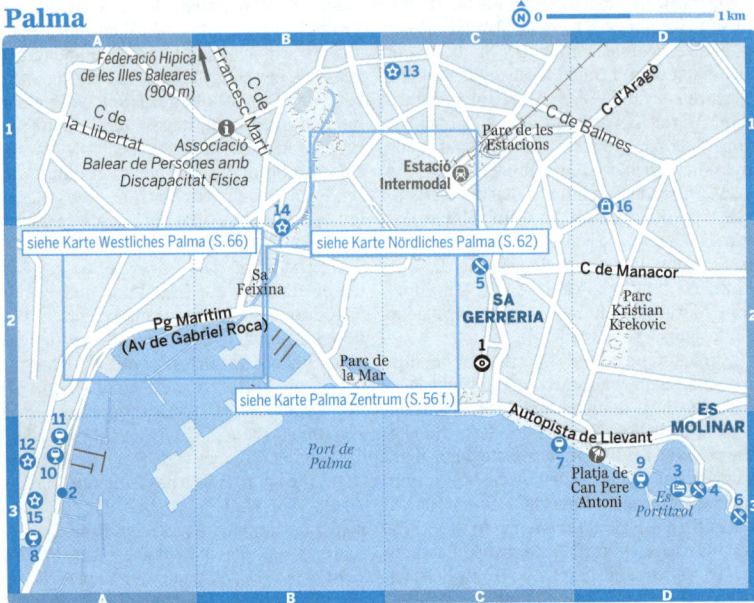

Palma

Das Deckengemälde im Gewölbe ist viergeteilt: Die drei ersten Felder stellen die drei Tugenden Tapferkeit, Klugheit und Inspiration dar, das vierte die Verkörperung dieser Eigenschaften in Gestalt des Auftraggebers Juan March. In einem Raum sind mittelalterliche Karten des Mittelmeers ausgestellt, angefertigt von mallorquinischen Kartografen.

Museu Diocesà   MUSEUM
(Karte S. 56 f.; Carrer del Mirador 5; Erw./Kind 3 €/ frei; ☺ Mo–Sa 10–14 Uhr) Seit 2007 ist das Museu Diocesà im prachtvollen Palau Episcopal (Bischofspalast) untergebracht, hinter der Kathedrale Richtung Osten gelegen. Hier steht Mallorcas Geschichte christlicher Kunst im Mittelpunkt. Zu sehen sind neben Arbeiten von Antoni Gaudí, Francesc Comes und Pere Niçard ein aufrüttelndes *retaule* (Retabel, Altaraufsatz) mit der Passion Christi (um 1290–1305) aus dem Kloster Santa Clara.

Die Stationen der Passion sind in allen Details dargestellt: Palmsonntag, das Letzte Abendmahl, der Judaskuss. Bei der Geißelung wirkt Christus relativ unbeeindruckt, aber das Bild des Gekreuzigten ist verstörend. Rechts daneben hängt ein Meisterwerk von Francesc Comes: *St Jaume de Compostela* (der hl. Jakobus ist bei den Spaniern als Maurenschlächter bekannt). Pere Niçards *Sant Jordi* (hl. Georg) entstand um

1468 bis 1470 und besticht durch seine Detailfülle. Georg tötet den Drachen vor dem Hintergrund der Ciutat de Mallorca (Palma). Unter diesem Gemälde hängt ein Werk von Niçard und seinem Lehrer Rafel Mòger. Es zeigt die christliche Eroberung Palmas 1229. Im letzten Saal dieses Flügels befindet sich die gotische Kapelle Oratori de Sant Pau. Das Buntglasfenster war Gaudís Generalprobe für seine Kathedralenfenster.

In anderen Sälen kann man Werke mallorquinischer Künstler wie Pere Terrencs und Mateu López (Vater und Sohn) bewundern. Das Obergeschoss bietet eine spärliche Sammlung barocker Kunst, Keramiken und einen schönen Ausblick über die Bucht.

Dalt Murada
& Parc de la Mar   STADTMAUER, PARK
(Karte S. 56 f.) Anfang des 20. Jhs. riss man Palmas Mauern größtenteils ab, um die Ausdehnung der wachsenden Stadt zu erleichtern. Nur ein Teilstück der imposanten Renaissance-Ufermauer (erb. zwischen 1562 und 1801), die Dalt Murada, ist erhalten. Der Parc de la Mar (mit künstlichem See, Brunnen und Grünflächen) wurde 1984 eröffnet. In östlicher Richtung ist ein Kinderspielplatz.

Im Sommer laden Caféterrassen zu einem kühlen Drink ein. Außerdem eignet sich der Park bestens, um die monumentale Impo-

Palma

sanz der Kathedrale mit der Kamera einzufangen; besonders nach Einbruch der Dunkelheit, wenn sie gekonnt beleuchtet wird.

Museo Can Morey de Santmartí
KUNSTMUSEUM

(Karte S. 56 f.; www.museo-santmarti.es; Carrer de la Portella 9; Erw./Kind 9/5 €; ⊙ April–Okt. 9.30–20.30, übriges Jahr kürzere Öffnungszeiten) Der Kunsthändlier Wolgang Hörnke erfüllte sich mit dem Umbau dieses prachtvollen Stadthauses mit Innenhof, das 2012 als Museum eröffnet wurde, einen Traum. Es ist eine Ode an den katalanischen Surrealisten Salvador Dalí (1904–1989) und seine herrlich verdrehte Welt. Auf drei Stockwerken sind in opulenten Räumen mit Holzböden 226 Originale aus den 1930er- bis 1970er-Jahren zu sehen.

Hexerei, Stierkämpfe (bei denen der Matador oft an ein Monster erinnert) und Mythologie sind wiederkehrende Motive in den ausgestellten Arbeiten. Highlights sind die lebensechten Stiche, darunter die Serien *Faust* (1968) und *Les Hippies* (1969–1970).

Jardí del Bisbe
GARTEN

(Karte S. 56 f.; Carrer de Sant Pere Nolasc 6; ⊙ Mo–Fr 9–15 Uhr) GRATIS Gleich neben dem Palau

Episcopal erstreckt sich der Jardí del Bisbe. Dieser bescheidene botanische Garten ist die reinste Oase der Ruhe und lädt zu einem Spaziergang zwischen Palmen, Granatapfelbäumen, Wasserlilien, Thymian, Artischocken, Kumquats, Orangen- und Zitronenbäumen ein oder zu einer erholsamen Rast auf einer der Bänke.

Can Bordils
HISTORISCHE STÄTTE

(Karte S. 56 f.; Carrer de l'Almudaina 9) In der Villa aus dem 16. Jh. mit einem Innenhof aus dem 17. Jh. ist das Arxiu Municipal untergebracht, wo gelegentlich Ausstellungen stattfinden.

Porta de l'Almudaina
TOR

(Karte S. 56 f.; Carrer de l'Almudaina) Für Geschichtsfans ist der Torbogen östlich des Can Bordils ein echter Leckerbissen. Angeblich war er von der Antike bis ins 13. Jh. Teil der Wehranlagen, von denen heute kaum noch etwas zu erkennen ist. Er sieht zwar sehr mittelalterlich aus, gehörte aber höchstwahrscheinlich schon zur römischen Stadtbefestigung.

Museu de Mallorca
MUSEUM

(Karte S. 56 f.; www.museudemallorca.es; Carrer de la Portella 5; ⊙ Mo–Fr 11–20, Sa bis 14 Uhr) GRATIS Das hervorragende Stadtmuseum bleibt leider wegen Renovierungsarbeiten bis mindestens Ende 2014 geschlossen. Bis die Sammlung in dieses weitläufige Ensemble von Villen aus dem 17. Jh. entlang des Carrer de la Portella einziehen kann, ist sie in der Fundació Sa Nostra (S. 60) zu Gast. Neben archäologischen Artefakten und religiöser Kunst sind Antiquitäten und Keramikwaren, talayotische Bronzen und fein gearbeiteter Almohaden-Goldschmuck zu sehen.

Banys Àrabs
BADEHAUS

(Karte S. 56 f.; Carrer de Serra 7; Erw./Kind 2 €/frei; ⊙ 9–19.30 Uhr) Die bescheidenen arabischen Bäder gelten als das bedeutendste Bauwerk, das aus der Zeit der arabischen Herrschaft erhalten ist. Übrig sind allerdings nur zwei unterirdische Kammern, von denen eine mit einer Kuppel aufwartet, die auf einem Dutzend Säulen ruht. Ein paar Kapitelle stammen aus abgerissenen römischen Bauten.

Bei den kleinen Räumen handelt es sich um das Caldarium oder Heißbad und um das Tepidarium (Warmbad). Früher gab es auch ein Kaltbad, das sogenannte Frigidarium. Wie schon die römischen Bezeichnungen andeuten, übernahmen die Araber auf Mallorca ebenso wie in der gesamten arabischen Welt die Idee zu ihren Bädern von den Römern. In diesem speziellen Fall handelte

PALMA FÜR KINDER

All die Strände, Parks und Wasseraktivitäten sind eigentlich ein Garant dafür, dass ein Urlaub in Palma auch für Familien jede Menge Spaß bereithält. Im Castell de Bellver (S. 63) und **Castell de Sant Carles** (Carretera del Dic de l'Oest; ⊙ Mo–Sa 9–13 Uhr) GRATIS kann man auf den Spuren von Rittern und Edelfräulein wandeln, während das Es Baluard (S. 60) in den Festungswällen gleichermaßen für Kunstfans und Entdecker geeignet ist. Das Palma Aquarium (S. 80) östlich von Palma ist ebenfalls ein Highlight für Kinder. Dort lässt sich gut und gern ein halber Tag verbringen – und die Kleinen können sogar über Nacht bleiben (bei speziellen „Haiübernachtungen"). Auch das Freizeitbad Aqualand (S. 82) nahe S'Arenal schlägt beim Nachwuchs gewöhnlich ein wie eine Bombe.

Überall in der Stadt gibt es Kinderspielplätze, z. B. im **Parc de les Estacions** hinterm (Bus-)Bahnhof und im Park **Sa Feixina** nahe dem Es Baluard. Ein toller Abenteuerspielplatz ist zudem unweit der Befestigungsanlage gleich östlich des **Parc de la Mar**.

es sich wahrscheinlich nicht um ein öffentliches, sondern um ein privates Bad, das zu einem Herrenhaus gehörte. Es steht in einem hübschen Altstadtgarten, der zum Entspannen einlädt.

Església de Santa Eulàlia
KIRCHE
(Karte S. 56 f.; Plaça de Santa Eulàlia 2; ⊙ Mo–Fr 9.30–12 & 18.30–20.30, Sa 10.30–13 & 18.30–20.30, So 9.30–13.30, 18.30–19.30 & 21–22 Uhr) GRATIS Santa Eulàlia entstand als eine der ersten großen Kirchen nach der christlichen Eroberung der Insel 1229. Neben der Kathedrale ist das hoch aufstrebende gotische Gotteshaus mit neugotischer Fassade (umfassend renoviert zwischen 1894 und 1924) die einzige dreischiffige Kirche Mallorcas. Der Barockaltar wirkt ziemlich mitgenommen, und die Kapellen im Chorraum sind nicht zugänglich.

Basílica de Sant Francesc
KIRCHE
(Karte S. 56 f.; Plaça de Sant Francesc 7; Eintritt 1,50 €; ⊙ Mo–So 9.30–12.30, Mo–Sa 15.30–18 Uhr) Die franziskanische Basílica ist eine der ältesten Kirchen von Palma. 1281 begann der Bau im gotischen Stil, 1700 wurde die Barockfassade fertiggestellt. Das Gotteshaus ist für seinen wunderschönen gotischen Kreuzgang, eine zweigeschossige, trapezförmige Konstruktion, berühmt. Die eleganten Säulen deuten darauf hin, dass sich der Bau eine ganze Weile hinzog. Auch in der tristen Kirche ist der Stilmix unverkennbar. Das hohe Deckengewölbe ist klassisch gotisch, während der glitzernde Hochaltar als barockes Schmuckstück daherkommt, das allerdings dringend einmal aufpoliert werden müsste.

In der ersten Seitenkapelle (Nostra Senyora de la Consolació) links im Chorumgang befindet sich der ganze Stolz der Kirche: das Grab des Gelehrten und Missionars aus dem 13. Jh., Ramon Llull. Er gilt als Mallorcas Lieblingssohn (vielleicht abgesehen von Tennisgenie Rafael Nadal). Llulls Alabastergrabmal ist ganz oben rechts. Wer seine Heiligsprechung (bislang wurde er nur seliggesprochen) unterstützen will, kann ein paar Münzen einwerfen. Die Capilla de los Santos Mártires Gorkomienses rechts im Chorumgang ist 19 Katholiken, darunter elf Franziskanermönche, geweiht, die 1572 in Holland als Märtyrer starben. Die ziemlich verblichene Darstellung dieses Ereignisses zeigt, wie man sie erhängte, ihnen die Innereien herausriss und die Nasen abschnitt.

Arabische Stadtmauer
HISTORISCHE STÄTTE
(Karte S. 52; Carrer de Mateu Enric Lladó) Einen Häuserblock östlich der Església de Sant Jeroni liegt hinter einem Teilstück der arabischen Stadtmauer (mit einigen Steinblöcken aus der römischen Mauer) ein Park. Er ist nach dem Stadttor benannt, das sich früher hier befand: Porta d'es Camp (Landtor). Die Mauren nannten es Bab al-Jadid (Neues Tor).

Església del Monti-Sion
KIRCHE
(Karte S. 56 f.; Carrer del Monti-Sion; ⊙ 17.15–19 Uhr) Seit ihrer Innen- und Außenrenovierung im 16. sowie im 17. Jh. verfügt die Església del Monti-Sion, eine ehemals gotische Synagoge, über ein sehr auffälliges barockes Aussehen. Die Spitzbogen vor den Kapellen, die Kreuzrippengewölbe und der niedrige, langgestreckte katalanische Bogen hinter dem Eingangsbereich verraten noch die gotischen Ursprünge des Gebäudes.

Für Besucher schaltet ein Priester manchmal die Beleuchtung des kurven- und schnörkelreichen Barock-*retablo* ein.

Ajuntament
HISTORISCHES GEBÄUDE
(Rathaus; Karte S. 56 f.; Plaça de la Cort 1) Früher war die Plaça de la Cort das städtische

Machtzentrum von Palma. Über den Platz wacht das *ajuntament* (Rathaus). Hinter seiner Barockfassade verbirgt sich eine lange Geschichte, denn das Rathaus war mal ein gotisches Hospital, das kurz nach der christlichen Eroberung der Insel gebaut wurde. Die Rathausuhr in der Fassade wird liebevoll En Figuera genannt. Ihr heutiges Uhrwerk stammt von 1863 und kam aus Frankreich. Aber schon seit Jahrhunderten schlug dort eine Uhr die Stunde.

Meistens ist nur das Foyer für die Öffentlichkeit zugänglich: eine gotische Eingangshalle mit schöner geschwungener Treppe und einem halben Dutzend *gegants* (riesige Figuren, die Könige, Königinnen und andere Prominente darstellen und bei festlichen Anlässen durch die Straßen getragen werden).

Centre Cultural Contemporani
Pelaires KULTURZENTRUM, KUNSTMUSEUM
(Karte S. 56 f.; www.pelaires.com; Carrer de Can Verí 3; ⊙ Di–Fr 10–13.30 & 16.45–20, Sa 10–13.30 Uhr)

Die Architektur des privaten Kulturzentrums ist genauso interessant wie der Inhalt (wechselnde Kunstausstellungen). Eine Zeitlang beherbergte das schöne Stadthaus Can Verí aus dem 17. Jh. ein Kloster. Es steht in einer engen Gasse und Fußgängerzone mit schicken Galerien, Antiquitätenläden und Modeboutiquen.

ORIENTIERUNG

Die Kathedrale ist der ideale Kompass. Seit jeher waren das wichtigste Gotteshaus und der ehemalige Amtssitz der weltlichen Macht gegenüber das Zentrum der Altstadt (die Viertel **Sa Portella** und **Sa Calatrava**). Palmas Sehenswürdigkeiten liegen fast alle dicht gedrängt in diesem Gewirr enger Gassen und sonniger Plätze mit einer Fülle imposanter Kirchen und Patrizierhäuser. Das helle mediterrane Licht und das glitzernde Meer sind nie weit entfernt.

Im Norden liegt die **Plaça Major**, ein typischer spanischer Marktplatz mit Arkaden, Geschäften und Cafés. So lebendig er sich tagsüber präsentiert, so gespenstisch still wirkt er nachts. Nach Osten führt der Carrer del Sindicat zu den Straßen, die Palmas Altstadt begrenzen. Hier befindet sich das lange verwahrloste und ehemals etwas zwielichtige **Sa Gerreria**, das gerade seine Wiedergeburt erlebt und sich zu einem Szeneviertel mit tollem Nachtleben mausert. Von der Plaça Major nach Norden erstreckt sich die Einkaufsmeile Carrer de Sant Miquel bis zur weitläufigen **Plaça d'Espanya**, dem wichtigsten Verkehrsknotenpunkt Palmas. Von der Plaça Major und dem Carrer de Sant Miquel fällt das Gelände nach Westen hin zum baumbestandenen **Passeig de la Rambla** ab.

Westlich der Kathedrale verläuft der **Passeig d'es Born**, eine typische Flaniermeile und eine der Hauptverkehrsadern der Stadt. Er grenzt an das historische Viertel **Es Puig de Sant Pere**, das im Westen bis an die Festungswälle des Es Baluard und im Norden an die Einkaufsstraße Avinguda de Jaume II reicht. Jenseits des Flusses Sa Riera liegt **Santa Catalina**. Die schachbrettartig angeordneten Straßen des Viertels, einst ein verarmter Seemannsbezirk, werden von traditionellen ein- oder zweigeschossigen Häusern gesäumt. Schon im 17. Jh. entstanden Windmühlen in der noch als Es Jonquet bezeichneten Gegend südlich des Carrer de Sant Magí, der ältesten Straße im *barri* (Viertel). Die letzten Jahre standen ganz im Zeichen der Gentrifizierung, und heute ist Santa Catalina ein alternatives Künstlerviertel voller Boutiquen, Galerien, Bars und Restaurants. Folgt man dem **Passeig Marítim** an der Küste weiter Richtung Westen, erreicht man den Fährhafen und die größte Attraktion in dieser Gegend: das Castell de Bellver.

Stadtauswärts mündet der Strand Platja de Can Pere Antoni nach 1 km in **Es Portitxol**. Der „kleine Hafen" mit einer Fülle von Sportbooten ist vom Hinterland (in diskretem Abstand) durch die Autobahn getrennt. Vom Zentrum Palmas gelangt man gemütlich per pedes, mit dem Fahrrad oder Inlineskates auf dem Passeig Marítim dorthin. Von Es Portitxol kann man um eine Landspitze herum nach **Es Molinar** laufen. Der schlichte „Küstenvorort" mit niedrigen Fischerhäusern ist für seine Restaurants bekannt, die von Es Portitxol aus gleich am Anfang des Ortes liegen. Ein Radweg am Ufer führt an kleinen, geschützten Stränden entlang. Nach Osten begrenzt ein Flüsschen, der Torrent Gros, den Ort. Jenseits der Brücke erstreckt sich **Ciutat Jardí**, eine ruhige Wohngegend mit breitem Sandstrand.

PALMA & BADIA DE PALMA · PALMA DE MALLORCA

Palma Zentrum

Teatre Municipal
(100 m)

Av de Jaume III

C de Bonaire

C de l'Aigua

C de Sant Jaume

Pg de Mallorca

Pg de Mallorca

C Berenguer de Tornamira

C de la Protectora

C de Can Granada

Plaça del Rei Joan Carles I

Sa Feixina

Sa Riera

Plaça de Porta de Santa Catalina

2 Es Baluard

27

52

90

78

C de Sant Feliu

Haupt-touristen-büro

21

Pg d'es Born

Pg de Paraires

41

ES PUIG DE SANT PERE

57

C de Sant Llorenç

C del Vi

62

65

63

103

37

C de la Constitució

C de Sant Pere

56

C d'Estanc

C del Mont Negre

66

Ronda de Migjorn

Pg Marítim (Av de Gabriel Roca)

Plaça de la Drassana

84

C dels Apuntadors

61

93

75

51

50

89

C de Sant Joan

94

77

59

Plaça de la Reina

24

81

83

C de Sa Llotja

C de Vallseca

C de la Mar

47

82 Palau March

5

39

Plaça de la Llotja

C de la Boteria

Pg de Sagrera

67

Av d'Antoni Maura

46

S'Hort del Rei

Palau de l'Almudaina

4

Plaça del Almoina

8

Dalt Murada

Port de Palma

42

87

C del Moll Vell

Badia de Palma

91

86

92

53

72

23

30

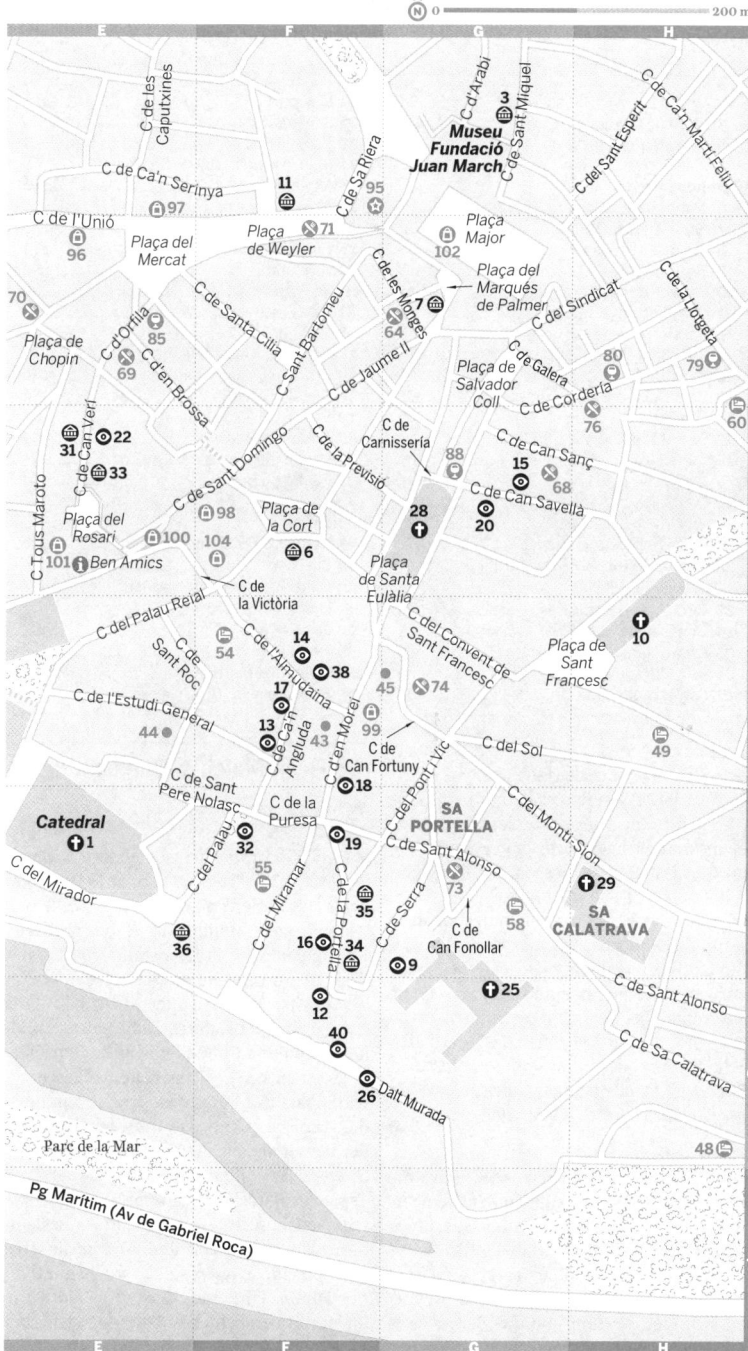

Ⓝ 0 ▬▬▬▬▬▬▬ 200 m

C de les Caputxines

C de Ca'n Serinya

C de Sa Riera

C d'Arabi

C de Sant Miquel

C de Ca'n Martí Feliu

3

Museu Fundació Juan March

C del Sant Esperit

11

95

C de l'Unió

97

96

Plaça del Mercat

Plaça de Weyler

71

Plaça Major

102

Plaça del Marqués de Palmer

C del Sindicat

C de la Llotgeta

70

Plaça de Chopin

C d'Orfila

85

C de Santa Cília

C de Sant Bartomeu

C de les Monges

7

64

C de Jaume II

C de Galera

Plaça de Salvador Coll

C de Cordería

80

79

60

76

C d'en Brossa

69

C de Can Verí

31 22

C de Sant Domingo

C de Carnissería

88

C de Can Sanç

C de Can Savellà

15

68

C de la Previsió

33

C Tous Maroto

Plaça del Rosari

98

Plaça de la Cort

28

20

100

104

101 Ben Amics

6

Plaça de Santa Eulàlia

C de la Victòria

Plaça de Sant Francesc

10

C del Palau Reial

C de Sant Roc

54

C de l'Almudaina

14

38

C del Convent de Sant Francesc

45

74

C de l'Estudi General

17

44

13

C de Ca'n Angluda

43

99

C de Can Fortuny

C del Sol

49

C del Pont i Vic

18

C de Sant Pere Nolasc

C de la Puresa

C d'en Morei

Catedral

1

C del Mirador

C del Palau

32

55

19

C de Sant Alonso

SA PORTELLA

C del Monti-Sion

29

SA CALATRAVA

C del Miramar

16 34

35

C de la Portella

C de Serra

73

C de Can Fonollar

58

9

25

12

40

26 Dalt Murada

Parc de la Mar

48

Pg Marítim (Av de Gabriel Roca)

36

Palma Zentrum

Convent de Santa Clara
KONVENT
(Karte S. 56 f.; Carrer de Can Fonollar 2; ◷ 9–12.30 & 16.15–18.15 Uhr) Der barocke Convent de Santa Clara ist eine eher triste Angelegenheit. Bei unserem Besuch wurde er gerade saniert und war deshalb geschlossen. Einheimische zieht es eher in das Nachbargebäude: Dort verkaufen die wenigen Nonnen des Klosters traditionell Süßes aus eigener Herstellung.

In ein Fenster ist ein *torno,* eine Art Drehkreuz, eingelassen. Auf ein Klingeln erscheint eine Nonne, bei der man bestellt, was man haben möchte. Dann legt man das Geld in das Drehkreuz und bekommt seine *bocaditos de almendra* (Mandelhappen) oder *rollitos de anís* (Anisröllchen) zu 3 € für 200 g.

Arc de sa Drassana
HISTORISCHES GEBÄUDE
(Karte S. 56 f.; abseits des S'Hort del Rei) Der große Arc de sa Drassana zählt zu den wenigen erhaltenen Zeugnissen aus arabischer Zeit. Als die Riera noch dort floss, wo sich heute der Passeig d'es Born erstreckt, und das Meer bis an die Stadtmauern reichte, befanden sich hier Werften und das Seetor zum arabischen Palast.

◉ **Plaça Major & Umgebung**

★ Museu Fundació
Juan March
KUNSTMUSEUM
(Karte S. 56 f.; www.march.es/arte/palma; Carrer de Sant Miquel 11; ◷ Mo–Fr 10–18.30, Sa 10.30–14 Uhr) GRATIS Dieses Herrenhaus aus dem 17. Jh. bietet eine gute Einführung in die moderne Kunst Spaniens. Eine Dauerausstellung zeigt rund 70 Werke vieler großer Meister, vor allem des 20. Jhs., darunter Miró, Juan Gris (ein berühmter Kubist), Dalí und der Bildhauer Eduardo Chillida und Julio González.

Hat man sich deren Arbeiten angeschaut, wird man mit verschiedenen Strömungen der spanischen Kunst vertraut gemacht, z. B. der Bewegung, die die Zeitschrift *Dau al Set* (1948–1953) unter Führung von Antoni Tàpies in Barcelona inspirierte. In Valencia schlugen Eusebio Sempere und Andreu Alfaro zur gleichen Zeit den Weg in die Abstraktion ein. Semperes *Las Cuatro Estaciones* (1980), eine Serie aus vier Bildtafeln, bildet mit verflochtenen Formen aus zarten Linien und subtilen Farbschattierungen die vier Jahreszeiten ab. Bemerkenswert sind auch die Werke von Manuel Millares, Fernando Zóbel und Miquel Barceló, von dem etwa das großformatige *La Flaque* (Der Teich; 1989) ausgestellt ist.

Església de Sant Miquel
KIRCHE
(Karte S. 62; Carrer de Sant Miquel 21; ⊙ 9.30–13.30 & 17–19.30 Uhr) Dies ist eine der ersten vier Kirchen, die nach der christlichen Eroberung Mallorcas entstanden. Vorher befand sich hier eine Moschee, in der am 31. Dezember 1229 die erste Messe der Insel gefeiert wurde. Die Fassade und das Portal mit seinem flachen, langgestreckten Bogen sind ein typisches Beispiel katalanischer Gotik des 14. Jhs. Auch der gedrungene siebenstöckige Glockenturm ist gotisch.

Ansonsten ist die Kirche mit ihrem Tonnengewölbe fast durchgängig barockisiert. Man beachte die Statue von Papst Johannes Paul II. (beim Betreten der Kirche rechts).

Claustre de Sant Antoniet
GALERIE
(Karte S. 62; Carrer de Sant Miquel 30; ⊙ Mo–Fr 10–14 & 15.30–20, Sa 10–13.30 Uhr) GRATIS Ein Ba-

rockjuwel, das der Bank BBVA gehört. In dem zweigeschossigen ovalen Bau von 1768 finden heute Kunstausstellungen statt. Ursprünglich war es Teil der **Església de Sant Antoni de Viana** nebenan, die bei unserem Besuch gerade wegen Renovierungsarbeiten geschlossen war.

Almacenes El Águila
HISTORISCHES GEBÄUDE
(Karte S. 56 f.; Plaça del Marqués de Palmer 1) Gaspar Bennàssar (1869–1933), einer der einflussreichsten Architekten des modernen Palma, experimentierte während seiner langen Karriere mit verschiedenen Stilen, auch mit dem Modernisme. Davon zeugt schon die Hauptfassade der 1908 erbauten Almacenes El Águila mit den schmiedeeisernen Verzierungen. Die drei Stockwerke sind unterschiedlich gestaltet.

Círculo de Bellas Artes
KUNSTMUSEUM
(Karte S. 56 f.; www.circulopalma.es; Carrer de l'Unió 3) Im Casal Balaguer mit dem großen, unregelmäßig gepflasterten Hof, in dem vier dünne, schiefe Palmen wachsen, residiert eine altehrwürdige Kunstinstitution, der Círculo

de Bellas Artes. Bei unserem Besuch war gerade die dringend notwendige Sanierung im Gange. Nach der Wiedereröffnung 2015 werden hier Kunstausstellungen stattfinden.

CaixaForum   AUSSTELLUNGSZENTRUM

(Karte S. 56 f.; www.lacaixa.es/ObraSocial; Plaça de Weyler 3; ⊙ Mo–Sa 10–21, So bis 14 Uhr) GRATIS Dieses Ausstellungszentrum wird von Spaniens größter Sparkasse, La Caixa, mit Sitz in Barcelona betrieben. Das CaixaForum befindet sich in dem herrlichen Jugendstilgebäude (dem ersten der Insel) des ehemaligen Grand Hotels. Am Empfang kann man sich ein kostenloses Programm holen und es dann im Café im Erdgeschoss durchblättern. Dort gibt's auch einen tollen Buchladen.

Einst galt das Grand Hotel als ein Wahrzeichen der Stadt. Es wurde von dem katalanischen Architekten Lluís Domènech i Montaner von 1900 bis 1903 geschaffen und war das erste Gebäude Palmas, das elektrischen Strom und einen Aufzug besaß. Während des Bürgerkriegs wurde das Hotel geschlossen und konnte danach nie wieder zu alter Form zurückfinden. Außer Kunstausstellungen werden hier regelmäßig Vorträge, Workshops, Filmvorführungen, Konzerte u. Ä. veranstaltet.

Fundació Sa Nostra KUNSTMUSEUM, KULTURZENTRUM

(Karte S. 56 f.; www.obrasocialsanostra.com; Carrer de la Concepció 12; ⊙ Mo–Fr 8–20, Sa 11–14 Uhr) GRATIS Die große balearische Sparkasse Sa Nostra unterhält eine Kulturstiftung im Can Castelló mit sehenswerten Wanderausstellungen. Ein Besuch lohnt sich aber auch schon allein, um sich den herrlichen Hof aus dem 18. Jh. anzusehen und in das hippe Café einzukehren.

Das ursprüngliche Haus entstand im 17. Jh., wurde aber 1909 renoviert und hat einige Jugendstilelemente. Vor dem Haus steht der **Font del Sepulcre**: Das gotische Baptisterium ist ein Überbleibsel einer längst verschwundenen Kirche. Innen gibt's einen maurischen Brunnen aus dem 12. Jh. Der Carrer de la Concepció hieß früher Carrer de la Monederia, weil sich dort die Prägeanstalt des Königreichs Mallorca befand.

Església de Sant Jaume   KIRCHE

(Karte S. 62; Carrer de Sant Jaume 10; ⊙ 11.30–13.30 & 17.30–20.30 Uhr) GRATIS Trotz ihrer Barockfassade ist dies eine der ältesten gotischen Kirchen Palmas. Der graue, hoch aufragende Bau entstand als eine der vier ersten Pfarrkirchen ab 1327 „unter dem Schutz des Königshauses von Mallorca". An-

geblich lebte die Familie Bonapart (später Bonaparte geschrieben) in dieser Gegend, bevor sie 1406 nach Korsika zog. Napoleon hätte also Mallorquiner sein können!

Església de Santa Magdalena   KIRCHE

(Karte S. 62; Plaça de Santa Magdalena; ⊙ Mo–Sa 9–12.30 & 17.30–19.30 Uhr) GRATIS Diese Kirche ist vor allem eine Pilgerstätte, denn hier ruht in einem gläsernen Sarg in einer Kapelle links vom Altar die hl. Catalina Thomàs aus Valldemossa.

Der Legende nach saß Catalina eines Tages weinend an einem großen Stein, weil sie aufgrund ihrer Armut kein Kloster aufnehmen wollte. Als ihr dann jedoch jemand mitteilte, dass sie im Kloster, das früher zur Església de Santa Magdalena gehörte, willkommen sei, war sie überglücklich. Inzwischen ist der betreffende Stein in der rückwärtigen Mauer der **Església de Sant Nicolau** aus dem 14. Jh. an der Plaça del Mercat eingemauert.

Església de Sant Crist de la Sang   KIRCHE

(Karte S. 62; Plaça de l'Hospital; ⊙ 7.30–13 & 16–20 Uhr) GRATIS Im Hospital General (gegründet im 16. Jh.) kann man die gotische Fassade dieser Pilgerkirche bewundern. Der *paso* (ein Prozessionsbild) des „hl. Christus des Blutes" gilt als wundertätig.

Es ist schon bewegend, während einer Messe zu beobachten, mit welcher Hingabe die Gläubigen das Bild des gekreuzigten Christus mit langem fließendem Echthaar und besticktem Lendentuch verehren. Gleich links vom Kircheneingang steht eine Krippe aus dem 15. Jh., die vermutlich aus Neapel stammt.

◉ Es Puig de Sant Pere

★ Es Baluard   KUNSTMUSEUM

(Museu d'Art Modern i Contemporani; Karte S. 56 f.; www.esbaluard.org; Plaça de Porta de Santa Catalina 10; Erw./Kind 6 €/frei, Wechselausstellungen 4 €; ⊙ Di–Sa 10–20, So bis 15 Uhr) Eine der schönsten Galerien für moderne Kunst wurde in die Renaissance-Ufermauern hineingebaut. Die Wechselausstellungen können sich immer sehen lassen, das eigentliche Highlight ist aber die ständige Sammlung mit Arbeiten von Joan Miró, Miquel Barceló und Picasso.

Geschickt fügt sich der Betonkomplex des 21. Jhs. zwischen die alten Wehranlagen mit den teilweise restaurierten Resten eines maurischen Turms aus dem 11. Jh. (vom Carrer de Sant Pere aus gleich rechts).

Im Erdgeschoss werden die wichtigsten Stücke der Dauerausstellung gezeigt: mallorquinische Landschaften lokaler und aus-

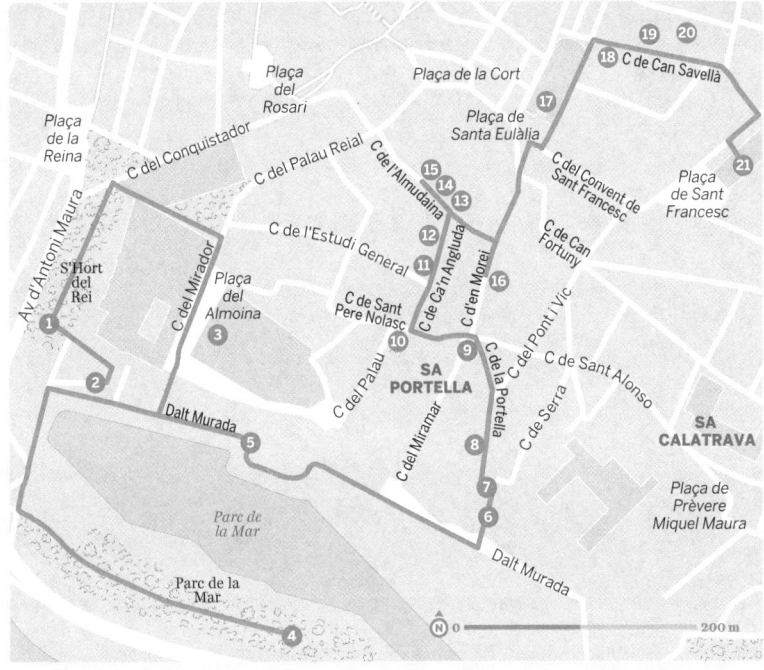

Stadtspaziergang
Historisches Palma & Versteckte Höfe

START S'HORT DEL REI
ENDE BASÍLICA DE SANT FRANCESC
LÄNGE & DAUER 2,5 KM, 2–3 STD.

Vom ❶ **S'Hort del Rei** (Königsgarten), in dem sich der ❷ **Arc de sa Drassana** (S. 58) über einen Teich spannt, geht's zum „Ei", der Bronzeskulptur von Miró. Hinterm Palau March führen Stufen zur gotischen ❸ **Catedral** (S. 49). Unterhalb erstreckt sich der ❹ **Parc de la Mar** (S. 52).

Auf der Renaissance-Ufermauer ❺ **Dalt Murada** (S. 52) die Aussicht genießen, dann an dem mittelalterlichen Tor ❻ **Sa Portella** mit Schlussstein und Wappen links ab, um zwei historische Innenhöfe zu bewundern: den ❼ **Cal Marquès de la Torre** (17. Jh.) und den ❽ **Can Espanya-Serra** (19. Jh.) mit neugotischer Treppe. Links um die Ecke auf dem Carrer de la Puresa wartet einer von Palmas ältesten Höfen, der ❾ **Can Salas**, mit verzierten Säulen, bildschöner Loggia und Wappen aus dem 13. Jh. auf.

Der winzige ❿ **Jardí del Bisbe** (S. 53) lädt zur Pause ein, oder man geht weiter zum

⓫ **Cal Poeta Colom**. Seinen Barockhof zieren sich nach oben hin verjüngende Säulen. Ein Stück weiter steht die mittelalterliche Villa ⓬ **Can Marquès**.

Das mittelalterliche Tor ⓭ **Porta de l'Almudaina** (S. 53) auf dem Carrer de l'Almudaina war einst Teil der römischen Mauern. In der Nähe befinden sich der ⓮ **Can Bordils** (S. 53), ein *patis* aus dem 17. Jh., und daneben der ⓯ **Can Oms** mit gotischem Portal. Auf dem nahen Carrer d'en Morei ist ein Barockpatio mit einer Loggia, ionischen Säulen, niedrigen Bogen und schmiedeeiserner Balustrade zu sehen, der ⓰ **Can Oleza**. Vorbei an der ⓱ **Església de Santa Eulàlia** (S. 54) geht's zum Carrer de Can Savellà, an dem der von korinthischen Säulen gesäumte ⓲ **Can Vivot** und der ⓳ **Can Catlar del Llorer**, einer der ältesten gotischen Höfe von Palma, zum Träumen einladen. Im Anschluss kann man sich mit einer heißen Schokolade im altmodischen ⓴ **Ca'n Joan de S'Aigo** (S. 68) stärken, bevor man die letzte Station, die ㉑ **Basílica de Sant Francesc** (S. 54), erreicht.

Nördliches Palma

Ⓝ 0 ————————— 200 m

Map labels:

Canódrom
C de Llorenç Cerdà
Av d'Alemanya
Av del Comte del Sallent
C de Blanquerna
C d'Eusebi Estada
Bahnhof (nach Sóller)
Plaça de l'Estacio
Estació 7
Intermodal
C de Parellades
Av de Portugal
C de Lluís Estelrich
C del Cardenal Pou
C de Cecili Metel
C de la Reina Esclarmunda
Municipal Tourist Office 8
Parc de les Estacions
Plaça del Bisbe Berenguer de Palou 12
Via Roma
C de Santiago Rusiñol
C de la Porta de Jesús
C dels Oms
C de Can Maçanet
Plaça d'Espanya
Av de Joan March
C Cerdanya
C del Bisbe Campins
C de la Misericòrdia
Jardí Botànic
C de Sant Elies
C de la Missió 14
C de Sant Miquel
C de la Bastió
C de la Concepció
C de Bonaire
Plaça de l'Hospital 2
Prg del Jardí Botànic
5
6
C del Carme 10
Plaça de l'Olivar
11
C del Metge Matas
Prg de la Rambla
C dels Horts
9
1
C del Josep Tous i Ferrer
17
Plaça de Santa Magdalena
18
C de Sant Jaume
13
4
15
16
3
C de les Caputxines
C d'Arabi
Horno San Antonio (50 m)
Sa Riera

---

ländischer Künstler, darunter Namen wie Joaquín Sorolla aus Valencia, der Mallorquiner Miquel Barceló und der katalanische Modernista-Vertreter Santiago Rusiñol, der lange in und um Bunyola arbeitete. Daneben finden sich Werke heimischer und überwiegend katalanischer Landschaftsmaler. Ebenfalls im Erdgeschoss widmet sich ein Raum den Arbeiten von Joan Miró. Im Obergeschoss sind tolle Keramiken mit Pablo Picasso zu sehen. Nachdem man diese bewundert hat, kann man auf die Befestigungsmauern hinaustreten und die Aussicht genießen. Insgesamt ist das Es Baluard beeindruckend, aber nicht unbedingt außergewöhnlich. Es lohnt sich jedoch, hier ein paar Stunden zu verbringen.

Sa Llotja
HISTORISCHES GEBÄUDE
(Karte S. 56 f.; Plaça de la Llotja; ⊙ Di–Sa 11–13.45 & 17–20.45, So 11–13.45 Uhr) GRATIS An der Hafenpromenade steht die prachtvolle Sa Llotja. Guillem Sagrera schuf den Sandsteinbau als Seehandelsbörse (fertiggestellt 1450). Sie repräsentiert den Höhepunkt gotischer Profanbauten auf der Insel. Im Inneren tragen sechs schlanke, gewundene Säulen die hohe Gewölbedecke. An den vier Ecken des Gebäudes ragen achteckige Türme auf. Hohe Spitzbogen, feines Maßwerk und Wasserspeier mit gruseligen Fratzen prägen die Fassaden. Heute finden Wechselausstellungen statt, z. B. für die auffälligen Skulpturen des britischen Künstlers Tony Cragg.

Passeig d'es Born
STRASSE
(Karte S. 56 f.) Der Passeig d'es Born, eine der Prachtstraßen von Palma, mündet in die **Plaça del Rei Joan Carles I.** (bezeichnet nach dem ehemaligen König, vorher nach Papst Pius XII.). Die Einheimischen nennen diesen Kreisverkehr aber nur Plaça de les Tortugues, weil in der Mitte ein Obelisk auf vier Bronzeschildkröten steht. An der Ostseite der Straße findet man hoch oben am Eckhaus zum Carrer de Jovellanos den entstellten Steinkopf eines Mauren mit weißem Turban: Dieser **Cap del Moro** stellt einen muslimischen Sklaven dar, der angeblich im Oktober 1731 seinen Herrn tötete. Der Sklave wurde hingerichtet und seine abgetrennte Hand an der Mauer des Hauses befestigt, in der das Verbrechen geschah. Chroniken behaupten, noch 1840 seien die Überreste der Hand hinter einem Gitter zu sehen gewesen!

Casal Solleric
HISTORISCHES GEBÄUDE
(Karte S. 56 f.; www.solleric.org; Passeig d'es Born 27; ⊙ Di–Sa 11–14 & 15.30–20.30, So 11–14.30 Uhr) Das großartige Barockpalais aus dem 18. Jh. verfügt über einen typischen mallorquinischen Innenhof mit anmutigen weiten Bogen und unregelmäßigem Pflaster. Es ist

Nördliches Palma

Kulturzentrum mit Wechselausstellungen, Buchhandlung und Touristeninformation in einem. Der Eintritt in die Ausstellung auf zwei Etagen ist meistens frei.

Consolat de Mar · HISTORISCHES GEBÄUDE
(Karte S. 56 f.; Passeig de Sagrera) Das Consolat de Mar wurde 1326 als Seehandelsgericht gegründet und ist eines der wenigen Renaissancegebäude Mallorcas (wenn auch nicht stilrein). Es wurde 1669 fertiggestellt und grenzt an eine spätgotische Kapelle aus dem Jahre 1600, die für die Mitglieder von Sa Llotja gedacht war.

Església de Santa Creu · KIRCHE
(Karte S. 56 f.; Carrer de Sant Llorenç 4; Messe) 1335 wurde mit dem Bau dieser gotischen Kirche begonnen. Das Hauptportal (Carrer de Santa Creu 7) ist eine Ergänzung aus dem Barock. Als besonders interessant gilt die Cripta de Sant Llorenç (Krypta des hl. Laurenz), eine frühgotische Kapelle, die vermutlich aus dem späten 13. Jh. stammt. Im Inneren der Kirche sind einige Gemälde von Rafel Mòger und Francesc Comes zu sehen.

Passeig Marítim & Westliches Palma

Castell de Bellver · BURG
(www.cultura.palma.es; Carrer de Camilo José Cela 17; Erw./Kind 4/2 €, So frei; Mo 8.30–13, Di–Sa bis 20, So 10–18 Uhr) Die Rundfestung aus dem 14. Jh. (mit einem einzigartigen Rundturm) an einem bewaldeten Hang ist die einzige ihrer Art in Spanien. Jaume II. ließ sie um 1300 auf dem Berg Puig de Sa Mesquida errichten. Nach zehn Jahren war sie weitgehend fertiggestellt. Am besten schaut man sich einfach ein wenig auf dem Gelände um und genießt den tollen Blick über die Bäume hinweg nach Palma, auf die Badia de Palma und das Meer.

GALERIENVIERTEL

Liebhaber moderner Kunst werden angesichts der Vielzahl von Galerien in den engen Gassen gleich östlich des Passeig d'es Born in Verzückung geraten.

La Caja Blanca (Karte S. 56 f.; www.lacajablanca.com; Carrer de Can Verí 9; Mo–Fr 11–14 & 17–20, Sa 11.30–14 Uhr) Jedes Jahr finden hier drei bis vier Ausstellungen mit Werken unangepasster mallorquinischer und internationaler Künstler in minimalistischem Ambiente statt.

Galeria K (Karte S. 56 f.; www.galeria-k.com; Carrer de Can Verí 10; Mo–Fr 10.30–14.30 & 16–20, Sa 10.30–18 Uhr) Die innovative kleine Galerie präsentiert spanische und internationale Maler und Bildhauer.

Sala Pelaires (Karte S. 56 f.; www.pelaires.com; Carrer de Pareires 5; Mo–Fr 10–13.30 & 16.45–20, Sa 10–13.30 Uhr) Palmas erste Galerie für moderne Kunst gehört zum Centre Cultural Contemporani Pelaires. Sie ist die ideale Adresse für alle, die sich mit den Top-Künstlern Spaniens vertraut machen möchten.

INSIDERWISSEN

PATIS & PALÄSTE

Mateu Masegosa von Mallorca Rutes erzählt uns von seinen Lieblingshöfen und einigen häufig übersehenen Details in Palmas Gassenlabyrinth.

Adelige und Händler Die Höfe spiegeln verschiedene soziale Schichten wider. Im historischen Viertel Palma Alta, rund um Sa Portella, lebte die Elite (Adelige und Grundbesitzer) in Saus und Braus. Händler und Seeleute waren in Palma Baixa, rund um Es Puig de Sant Pere, zu Hause. Beliebte Ziermotive in den dortigen Höfen sind in den Stein gemeißelte Boote oder Merkur, der Gott des Handels.

Ein Mann mit Vision Juan March war ein extravaganter, wohlhabender Geschäftsmann, der alles tat, um sein Umfeld zu beeindrucken. So trumpft der Palau March (S. 51) denn auch mit Palmas ungewöhnlichstem Hof auf: einer zu den Seiten hinten offenen Loggia. Von hier hat man den ultimativen Ausblick auf die Kathedrale und den Palau de l'Almudaina.

Flirten im Mittelalter Ein winziges Fenster über der mittelalterlichen Porta de l'Almudaina (S. 53) erinnert an Balzrituale von geradezu theatralischem Ausmaß. Hier machten hübsche Damen den schmucken Caballeros unterhalb schöne Augen, öffneten ihre Fächer und ließen ihre Taschentücher flattern.

Von Rittern und Drachen Schaut man an der Kreuzung mit dem Carrer de la Portella nach oben, entdeckt man eine Steinfigur, die an ein Krokodil erinnert. Das ist El Drac de Na Coca. Der Legende nach streifte im 17. Jh. ein blutrünstiger Drache durch die Kanalisation der Altstadt und versetzte alle in Angst und Schrecken. Doch dann streckte ein mutiger Ritter das Untier mit seinem Schwert nieder, als es dessen Liebste angreifen wollte.

In erster Linie war das Gebäude wohl als Königsschloss gedacht, erwies sich aber offenbar als eher lästiger Besitz. Nur König Sanç (1314) und Johann I. von Aragón (1395) verbrachten hier längere Zeit. Ab 1717 diente die Burg als Gefängnis. Wer auf das Dach steigt, findet noch Inschriften Gefangener in den Stein geritzt.

Das **Museu d'Història de la Ciutat** (Museum für Stadtgeschichte) bietet nicht viel mehr als Informationstafeln und eine bescheidene Keramiksammlung. Im Obergeschoss kann man einige fast leere Zimmer und die ehemalige Küche besichtigen. Diese Räume bleiben sonntags, wenn der Eintritt frei ist, geschlossen.

Mit dem Bus (Linie 3, 46 oder 50) fährt man bis Plaça de Gomila und geht von dort 15 Minuten (1 km) den steilen Berg hinauf. Alternativ könnte man den Palma City-Sightseeing-Bus nehmen; die Festung liegt an dessen Route quer durch die Stadt.

⚡ Aktivitäten

Marenostrum   BOOTSFAHRTEN
(Karte S. 66; ☎ 971 45 61 82; www.marenostrumcatamarans.com; Passeig Marítim 8; mit/ohne Hoteltransfer 57/49 €; ☀ April–Okt. 10–15 & 15.30–20.30 Uhr) Marenostrum bietet täglich zwei

fünfstündige Katamarantouren nach Cala Portals Vells oder Cala Vella (östlich der Badia de Palma) an; der Zielort hängt von der aktuellen Windrichtung ab. Mahlzeiten an Bord und Schnorchelausrüstungen sind im Preis inbegriffen.

Cruceros Marco Polo   BOOTSFAHRTEN
(Karte S. 56 f.; ☎ 647 843667; www.crucerosmarcopolo.com; abseits des Passeig Marítim; 1-stündige Fahrt 12 €; ☀ März–Okt. Mo–Sa 11–16, So 14–16 Uhr stdl.) Bis zu sechsmal am Tag finden die einstündigen Bootstouren durch die Bucht statt.

Palma on Bike   FAHRRADVERLEIH
(Karte S. 56 f.; ☎ 971 71 80 62; www.palmaonbike.com; Avinguda d'Antoni Maura 10; Stadtrad/Mountainbike/Elektrorad 14/22/24 € pro Tag, 67/95/130 € pro Woche; ☀ 10–14 & 16–20 Uhr) Palma on Bike verleiht sowohl Stadträder als auch Mountainbikes, Inlineskates und Kajaks. Die Leihgebühren für Räder sind inklusive Versicherung und Helm.

Mallorca Vintage   ROLLERVERLEIH
(Karte S. 62; ☎ 620 476285; www.mallorcavintage.com; Plaça Espanya 6; ☀ 9.30–19.30 Uhr) Wer der Stadt für ein paar Stunden entfliehen möchte, könnte dies mit einer Vespa von Mallorca Vintage (im Untergeschoss des Bahnhofs) tun und damit kreuz und quer über die Insel

zu kleinen Dörfchen und abgeschiedenen Stränden flitzen. Preislich geht's bei rund 42 € pro Tag los.

 Kurse

Dialog SPRACHE
(Karte S. 62; ☏ 971 71 99 94; www.dialog-palma. com; Carrer del Carme 14; 2-wöchiger Kurs 395 €; ⊙ Mo–Fr 9.30–14 & 16.30–20.30, Sa 10–14 Uhr) Eigentlich ein Buchladen, der aber sehr gute zweiwöchige Intensivkurse anbietet.

Estudi Lul·lià de Mallorca SPRACHE
(Karte S. 56 f.; ☏ 971 71 19 88; www.estudigeneral.com; Carrer de Sant Roc 4; ab 400 €) Sommer-Intensivkurse (spanische Sprache und Kultur).

Die Akademie SPRACHE
(Karte S. 56 f.; ☏ 971 71 82 90; www.dieakademie. com; Carrer d'en Morei 8; 140–285 € pro Woche; ⊙ Mo–Fr 9–13.30 & 17–19.30 Uhr) Die Akademie ist in einer spätgotischen Villa untergebracht und hat verschiedene Spanischkurse im Programm.

Palma Sea School SEGELN
(Karte S. 52; ☏ 971 10 05 18; www.palmaseaschool. com; Passeig Marítim 38; 2-tägiger Segelkurs ab 400 €) Ob blutiger Anfänger oder Wiederholungstäter: In dieser Segelschule, die zur Royal Yachting Association gehört, findet jeder den passenden Kurs (ob Segeln, Motor-, Rennboot- oder Jetski-Fahren).

Geführte Touren

★ Mallorca Rutes STADTWANDERUNGEN
(Karte S. 56 f.; ☏ 971 72 89 83; www.mallorcarutes. com; Carrer d'en Morei 1; 15–35 € pro Pers.) Mallorca Rutes bietet viele unterschiedliche Führungen durch Palma an, von einfachen Stadtspaziergängen zu den wichtigsten Sehenswürdigkeiten über Touren mit speziellem Motto (genial ist z. B. die zu Palmas versteckten Höfen und Palästen). Darüber hinaus gibt es kulinarische Ausflüge (Weinproben, typisch mallorquinische Erzeugnisse etc.). Buchen kann man bei Típika neben der Plaça de Santa Eulalia.

Palma City Sightseeing BUS
(Karte S. 56 f.; ☏ 902 101081; www.mallorcatour. com; Avinguda d'Antoni Maura; Erw./Kind 15/7,50 €; ⊙ 9.30–22 Uhr) Hop-on-/hop-off-Touren nach Belieben mit Kommentar in mehreren Sprachen; an der Avinguda d'Antoni Maura geht's los. Die Busse verkehren im 15-Minuten-Takt, beschreiben einen Kreis durch das Stadtzentrum und folgen dem Ufer. Außerdem fahren sie zum Castell de Bellver hin-

auf. Die Tickets sind 24 Stunden gültig (ein 48-Stunden-Ticket ist etwas teurer).

Feste & Events

Festa de Sant Sebastiá MUSIK
(⊙ 19. & 20. Jan.) Am Vorabend des Namenstags von Palmas Schutzheiligem finden auf den öffentlichen Plätzen Konzerte statt (alles von Funk bis Folk. Dann gibt's Freudenfeuer und das *aiguafoc*, ein Feuerwerk über der Bucht – trotz frösteliger Temperaturen eine Riesenparty!

Sa Rueta & Sa Rua KARNEVAL
(⊙ Feb.–März) Palmas Karneval wird am letzten Wochenende vor Beginn der Fastenzeit gefeiert. Ein Kinderumzug (Sa Rueta) macht den Anfang, anschließend folgt der größere Sa Rua mit Umzugswagen und allem, was dazugehört.

Semana Santa RELIGIÖSES FEST
(Karwoche; ⊙ März–April) In der Karwoche werden zahlreiche Prozessionen abgehalten, die imposanteste am Gründonnerstag: Bei der Processó del Sant Crist de la Sang (Christus des Blutes) ziehen Angehörige der *confraries* (Bruderschaften) in langen Roben und Kapuzen mit einem *paso* (schweren Kruzifix, das von mehreren Männern getragen wird) durch die Straßen. Die Prozession startet um 19 Uhr in der Església de Sant Crist de la Sang, wo das Kreuz aufbewahrt wird, und geht dort nach Stunden auch wieder zu Ende.

Boat Show Palma BOOTSMESSE
(www.boatshowpalma.com; ⊙ Mai) Diese große Bootsmesse findet meist in der ersten Maiwoche am Moll Vell statt.

Fronleichnam RELIGIÖSES FEST
(⊙ Mai–Juni) Fronleichnam ist zwar am neunten Donnerstag nach Ostern, aber die Hauptprozession beginnt am darauffolgenden Sonntag um 19 Uhr an der Kathedrale. Hier und auf der Plaça de la Cort werden an diesem Tag Blumenteppiche ausgelegt. Konzerte (viele in den *patis* der Stadt, die zu diesen Gelegenheiten offen sind) sorgen vor und nach dem Fest einen Monat lang für den feierlichen Rahmen.

Nit de Foc LOKALTYPISCHES FEST
(⊙ 23. Juni) Am Vorabend des Johannistags (24. Juni) geht es feurig zu. Bei Einbruch der Dunkelheit startet der *correfoc* (Feuerlauf) im Parc de la Mar: ein infernalischer Umzug von hüpfenden und tanzenden Menschen,

Westliches Palma

die als Dämonen verkleidet und mit einem pyrotechnischen Sortiment ausgestattet sind, das selbst in der Hölle verboten wäre. Danach ziehen die Einheimischen an den Strand und feiern an Lagerfeuern mit umherziehenden Musikgruppen bis zum Morgengrauen.

Cinema a la Fresca SOMMERFESTIVAL

(www.imtur.es; ☉ Juli & Aug.) Auf einer Freilichtbühne im Parc de la Mar gibt's Filmvorführungen, traditionelle Musik und Theater.

Nit de l'Art KULTUR

(www.nitdelartartpalma.com; ☉ Sept.) Zu diesem Anlass öffnen viele Museen der Stadt ihre Tore, um die neuesten Kunsttrends vorzustellen.

TaPalma ESSEN

(www.tapalma.es; ☉ Ende Okt.–Anfang Nov.) Sich einmal quer durch Palma essen – diese Möglichkeit besteht bei diesem Event, das die besten Tapas der Stadt zelebriert. Rund 40 Restaurants machen mit. Man folge den „Tapaspfaden" – eine Karte ist auf der Website erhältlich.

Weihnachtsmarkt MARKT

(Plaça Major; ☉ 10–21 Uhr) Vom 1. Dezember bis zum 6. Januar ist auf der Plaça Major Weihnachtsmarkt .

✖ Essen

✖ Altstadt

Confitería Frasquet PASTELERÍA €

(Karte S. 56 f.; www.confiteriafrasquet.com; Carrer d'Orfila 4; Teilchen & Kuchen 1,50–4 €; ☉ Mo–Sa 10–20 Uhr) Seit dem 17. Jh. gibt's hier süße Leckereien. Die feine Confitería mit Dekor à la 19. Jh. hat ein riesiges Sortiment und ist auf Pralinen, Mandelbiskuitkuchen sowie *embatumats* (Kuchen-Schokoladen-Konfekt) spezialisiert – alles sieht zum Anbeißen aus!

Forn del Santo Cristo PASTELERÍA €

(Karte S. 56 f.; www.hornosantocristo.com; Carrer de Paraires 2; ensaïmades ab 1,30 €; ☉ Mo–Sa 8–20.30, So 8.30–13 Uhr) Schon 1910 wurden hier *ensaïmades* gebacken, jene feinen Gebäckschnecken mit Puderzucker (und manchmal auch mit Cremefüllung). Weitere traditionelle Leckerbissen sind z. B. die *cocas de patata* (süße Kartoffelbrötchen).

La Taberna del Caracol SPANISCH €€

(Karte S. 56 f.; ☎ 971 71 49 08; www.tabernacaracol.com; Carrer de Sant Alonso 2; Tapas 1,50–17 €, Tapas-Probierteller 14 €; ☉ Mo 7.30–23, Di–Sa 12–15 & 19.30–23 Uhr) Drei Treppenstufen führen in den hohen gotischen Gewölbekeller. Durch einen breiten Bogen im hinteren Teil kann

Westliches Palma

man einen Blick in die Küche werfen. Dort werden leckere Tapas zubereitet: gegrillte Artischocken, Schnecken und andere spanische Delikatessen. Bei angenehmer Hintergrundmusik verzehrt man die kleinen Köstlichkeiten (vier Stück nach Wahl für 14 €, mind. 2 Pers.) – eine vollwertige Mahlzeit.

Las Olas MEDITERRAN, VIETNAMESISCH €€
(Karte S. 56 f.; ☎ 971 21 49 05; www.lasolasbistro.com; Carrer de Can Fortuny 5; Gerichte 25–30 €, Tapas 2–9 €; ⊙ Mi–Sa 12.30–16 & 20.30–23.30, Mo & Di 12.30–16 Uhr; 🖐) Das irisch-kambodschanische Besitzerpärchen bietet zwei kulinarische Schwerpunkte: Mittags gibt's Mittelmeerküche mit internationalem Einschlag, abends kommen vietnamesisch-kambodschanische Speisen auf den Tisch.

✕ Plaça Major & Umgebung

★ **Simply Fosh** MODERNE EUROPÄISCHE KÜCHE €€€
(Karte S. 62; ☎ 971 72 01 14; www.simplyfosh.com; Carrer de la Missió 7A; Hauptgerichte 23–29 €, Menüs 21,50–76 €; ⊙ Mo–Sa 13–15.30 & 19–22.30 Uhr)

Liebevoll zubereitete mediterrane Küche neu interpretiert ist in diesem Klosterrefektorium aus dem 17. Jh. an der Tagesordnung. Hier hat Marc Fosh das Sagen, dessen Lebenslauf nur so vor Michelin-Sternen funkelt. Gäste sitzen in einem eleganten Speisesaal oder im Hof, die hochwertigen Speisen haben erstaunlich moderate Preise. Ein dreigängiges Mittagsmenü kostet z. B. nur 21,50 €. Die Aromen sind geradlinig, die Zutaten saisonal unterschiedlich. Nur mit Reservierung.

Can Cera Gastro Bar MEDITERRAN €€
(Karte S. 56 f.; ☎ 971 71 50 12; www.cancerahotel.com; Carrer del Convent de Sant Francesc 8; Hauptgerichte 14–22 €, Menüs 18–31 €; ⊙ 13–15.30 & 19.30–22.30 Uhr) Zauberhaft: Das Can Cera versteckt sich in einem der schönsten Innenhöfe der Stadt. Der gehört zum gleichnamigen Hotel, einem *palacio* aus dem 13. Jh. Es gibt Tapas und Gerichte der Saison wie Gazpacho aus Melone und Tomate oder Reis mit Aioli, Safran und Tintenfisch. Der vertikale Garten zieht alle Blicke auf sich.

Misa Braseria MEDITERRAN €€
(Karte S. 62; ☎ 971 59 53 01; www.misabraseria.com; Carrer de Can Maçanet 1; Hauptgerichte 17–23 €; ⊙ Mo–Sa 13–15.30 & 19.30–22.30 Uhr) Diese neorustikale Brasserie, auch von Marc Fosh betrieben, besteht aus einem Kellerrestaurant und einem hübschen ebenerdigen Hof. Das bildschön angerichtete Essen schmeckt wunderbar frisch. Neben saisonalen Speisen stehen Klassiker wie butterweiches Brathühnchen und gegrilltes Rind mit Trüffel-Kartoffel-Püree auf der Karte. Das Drei-Gänge-Menü (tagsüber; 15,50 €) ist unfassbar preiswert.

Restaurant Celler Sa Premsa SPANISCH €
(Karte S. 62; ☎ 971 72 35 29; www.cellersapremsa.com; Plaça del Bisbe Berenguer de Palou 8; Hauptgerichte 9–14 €; ⊙ Mo–Sa 12.30–16 & 19.30–22.30 Uhr) Diese lokale Institution mit toller Atmosphäre gehört zum Pflichtprogramm. Zwischen alten Weinfässern und verblichenen Stierkampfpostern werden mallorquinische Spezialitäten serviert – gebratenes Lamm, *tumbet* (mallorquinisches Gemüse-Ratatouille), *frit Mallorquí* (sautierte Lamminnereien mit Bratkartoffeln, Zwiebeln und Kräutern), Schweinefleisch mit Kohl oder Kaninchen mit Zwiebeln. Restaurants dieser Art findet man en masse im Inselinneren, in Palma sind sie eine aussterbenden Gattung.

Quina Creu TAPAS €€
(Karte S. 56 f.; ☎ 971 71 17 72; www.quinacreu.com; Carrer de Cordería 24; Hauptgerichte 9–35 €, Mit-

tagsmenüs 9,90 €; ⊙Mo–Sa 12–1 Uhr) Quina Creu ist die Königin der schäbig-schicken Looks. Dafür sorgt der Mischmasch aus Vintage-Möbeln, glitzernden Kronleuchtern wie aus einem Spukschloss und mit Postern „tapezierten" Wänden. Die Bar verströmt derweil Designer-Charme, ähnlich wie die dort aufgereihten Tapas, deren Namen auf einer Kreidetafel stehen. Jede einzelne Tapa verursacht eine kleine Geschmacksexplosion im Mund. Es gibt *sobrassada* (Schweinswurst mit Paprikageschmack) mit Wachteleiern oder Kabeljau mit *gambas* (Garnelen) und *salsa verde* (grüne Soße).

Ca'n Joan de S'Aigo   PASTELERÍA, CAFÉ €
(Karte S. 56 f.; Carrer de Can Sanç 10; Teilchen/Gebäck 1,30–3 €; ⊙8–21 Uhr) Verführt Zuckerschnuten bereits seit 1700 mit allerlei süßen Leckereien. Die mit Antiquitäten vollgestopfte Milchbar ist *die* Adresse für eine dickflüssige heiße Schokolade (2 €) und Gebäck, wobei die Spezialität des Hauses *quart* ist, weicher Biskuitkuchen mit Mandeleis, nach dem die Kinder ganz verrückt sind.

La Bodeguilla   SPANISCH €€
(Karte S. 56 f.; ☏971 71 82 74; www.la-bodeguilla. com; Carrer de Sant Jaume 3; Hauptgerichte 17–28 €; ⊙12–23.30 Uhr) In dem Gourmetrestaurant trumpft man mit kreativen Interpretationen von Rezepten aus ganz Spanien auf. Wir empfehlen das *cochinillo* (Spanferkel) aus Segovia oder das *lechazo* (junges Lamm, nach Córdoba-Art mit Rosmarin gegart). Auch die Auswahl an Tapas ist verführerisch. Ein Hingucker sind z. B. die marinierten Lachswürfel mit Dill-Chutney.

Bar España   SPANISCH €€
(Karte S. 56 f.; ☏971 72 42 34; Carrer de Ca'n Escurrac 12; Tapas-Menüs 12–22 €; ⊙Mo–Sa 18.30–0.30 Uhr) Wenn man sich abends in diese Bar begibt, nachdem ringsum schon alle Läden dichtgemacht haben, glaubt man fast, auf einen geheimen Ort gestoßen zu sein. Das Restaurant mit den Steinmauern ist extrem beliebt: Hier unterhalten sich die Gäste angeregt, während sie feine *pintxos* (baskische Tapas) verputzen, die an der Bar aufgereiht sind und deren Namen mit Kreide an die Tafel geschrieben werden.

Horno San Antonio   PASTELERÍA €
(Karte S. 52; Plaça Sant Antoni 6; ensaïmades ab 1,30 €; ⊙Di–Fr 8-20, Sa & So bis 14 Uhr) In der traditionellen, alten Konditorei bekommt man den Aussagen von Einheimischen zufolge die besten *ensaïmades* überhaupt, und das in allen Größen und Spielarten: Es gibt einfache Schoko-*ensaïmades* oder auch Varianten mit Sahne- bzw. Aprikosenfüllung. Die Kuchen gibt's alle auch zum Mitnehmen, sie werden dafür äußerst hübsch verpackt.

Forn des Teatre   PASTELERÍA €
(Karte S. 56 f.; www.forndesteatre.com; Plaça de Weyler 9; ensaïmades ab 1,30 €; ⊙8–20 Uhr) In der wunderbaren Konditorei werden Leckermäuler mit herrlich leichten *ensaïmades* verwöhnt. Die größeren werden nach der Bestellung immer frisch zubereitet, die kleineren sind zum Mitnehmen zu haben und kosten ab 1,30 €. Auch den Mandelkuchen sollte man sich auf keinen Fall entgehen lassen.

SEGELN IN PALMA

Segeln gilt in Palma als große Sache. Im Laufe des Jahres finden hier zahlreiche Regatten statt. Abgesehen von denen, die wir unten aufgelistet haben, organisiert der **Real Club Náutico** (Karte S. 66; (www.realclubnauticopalma.com), der renommierteste Jachtclub der Stadt, über 20 Events, teilweise in Zusammenarbeit mit anderen Vereinen.

Copa del Rey (Königs-Cup; ⊙Juli–Aug.) Ein Höhepunkt im Segelkalender ist die Copa del Rey, die an acht Tagen im Sommer ausgetragen wird. König Juan Carlos I. und sein Sohn Felipe fahren oft auf konkurrierenden Booten mit.

PalmaVela (www.palmavela.com; ⊙Ende April) Hier treten Hunderte Jachten aller Klassen aus der ganzen Welt an.

Trofeo SAR Princesa Sofía (www.trofeoprincesasofia.org; ⊙April) Eine von sechs Regatten der World Cup Series, die Olympia-Crews von überall her anlockt.

The Superyacht Cup (www.thesuperyachtcup.com; ⊙Juni) Wird an drei Tagen ausgetragen und ist eine der wichtigsten Regatten für Superjachten von 25 bis 90 m Länge.

Trofeo Ciutat de Palma (www.trofeociutatdepalma.com; ⊙Dez.) Kleinere Boote gehen an vier Tagen im Dezember an den Start.

✕ Es Puig de Sant Pere

★ Wine Garage
INTERNATIONAL €€

(Karte S. 56 f.; ✉ 971 72 44 83; Carrer de Montenegro 10; 3-Gänge-Menüs inkl. Wein & Wasser 40 €; ⏲ Mo–Fr 13–16 & 19.30–23, Sa & So 19–0 Uhr) Mit nacktem Stein, hohen Decken, weinroten Wänden und der ewig energiegeladenen Atmosphäre ist die Wine Garage der Ingegriff von Coolness und urbanem Schick. Hier wird jeder Handgriff mit messerscharfer Präzision ausgeführt, egal, ob nun Steak mit Pommes frites oder Schoko-Panna-Cotta mit Minzsoße auf den Tisch sollen. Auf dem beinfarbenen Geschirr kommen die Speisen formvollendet zur Geltung und die Weinkarte ist erwartungsgemäß hervorragend.

Opio
ASIATISCH €€

(Karte S. 56 f.; ✉ 971 42 54 50; www.purohotel.com; Carrer de Montenegro 12; Hauptgerichte 14–23 €; ⏲ Restaurant 19.30–23.30, Bar bis 2 Uhr) DJ-Beats, die Farbgebung in Champagner und das Kerzenlicht im Hof sorgen für eine glamouröse Atmosphäre, doch das Opio im Puro Hotel hat mehr zu bieten als bloßen Schein. Wer Leute beobachten, aber gleichzeitig leckere Cocktails und asiatische Fusionsküche genießen möchte, ist hier richtig. Gerichte wie Lachs in Miso-Kruste und Rinderlende mit Shiitake-Pilzen sehen aus wie kleine Kunstwerke.

13%
TAPAS €

(Karte S. 56 f.; ✉ 971 42 51 87; www.13porciento. com; Carrer de Sant Feliu 13a; Tapas 3–11 €, Mittags-/Degustationsmenüs 11/20 €; ⏲ Mo–Mi 18–23, Do–Sa 12.30–16 & 19–0 Uhr; ✎) Am ruhigeren Ende der Altstadt stößt man auf diesen wie ein L geformten Schuppen, der Wein- und Tapas-Bar, Bistro und Feinkostladen in einem ist. Meist werden Bio-Produkte verwendet, und die Auswahl an vegetarischen Speisen ist groß. Zu essen gibt's z. B. Kanapees, Salate, geräuchertes Seeteufel-Carpaccio mit Parmesan und Trüffelöl und frische Sardinenfilets in *cava* (Sekt). Das Mittagsmenü umfasst eine Auswahl von drei Tapas.

Aramís
SPANISCH €€

(Karte S. 56 f.; ✉ 971 72 52 32; Carrer de Sant Feliu 7; Hauptgerichte 8–17 €; ⏲ Mo–Fr 13–15.30 & 19.30–22.30, Sa 19.30–22.30 Uhr) Ein sorgfältig in Szene gesetzter Gourmettempel mit dunklen Holzböden und Kunst an den Wänden, der überraschend preiswert ist. Die kreativen Köche zaubern Gerichte wie sautierten Tintenfisch mit *sobrassada* und Pinienkernen.

Bruselas
INTERNATIONAL €€

(Karte S. 56 f.; ✉ 971 71 09 54; www.restaurantebruselas.com; Carrer d'Estanc 4; Hauptgerichte 9–25 €; ⏲ Mo–Sa 13-16 & 20-0 Uhr) Früher war dies eine Pianobar mit belgischem Besitzer, heute dreht sich in dem Kellerraum mit der steinernen Gewölbedecke alles um vorzügliche argentinische Steaks. Auf der Karte stehen sowohl *solomillo con foie* (Steakfilet mit Gänsestopfleber) als auch Gourmethamburger. Dazu werden vollmundige mallorquinische Rotweine wie Son Bordils Negre gereicht. Das Dekor ist angenehm modern.

Bon Lloc
VEGETARISCH €

(Karte S. 56 f.; ✉ 971 71 86 17; www.bonllocrestaurant.com; Carrer de Sant Feliu 7; Menüs 14,50 €; ⏲ Mo-Mi 13-16, Do–Sa 13-16 & 19.30-23 Uhr; ✎) ✿ Hier herrscht eine leichte und dabei gediegen-klassische Atmosphäre. In dem Lokal werden ausschließlich Bio-Zutaten verwendet. Fleischverächter sind in erfahrenen Händen, denn das Bon Lloc war das erste vegetarische Restaurant in Palma. Zur Auswahl steht lediglich ein viergängiges *menú*. Besser vorab reservieren!

✕ Santa Catalina & Umgebung

Koh
ASIATISCH €€

(Karte S. 66; ✉ 971 28 70 39; www.kohmallorca. com; Carrer de Servet 15; Hauptgerichte 10–15 €; ⏲ Mo–Sa 19–23 Uhr) Lust auf etwas mehr Würze? Dann ist dieser moderne Thailänder in Santa Catalina vielleicht eine Option. Die Köche Abel Denhard und Mika Drouin verpassen asiatischen Gerichten eine frische Kräuternote. Alles schmeckt intensiv, ob feine vietnamesische „Sommerrolle", Rippchen in Hoisin-Soße oder malaysisches Curry.

Ummo
SPANISCH, BASKISCH €€

(Karte S. 66; ✉ 871 953873; Carrer de Sant Magí 66; Hauptgerichte 13–18 €; ⏲ Di–So 8–23.30 Uhr) Das stilvolle Bistro mit Holzboden hält es gern einfach und saisonal. Der Koch stammt aus San Sebastián und verleiht den Tapas (gefüllter Babytintenfisch auf Polenta, Weißes-Pfeffer-Gelee aus Mallorca und Blutwurst aus Burgos mit Wachteleiern) seine ganz persönliche Note. Dafür hat er 2013 bei den Tapalma Tapas Awards Gold gewonnen.

Room
SPANISCH €€

(Karte S. 66; ✉ 971 28 15 36; www.theroompalma.es; Carrer de Cotoner 47; Snacks 3–7 €, 2-gängige Mittagsmenüs 13 €; ⏲ Mo–Fr 8–17, Sa 9.30–17 Uhr; ✎) Eine beliebte Adresse zum Frühstücken oder Mittagessen ist dieses schicke, moderne Café. Es hat eine entspannte Atmosphäre und für Kinder gibt's Malbücher. Auf der Karte dominieren gesundes, hausgemachtes Gebäck sowie Kuchen, Salate, Pasta und Tapas.

El Perrito   SCHWEDISCH €

(Karte S. 66; ☏ 971 45 59 16; Carrer d'Anníbal 20; Hauptgerichte 8–11 €; ☉ Mo–Sa 8–17 Uhr) Der Name „Hündchen" ist den Schwarz-Weiß-Fotos von den geliebten Vierbeinern der Kunden geschuldet, die an der Wand hängen. Der Laden wird von Schweden betrieben und ist wahnsinnig niedlich. Er hat eine angenehm relaxte Atmosphäre und Bohemien-Flair. Die Karte bietet Bagel, hausgemachte Kuchen, frische Säfte und herzhafte Tagesgerichte wie Gulasch und Fleischbällchen mit Preiselbeeren. Die Portionen sind aber eher klein.

Hórreo Veinti3   MEDITERRAN €€

(Karte S. 66; ☏ 649 033806; Carrer de Sa Fàbrica 23; Hauptgerichte 15–45 €; ☉ Do–Mo 13–0.30, Di & Mi 19–0.30 Uhr) Als Erstes fallen die transparenten Stühle und stimmigen Farben in diesem modernen, teureren Restaurant auf. Die Kellner servieren Risottos, gegrillten Thunfisch und Chateaubriand, auch auf der Terrasse.

La Baranda   ITALIENISCH €€

(Karte S. 66; ☏ 971 45 45 25; www.labaranda.co.uk; Carrer de Sant Magí 29; Pizzas 8–16 €, Hauptgerich-

te 16–40 €; ☉ 13–15.30 & 18.30–0 Uhr) Entspannter Italienier mit unverputztem Mauerwerk, Wänden in warmem Gelb und einfachem Holzmobiliar, dafür aber mit dem einen oder anderen Kunstwerk. Eine nette Option für Pizzas aus dem Holzofen, Pastagerichte und hausgemachten Kuchen zum Nachtisch. Unten gibt's Tapas.

Japo Express   SUSHI €

(Karte S. 66; ☏ 971 73 83 21; www.ilovejapo.com; Carrer de Sant Magí 25; Sushi 1–4 € pro Stück; ☉ 13.30–16 & 19–23.30 Uhr) Mit ihrer knallroten Fassade ist diese ausgefallene Sushibar in Santa Catalina nicht zu übersehen. Sie hätte wirklich einen einfallsreicheren Namen verdient! Papierlampions zieren den weißgetünchten Essbereich, in dem man sich an frischem Sushi laben kann. Maki, Sashimi und Nigiri – alles da. Das zweigängige Mittagsmenü kostet gerade mal 9 €.

✗ Passeig Marítim & Westliches Palma

★ Toque   INTERNATIONAL €€

(Karte S. 66; ☏ 971 28 70 68; www.restaurante-toque. webs.com; Carrer Federico García Lorca 6; Hauptgerichte 14–20 €, 3-gängige Mittagsmenüs 13 €; ☉ Di–Sa 13–15.30 & 19–23, So 13–15.30 Uhr; ♿)

PALMAS RESTAURANTSZENE

Marc Fosh, der renommierte britische Chefkoch und Besitzer der Misa Braseria (S. 66) und des Simply Fosh (S. 67), hat Palmas Restaurantszene in den letzten Jahren revolutioniert. Er spricht von einer „modernen und dabei simplen Cuisine mit geradlinigem, aber vollem Geschmack".

Warum Mallorca? Mallorca entwickelt sich langsam, aber stetig zu einem Ziel für Gourmets. Eine Reihe enthusiastischer Jungköche hat sich unlängst mit tollen, kleinen Restaurants hier niedergelassen, und die vielen neuen Weingüter sowie die erstklassigen Olivenöle, Käsesorten und Salze, die auf der Insel hergestellt und gewonnen werden, haben die kulinarische Szene ordentlich aufgewirbelt.

Leibgerichte Die mallorquinische Küche ist fest verwurzelt in rustikaler, bodenständiger Hausmannskost. Eins meiner Lieblingsgerichte ist *arròs brut*: Reis, Fleisch und Gemüse, das in einem herzhaften Fond zubereitet wird. Ich gehe gern in die Sa Cuina de n'Aina in Sencelles, denn dort gibt es meiner Meinung nach den besten *arròs brut* der Insel.

Palmas Märkte Der **Mercat de l'Olivar** (Karte S. 62; Plaça de l'Olivar; ☉ Mo–Fr 8–14 & 17–20, Sa 8–14 Uhr) in Palma ist ein Muss für jeden Feinschmecker. Die Fischstände sind einfach spektakulär und das Angebot an Meeresfrüchten atemberaubend. Im Zentrum des Markts befindet sich eine Austernbar. Misa Braseria und Simply Fosh sind von hier aus übrigens zu Fuß erreichbar – zum Mittagessen.

In der Saison Alle wissen, dass Palma ein tolles Sommerreiseziel ist. Dabei sind auch die Winter abwechslungsreich, denn dann haben z. B. die wilden Pilze *esclata-sangs* Saison. Sie sind groß, voller Geschmack und perfekt zum Grillen und Braten. Dazu ein bisschen Meersalz, Olivenöl, zerstoßener Knoblauch und gehackte Petersilie …

Stimmt schon, es sieht aus wie ein ganz gewöhnliches Restaurant in einer ganz gewöhnlichen Straße, doch der Schein trügt. Nicht ohne Grund erhält das Toque beständig gute Kritiken: die Hausmannskost (Belgisch mit einem Hauch Mittelmeer) ist ehrlich, die Preise sind portemonnaiefreundlich (eine Flasche Wein gibt's schon ab 13 €) und die Begrüßung ist herzlich. Als Vorspeise bieten sich Muscheln in Sahne an, als Hauptgang zartes Spanferkel-Confit im eigenen Saft und Süßkartoffelpüree ... Man kann unmöglich enttäuscht werden!

Nautic FISCH & MEERESFRÜCHTE €€
(Karte S. 66; ☑ 971 72 63 83; www.nautic-restaurant. com; Muelle San Pedro 1; Hauptgerichte 16–29 €, 3-gängige Mittagsmenüs 25 €; ☺ Di–So 13–15.30 & 20–23.30 Uhr) Eines der besten Fischrestaurants der Stadt ist im Royal Sailing Club untergebracht und vom Zentrum aus zu Fuß zu erreichen. Neben gegrilltem Fisch und Krustentieren werden Reisgerichte, aber auch ausgefallenere Kreationen wie Zucchini mit Hummerfüllung in *sobrassada*-Soße zubereitet. Das Ambiente ist klassisch: weiße Wände, natürliches Licht, Fenster ringsum mit Blick auf den Jachthafen und eine Terrasse.

Caballito de Mar FISCH & MEERESFRÜCHTE €€
(Karte S. 56 f.; ☑ 971 72 10 74; www.caballitodemar.info; Passeig de Sagrera 5; Hauptgerichte 17–34 €; ☺ So–Do 12–23.30, Fr & Sa bis 0 Uhr) Das „Seepferdchen" ist eines der führenden Fischrestaurants Palmas und präsentiert seine Gerichte mit modernem Touch. Man kann Seeteufelmedaillons, *sobrassada* und *butifarrón* (Blutwürste) in Kohlblätter gewickelt mit Nusssoße bestellen. Wer Lust auf etwas Traditionelleres hat, sollte den „Fisch des Tages", ein Reisgericht oder rote Krabben aus Sóller probieren. Auf einer sonnigen Terrasse findet man weitere Sitzgelegenheiten.

Ca'n Eduardo FISCH & MEERESFRÜCHTE €€€
(Karte S. 66; ☑ 971 72 11 82; www.caneduardo.com; 3. OG, Travesía Contramuelle, Es Mollet; Hauptgerichte 20–38 €; ☺ 13–23.30 Uhr; ♿) Es gibt wohl kaum einen besseren Ort für ein Fischrestaurant als direkt über dem Fischmarkt. Das Ca'n Eduardo wurde bereits in den 1940er-Jahren eröffnet und hat eine treue Stammkundschaft, die das helle, moderne Dekor und die großen Panoramafenster mit Blick auf den Hafen schätzt. Kellner servieren gegrillten Fisch und Meeresfrüchte sowie Reisgerichte (für mind. 2 Pers.). Großer Beliebtheit erfreut sich auch der *arroz bogavante* (Hummer mit Reis).

Casa Jacinto SPANISCH, MALLORQUINISCH €€
(☑ 971 40 18 58; www.casajacintomallorca.com; Camí de la Tramvía 37; Hauptgerichte 9–23 €, 3-gängige Mittagsmenüs 15–22 €; ☺ 13–17 & 19–0.30 Uhr) Ein Klassiker in Gènova, 4 km westlich des Stadtzentrums: Seit den 1980er-Jahren lockt das riesige, einfache Lokal Mallorquiner von nah und fern an. Es serviert üppige Portionen mallorquinischer und spanischer Gerichte, besonders gegrilltes Fleisch (z. B. Wild- und Wildschweinkreationen).

✖ Es Portitxol, Es Molinar & Ciutat Jardí

Portixol MEDITERRAN €€€
(Karte S. 52; ☑ 971 27 18 00; www.portixol.com; Carrer de la Sirena 27; Hauptgerichte 17–40 €, 3-gängige Mittagsmenüs 19 €; ☺ 7.30–22.30 Uhr) Das Ambiente des in Blau und Weiß gehaltenen Restaurants im Hotel Portixol am Hafen ist hell und luftig-frisch. Vorm Meerespanorama kann man die mediterranen Speisen genießen, die z. T. einen internationalen Haken schlagen: rustikale gegrillte Jakobsmuscheln, auf den Punkt gebratene Steaks und roter Thunfisch mit Wasabi-Mayonnaise.

MOMO Seabar INTERNATIONAL €
(Karte S. 52; ☑ 871 711798; www.momoportixol.com; Carrer Vicari Joaquim Fuster 93; Hauptgerichte 8–16 €; ☺ So–Do 9–19, Fr & Sa bis 23 Uhr) Wir lieben den Blick aufs Wasser, die lockere Stimmung und die internationale Speisekarte. Im Café werden leckere Salate und *bruschetti*, aber auch Hauptgerichte aus dem Wok, thailändische Currys und Steaks zubereitet. Das Mittagsmenü ist für 12,50 € recht günstig.

Mares Marisquería FISCH & MEERESFRÜCHTE €€€
(☑ 971 49 19 78; www.maresmarisqueria.com; Carrer de l'Illa de Xipre 12; Menüs 40–55 €; ☺ Mo–Fr 13–15.30 & 20–23, Sa 13–15.30 Uhr) Dieses klassische Fischrestaurant 3 km östlich von Portixol wird von Geschäftsleuten und Meeresfrüchteliebhabern jeglicher Couleur frequentiert. Da es einen Häuserblock vom Meer entfernt ist, bietet es zwar keine Aussicht aufs Wasser, doch dieses Manko wird durch das Essen mehr als ausgeglichen. Bereits auf dem Weg in das zu stark beleuchtete, aber geschmackvoll ausgestattete Lokal wird die Auswahl an frischem Fisch präsentiert.

Es Mollet FISCH & MEERESFRÜCHTE €€€
(Karte S. 52; ☑ 971 24 71 09; www.restauranteesmollet.com; Carrer de la Sirena 1; Hauptgerichte 18–40 €; ☺ Mo–Sa 13–15.30 & 19.30–22.30 Uhr) In dem klassischen Fischrestaurant mit

LA RUTA MARTIANA

Sa Gerreria südöstlich der Plaça Major hat sich enorm verändert. Einst war das Viertel verschrieen, heute ist es eine der schicksten Ausgehadressen der Stadt. Das hat es vor allem der „Marsianerroute", **La Ruta Martiana,** zu verdanken! Mehr als 20 Bars säumen die Straßen, in denen man dienstags von 19.30 bis 0 Uhr und mittwochs zwischen 19.30 und 2 Uhr kleine Häppchen (Tapas oder *pintxos)* und ein Getränk für 2 € bekommt. Das ist nicht nur supergünstig, sondern auch die perfekte Rechtfertigung für eine „Tapas-und-Kneipen-Tour". Zu den teilnehmenden Bars gehören u. a. Barafina, L'Ambigú und Ca La Seu.

überdachter Veranda an der Uferstraße einer kleinen Bucht (Cala Portixolet) grillt der Koch fangfrischen Fisch nach allen Regeln der Kunst. Der Preis wird nach Gewicht berechnet (45–60 € pro kg). Gäste müssen zwar etwas tiefer in die Tasche greifen, aber dafür wählen die örtlichen Fischer nur das Beste vom Besten aus.

Ausgehen & Nachtleben

Palma wird wohl nie zur Partyhauptstadt Spaniens gewählt werden, trotzdem ist immer etwas los, und man hat die Wahl zwischen vielen netten, kleinen Bars. Die wilde Sommertouristenszene tobt an der Platja de Palma oder in Magaluf. Nach wie vor befindet sich das Epizentrum von Palmas Clubszene rund um den Passeig Marítim (Avinguda de Gabriel Roca) und den Club de Mar. Hier findet man die größten und populärsten *discotecas* der Stadt.

Fast alle Clubs machen schon gegen Mitternacht auf, manche sogar früher. Vor 2 Uhr geht nicht viel ab, doch dann bleibt die Party bis 5 Uhr früh im Gange. Anschließend stolpern die Clubber mit glasigen Augen heraus. Manche torkeln nach Hause, andere zieht es dagegen zu den „Afters" in die Morgenclubs (z. B. an der Plaça de Gomila), wo die Musik bis nach dem Frühstück läuft.

Die Eintrittspreise liegen zwischen 10 und 20 € (das erste Getränk ist zumeist inbegriffen), aber ohne stylisches Outfit kommt niemand rein, egal wie viel er oder sie zu zahlen bereit ist.

Altstadt

Gibson
BAR

(Karte S. 56 f.; Plaça del Mercat 18; 8–3 Uhr) In dieser munteren Cocktailbar mit Sitzgelegenheiten im Freien ist auch während der Woche immer noch etwas los, wenn rundherum schon alles andere dicht gemacht hat. Hier verkehren vor allem Einheimische.

Cappuccino
CAFÉ

(Karte S. 56 f.; www.grupocappuccino.com; Carrer del Conquistador 13; Mo–Mi 8.30–22, Do & So bis 23, Fr & Sa bis 0 Uhr) In großartiger Lage – die Terrasse befindet sich am „Bug" des Palau March – kann man sich leichte Mahlzeiten, Snacks und internationale Leibspeisen zu Gemüte führen. Uns begeistern aber vor allem das namensgebende Heißgetränk (etwas überteuert) und die Möglichkeit, ausgiebig Leute zu beobachten. Dies ist die Sorte Café, die ihre eigenen CDs mit Lounge-Musik vertreibt.

Plaça Major & Umgebung

L'Ambigú
TAPASBAR

(Karte S. 56 f.; Carrer de Carnisseria 1; Mo–Sa 12–16 & 19–1 Uhr) Hinter der Església de Santa Eulàlia hat sich diese unwiderstehliche kleine Bar niedergelassen, in der dienstags und mittwochs der Teufel los ist. Sie besticht mit ihrer modernen, legeren Kultiviertheit unterhalb der hohen Steinmauern des mittelalterlichen Palma.

Bar Flexas
BAR

(Karte S. 56 f.; www.barflexas.com; Carrer de la Llotgeta 12; Mo–Fr 13–17 & 20–1 Uhr) Den gut besuchten Einheimischen-Treff, der viel Retro-Coolness verströmt, gab es schon lange bevor die Straßen südöstlich der Plaça Major zum „In"-Pflaster wurden. Er hat sich sein authentisches Flair mit einem Hauch von Grunge bewahrt. Fernab der Touristenroute kann man hier laute Gespräche mitverfolgen, Kunstwerke betrachten und manchmal auch Livemusik hören. Das Barpersonal ist super.

Café L'Antiquari
BAR

(Karte S. 62; www.facebook.com/cafeantiquari; Carrer d'Arabi 5; Mo–Sa 11–1 Uhr) Heute ist das ehemalige Antiquariat eine der urtümlichsten Bars von ganz Palma, ideal für einen Drink und ein paar Tapas. Alte Kostbarkeiten zieren jede Ecke und jeden freien Zentimeter an der Wand. Selbst die Tische und Stühle gehören in eine andere Epoche. Der Kaffee schmeckt unschlagbar gut. Hin und wieder treten Livebands auf.

Ca La Seu
TAPASBAR

(Karte S. 56 f.; Carrer de Cordería 17; ⊘ Mo–Sa 20–2 Uhr) In einem meisterlich umgestalteten, 500 Jahre alten Gebäude, das an eine Scheune erinnert, ist eine unserer Lieblingsbars untergebracht. Fast jeden Abend brummt der Laden mit den Marmortischen, an denen kreative Tapas und Drinks serviert werden. Andere Lokale kommen und gehen, aber wir haben den Eindruck, dass sich das La Seu eine ganze Weile halten wird.

 ## Es Puig de Sant Pere

Ginbo
BAR

(Karte S. 56 f.; Passeig de Mallorca 14; ⊘ Mo–Sa 21.30–3, So 18–3 Uhr) Bei Ginbo gibt's den für unsere Preisklasse besten Gin Tonic von ganz Palma. Neben den rund 100 verschiedenen Gin-Sorten können sich auch die Cocktails sehen lassen, z. B. den „Porn Star Martini" (und die Fantasie geht mit einem durch …), die man in der betriebsamen, stilvoll großstädtischen Bar oder auf der Terrasse schlürfen kann.

Abaco
BAR

(Karte S. 56 f.; www.bar-abaco.es; Carrer de Sant Joan 1; ⊘ So–Do 20–0, Fr & Sa bis 3 Uhr) Hinter einem alten Holztor versteckt sich eine herrliche Bar: Das Abaco nimmt den restaurierten Innenhof eines alten mallorquinischen Hauses ein und wartet mit verzierten Kandelabern, Blumenarrangements, frischem Obst sowie bizarrer Kunst auf. Das Dekor schwankt zwischen extravagant und kitschig. So viel Geld für einen Cocktail auszugeben ist eine echte Sünde, aber irgendwie lohnt es sich doch.

Rocco's
BAR

(Karte S. 56 f.; Carrer de Sant Feliu 16) Warme Farben, Vintage-Möbel und lauschige Nischen machen diesen schön beleuchteten Newcomer mit alternativem Flair zum idealen Fleckchen für ein vertrauliches Gespräch bei ruhiger Musik und einem Glas Wein. Oft gibt's eine *caña* (ein kleines Glas Bier) und eine Tapa für 2 €.

Atlantico Café
BAR

(Karte S. 56 f.; Carrer de Sant Feliu 12; ⊘ Mo–Sa 22–3 Uhr) Eine der ansprechendsten Bars in

der Stadt. Mojitos vom Feinsten kosten 7 €, es werden Lieder à la *Hotel California* gespielt und an der Wand hängen US-amerikanische Nummernschilder über den ständig wachsenden Graffitis.

Café La Lonja
CAFÉ

(Karte S. 56 f.; Carrer de Sa Llotja 2; ⊘ Ostern–Nov. Mo–Do 10–1, Fr 10–3, Sa 11–3 Uhr) Mit der geschwungenen Marmortheke, den Fliesen im Schachbrettmuster und ein paar Tischen und Bänken eignet sich dieses Café ebenso für ein Frühstück wie für Tapas und eine großzügige *pomada* (Menorca-Gin mit Zitronenlimo). Viele Gäste sitzen am liebsten draußen im Schatten von Sa Llotja.

Mojo
BAR

(Karte S. 56 f.; Carrer Jaume Ferrer 14; ⊘ Di–Do 17–1, Fr 17–3, Sa 18–3, So 18–1 Uhr) Kronleuchter hängen von den Decken und aus den Boxen kommt chillige Musik. Insgesamt eine angenehm entspannte Bar mit langer Happy Hour (17–20 Uhr), in der Cocktails für 6 € über die Theke gehen. Hin und wieder steigen hier auch ausgeflippte Partys oder es gibt ein Pub-Quiz.

Escape Bar
BAR

(Karte S. 56 f.; Plaça de la Drassana 13; ⊘ Mo–Do 17–1, Fr 17–3, Sa 10–3, So 10–1 Uhr) Ein weitgehend internationales Publikum (jede Menge Briten) trifft sich am früheren Abend in den beiden Räumen dieser kleinen Bar. Morgens gibt's ein herzhaftes englisches Frühstück, mittags einige günstige Tagesgerichte, und nachmittags kann man sich an Tischen im Freien bei einer Erfrischung erholen.

Es Jaç
COCKTAILBAR

(Karte S. 56 f.; Carrer de Vallseca 13; ⊘ Do & So 20–1, Fr & Sa bis 3 Uhr) Die schicke Designer-Cocktailbar verfügt über ein umwerfendes Dekor und die Barkeeper sind echte Mix-und-Schüttel-Asse, die gern bei der Entscheidungsfindung behilflich sind.

Santa Catalina & Umgebung

Soho
BAR

(Karte S. 66; Avinguda d'Argentina 5; ⊘ 19–2.30 Uhr; 📶) Das Soho nennt sich selbst „Urban Vintage Bar" und verströmt einen wunderbaren Retro-Charme. Es hat einen grün beleuchteten Bierkühlschrank, ein 1960er-Jahre-Dekor (die Tapeten sind unglaublich!) und Veloursofas. Hier wird vor allem Indie-Musik gespielt. Dem entspannten Publikum an den Tischen draußen macht der vorbeirauschende Verkehr offenbar nichts aus. Die Cocktails des Tages kosten nur 5 €.

Idem Café
CAFÉ

(Karte S. 66; Carrer de Sant Magí 15A; ⊘ 21–3 Uhr) Dunkelroter Samt wie im Bordell, Kronleuchter, Barockspiegel und mitunter recht gewagte Kunst an den Wänden. Der burleske Look und die „Vorglüh-Stimmung" machen das Idem zu einer tollen Anlaufstelle für einen Mojito oder Gin, bevor es in den Club geht.

Hostal Cuba Colonial
BAR

(Karte S. 66; Carrer de Sant Magí 1; ⊘ So–Do 8–2, Fr & Sa bis 4 Uhr) Diese Bar befindet sich in einem Gebäude aus dem frühen 20. Jh., in dem einst Seemänner auf der Durchreise einzukehren pflegten. Mittlerweile ist die Klientel gediegener, aber immer noch durstig. Man kann alles Mögliche vom Kaffee bis zu Hauptgerichten bestellen. Im 1. Stock gibt's einen Bereich zum Chillen.

Novo Café Lisboa
LIVEMUSIK

(Karte S. 66; Carrer de Sant Magí 33; ⊘ Do 21–3, Fr & Sa 22–4 Uhr) Eine geschwungene Holztheke verleiht dem Lisboa etwas Anheimelndes. Bei Latino-Rhythmen, Bossa Nova, Indie-Rock und Elektro-Pop steigt die Stimmung. Wenn Livebands auftreten, platzt der Laden schnell aus allen Nähten.

NICHT VERSÄUMEN

STRANDCLUB-COOLNESS

Wenn der Sommer voll aufdreht, zieht es die Menschen in gemütliche Lounge-Zonen am Pool. Dort werden dann mit anderen braungebrannten Genießern Cocktails geschlürft. Hier sind unsere Lieblingsadressen am Strand:

Nikki Beach (www.nikkibeach.com; Avenida Notario Alemany 1; ⊘ 11–20 Uhr) Sushi, Champagner, bequeme weiße Liegen, knackige Körper, DJ-Klänge und Grillgelage in Magaluf.

Anima Beach (Karte S. 52; www.animabeachpalma.com; Platja de Can Pere Antoni; ⊘ 10.30–1.30 Uhr) Beliebte Chill-Out-Lounge für einen Umtrunk bei Sonnenuntergang und Tapas.

Nassau Beach (Karte S. 52; www.nassaubeach-palma.com; Passeig Portitxol; ⊘ 9–1 Uhr) Schicker Strandclub in Es Portitxol mit Blick aufs Meer, die Bucht und die Kathedrale.

🍷 Passeig Marítim & Westliches Palma

Pacha
CLUB

(Karte S. 52; www.pachamallorca.es; Passeig Marítim 42; ⊘ Juli–Aug. tgl. 23.30–6 Uhr, Sept.–Juni Do–Sa) Dieser glamuröse neue Club bringt ein Stück Ibiza nach Mallorca. Der dreistöckige Party-Tempel ist seit 2013 in Betrieb. Es wird am laufenden Band gefeiert, die DJs spielen House und zwischendurch laden Terrassen zum Relaxen ein. Der Eintritt liegt bei 15 €.

El Garito
LIVEMUSIK

(Karte S. 52; www.garitocafe.com; Dàrsena de Can Barberà; ⊘ 20–4.30 Uhr) DJs und Livebands heizen dem Publikum ab etwa 22 Uhr ein. Gespielt wird alles von Nu Jazz über Discoklassiker bis zu Elektro. Der Eintritt ist gewöhnlich frei (Mindestverzehr: ein Getränk).

Varadero
BAR

(Karte S. 56 f.; www.varaderomallorca.com; Carrer del Moll Vell; ⊘ So–Do 9–2, Fr & Sa bis 4 Uhr) Der tolle Standort dieser minimalistischen Bar mit Glasfront vermittelt das Gefühl, vor Anker gegangen zu sein. Möwenschreie mischen sich unter die Geräusche aus dem Lokal, wenn man bei seinem Lieblingsgetränk auf der großen Terrasse sitzt und auf die Bucht oder die herrliche Kathedrale schaut.

Guiness House
BAR

(Karte S. 56 f.; Parc de la Mar; ⊘ So–Do 8–0, Fr & Sa bis 2 Uhr) In Toplage zwischen der Kathedrale und dem Meer stößt man auf das Guiness House. Wir empfehlen, morgens vorbeizuschauen, bevor die Menschen in Scharen einfallen, oder nach Einbruch der Dunkelheit einzukehren, denn dann ist der Blick auf die beleuchtete Kirche einfach atemberaubend.

Tito's
CLUB

(Karte S. 52; www.titosmallorca.com; Passeig Marítim 33; Eintritt 15-20 €; ⊘ Juni-Sept. tgl. 23.30-6 Uhr, Okt.–Mai Do-So) Seit den 1950er-Jahren hält sich dieser Club, in dem schon Berühmtheiten wie Ray Charles, Marlene Dietrich und Frank Sinatra gefeiert haben. Heute spielen DJs eine bunte Mischung für ein Publikum, das ein gediegenes Ambiente, den Ausblick auf die Stadt und heiße Auftritte zu schätzen weiß.

☆ Unterhaltung

In Palma wird von Konzerten bis zu Opernaufführungen, von guten Filmen bis zu som-

PALMA FÜR SCHWULE & LESBEN

Die Schwulen- und Lesbenszene der Insel konzentriert sich hauptsächlich in und um Palma. Viele Schwulen- und Lesbenbars findet man auf der Avinguda de Joan Miró südlich der Plaça de Gomila. Der Abend könnte etwa mit folgenden Läden beginnen:

Dark (Karte S. 52; www.darkpalma.com; Carrer de Ticià 22; ⊘ So–Do 18.30–2.30, Fr & Sa bis 10.30 Uhr)

Aries Sauna Hotel Pub (Karte S. 52; www.ariesmallorca.com; Carrer de Porras 3; ⊘ Sauna 16–0, Bar 22–6 Uhr)

Yuppii Club (Karte S. 52; Carrer de Joan Miró 98; ⊘ Do–Mo 0 Uhr–open end)

Nützliche Websites mit Infos zur hiesigen Schwulen- & Lesbenszene:

➡ www.mallorcagaymap.com (in manchen Touristenbüros erhält man auch die dazugehörige Zeitschrift)

➡ www.gay-mallorca.com (auf Spanisch)

---

merlichen Stierkämpfen sowie von Segelregatten bis zu Fußballspielen einiges geboten. Tickets für viele Events erhält man online über www.ticketmaster.es. oder im Kaufhaus El Corte Inglés.

Ein aktueller Veranstaltungskalender findet sich auf http://ocio.diariodemallorca.es.

Kinos

In Palma gibt's zwar mindestens sieben Kinos mit jeweils mehreren Sälen, doch nur in einem werden Filme im Originalton gezeigt.

Cine Ciutat   KINO
(☑ 971 20 54 53; www.cineciutat.org; Carrer Emperadriu Eugènia 6) In diesem Programmkino 2 km nördlich des Zentrums werden manche Filme im Original mit spanischen Untertiteln gezeigt.

Theater

Auditòrium   KLASSISCHE MUSIK
(Karte S. 66; ☑ 971 73 47 35; www.auditoriumpalma. es; Passeig Marítim 18; ⊘ Kartenverkauf 10–14 & 16–21 Uhr) Palmas Hauptort für große Events (und Kongresse) von Oper über Ballett und Musicals bis Lightrock. In der Sala Mozart kommt ein Teil des Opernprogramms auf die Bühne (der andere im Teatre Principal). Von Oktober bis Mai tritt hier regelmäßig das Orquestra Simfónica de Balears (Balearen-Symphonieorchester) auf.

Teatre Principal   THEATER
(Karte S. 56 f.; ☑ 971 21 96 96; www.teatreprincipal. com; Carrer de Sa Riera 2; ⊘ Kartenverkauf Di–Sa 11–14 & 17–21 Uhr) Das Prestigehaus der Stadt für Theater, klassische Musik, Opern und Ballett wurde 1854 erbaut und 2007 umfas-

send renoviert. Jetzt erstrahlt es wieder in der klassizistischen Pracht seiner Blütezeit und wartet zusätzlich mit modernster Technik auf. Die Akustik ist hervorragend.

Teatre Municipal   TANZ
(Karte S. 52; ☑ 971 71 09 86; Passeig de Mallorca 9; ⊘ Kartenverkauf 1 Std. vor Vorstellungsbeginn) Das Programm reicht von modernem Ballett bis zu Theateraufführungen.

Livemusik

Die meisten Livekonzerte in Palma finden in den kleinen Bars rund um Sa Llotja statt. Die Konzerte fangen zwischen 22 und 24 Uhr an und sind spätestens um 2 Uhr zu Ende.

Jazz Voyeur Club   LIVEMUSIK
(Karte S. 56 f.; ☑ 971 90 52 92; www.jazzvoyeurfesti val.com; Carrer dels Apuntadors 5; Eintritt frei–25 €; ⊘ Mo–Do & So 20.30–1, Fr & Sa bis 3 Uhr) Kaum größer als ein Wohnzimmer ist dieser winzige Club, in dem den Großteil des Jahres jeden Abend Livebands auftreten. Der Schwerpunkt liegt auf Jazzmusik, aber es werden auch Flamenco, Blues, Funk und gelegentliche Jamsessions geboten. Wer im Schein der roten Kerzen auf den Tischen einen der wenigen Plüschsessel besetzen will, muss zeitig kommen. Im Herbst findet hier ein hervorragendes Jazzfestival statt.

Blue Jazz Club   BLUES, JAZZ
(Karte S. 56 f.; ☑ 971 72 72 40; www.bluejazz.es; 7. OG, Passeig de Mallorca 6; ⊘ Do–Sa 22 Uhr–spät, Mo 20.30 Uhr–spät) Vom Edelclub im Hotel Saratoga genießt man einen tollen Blick über die Dächer von Palma. Außerdem lockt der Laden mit Jazz-, Soul- und Blues-Konzerten

nach dem Abendessen (donnerstags bis samstags) und einer Jamsession am Montagabend. Der Eintritt ist frei, man muss allerdings etwas trinken.

Bluesville   BLUES

(Karte S. 56 f.; Carrer de Ma d'es Moro 3; ⊙ Di–Sa 22.30–4 Uhr) Ein intimes Lokal – finster, wie es sich für eine Blues-Bar gehört, und nur einen Steinwurf vom belebten Carrer dels Apuntadors entfernt. Um Mitternacht herum beginnen die kostenlosen Konzerte, denen ein vornehmlich junges Publikum (Hippy-Flair!) andächtig lauscht.

Fußball

Palmas Fußballverein **RCD Mallorca** (☎ 971 22 12 21; www.rcdmallorca.es) gehört zu den besseren Clubs in der spanischen Primera Liga. Zum Meister hat er es zwar noch nie gebracht, liegt aber meistens im guten Mittelfeld. Die Mannschaft spielt seit 1999 im **Iberostar Estadi** (Camí dels Reis, Polígon Industrial), 3 km nördlich vom Zentrum Palmas. Tickets gibt's im Stadion oder telefonisch.

🛍 Shoppen

Der beste Ausgangspunkt für den Einkaufsbummel sind die schicken Läden am Passeig d'es Born. Auf der Haupteinkaufsmeile gibt's Läden von Ketten wie Massimo Dutti und Zara, aber auch echte Nobelboutiquen. Im Labyrinth der Fußgängerzone westlich vom Passeig verstecken sich ein paar der attraktivsten und teuersten Geschäfte der Stadt. Eine weitere gute Adresse ist der Carrer de Sant Miquel (Fußgängerzone).

🏠 Altstadt

Colmado Santo Domingo   ESSEN

(Karte S. 56 f.; www.colmadosantodomingo.com; Carrer de Sant Domingo 1; ⊙ Mo–Sa 10–20 Uhr) In dem kleinen Laden ist es so eng und die Regale sind so voll beladen mit mallorquinischen Produkten wie Käse, Honig, Oliven, Olivenöl, Pasteten, Feigenbrot, Balsamico-Essig, Marmeladen aus Sóller etc., dass man sich kaum drehen und wenden kann. Ach, und ducken muss man sich auch, da an der Decke *sobrassada* (würzige Räucherwurst mit Paprikageschmack) hängen.

Chocolate Factory   SCHOKOLADE

(Karte S. 56 f.; www.chocolatfactory.com; Plaça des Mercat 9; ⊙ Mo–Sa 10.30–21 Uhr) In der Schokoladenfabrik passiert genau das, was man erwartet: Neben unwiderstehlich guten Pralinen, *macarons* und Tafeln mit 100 % Kakao-

gehalt werden hier auch köstliche *ensaïmades* mit Schokofüllung, Schokofondues, Kuchen und Eiscreme gezaubert.

Típika   ESSEN, KUNSTHANDWERK

(Karte S. 56 f.; www.tipika.es; Carrer d'en Morei 1; ⊙ Mo–Fr 10–19.30, Sa bis 16 Uhr) Das kleine Geschäft hat es sich zur Aufgabe gemacht, mallorquinisches Kunsthandwerk und die lokaltypische Küche zu vermarkten. Man kann Weine, Olivenöle und weitere hochwertige Lebensmittel kaufen sowie Tonwaren u. Ä. aus den Werkstätten von Familienbetrieben auf der Insel erstehen.

Carmina   SCHUHE, ACCESSOIRES

(Karte S. 56 f.; www.carminashoemaker.com; Carrer de l'Unió 4; ⊙ Mo–Fr 10–14 & 17–20, Sa 10–14 Uhr) Diese traditionelle einheimische Schuhmarke steht für dezente dunkle Töne, Lederschuhe mit Lochverzierungen und Slipper, die zwischen 300 und 500 € kosten.

Món   KLEIDUNG

(Karte S. 56 f.; Plaça del Rosari 2; ⊙ Mo–Fr 10–13.30 & 16–20, Sa 10–13.30 Uhr) In dem Outlet Store gibt's tolle Schnäppchen, darunter verführerisch feminine Mode von Labels wie Essentiel und Hoss. Es handelt sich um die nach wie vor begehrenswerten Reste aus dem Muttershop **Addaia** (Karte S. 62; Carrer de Sant Miquel 57).

La Casa del Mapa   BÜCHER, KARTEN

(Karte S. 56 f.; Carrer de Sant Domingo 11; ⊙ Mo 9.30–14, Di–Fr bis 19 Uhr) Der von der Regierung betriebene Laden hat topografische Karten und andere Wandermaterialien auf Lager, aber wir mögen vor allem die originalgetreuen Kopien alter mallorquinischer Karten, z. B. Abraham Cresques' Weltkarte von 1375.

Fine Books   BÜCHER

(Karte S. 56 f.; Carrer d'en Morei 7; ⊙ Mo–Sa 9.30–20, So bis 14 Uhr) Auf drei Etagen findet man eine außergewöhnliche Auswahl an gebrauchten Büchern, darunter den einen oder anderen wirklich kostbaren Schatz. Rodney ist gern bei der Suche behilflich.

Quesada   KUNST & KUNSTHANDWERK

(Karte S. 56 f.; Passeig d'es Born 12; ⊙ Mo–Fr 10–20, Sa bis 14 Uhr) Seit 1890 bekommt man in diesem Textilgeschäft die typisch mallorquinischen *roba de llengües* (gestreifte Stoffe) und viele andere exquisite Artikel.

Vidrierias Gordiola   KUNST & KUNSTHANDWERK

(Karte S. 56 f.; www.gordiola.com; Carrer de la Victòria 2; ⊙ Mo–Sa 10.15–13.45 & 16.30–20 Uhr)

Mallorcas bekanntester Glasbläser hat eine 150-jährige Tradition und verkauft klassische Kelche, aber auch kitschige herzförmige Anhänger sowie einige moderne Kunstwerke.

Plaça Major & Umgebung

Dialog BÜCHER

(Karte S. 62; www.dialog-palma.com; Carrer del Carme 14; ⊙Mo–Fr 9.30–14 & 16.30–20.30, Sa 10–14 Uhr) Das Sortiment an deutschen und englischen Titeln ist überschaubar, aber mit Bedacht zusammengestellt. Vor allem die Sprach- und Mallorca-Literatur kann sich sehen lassen.

Bordados Valldemossa KUNSTHANDWERK

(Karte S. 62; Carrer de Sant Miquel 26; ⊙Mo–Sa 10–20 Uhr) In dem altmodischen Laden werden Stickereien verkauft, die größtenteils von der Insel stammen.

Rosario P KUNST & KUNSTHANDWERK

(Karte S. 62; Carrer de Sant Jaume 20; ⊙Mo–Fr 10.30–13.30 & 17–20, Sa 10.30–13.30 Uhr) Kunsthandwerksläden wie diesen findet man überall im Zentrum. Hier gibt's handbemalte Tops, Kleider und Tücher aus hauchzarter Seide.

Es Puig de Sant Pere

Millésimée WEIN

(Karte S. 62; www.millesimee.com; Carrer de Sant Joan 4; ⊙Mo–Fr 10.30–13.30 & 17–20.30, Sa 10.30–13.30 Uhr) Auf der Suche nach einer besonderen Flasche Wein? Dieses Fachgeschäft ist ganz neu und führt ein handverlesenes Sortiment aus Edel- und Dessertweinen, cavas und Champagner. Die Betreiberin, Marina Mut, ist ausgebildete Sommelière und organisiert Weinproben und andere Events.

Camper SCHUHE

(Karte S. 62; www.camper.com; Avinguda de Jaume III 16; ⊙Mo–Sa 10–20.30) Die bekannteste der berühmten Schuhmarken Mallorcas: Dank ihres originellen Ökoschicks liegen die Treter von Camper weltweit im Trend.

Santa Catalina & Umgebung

★**Cronopios** MODE, KUNSTHANDWERK

(Karte S. 66; www.cronopiospalma.com; Carrer del Pou 33; ⊙11–15 & 18–21.30 Uhr) Im vielleicht originellsten Geschäft von ganz Palma taucht man ein in eine wunderliche Traumwelt voll selbstgemachter Kunstwerke und Kleidungsstücke, entworfen von dem argentinischen Geschwisterpaar Marcelo und Mara. Sofort nach dem Eintreten fällt der Blick auf das Hochseil mit den Zirkusakrobaten aus Pappmachee.

Marcelo und Mara haben Mode in Buenos Aires studiert. Die von ihnen entworfene Kleidung und Accessoires (tolle Ketten) sind bunt und abwechslungsreich, oft auffällig bedruckt oder mit anderen Hinguckern versehen und zeugen von unglaublicher Kreativität und Fantasie. Auch die Schuhe und Gummistiefel sind klasse.

B Connected Concept Store MODE, WOHNEN

(Karte S. 66; www.bconnected-conceptstore.com; Carrer de Dameto 6; ⊙Mo–Fr 10–14.30 & 17–21, Sa 10–15 Uhr) Der Designer-„Konzeptladen" passt hervorragend in das neue Santa Catalina. Zum Warensortiment gehören Möbel, ein paar Kleidungsstücke (eine andere Filiale in der Nähe hat sich auf Vintage-Kleidung spezialisiert) und jede Menge Krimskrams, den man nicht braucht, aber – einmal gesehen – einfach haben muss! Die moderne Aufmachung wird durch ein paar Retro-Elemente ergänzt.

Trading Place BÜCHER

(Karte S. 66; www.mallorca-books.com; Carrer de Pou 35; ⊙Mo–Fr 10-13.30 & 17-19.30, Sa 10-13.30 Uhr) Hat eines der größten Sortimente an Secondhand-Büchern (vor allem auf Englisch, aber auch auf Spanisch und Deutsch), verkauft Möbel und dient außerdem als Treffpunkt für Palmas ausländische Gemeinde.

MARKTFIEBER

Flohmärkte, Fachmärkte, Kunsthandwerkermärkte… Palma ist das Paradies für Marktfans. Kunsthandwerk gibt's auf der **Plaça Major** (Karte S. 56 f.; Plaça Major; ⊙März-Juli & Okt.–Dez. Mo & Sa 10–14 Uhr, Aug. & Sept. tgl.) oder auf der **Plaça des Meravelles** (Plaça des Meravelles; ⊙Mai-Okt. 20–0 Uhr). Jeden Samstag wird in den avingudes westlich des Stadtzentrums (Avinguda de Gabriel Alomar und Avinguda de Villalonga) ein riesiger **Flohmarkt** (Avinguda de Gabriel Alomar & Avinguda de Villalonga; ⊙Sat 10–14 Uhr) aufgebaut. Der **Weihnachtsmarkt** findet vom 16. Dezember bis 5. Januar auf der Plaça Major statt.

ℹ Praktische Informationen

INFOS IM INTERNET

Asociación Hotelera de Palma de Mallorca (www.visit-palma.com) Allgemeines und Infos zu Übernachtungsmöglichkeiten in Palma de Mallorca.

Website der Stadt Palma (www.imtur.es) Das wichtigste Touristenportal der Stadt.

MEDIEN

Lokalnachrichten in deutscher Sprache gibt's in den Wochenzeitungen *Mallorca Magazin* (www. mallorcamagazin.net) und *Mallorca Zeitung* (www.mallorcazeitung.es).

Einen Überblick über Events und Veranstaltungen bietet das 14-tägige Magazin *Youthing* (www. youthing.es). Die kostenlose Monatszeitschrift *Dígame* (www.digamemallorca.com) enthält einen aktuellen Veranstaltungskalender für die ganze Insel und Tipps zu Unternehmungen. Oft haben Touristeninformation und Bars Ausgaben dieser Infoblätter vorrätig. Eine weitere nützliche Quelle ist www.seemallorca.com.

Die Zahl der Hochglanzmagazine in Englisch und Deutsch nimmt ständig zu. *Abcmallorca* (www.abc-mallorca.com), eine kostenlose Zeitschrift, enthält Artikel über die Stadt und die Insel. *Contemporary Balears* (www.contemporarybalears.com) erscheint dreimal jährlich mit interessanten Artikeln und Hinweisen. Man bekommt sie in Hotels sowie manchen Restaurants, Bars und Galerien.

Jährlich erscheint *Mallorca geht aus!* (9,80 €; auch erhältlich in Deutschland, Österreich und der Schweiz) mit über 200 Hochglanzseiten voller Storys und Besprechungen von Fincas bis hin zu Clubs. Das Magazin kann unter www.mallorca-geht-aus.de bestellt werden.

MEDIZINISCHE VERSORGUNG

In den großen Tageszeitungen wie *Diario de Mallorca* werden Listen der Apotheken veröffentlicht, die von 9 bis 22 Uhr oder nachts (nur einige wenige) von 22 bis 9 Uhr geöffnet haben.

Hospital Universitari Son Espases (☎ 871 205000; www.hospitalsonespases.es; Carretera de Valldemossa 79) Das neue Krankenhaus von Palma befindet sich 4 km nördlich der Stadt und ist am besten mit den Buslinien 20, 29, 33 und 34 zu erreichen.

Farmácia Castañer-Buades (☎ 971 71 15 34; Plaça de Joan Carles I 3; ⊙ 8.30-22.30 Uhr)

Farmácia Salvà Saz (☎ 971 45 87 88; Carrer de Balanguera 15; ⊙ 24 Std.)

NOTFALL

Allgemeiner europäischer Notruf (☎ 112)

Policía Local (☎ 092, 971 22 55 00; Carrer de Son Dameto 1) Die Wache der Stadtpolizei liegt nordwestlich des Stadtzentrums.

Policía Nacional (☎ 091, 971 22 52 45; www.policia.es; Carrer Simó Ballester 8) Nationale Polizei.

Rettungswagen (☎ 061) Die Notrufnummer ist auf der gesamten Insel gültig.

SICHERHEIT

Palma gilt als relativ sicher: Das größte Problem sind Taschendiebe. Zudem sollte man nachts ein paar Orte meiden, da dort schon mal zwielichtige Gestalten aus ihren Löchern hervorkriechen Dazu gehören die Plaça de Sant Antoni und die Straßen in der näheren Umgebung, z. B. die Avinguda de Villalonga und die Avinguda d'Alexandre Rosselló.

TOURISTENINFORMATION

Informationen erhält man auch unter der Telefonnummer ☎ 010.

Consell de Mallorca (Karte S. 56 f.; ☎ 971 17 39 90; www.infomallorca.net; Plaça de la Reina 2; ⊙ Mo–Fr 8-18, Sa 8.30-15 Uhr; ☎) Infos rund um die Insel.

Städtische Touristeninformation (Hauptstelle) (Karte S. 56 f.; ☎ 971 72 96 34; www.imtur.es; Casal Solleric, Passeig d'es Born 27; ⊙ 9–20 Uhr)

Städtische Touristeninformation (Zweigstelle) (Karte S. 62; ☎ 902 102365; ⊙ Mo–Sa 9–20 Uhr) In einem der Eisenbahngebäude nahe der Plaça d'Espanya.

Touristeninformation am Flughafen (☎ 971 78 95 56; Aeroport de Palma; ⊙ Mo–Sa 8–20, So bis 16 Uhr)

ℹ An- & Weiterreise

BUS

Alle Busse nach/ab Palma fahren am (oder nahe dem) **Estació Intermodal de Palma** (Karte S. 62; ☎ 971 17 77 77; www.tib.org; Plaça d'Espanya) ab. Von dort werden Ziele auf der ganzen Insel angesteuert, z. B. Valldemossa (2 €, 30 Min., 4–9-mal tgl.), Sóller (3,50 €, 30 Min., bis zu 5-mal tgl.), Pollença (5 €, 45 Min., bis zu 12-mal tgl.) und Alcúdia (5 €, 45 Min., bis zu 16-mal tgl.). In andere Küstenregionen und Orten im Inselinneren verkehren weniger Linienbusse. Ein paar Gegenden sind einfacher mit dem Zug zu erreichen.

FLUGZEUG

Der Flughafen Palma de Mallorca (PMI) liegt 8 km östlich der Stadt und kann beeindruckende Start- und Landezahlen vorweisen, da eine ganze Reihe von Fluggesellschaften Mallorca als Reiseziel anbietet (S. 227).

SCHIFF/FÄHRE

Palma dient als Haupthafen der Insel. Zahlreiche Fähren verkehren zwischen Mallorca und dem spanischen Festland bzw. anderen Baleareninseln.

MIT DEM BUMMELZUG NACH SÓLLER

Mit der Schmalspurbahn kann man einen der schönsten Tagestrips auf ganz Mallorca unternehmen. Bereits seit 1912 bummelt diese auf der gewundenen, 27,3 km langen Strecke von Palma nach Sóller (einfache Fahrt/hin & zurück 12,50/19,50 €). Die zerbrechlich wirkenden Eisenbahnwagen mit Holzverkleidung ersetzten einen Postkutschendienst. Sie verkehren siebenmal täglich ab der Plaça de l'Estació (Nov.–Feb. 5-mal tgl.) und brauchen für die Fahrt 1¼ Stunden; täglich gibt's vier bis fünf Verbindungen von Sóller nach Palma. Die Strecke führt durch eine abwechslungsreiche Landschaft und durchquert im Norden die dramatische Serra de Alfàbia mit 13 Tunneln sowie jeder Menge Brücken und Viadukten.

In den Straßen Palmas beginnt die Tour, doch innerhalb von 20 Minuten ist man bereits mitten auf dem Land. Auf diesem Teilstück hat man in Fahrtrichtung links die schönere Aussicht auf die Serra de Tramuntana. Das Gelände steigt sehr sanft an, links schweift der Blick über Olivenhaine und vereinzelte sandgelbe Häuser zu den Bergen im Hintergrund. Eine halbe Stunde hinter Palma erreicht der Zug Bunyola. Wer nur die halbe Strecke bis Sóller fahren will, kann auch hier zusteigen (einfache Fahrt/hin & zurück 6,25/12,50 €).

Kurz hinter Bunyola rücken die Berge immer näher (an einer Stelle sieht man hinter sich Palma und das Meer) und es geht hinein in den ersten von mehreren Tunneln. Manche Züge halten für einen Moment an einem herrlichen Aussichtspunkt, dem Mirador Pujol de'n Banya, kurz hinter dem Túnel Major (Haupttunnel mit fast 3 km Länge, der in dreijähriger Bauzeit 1907 bis 1910 in den Fels gehauen wurde). Hier bietet sich eine Aussicht über das gesamte Sóller-Tal. Dann rattert der Zug über ein Viadukt und schon bald in einem weiteren Tunnel, der in einer gemächlichen 180-Grad-Kehre nach Sóller hinunterführt. Dort wird ein umgebautes Herrenhaus aus dem frühen 17. Jh. als Bahnhof genutzt. Rückfahrkarten behalten zwei Wochen ihre Gültigkeit.

Am Bahnhof von Palma können Pauschaltickets gekauft werden; diese umfassen die Tramfahrt von Sóller nach Port de Sóller, eine Bootstour von hier nach Sa Calobra und die anschließende Rückfahrt nach Palma. Sie kosten um die 49 €. Mehr Infos gibt's unter der Rufnummer ☑ 902 364711 oder auf www.trendesoller.com.

ZUG

Vom Bahnhof an der Plaça d'Espanya starten zwei Zuglinien. Die Schmalspurbahn bedient die Strecke zwischen Palma und Sóller, eine beliebte Panoramastrecke. Die zweite Linie fährt vom Estació Intermodal de Palma Richtung Nordosten nach Inca (3 €). Dort teilt sie sich und führt bis Sa Pobla (4 €, 58 Min.) bzw. Manacor (4 €, 66 Min.). Werktags fahren die Züge zwischen 5.45 und 22.10 Uhr. An Wochenenden gelten andere Abfahrtszeiten, aber die Anzahl der Züge ist die gleiche (beide Linien halten dann an allen Bahnhöfen).

ⓘ Unterwegs vor Ort

AUTO & MOTORRAD

Das Parken in der Innenstadt gestaltet sich schwierig, da sich in der Altstadt einige Fußgängerzonen befinden und in den meisten übrigen Straßen inklusive der Ringstraßen (die *avingudes* oder *avenidas*) rund ums Zentrum Parkverbot herrscht. Wenn man dann doch ein paar Parkplätze entdeckt, muss man meist einen Parkschein ziehen. Zahlungspflichtige Plätze sind an der blauen Markierung zu erkennen. Gewöhnlich kann man dort bis zwei Stunden stehen bleiben (2,50 €), maximale Parkdauer und Gebühren variieren aber. Zahlen muss man normalerweise montags bis freitags zwischen 9 und 14 und 16.30 und 20 Uhr sowie samstags zwischen 9 und 14 Uhr.

BUS

In Palma und den Vororten verkehren 30 Buslinien der **EMT** (☑ 971 21 44 44; www.emtpalma. es). Die Linie 1 pendelt zwischen Flug- und Fährhafen, die 23 bedient die Strecke Palma–S'Arenal–Cala Blava (via Aqualand). Einzelfahrscheine kosten 1,50 €, eine 10er-Karte 10 €.

FAHRRAD

Die Badia de Palma lässt sich ganz wunderbar mit dem Fahrrad erkunden. Stadträder und Mountainbikes kann man bei zahlreichen Anbietern ausleihen, z. B. bei Palma on Bike (S. 64) und **Palma Lock & Go** (Karte S. 62; ☑ 971 71 64 17; www.palmalockandgo.com; Estació Intermodal de Palma, Plaça d'Espanya; Räder 6-10 € pro Tag; ⊙ April–Sept. 9-20, Okt.-März 9.30-19.30 Uhr).

VOM/ZUM FÄHRHAFEN

Bus 1 (Flughafenbus) fährt alle 15 Minuten vom Fährhafen (Estació Marítima) durch die Stadt (über Plaça d'Espanya) und weiter zum Flughafen. Ein Taxi vom Fährhafen ins Zentrum schlägt mit 10 bis 12 € zu Buche.

VOM/ZUM FLUGHAFEN

Bus 1 fährt alle 15 Minuten vom Flughafen zur Plaça d'Espanya (auf der Bahnhofsseite) im Stadtzentrum (3 €, 15 Min.) und weiter zum Eingang des Fährterminals mit mehreren Zwischenhalten auf der Strecke. Es geht auf der Avinguda de Gabriel Alomar i Villalonga in die Innenstadt, am Rand des Zentrums entlang sowie auf dem Passeig de Mallorca und der Avinguda d'Argentina wieder Richtung Küste. Über die Avinguda de Gabriel Roca (Passeig Marítim) erreicht der Bus die Endstation am Estació Marítima (Fährhafen). Tickets bekommt man beim Fahrer.

Am Flughafen stehen meistens genügend Taxis bereit – wenn sie nicht gerade streiken. Die Fahrt vom Flughafen ins Zentrum von Palma kostet 18 bis 22 €.

METRO

Von der Plaça d'Espanya gelangt man per U-Bahn zur Universität, wobei das keine touristisch interessante Strecke ist. Für eine einfache Fahrt zahlt man 0,75 €, für Hin- & Rückfahrt 1,40 €.

TAXI

Taxis sind unter folgenden Nummern zu erreichen: ☑ 971 72 80 81, ☑ 971 75 54 40, ☑ 971 40 11 14, ☑ 971 74 37 37 oder ☑ 971 20 09 00, geräumige Behindertentaxis unter ☑ 971 703 529. Alle haben Taxameter, bei Überlandfahrten sollte man allerdings vorher einen Festpreis ausmachen. Grünes Licht zeigt an, dass ein vorbeifahrendes Taxi frei ist. Ansonsten stehen Wagen an den Taxiständen im Zentrum bereit, z. B. am Passeig d'es Born. Die Grundgebühr beträgt 3/4 € (tagsüber/nachts); pro Kilometer kommen 0,80/1 € (tagsüber/nachts) dazu (mehr an Wochenenden und Feiertagen). Für jedes Gepäckstück ist ein Zuschlag von 0,60 € zu zahlen. Extrakosten fallen auch für den Flughafen und Hafen (2,70 €) und das Castell de Bellver an (0,60 €).

BADIA DE PALMA

Die weite Bucht von Palma erstreckt sich vom Stadtzentrum aus nach Osten und Westen. Hier befinden sich ein paar der am dichtesten besuchten Urlaubsgebiete der Insel, aber vor allem westlich von Palma gibt's trotz der Betonburgenkulisse herrliche Strände.

Östlich von Palma

Hinter dem ruhigen Strand von Ciutat Jardí und dem Jachthafen von Cala Gamba beginnen die Massentourismusstrände von Platja de Palma und S'Arenal. Ganz in der Nähe locken jedoch einige weniger trubelige Fleckchen.

Von Ca'n Pastilla nach S'Arenal

CA'N PASTILLA 5390 EW.; S'ARENAL 9560 EW.

Im Schatten des Flughafens liegt das dicht bebaute Ca'n Pastilla, wo Palmas östliches Pauschaltourismusgebiet anfängt. Die **Platja de Ca'n Pastilla** markiert das westliche, windigere Ende des 4,5 km langen Sandstrands **Platja de Palma**; hier herrschen teilweise gute Bedingungen für Windsurfer. Gleich westlich von Ca'n Pastilla stößt man auf die herrlich ruhige Bucht **Cala Estancia**. Ihr Strand ist ideal für Familien mit Kleinkindern. Am Ufer verläuft eine Fußgängerpromenade mit niedriger Bebauung, Hotels, Lokalen, Cafés und Bars. Wer zwei Minuten von der Cala Estancia am Ufer nach Westen spaziert, kommt zur megacoolen Chill-out-Bar Puro Beach (S. 82). Bei warmen Temperaturen tummelt sich hier hippes Volk.

In S'Arenal finden immer dienstags und donnerstags Lebensmittel- und Flohmärkte statt.

⊙ Sehenswertes & Aktivitäten

★ **Palma Aquarium** AQUARIUM

(☑ 902 70 29 02; www.palmaaquarium.com; Carrer de Manuela de los Herreros i Sorà 21; Erw./Kind 24/17 €, „Haiübernachtung"/tauchen 50/200 €; ⊙ Mai-Sept. tgl. 9.30-18.30, Okt.-April Mo–Fr 10-15.30, Sa & So bis 18.30 Uhr; ♿) Eines der besten Aquarien im Mittelmeerraum und einer der Gründe, weswegen man die Platja de Palma besuchen sollte. In 55 Becken mit 5 Millionen Litern Salzwasser tummeln sich Tiere aus dem Mittelmeer (u. a. Rochen, Seepferdchen, Korallen) und fernen Ozeanen. Ein durchsichtiger Tunnel führt durch das Hauptbecken mit 20 Haien. Hier kann man locker einen halben Tag verbringen.

Insgesamt kann man gut 8000 Tierarten aus unterschiedlichen maritimen Lebensräumen und verschiedene Ausstellungen bewundern, z. B. zu Themen wie den weltweit schwindenden Thunfischpopulationen. Ein paar Nemos sind natürlich auch dabei.

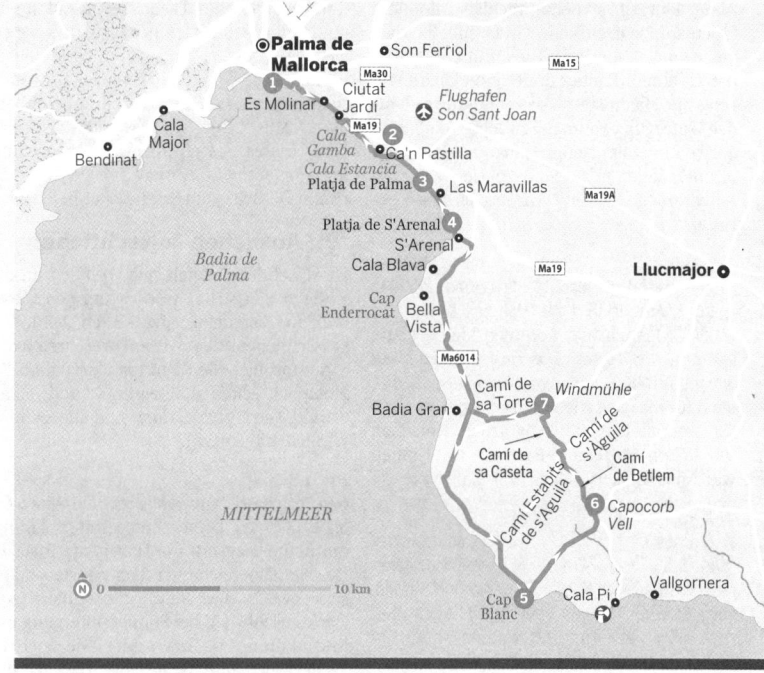

🏃 Radtour
von Palma nach Capocorb Vell

START/ENDE PALMA
LÄNGE 67 KM
SCHWIERIGKEIT EINFACH BIS MODERAT
FAHRRAD STRASSEN- ODER TREKKINGRAD

Die Rundtour führt auf einfachem Weg in weitem Bogen an der Badia de Palma entlang und dann etwas landeinwärts zum Cap Blanc an der Südküste der Insel. Zurück geht's über ruhige, gewundene Landsträßchen und dann bergab wieder nach S'Arenal und Palma.

Ausgangspunkt ist der Radweg an der Uferpromenade im **①Zentrum von Palma.** Richtung Südosten geht's größtenteils an der Küste entlang nach **②Ca'n Pastilla.** Danach folgt man der Küstenstraße bis ans Ende des Sandstrands **③Platja de Palma** und seiner Verlängerung **④S'Arenal.** Von dort geht's den Holzschildern nach in Richtung **⑤Cap Blanc.** Die nächsten 23 km führen zwar über eine größere Landstraße, aber durch wunderschöne Landschaft, außerdem sind die Autofahrer an Radler gewöhnt. Die Straße klettert auf 150 m, aber die Steigung ist zu schaffen.

Weil der Leuchtturm am Kap nicht zugänglich ist, folgt man der Biegung nach links statt der ausgeschilderten Straße rechts. An der Kreuzung, wo es rechts nach Cala Pi geht, hält man sich wieder links. Der Eingang vom **⑥Capocorb Vell** ist auch auf der linken Seite. An den Ruinen lädt eine rustikale Bar zu einer Pause ein.

Frisch gestärkt geht's rechts auf das ruhige Landsträßchen Camí de Betlem (auch Carreró de Betlem genannt) bis zu einer Kreuzung. Ab da führt die Camí Estabits de s'Àguila durch sanft hügelige Felder und geht nach einer scharfen Rechtskurve in die Camí de s'Àguila über. Nach 200 m biegt die Route links ab in die Camí de sa Caseta, die herrlich schattig zwischen Trockenmauern und unter überhängenden Bäumen verläuft. An deren Ende steht eine **⑦Windmühle**, links davon eine Kirche. Hier biegt man links ab und folgt einem Holzschild auf die ruhige Camí de sa Torre und weiter nach S'Arenal. An der Einmündung in die Ma 6014 rechts der Beschilderung nach bis Platja de Palma. Hier ist der Rückweg nach Palma leicht zu finden.

Außerdem gibt's mehrsprachige Infotafeln (auch auf Deutsch). Für Kinder gibt es noch einen ganz besonderen Kick: Einmal im Monat an einem Freitag findet eine Übernachtung mit Haien statt – das sollte für ordentlich Aufregung sorgen! Erwachsene können derweil in einen Neoprenanzug steigen und mit den Haien in einem 8,5 m tiefen Becken schwimmen. Nur mit vorheriger Reservierung.

Aqualand
VERGNÜGUNGSPARK

(www.aqualand.es; Ma6014; Erw./Kind 26/19 €; ☺ Juli & Aug. 10-18, Mitte Mai–Juni & Sept. bis 17 Uhr; ♿) Auch hier kommen kleine Leute voll auf ihre Kosten. Das riesige Freizeitbad wartet mit jeder Menge Plansch-Spaß auf, auch für die ganz Kleinen. Dann gibt es noch „Stromschnellen" und natürlich Rutschen mit hohem Adrenalin-Faktor – die Namen wie Anaconda, Harakiri und Kamikaze sagen alles.

Attraction
BOOTSFAHRTEN

(Karte S. 66; ☎ 971 74 61 01; www.attractioncatamarans.com; Carrer de Nanses; Erw./Kind inkl. Verpflegung 54/31 €; ☺ Mitte April–Sept.) Attraction organisiert 4½-stündige Katamaranfahrten in der Badia de Palma. Dabei wird Kurs auf Höhlen und Badestellen genommen und mittags gibt's Paella. Abfahrten in Palma, Ca'n Pastilla und Magaluf.

Ciclos Quintana
FAHRRADVERLEIH

(☎ 971 44 29 25; www.ciclosquintana.com; Carrer de San Cristóbal 32; Rad 12-30 € pro Tag, 70-195 € pro Woche) Am Strand von S'Arenal gibt's eine ganze Reihe von Fahrradverleihstellen. Wer ein Straßenrad sucht, könnte es bei Ciclos Quintana etwas abseits der Hauptstraße versuchen. Die Öffnungszeiten variieren; Genaueres auf der Webseite.

☞ Geführte Touren

Segway Tours
SEGWAY

(☎ 605 666365; www.segwaypalma.com; Carretera del Arenal 9; 1-/2-/2½-stündige Touren 35/65/79 €) Mal etwas anderes: Sightseeing mit einem Segway, wendigen batteriebetriebenen Rollern mit zwei Rädern, entweder eine Stunde am Strand entlang, in zwei Stunden bis Es Portitxol oder in 2½ Stunden zur Kathedrale und wieder zurück zur Platja de Palma.

✗ Essen

In Platja de Palma und S'Arenal verhungert keiner, denn man bekommt so ziemlich alles vom deutschen Würstchen bis zur eher durchschnittlichen Paella. Den meisten Leuten ist das jedoch ziemlich egal, da sie nicht wegen der Küche, sonden zum Partymachen herkommen. Vor allem Deutsche strömen scharenweise her, um bei ohrenbetäubend lauter Musik ihre Trinkfestigkeit zu erproben. Dieses sprichwörtliche Ballermann-Phänomen heißt übrigens nach dem berühmt-berüchtigten Strandlokal Balneari 6.

♟ Ausgehen & Nachtleben

Das Nachtleben spielt sich vor allem in den riesigen Biergärten an oder um den Carrer del Pare Bartomeu Salvà – auch „Schinkenstraße" genannt – sowie auf drei Vierteln der Strandpromenade Richtung S'Arenal ab. Als Hotspots gelten Balneario 5 und 6 am Strand. Die Partylocations sind alle ziemlich ähnlich aufgemacht.

Puro Beach
LOUNGE, BAR

(www.purobeach.com; ☺ Mai-Sept. 11-1, April & Okt. bis 19 Uhr; ☎) Dieser entspannten Lounge haftet mehr als nur ein Hauch von Ibiza an: Der Außenbereich über dem Wasser und die schneeweiße Bar sind prädestiniert zum Cocktailschlürfen bei Sonnenuntergang und Musikhören (DJs legen auf), wie auch für Wellnessbehandlungen unter freiem Himmel. Die meisten der durchtrainierten, braungebrannten Gäste kommen ganz in Weiß, um mit dem eleganten Dekor zu verschmelzen.

Wir empfehlen, nur auf ein oder zwei Getränke vorbeizuschauen, denn die Preise für die Fusionsküche sind astronomisch. Das Puro liegt zwei Gehminuten östlich von Cala Estancia (das sich wiederum gleich östlich von Ca'n Pastilla befindet).

✆ An- & Weiterreise

Bus 23 fährt von der Plaça d'Espanya nach Ca'n Pastilla, parallel zur Platja de Palma durch S'Arenal und weiter über La Porciúncula bis Aqualand (1,25 €, 1 Std.). Die Linie verkehrt etwa im Halbstundentakt. Alle zwei Stunden geht's weiter bis Cala Blava (1,35 €; 1 Std. 50 Min.). Bus 15 fährt alle 8 Minuten von der Plaça de la Reina über die Plaça d'Espanya nach S'Arenal. Das Aquarium ist nicht weit von der Haltestelle Balneari 14 entfernt zu finden.

Westlich von Palma

Von Palma Richtung Südwesten gibt's mehrere kleine Buchten und überwiegend hübsche, saubere Strände, die das Zentrum einer Reihe von dicht bebauten Ferienorten

ABSTECHER

CALA BLAVA

Nichts könnte weiter von den Biergärten der Platja de Palma weg sein als der Wohnort Cala Blava (340 Ew.) 2,5 km südwestlich von S'Arenal, mit ein paar Steinstränden und einem Sandstrand. Hinter der Gabelung der Ma 6014 (nach Cala Blava und Cala Pi) geht rechts ein Fußweg ab. Zum Strand runter sind es dann noch ein paar Hundert Meter (Bushaltestelle Carrer D'Ondategui 36). Auf das Schild „Pas a Sa Platja" und auf die Treppen gegenüber der Carrer de Mèxic achten.

Südlich an die Cala Blava schließt sich die Bucht Bella Vista an. Ein Teil des Küstenstreifens ist als Naturschutzgebiet gesperrt. Man kann aber zum **Calò des Cap d'Alt** runtergehen, um im kristallklaren Wasser zu schwimmen.

An der Westseite der Bucht von Palma gibt's südlich von Magaluf einige schöne Buchten. Die **Cala Vinyes** wartet mit ruhigem Wasser und einem Sandstrand zwischen Wohnsiedlungen auf. Die nächste Bucht, **Cala de Cap Falcó,** ist ein smaragdgrüner Meeresarm mit einer bewaldeten Felsküste. Leider rücken die Bauunternehmer immer näher. Zunächst folgt man den Schildern Richtung Süden nach Sol de Mallorca. Dort sind die Buchten ausgeschildert. Buslinie 107 von Palma fährt über Magaluf nach Cala Vinyes.

---

sind. Magaluf ist eine britische Urlaubshochburg mit englischem Frühstück und Saufgelagen. Dahinter, bis zum Cap de Cala Figuera, wird es an der Küste um einiges ruhiger.

Cala Major

5630 EW.

Cala Major – früher ein Jetset-Treff – wartet 4 km westlich von Palma mit dem ersten schönen Strand außerhalb der Stadt auf. Eingequetscht zwischen den mehrstöckigen Hotels und Apartmenthäusern direkt am Wasser lockt eine bunte Mischung aus Bars, Schnellimbissen und Tanzlokalen.

Die Hauptattraktion – abgesehen vom Strand – ist kultureller Natur: die **Fundació Pilar i Joan Miró** (http://miro.palma.cat; Carrer de Saridakis 29; Erw./Kind 6 €/frei; ⊘ Di–Sa 10–19, So bis 15 Uhr) etwas landeinwärts. Die Buslinien 3 und 46 bringen einen vom Stadtzentrum (Plaça d'Espanya) aus dorthin.

1992 entwarf der spanische Toparchitekt Rafael Moneo das Hauptgebäude. Es befindet sich neben dem Atelier, in dem Miró jahrzehntelang arbeitete, und beherbergt mehr als 2500 Werke des Künstlers, darunter 118 Bilder – eine wirklich beeindruckende Sammlung. 1956 zog Miró nicht zuletzt deshalb, weil seine Frau und seine Mutter Mallorquinerinnen waren, nach Palma, wo er bis zu seinem Tod 1983 lebte. Sein Freund, der Architekt Josep Lluís Sert, gestaltete für ihn das Atelier oberhalb von Cala Major.

Eine Auswahl von Miros Werken hängt in der Sala Estrella, einem Raum in Form eines ungleichmäßig gezackten Sterns, mit dem

der Architekt Moneo sich dem Werk des Künstlers nähern wollte. Der Rest des Gebäudes wird für wechselnde Ausstellungen genutzt. Im Garten stehen verstreut Skulpturen von Miró. Hinter dem Ateliergebäude befindet sich Son Boter; Miró kaufte das Bauernhaus aus dem 18. Jh., um sich etwas Privatsphäre zu schaffen. An den weißen Wänden drinnen hängen einige gigantische Skizzen für seine Bronzeskulpturen.

Gènova & Umgebung

4100 EW.

1 km nördlich der Fundació Pilar i Joan Miró erstreckt sich die Satellitensiedlung Gènova. Hauptanziehungspunkt für Traveller sind die Tropfsteinhöhlen **Coves de Gènova** (Carrer d'es Barranc 45; Erw./Kind unter 10 J. 9/5 €; ⊘ Di–So 11–13.30 & 16–18 Uhr). Sie wurden 1906 entdeckt und sind zwar nicht so spannend wie die Coves del Drac im Osten der Insel, aber trotzdem eine nette Abwechslung.

Man dringt bis 36 m Tiefe vor und sieht dabei herrliche, von hinten beleuchtete Steinformationen. Diese entstanden im Laufe von Jahrtausenden durch herabtropfendes Wasser. In den Höhlen herrscht durchweg eine Temperatur um etwa 20 °C.

Von Palma oder Cala Major fährt die Buslinie 46 zu den Coves de Gènova. Von der Haltestelle Camí dels Reis 19 sind es noch etwa 300 m. Wer selbst motorisiert ist, kann von Genovas Ortsmitte (etwas nördlich hinter der Abzweigung zu den Höhlen) den Schildern nach Na Burguesa folgen. Eine schlechte gewundene Straße führt ungefähr

NICHT VERSÄUMEN

MALLORCA ROCKS

Eine der besten Neuigkeiten für Club- und Konzertgänger war die Eröffnung von **Mallorca Rocks** (☎ ++44 (0)207 9522 919; www.mallorcarocks.com; Carrer Blanc 8, Magaluf) im Jahre 2010. Die jüngere Schwester des legendären Clubs auf Ibiza besteht aus einem gigantischen Hotel (656 Zimmer) mit mehreren Pools, an denen laute Musik gespielt wird. Hoher Spaß- und Feierfaktor, aber mit Niveau. Und Schlaf wird ja eh überbewertet.

Dienstags finden Konzerte statt, während beim W.A.R! am Donnerstag die Crème de la Crème der europäischen DJs zu Gast ist und Techno, Electro und House auflegt. Dizzee Rascal war 2013 hier und 2014 waren Haim aus Kalifornien und die britische Rock-/Indie-Band The 1975 mit von der Partie. Hotelgäste bekommen Tickets zu allen Events, „Normalsterbliche" können sie online buchen (ca. 40 € pro Veranstaltung).

1,5 km an den Mauern von Feriendomizilen der Reichen entlang bis zu einer ziemlich hässlichen Marienstatue. Hier bietet sich ein herrlicher Blick auf Palma und die Bucht (vermutlich ist dies die einzige Stelle, an der man auf das Castell de Bellver runterschauen kann).

Die Stadtbewohner kommen gern nach Gènova, um sich in einem der gut besuchten Restaurants den Bauch vollzuschlagen. Eine gute Adresse ist die **Mesón Ca'n Pedro** (☎ 971 70 21 62; Carrer del Rector Vives 4; Hauptgerichte 12–25 €, 4-gängiges Mittagessen 26 €; ⊙ 12.30–0.30 Uhr), die berühmt ist für ihre *pa amb oli* (mit Olivenöl eingeriebenes Roggenbrot, auf das gehackte Tomaten gehäuft werden) sowie die Schnecken und Steaks, die Gäste auf einem heißen Stein am Tisch selbst grillen.

Ses Illetes & Portals Nous

2650 EW.

Ses Illetes und Portals Nous liegen direkt vor kiefernbewachsenen Stränden. Dieses Urlaubsgebiet zählt zu den etwas besseren Gegenden. Außerdem ist die Badia de Palma hier besonders schön. Die Küste fällt steil zu den türkisblauen Buchten mit der Platja de Ses Illetes und der etwas weniger überlaufe-

nen Platja de Sa Comtesa ab. Einen Parkplatz zu finden kann manchmal etwas dauern.

Zu Ses Illetes gehört auch **Bendinat**, benannt nach der gleichnamigen Burg (eine neogotisch wiederaufgebaute Anlage aus dem 13. Jh. in Privatbesitz, die nur von der Autobahn Ma 1 zu sehen ist). Die Nobelhotels und Villen in dieser Gegend sind nichts für finanziell Schwache. Als Nächstes folgt **Portals Nous** mit seinem Superhafen für die Superjachten der Superreichen in **Puerto Portals**. Restaurants säumen die Marina, an die sich nördlich ein Strand anschließt, der länger und breiter ist als die Sandstreifen auf den Ses Illetes.

Auf einem malerischen Felsen mit Blick auf die Ses Illetes und Portals Nous liegt das **Restaurante Port'Alt** (☎ 971 67 61 79; www.restauranteportalt.com; Carrer Oratori 1; Hauptgerichte 16–25 €, 3-/4-gängige Menüs 26/33 €) mit seinem hübschen Garten, in dem Lichterketten die Palmen schmücken und nachts für eine zauberhafte Stimmung sorgen. Die Atmosphäre ist sehr locker und das Essen ein Musterbeispiel für mediterrane Einfachheit. Es gibt knusprige Calamares und Lammkarree gewürzt mit Zitrone, Knoblauch und Minze.

Danach geht's zum Entspannen in den unglaublich hippen **Virtual Club** (www.virtualclub.es; Passeig d'Illetes 60; ⊙ April–Okt. 10–1 Uhr) am Wasser. Die Cocktailkarte ist umfangreich, man kann in Korbsofas, Hängematten und Cabana-Stühlen lümmeln und genialen DJ-Klängen lauschen. Prätentiös oder perfekt? Das liegt im Auge des Betrachters. Eine abgetrennte, höhlenartige Bar wird nachts von eigenartigem Stroboskoplicht erleuchtet. Wir empfehlen, das überteuerte Essen links liegen zu lassen und nur etwas zu trinken.

Bus 3 fährt vom Zentrum Palmas (1,10 €; Passeig de la Rambla oder Avinguda de Jaume III) nach Ses Illetes. Von Palmas Busbahnhof verkehren die Linien 103, 104, 106 und 111 nach Portals Nous (1,45 €; 30–50 Min.).

Palmanova & Magaluf

PALMANOVA 7020 EW.; MAGALUF 4410 EW.

2 km südwestlich von Portals Nous mit seinem Elitejachthafen und dem intensiven Geruch nach Geld beginnt eine völlig andere Welt Palmanova und Magaluf sind der Inbegriff des Sonne-, Strand-, Sangria- und Bumstourismus (nicht unbedingt in dieser

Reihenfolge), der ganz Mallorca in Verruf gebracht hat – zu Unrecht! Die guten Nachrichten: Die Dinge ändern sich dank eines millionenschweren Investmentprogramms und des angekündigten Verbots von Alkoholgenuss in der Öffentlichkeit.

◉ Sehenswertes & Aktivitäten

Es gibt einen Grund dafür, warum Palmanova und Magaluf so populär sind: Die vier hübschen Hauptstrände zwischen den beiden Orten sind toll gepflegt. An machen Stellen sorgen strategisch günstig gepflanzte Kiefern und Palmen für Schatten und lassen die feinen weißen Sandstrände noch verlockender erscheinen. Auch die Bebauung dahinter könnte schlimmer sein.

Marineland   VERGNÜGUNGSPARK
(☑ 971 67 51 25; www.marineland.es; Carrer Garcilaso de la Vega, Costa d'En Blanes; Erw./Kind 24/16,50 €; ☺ Ende März–Okt. 9.30–17.30 Uhr) Flipper und seine Freunde geben täglich um 11.45 und 15.45 Uhr ihr Bestes für die applaudierenden Mengen. Aber Marineland (am Puerto-Portals-Kreisverkehr nahe Portals Nous) hat noch weitere Attraktionen zu bieten, etwa ein Aquarium mit Haien, Tropenhaus mit Affen, Pinguine und auch eine Seelöwen-Show (tgl. 11.30 und 15.30 Uhr).

Western Water Park   VERGNÜGUNGSPARK
(☑ 971 13 12 03; www.westernpark.com; Carretera de Cala Figuera a Sa Porrasa; Erw./Kind 26/18,50 €; ☺ Juli & Aug. 10–18, Mai, Juni & Sept. bis 17 Uhr) Der Wilde Westen auf Mallorca ... warum eigentlich nicht? Dieser Wasserpark ist mit Wellenbädern, Rutschen mit Namen wie Tijuana Twists und The Beast (wo man eben mal so 30 m geradezu vertikal in die Tiefe stürzt) gewissermaßen der wilde Bronco unter den Freizeitbädern in Magaluf. Im eigenen Kidzworld kommen auch die Kleinen auf ihre Kosten.

Cruceros Costa de Calvià   BOOTSFAHRTEN
(☑ 971 13 12 11; www.cruceroscostadecalvia.com; Avinguda Magaluf 10; Erw./Kind 17/9 €; ☺ Mai–Sept. Mo–Fr 11, 13 & 15, Sa & So 11 & 15 Uhr) Cruceros Costa de Calvià bietet zweistündige Touren im Glasbodenboot an, bei denen man die Chance hat, Delfine zu sichten! Abfahrt ist am Hauptstrand von Magaluf, 15 Minuten später wird in Palmanova gehalten.

Big Blue Diving   TAUCHEN, SCHNORCHELN
(☑ 971 68 16 86; www.bigbluediving-mallorca.net; Carrer de Martí Ros García 6; Schnorcheln 35 € pro Pers., 1/2 Tauchgänge 60/89 €; ☺ April–Okt.) Sehr gut durchorganisierte Tauchschule direkt am Strand von Palmanova, die das komplette Paket an PADI-Zertifizierungen anbietet. Die angegebenen Preise beinhalten den Verleih einer Ausrüstung.

☻ Ausgehen & Nachtleben

Während sich junge Deutsche in den Biergärten an der Platja de Palma östlich der Stadt austoben, ist die entsprechende Partymeile in Magaluf fest in britischer Hand. Es handelt sich um das Territorium wilder Junggesellenabschiedspartys, bei denen fast alles erlaubt ist. Die Saufgelage der Briten in Magaluf sind seit Langem legendär (aus allen möglichen Gründen). Der Trubel konzentriert sich auf das Nordende des Carrer de Punta Ballena. Hier stolpert man praktisch ständig über Pubs und Bars – wie auch über viele ihrer Gäste am späteren Abend.

❶ Praktische Informationen

Hotel Information (www.palmanova-magaluf. com) Wird von der lokalen Hotelvereinigung betrieben.
Touristeninformation Magaluf (☑ 971 13 11 26; Carrer de Pere Vacquer Ramis 1; ☺ 9–18 Uhr)
Touristeninformation Palmanova (☑ 971 68 23 65; Passeig de la Mar 13; ☺ April–Okt. tgl. 9–18, Nov.–März Mo–Fr bis 15 Uhr)

❶ An- & Weiterreise

Als direkte Busverbindung von Palma nach Palmanova und Magaluf verkehrt elfmal täglich die Linie 105 (2,75 €; 45 Min.). Bus 107 (7-mal tgl.) braucht fünf Minuten länger, weil er unterwegs am Marineland hält. Am häufigsten startet die Linie 106 (1 Std.).

Westliches Mallorca

Gut essen

➡ Trespaís (S. 90)
➡ Es Verger (S. 111)
➡ QuitaPenas (S. 99)
➡ Es Passeig (S. 107)
➡ Béns d'Avall (S. 106)

Schön übernachten

➡ Ca N'Aí (S. 182)
➡ Es Petit Hotel de Vallde-mossa (S. 181)
➡ Alqueria Blanca (S. 184)
➡ Hostal Miramar (S. 181)
➡ Gran Hotel Son Net (S. 181)

Auf ins westliche Mallorca

„Der Himmel wie ein Türkis, das Meer wie der Azur, die Berge – wie Smaragde. Und die Luft – wie im Himmel!" So schwärmte der romantische Komponist Frédéric Chopin 1838 von seiner neuen Heimat Valldemossa. Fast 200 Jahre später treffen seine Worte noch immer auf das westliche Mallorca zu.

Die Gebirgskette Serra de Tramuntana zieht sich hoch über dem Mittelmeer an der gesamten Westküste entlang. Olivenhaine und Pinienwälder säumen ihre spitzen Kalksteingipfel, die über 1000 m zum Wasser abfallen und an den Schutzwall einer imposanten Inselfestung erinnern. Sei es bei einer Wanderung durchs Hochland, einer Radtour über verschlungene Serpentinen oder einer luftigen Bootsfahrt entlang der von Klippen flankierten Küste: Diese einzigartige Kulisse zieht jeden Betrachter in ihren Bann.

Hoch in den Bergen und tief in grünen Tälern liegen einige der hübschesten Städte und Dörfer der Insel mit traumhafter Aussicht auf Gipfel und Meer. Bei einem Spaziergang durch ihre verschlungenen Gassen erliegt man schnell ihrem Charme, wie viele Künstler, Dichter und Prominente zuvor.

Reisezeit

Für Radfahrer, die Touren durch die Tramuntana planen, sind Frühling und Herbst die Hauptsaison. Von ihnen abgesehen hat man die wunderschönen Buchten, Wege und blumenbedeckten Höhen in dieser Zeit jedoch fast für sich allein. Die meisten Hotels und Restaurants sind von Ostern bis Oktober geöffnet. Im Sommer sind die Badeorte und Dörfer an der Küste überlaufen, in den Weiten der Natur findet sich aber immer ein ruhiges Plätzchen, sei es eine Finca (Landhaus), eine Burg oder ein Kloster. Mit steigenden Temperaturen füllt sich auch der Veranstaltungskalender: In Deià und Valldemossa etwa finden im Sommer Klassikkonzerte statt. Echte Pilger unternehmen im August eine Nachtwanderung von Palma nach Lluc.

DER SÜDWESTEN

Neben vereinzelten geschmacklosen Bunkern warten in Mallorcas Südwesten jede Menge wenig bekannte Schätze. Von Andratx, Port d'Andratx oder Sant Elm aus lassen sich Tagesausflüge zu den eindrucksvollen Höhlen von Portals Vells oder Bootsfahrten zur Illa de Sa Dragonera unternehmen. Wassersportler kommen dank des klaren Wassers voll auf ihre Kosten. Zudem beginnt hier Mallorcas schönster Wanderweg, die mehrtägige Ruta de Pedra en Sec.

Andratx

12 150 EW./132 M

Wie viele andere Städte auf der Insel wurde Andratx, die größte Ort im Südwesten, zum Schutz vor Piraten ein Stück von der Küste entfernt gebaut, während sich der Hafen, Port d'Andratx, 4 km südwestlich befindet. Der unauffällige, untouristische Ort ist ein hervorragender Ausgangspunkt für Ausflüge an die Küste im Westen und in die Berge im Nordosten. Auf zwei Hügeln thronen die wichtigsten Gebäude. Das **Castell de Son Mas**, ein eleganter Verteidigungspalast aus dem 16. Jh. auf einer Anhöhe am nördlichen Ende der Stadt, beherbergt heute das *ajuntament* (Rathaus). Von hier aus sieht man die kolossale **Església de Santa María d'Andratx**, die im 18. Jh. am Standort einer Kirche aus dem Jahr 1248 errichtet wurde.

✕ Essen

Bar Restaurante Sa Societat　　　　　　MALLORQUINISCH €€
(📞 971 23 65 66; Avinguda Juan Carlos I 2; Hauptgerichte 11–19 €, 2-Gänge-Menü 8,50–15,50 €; ⏰ Mi–So 13–16 & 19.30–23, Mo 13–16 Uhr) Ob im Innenraum unter freigelegten Balken oder im Hinterhof unter freiem Himmel – hier fühlt man sich wie in der Zeit zurückversetzt. Serviert wird Inselküche wie *trampó* (Salat mit Tomaten, Paprika und Zwiebeln), gefolgt von Paella, knusprigem Spanferkel oder Kabeljau in Aioli-Kruste. Das Zwei-Gänge-Mittagsmenü für 8,50 € ist ein echtes Schnäppchen.

ℹ Praktische Informationen

Touristeninformation (📞 971 62 80 19; Avinguda de la Curia; ⏰ Mo–Fr 10–14 Uhr) Im Rathaus am oberen Ende des Ortes.

ℹ An- & Weiterreise

Bus 102 verkehrt etwa stündlich zwischen Palma und Andratx (4,55 €, 65 Min.).

Port d'Andratx

3150 EW.

Port d'Andratx erstreckt sich um eine schöne lange, natürliche Bucht, die Jachten von nah und fern anlockt. Der Ort mutet eher international als mallorquinisch an, ist ziemlich wohlhabend und lädt mit seiner hübschen Promenade zum Spaziergang und Essen am Meer ein. Zudem eignet er sich hervorragend für Wassersport (z. B. Segeln und Tauchen) und Ausflüge zu den Buchten, die sich malerisch gen Süden an den Ort anschließen.

◉ Sehenswertes

Am Hafen gibt's wenig zu sehen.

Museo Liedtke　　　　　　MUSEUM
(📞 971 67 36 35; www.liedtke-museum.com; Carrer de l'Olivera 35; ⏰ Öffnungszeiten variieren)  Der deutsche Künstler Dieter Walter Liedtke baute das exzentrische Museo Liedtke zwischen 1987 und 1993 in den Klippen unweit des Cap de Sa Mola, 2 km südlich des Hafenzentrums, um hier seine Kunstwerke und Wechselausstellungen zu zeigen. Gleichzeitig dient das Gebäude als eine Art Propagandazentrum für Liedtkes Theorien über das Leben. Der Ausblick über die Küste allein lohnt einen Abstecher. Öffnungszeiten variieren, deswegen ruft man am besten an, bevor man sich auf den Weg macht.

Cala Llamp　　　　　　STRAND
Sand gibt es hier zwar nicht, dafür lockt das glitzernde flaschengrüne Wasser der Cala Llamp 2 km südlich von Port d'Andratx erholungssuchende Einheimische an. Mit den zerklüfteten pinienbedeckten Klippen rundum erinnert die Bucht an ein Amphitheater und versprüht ein ganz besonderes Flair. Hier kann man sich abkühlen oder einen Drink im Gran Folies Beach Club genießen. Zu Fuß benötigt man vom Hafen aus 30 Minuten hierher, mit dem Auto folgt man der Ma 1020 ab Port d'Andratx und den Schildern über den Bergrücken.

🏃 Aktivitäten

Wie in allen Urlaubsorten auf Mallorca haben sich auch hier ein paar Unternehmen niedergelassen, die Tauchen, Schnorcheln und Bootsverleih anbieten.

Diving Dragonera　　　　　　TAUCHEN
(📞 971 67 43 76; www.aqua-mallorca-diving.com; Avinguda de l'Amirante Riera Alemany 23; Paket mit 6/10 Tauchgängen 204/320 €, 2 Std. Schnorcheln

Highlights

① Der malerischen Schönheit von **Deià** (S. 100) erliegen, einem der hübschesten Bergdörfer Mallorcas.

② Die Küste von der Hafenstadt **Port d'Andratx** (S. 87) bis zum friedlichen Kloster **Monestir de Lluc** (S. 112) erkunden.

③ Mit Chopin-Klängen im Ohr durch die engen Gassen von **Valldemossa** (S. 97) schlendern.

④ Zu den reizenden Orten **Biniaraix** (S. 108) und **Fornalutx** (S. 108) durch Zitronen-, Mandel- und Olivenhaine laufen.

⑤ In **Sóller** (S. 102), der spritzigen Orangenhauptstadt der Insel, historische Züge, Miró und Modernisme-Flair erleben.

⑥ Mit erhöhtem Puls die Serpentinenstraße nach **Sa Calobra** (S. 111) hinabfahren.

⑦ Zu den unbezwingbaren Festungsruinen des **Castell d'Alaró** (S. 110) klettern.

⑧ Im kristallklaren Wasser vor der **Illa de Sa Dragonera** (S. 92) tauchen.

⑨ Entlang des von der Abendsonne rot gefärbten Meeres nach **Sa Foradada** (S. 98) wandern.

⑩ Ins zeitlose **Orient** (S. 110) im ruhigen Hinterland abtauchen.

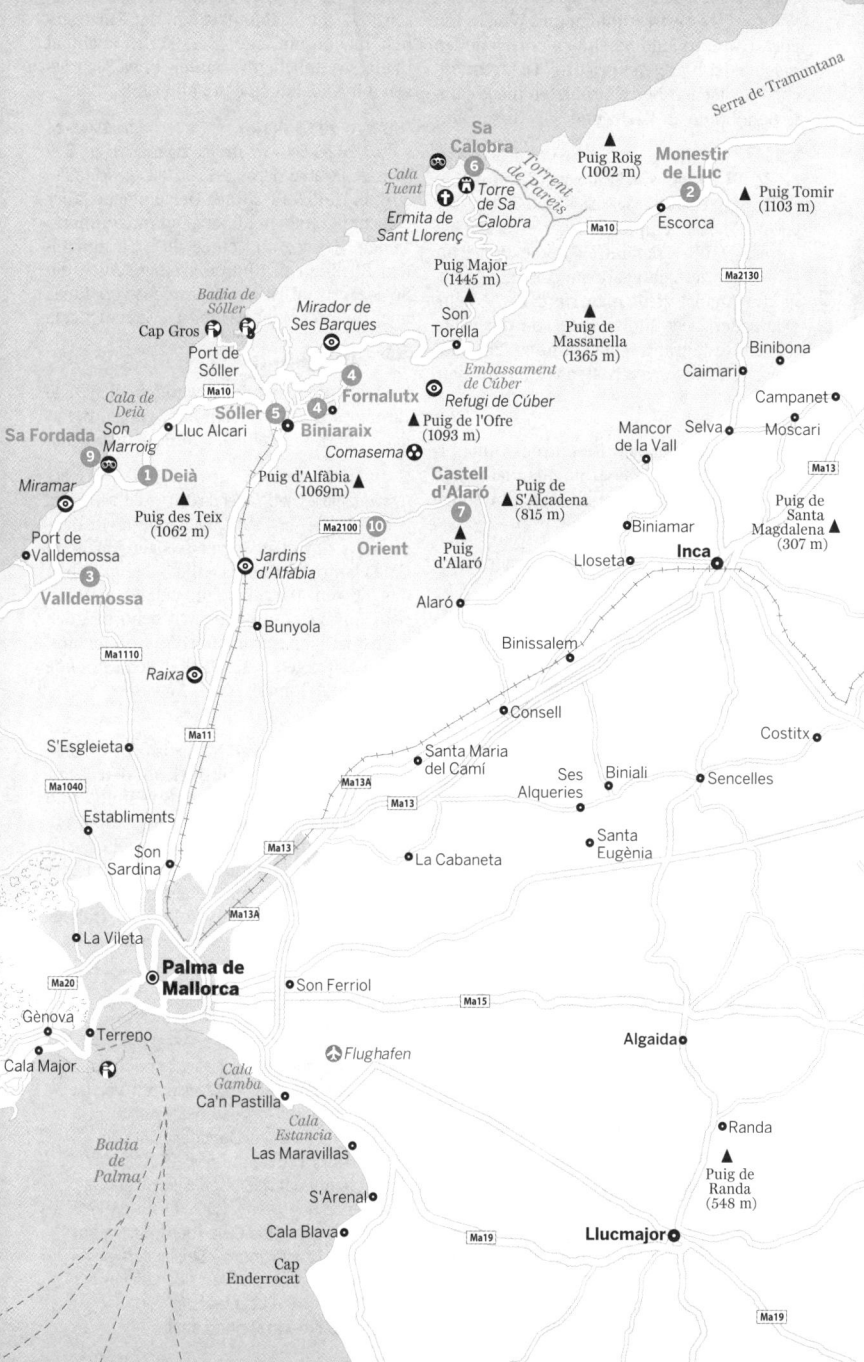

Erw./Kind 19,50/15 €; ⊙ Mitte März–Okt. 8–19 Uhr) Wer die Unterwasserhöhlen und Wracks um Port d'Andratx und Sa Dragonera erkunden möchte, ist hier genau richtig. Die freundlichen deutschen Betreiber bieten die gesamte Bandbreite an PADI- und SSI-Kursen an.

Llaüts
BOOTSVERLEIH

(☎971 67 20 94; www.llauts.com; Carrer de San Carlos 6A; pro Std./½ Tag/Tag 40/110/150 €; ⊙ April–Okt.) Dieser empfehlenswerte Verleih hat 4 m lange führerscheinfreie Boote. Preise für führerscheinpflichtige Boote gibt's auf Anfrage. Im August zahlt man rund 10 % mehr. Der Laden liegt südwestlich von der wichtigsten Restaurantmeile; Öffnungszeiten variieren, deswegen am besten vorher anrufen.

Essen

Am Hafen reihen sich Restaurants mit Terrassen direkt am Wasser aneinander. Nicht alle sind zu empfehlen, aber es gibt einige richtig gute Lokale.

★ Trespaís
MEDITERRAN €€

(☎971 67 28 14; www.trespais-mallorca.com; Carrer Antonio Callafat 24; Hauptgerichte 10,50–29,50 €, 3-Gänge-Menü 29,90 €; ⊙ Di–So 18–24 Uhr) Mit seiner schicken Einrichtung sowie dem von Bäumen gesäumten und mit Kerzen beleuchteten Patio versprüht das Trespaís moderne Romantik. Sternechefkoch Domenico Curcio hat es in eine der Topadressen der Stadt verwandelt und kreiert gemeinsam mit seiner Frau Jenny Terler unvergessliche aromatische Gerichte. Reservieren ist ratsam.

Restaurante El Coche
FISCH & MEERESFRÜCHTE €€

(☎971 67 19 76; Avinguda de Mateu Bosch 13; Hauptgerichte 13,50–21 €; ⊙ Mi–Mo 13–15.30 & 19–22.30 Uhr) Dieses Restaurant sticht unter den Läden am Ufer hervor und ist bereits seit 1977 gut im Geschäft. Auf der Karte stehen mallorquinische Klassiker, manchmal in ungewöhnlichen Varianten, etwa Seebrassen mit Knoblauch, Essig und Chili.

Rústico da Giuliano
ITALIENISCH €€

(☎971 23 85 64; www.rusticodagiuliano.com; Carrer Isaac Peral 43; Tapas 3–15 €, Hauptgerichte 15–25 €; ⊙ 12–15 & 18–23 Uhr) Der einfache, aber charmante Italiener überzeugt mit aufmerksamem Service und einer Terrasse mit tollem Blick auf das bunte Treiben. Auch die Speiseauswahl ist gut und reicht von Tapas über Holzofenpizza bis hin zu leckerem Steak.

Ausgehen

Im Laufe des Abends verwandeln sich viele Restaurants am Hafen in Bars. Am südwestlichen Ende sind einige gute Anlaufstellen.

Gran Folies Beach Club
BAR

(www.granfolies.net; Carrer de Congre 2, Cala Llamp; ⊙ Mai–Okt. 10–23.45 Uhr) Diese nette Restaurant-Bar thront über der felsigen Bucht in Cala Llamp. Hier können die Gäste zwischen den Frozen Margaritas in den Salzwasserpool springen. Zum Angebot gehören auch Frühstück, Tapas, komplette Mahlzeiten und Veranstaltungen wie mexikanische Abende oder Gin- & Tonic-Proben.

Tim's
BAR

(Avinguda de l'Almirante Riera Alemany 7; ⊙ 10 Uhr–open end) In der Bar mit Blick auf den Jachthafen herrscht immer gute Stimmung und zur Hochsaison kann der Laden schon mal bis 4 Uhr früh geöffnet sein. Perfekt geeignet, um sich bei Sonnenuntergang ein Bier oder einen Mojito schmecken zu lassen. Auf der Großbildleinwand läuft Fußball, freitags und samstags gibt's abends Livemusik.

SEGELTÖRN VON ANDRATX NACH PORT DE SÓLLER

Es ist egal, ob man sich mit dem Auto, dem Fahrrad oder zu Fuß an der spektakulären Tramuntana-Küste fortbewegt – die Aussicht ist immer grandios. Aber es gibt noch eine andere lohnenswerte Möglichkeit: ein Segeltörn von Port d'Andratx im Südwesten, vorbei an Sant Elm und der Illa de Sa Dragonera bis Port de Sóller im Nordosten, ein netter, ruhiger Hafen zum Übernachten. Tagsüber können Segler Port des Canonge, Cala de Deià und Lluc Alcari anlaufen (für die Nacht nicht optimal). Die Buchten von Estellencs und Valldemossa sind für die meisten Jachten zu flach. Auf der nächsten Etappe geht's um das Cap de Formentor herum bis in die sichere Badia de Pollença. Diese Tour dauert unter gleichen Bedingungen etwas länger. Prima Tagesstopps sind Cala Tuent, Sa Calobra, Cala Sant Vicenç und Cala Figuera. Die gesamte Strecke ist rund 60 Seemeilen lang.

Natürlich spielt das Wetter eine wichtige Rolle. Wind gibt's fast immer, doch es kann auch ungemütlich werden, vor allem im Winter. Jachten werden bei Llaüts in Port d'Andratx vermietet; alternativ fragt man in den Touristeninformationen nach.

PORTALS VELLS & CAP DE CALA FIGUERA

Einer der letzten unberührten Küstenabschnitte im stark bebauten Südwesten befindet sich auf der Ostseite der Halbinsel Cap de Cala Figuera, 20 km südlich von Andratx. Die Gegend wirkt Lichtjahre vom hektischen Trubel im nahen Magaluf entfernt und ist einen Abstecher mehr als wert.

Die drei traumhaften Buchten namens Portals Vells liegen wunderbar abgeschieden vor pinienbewachsenen Sandsteinklippen und kristallklarem Wasser. Die **Cala Mago** besteht aus zwei schmalen Buchten: Die eine hat ein Restaurant und ist bei FKKlern beliebt, während die andere einen schattigen Strand bietet sowie länger und hübscher ist.

Am schönsten ist die **Cala Portals Vells**. Türkisfarbenes Wasser säumt einen recht breiten, mit Strohschirmen gespickten Sandstreifen. Im Süden führt ein Wanderweg zu Höhlen, die sich durch die Felswände ziehen. In einer sind Überreste einer **Kapelle** zu sehen, deren Altar in den Stein gehauen ist. Angeblich wurde sie von genuesischen Seeleuten im 15. Jh. erbaut, aus Dankbarkeit darüber, ein Schiffsunglück überlebt zu haben.

Für den 10 km langen Rundweg von der Cala Portals Vells bis zum Leuchtturm auf dem Cap de Cala Figuera, das eine tolle Sicht auf die Badia de Palma bietet, benötigt man rund drei Stunden. Die angenehme, größtenteils flache Küstenroute verläuft entlang von Klippen und kleinen Buchten.

Nach Portals Vells verkehren keine öffentlichen Verkehrsmittel, man ist also auf einen eigenen fahrbaren Untersatz angewiesen. Von der Ma 1 nimmt man die Ausfahrt 14 Richtung Portals Vells und passiert den Wasserpark Western Park und einen Golfclub. Nach rund 2 km durch Pinienwälder gelangt man zu einer Kreuzung: Links deuten Schilder zur Cala Mago mit Parkmöglichkeiten über der Bucht, während man nach weiteren 1,8 km Richtung Süden auf die Cala Portals Vells stößt.

ℹ️ Praktische Informationen

Touristeninformation (☑971 67 13 00; Avinguda de Mateu Bosch; ⊙Di–Sa 9–16, So 9.30–14.30 Uhr) Neben der Bushaltestelle.

ℹ️ An- & Weiterreise

Die meisten Busse der Linie 102 aus Palma fahren von Andratx zum Hafen (1,50 €, 10 Min.). Bus 100 verkehrt sieben- oder achtmal täglich zwischen Andratx und Sant Elm (2,10 €, 40 Min.) und hält unterwegs in Port d'Andratx.

Sant Elm

410 E.W.

Die schmale Landstraße Ma 1030 führt von S'Arracó tief durch Pinienwälder nach Sant Elm. Zwar ist es kein Geheimtipp, doch die relative Abgeschiedenheit hat ihn vor dem Massentourismus bewahrt. Zudem hat der Anblick der hinter der Illa de Sa Dragonera untergehenden Sonne etwas Magisches.

◎ Sehenswertes & Aktivitäten

Ein paar schöne Wanderrouten verlaufen von der Plaça del Monsenyor Sebastià Grau am nordöstlichen Stadtrand nach Norden. Eine folgt dem Fernwanderweg GR 221 für

etwa 1¼ Stunden (4 km) bis nach **La Trapa**, den Ruinen eines ehemaligen Klosters. Ein paar Hundert Meter weiter stößt man auf einen tollen Aussichtspunkt. Auf derselben Strecke zweigt auf halbem Weg (gesamte Route: 2,5 km; ca. 45 Min.) ein Pfad nach rechts ab, der zur **Cala d'En Basset** führt. Die wunderbare Bucht bezaubert mit glasklarem Wasser, kann aber nur einen kleinen Strand vorweisen.

Platja Sant Elm   STRAND

Sant Elms Hauptstrand, ein schöner, aber auch schattenloser Sandstreifen, erstreckt sich am sanft plätschernden Mittelmeer. Schwimmer mit guter Kondition können zur **Illa Es Pantaleu** kraulen, eine felsige Insel, die an ein Meeresreservat grenzt. Südlich von Sant Elms Hauptstrand (die Carrer de Cala es Conills hinunter) liegt eine hübsche sandlose Bucht namens **Cala es Conills**.

Illa de Sa Dragonera   INSEL

Einen Teil des Meeresschutzgebiets dominiert die 4 km lange Felsinsel **Illa de Sa Dragonera**, die wie ein schlummernder Drache gen Westen ragt. Zu dem Naturpark gelangt man auch mit einer Fähre, die in einem kleinen Hafen nördlich des Strandes startet. Sie legt in einem geschützten Naturhafen auf der Ostseite der Insel an. Von dort führen

NICHT VERSÄUMEN

WANDERUNG ENTLANG DER RUTA DE PEDRA EN SEC

In einer atemberaubenden Wanderwoche auf Mallorca kann man den ganzen bergigen Nordwesten von Cap de Formentor bis nach Sant Elm durchqueren. Zum größten Teil besteht der (noch unfertige) 167 km lange GR 221 aus alten Maultierpfaden. Er wird auch Ruta de Pedra en Sec (**Trockenmauerroute**) genannt; der Name bezieht sich auf die traditionelle mallorquinische Bautechnik. In den Bergen sieht man dann auch dementsprechend überall Pflasterstraßen, Terrassenfelder, Häuser und Mauern aus Steinen, die ohne Mörtel zusammenhalten.

Der GR 221 beginnt in **Pollença**, nicht weit von Can Diable und dem Fluss Torrent d'en Marc. Wer will, kann schon eine Tagesetappe früher vom Cap de Formentor aus losziehen. Wanderer mit ordentlicher Kondition benötigen für die acht Etappen von Pollença nach Port d'Andratx vier Tage, allerdings lohnen sich ein paar zusätzliche Tage, um einige der wunderschönen Dörfer auf der Route zu besuchen.

Die erste Etappe ist ein leichter vier- bis fünfstündiger Abschnitt Richtung Südwesten bis zum Monestir de Lluc (S. 112) mit Übernachtungsmöglichkeit. Dabei geht's 600 m bergauf und wieder ein Stück runter zum Kloster. Der nächste Tag bringt einen saftigen Anstieg auf über 1000 m. Nun führt die Strecke am Puig de Massanella (1365 m) vorbei und verläuft südwestlich davon am Stausee Embassament de Cúber sowie am Puig de l'Ofre (1093 m) entlang, den viele gerne von der Route streichen. Durch die Biniaraix-Schlucht geht's runter nach Sóller zum Übernachten. Hier lassen sich gut ein oder zwei Tage verbringen, um die Umgebung zu erkunden.

Bis **Deià** (www.deia.info) wandert man von dort in zwei bis drei Stunden (es gibt von Sóller aus übrigens auch noch andere Wege außer dem GR 221) und dann in weiteren zwei Stunden bis **Valldemossa** (www.valldemossa.com). Wer schnell sein Ziel erreichen will, schafft es bis **Estellencs**, aber wozu hetzen? Am letzten Tag geht's von Estellencs über **La Trapa** nach Sant Elm.

Fit sollte man schon sein, doch besonderes Können oder Equipment sind nicht nötig. Gute Schuhe, Sonnenschutz, eine Wasserflasche usw. braucht natürlich jeder. Außerdem sollte man unbedingt mit Karte und Kompass umgehen können, da die Wege nicht immer gut ausgeschildert sind. Der GR 221 ist u. a. deshalb noch nicht komplett markiert, weil 92 % der Serra de Tramuntana Privatleuten gehören und es Streit um die Wegerechte gibt. Dort, wo man mehrere Alternativrouten vorfindet, kann man sich leicht verlaufen.

Auf der Strecke liegen fünf Hütten: in Pollença, Monestir de Lluc, Escorca, Port de Sóller und Deià (Schlafplatz kann man unter ☑ 971 13 77 00 von Montag bis Freitag, 9 bis 14 Uhr oder bei www.conselldemallorca.net/refugis im Voraus reservieren). In den Dörfern locken etliche weitere Unterkünfte. Mehr Infos zur Route bietet die Website von Consell de Mallorca **Pedra en Sec i Senderisme** (www.conselldemallorca.net/?id_section=3198).

Wanderwege zu den Landzungen der Insel sowie zum **Na-Pòpia-Gipfel** (Puig des Far Vell, 349 m). Das Fährunternehmen bietet auch Ausflüge mit **Glasbodenbooten** an. Wer vor der Insel tauchen will, sollte sich an Scuba Activa wenden.

Keida   ABENTEUERSPORT
(☑ 971 23 91 24; www.keida.es; Plaçs de na Caragola 3; ⊙ Öffnungszeiten variieren) Keida hat ein breitgefächertes Programm, von geführten Wanderungen (38–60 €) über halbtägige Bootsfahrten zur Illa de Sa Dragonera (42 €) und dreistündige Ausritte (60 €) bis hin zu 1½-stündigen Paddelsurf-Kursen (45 €). Zudem werden Fahrräder (½ Tag/Tag 10/15 €) und Kajaks (½ Tag/Tag 11/15 €) verliehen.

Scuba Activa   TAUCHEN, SCHNORCHELN
(☑ 971 23 91 02; www.scuba-activa.com; Plaça del Monsenyor Sebastià Grau 7; Tauchgang inkl. Ausrüstung 38 €, Ausrüstung 15–17 € pro Tag; ⊙ April–Okt. 9–18 Uhr) Diese sehr gute Tauchschule bietet Ausflüge in die Tiefen des wunderbar klaren Wassers rund um die Illa de Sa Dragonera, einen der besten Tauchspots Mallorcas, sowie Leihausrüstung, verschiedene Kurse und einstündige Schnorcheltouren (29 €).

 **Essen**

★ **Es Molí**   MEDITERRAN €€
(☑ 971 23 92 02; http://esmoli.cat; Plaça de Mossèn Sebastià Grau 2; Hauptgerichte 14,50–21 €; ⊙ April–Okt. Di–So 13–16 & 19–23 Uhr; 🐾) Das Es

Molí versteckt sich an einer Plaza in Meeresnähe und ist zweifellos unser Lieblingsrestaurant der Stadt (wie gerne würden wir eine Spritztour im himmelblauen Seat 600, der vor der Tür parkt, unternehmen!). Beim Dekor ist dezenter Minimalismus angesagt, das Serviceteam ist jung und freundlich und auf den Tisch kommt mediterrane Küche mit italienischem Touch. Hier überzeugt jedes Gericht, von Lachs-Carpaccio mit Mango bis zu hausgemachten Ravioli mit Wildpilzen, Trüffelöl und iberischem Schinken.

El Pescador FISCH & MEERESFRÜCHTE **€€**
(☎ 971 23 91 98; Avinguda de Jaume I 48; Hauptgerichte 15–25 €; ⊙ 13–15.30 & 19.30–22.30 Uhr; ♿) Das Restaurant liegt gleich bei der Plaça de Na Caragola auf halber Strecke in die Stadt (hinter der Touristeninformation). Mittags ist Paella eine gute Option. Die beste Wahl ist aber der Fisch des Tages (Preis nach Gewicht). Der Service ist leider durchwachsen.

ℹ Praktische Informationen

Touristeninformation (☎ 971 23 92 05; Avinguda de Jaume 1 28B; ⊙ Mo–Sa 9–16 & Sa 9.30–14 Uhr) Nur ein paar Schritte vom Strand.

ℹ An- & Weiterreise

Sieben oder acht Busse fahren von Andratx über Port d'Andratx und S'Arracó nach Sant Elm (2,10 €, 40 Min.) Zwischen Sant Elm und Port d'Andratx verkehrt auch eine Fähre (8 €, 20 Min., Feb.–Okt. tgl.). Autofahrer können sich die Parkgebühr von 3,50 € am Strand sparen – etwas weiter bergauf zahlt man nichts.

Fähren zur Illa de Sa Dragonera (hin & zurück 12 €, 15 Min., Feb.–Nov. 3–4-mal tgl.) starten am kleinen Hafen nördlich des Hauptstrands. Zu den größten Anbietern zählt **Cruceros Margarita** (☎ 639 617545; www.crucerosmargarita.com); in der Hochsaison sollte man im Voraus buchen.

SERRA DE TRAMUNTANA

Beherrscht von der Bergkette Serra de Tramuntana, bilden Mallorcas Nordwestküste und das Hinterland einen spektakulären Kontrast zu den dicht bebauten Ferienorten rund um Palma. Von Wind und Wasser geformte Kalksteingipfel und Klippen, die wie natürliche Festungsmauern steil zum Meer hinabfallen, prägen die bemerkenswerte wilde Landschaft. Dörfer und Ortschaften aus goldfarbenen Steinen thronen auf Hügeln und geben faszinierende Einblicke in die Zeit vor dem Massentourismus. Die Terrassen, die sich ab der Küste erheben, sind

jahrhundertealt und das hohe, schroffe Landesinnere mit seinen Pinienwäldern, Olivenhainen und Wildblumen gilt als echtes Wanderparadies. Die einzigartigen kulturellen und geografischen Besonderheiten der Region wurden zum UNESCO- Welterbe erklärt.

Die Bergkette erstreckt sich über 1100 km² und ist 90 km lang. Sie zieht sich die gesamte Küste entlang nach Norden bis zum Cap de Formentor. Die beeindruckendsten Gipfel konzentrieren sich auf die zentrale Bergkette, darunter auch der höchste: der Puig Major de Son Torrella (1445 m). Er ist militärisches Sperrgebiet, da sich auf ihm eine Radaranlage befindet. Der zweithöchste Gipfel ist der Puig de Massanella (1365 m). Oberirdisch fließt in dieser Ecke kaum Wasser, aber unter der Erde sprudeln Bäche zu den Terrassenfeldern der Küstendörfer.

Küstenstraße von Andratx nach Valldemossa

Willkommen an einem der faszinierendsten Küstenstreifen des Mittelmeeres! Die Ma 10 folgt ihm von Andratx hinauf in die pinienbewachsenen Hügel, die den Anfang der majestätischen Serra de Tramuntana bilden. Die Dörfchen und Aussichtspunkte auf den Klippen und Hügeln entlang des größtenteils einsamen Straßenabschnitts warten mit einem eindrucksvollen Ausblick auf die wunderbar wilde Küste auf.

Estellencs

380 EW. / 151 M

Die beigefarbenen Steinhäuser dieses herrlich entspannten Dorfes verteilen sich in den Hügeln unterhalb des Puig Galatzò (1025 m). Hier genießt man eine atemberaubende Aussicht, besonders auf der Hauptstraße von Norden kommend. Den besten Blick aufs Örtchen hat man, wenn man von der Hauptstraße aus den Hügel hinabsteigt.

⊙ Sehenswertes & Aktivitäten

Cala d'Estellencs STRAND
Eine 1,5 km lange Straße windet sich durch Terrassen mit Palmen, Zitrus-, Oliven- und Mandelbäumen, Kakteen, Pinien und Blumen runter zur Cala d'Estellencs, einer felsigen Bucht mit flaschengrünem Wasser.

Puig Galatzò BERG
Von der Ma 10 zweigt bei Km 97 (ca. 2½ km westlich von Estellencs) ein Wanderweg

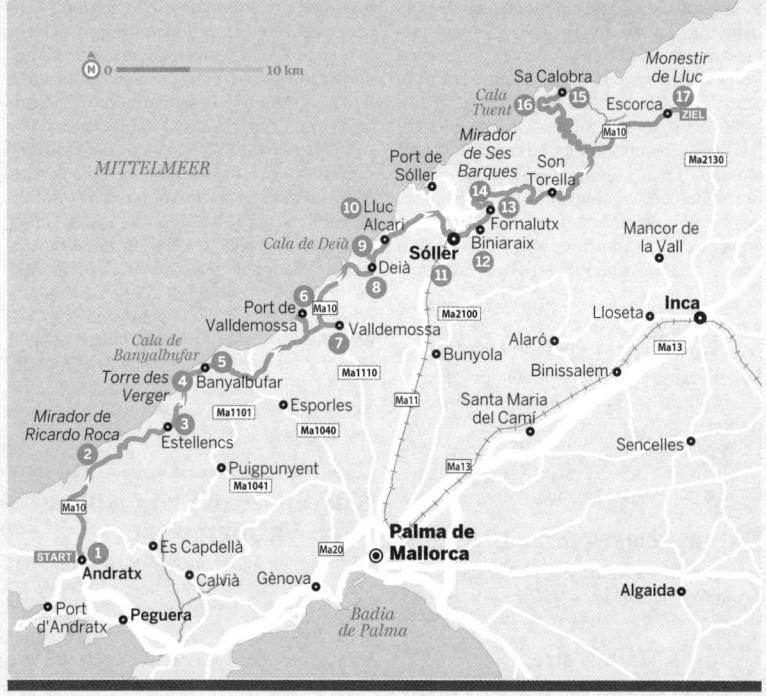

🏃 Autotour
von Andratx zum Monestir de Lluc

START ANDRATX
ZIEL MONESTIR DE LLUC
LÄNGE 140 KM; 6 STD.

Die dramatische Küste wirkt auf dieser 140 km langen Route vom Süden in den Norden besonders eindrucksvoll. Von ① **Andratx** klettert die Straße durch Kiefernwälder hinauf, bis tief unten zum ersten Mal Meer zu sehen ist. 14 km hinter Andratx stellt man seinen Wagen am Parkplatz gegenüber dem Restaurant El Grau ab, um vom ② **Mirador de Ricardo Roca** herab die außergewöhnliche Sicht zu genießen. 4 km weiter erreicht man ③ **Estellencs**, von dort sind es weitere 5 km bis zum ④ **Torre des Verger**, einem spektakulär gelegenen Wachturm. Unweit davon liegt das charmante Küstendorf ⑤ **Banyalbufar**. Anschließend führt die Straße landeinwärts. Nach 7 km geht's bei der Kreuzung nach links (Richtung Norden) in einen schmalen Weg, der durch Kiefernwälder und Geröll bergan steigt und ein Hochplateau überquert. Eine Abzweigung Richtung Westen führt eine wilde Abfahrt bis

nach ⑥ **Port de Valldemossa** hinab, dann geht's auf derselben Straße zurück zur Hauptstraße. Nun ist ⑦ **Valldemossa** schon ganz nahe. Eine Pause dort lohnt sich immer, ebenso wie in ⑧ **Deià**, das sich neun spektakuläre Kilometer hinter dem Abzweig nach Valldemossa an der Ma 10 erstreckt. Als absolutes Muss gilt der kurze Abstecher zur ⑨ **Cala de Deià**, einer der schönsten Buchten Mallorcas. Grandios ist auch der Ausblick von der Hauptstraße auf ⑩ **Lluc Alari**. Vom wunderbaren ⑪ **Sóller** geht die Route nach ⑫ **Biniaraix** und ⑬ **Fornalutx**, zwei der hübschesten Dörfer Mallorcas. Ab Fornalutx klettert die Ma 10 hinauf zum ⑭ **Mirador de Ses Barques** und windet sich dann an hoch gelegenen Seen im Schatten der höchsten Berge Mallorcas vorbei. Beim Abzweig nach ⑮ **Sa Calobra** sind die Berge schon kahl und wirken wie eine Mondlandschaft. Über Haarnadelkurven geht's hinab nach Sa Calobra und nach einem Ausflug zur ⑯ **Cala Tuent** zurück zur Hauptstraße sowie zum ⑰ **Monestir de Lluc.**

zum Puig Galatzò (1052 m) ab. Dabei handelt es sich nicht gerade um einen gemütlichen Spazierpfad, außerdem braucht man dafür eine gute Karte und reichlich Wasser sowie Verpflegung. Für die Gesamtstrecke muss man mit fünf bis sechs Stunden rechnen. Auf einer Alternativroute geht's zurück nach Estellencs, allerdings hat sich hier schon manch einer verlaufen.

 Essen

Cafeteria Vall-Hermós   CAFÉ €
(971 61 86 10; www.vallhermos.com; Carrer de Eusebio Pascual 6; Hauptgerichte 8–17,50 €; Do-Di 10–23 Uhr) Das einfache Café an der Hauptstraße punktet mit tollem Meerblick, besonders bei Sonnenuntergang. Tagsüber können sich Gäste einen Kaffee und ein *bocadillo* (belegtes Baguette) schmecken lassen, am Abend ein Glas Rotwein mit ein paar Tapas.

★ Arandora   INTERNATIONAL €€
(638 417595; Plaça de la Constitució 6; Hauptgerichte 13–18 €; Mi–Mo 14–24 Uhr) Unsere Lieblingsadresse in Estellencs ist das charmante Arandora unter schwedischer Leitung gegenüber der Kirche. An Sommerabenden lädt die Terrasse mit Blick auf das gemächliche Treiben zu einem Glas *cava* (Sekt) ein sowie zu Gerichten wie Salat mit Roter Bete, Ziegenkäse und Rucola oder Lamm-Burger auf Focaccia mit Fetakäse und scharfer Sauce. Die Speisen sind vom ersten bis zum letzten Bissen ein Genuss, trotzdem sollte man genügend Platz für die köstlichen Desserts lassen.

Montimar   MALLORQUINISCH €€
(971 61 85 76; Plaça de la Constitució 7; Hauptgerichte 20–30 €; Di–So 13–15.30 & 19–22.30 Uhr) Die Bastion traditioneller mallorquinischer Küche befindet sich neben dem Arandora. Die Auswahl reicht von gegrillten Sardinen bis zu Reis, Spanferkel und *sobrassada* (mallorquinische Räucherwurst) mit Honig. Zum Nachtisch gönnt man sich dann mallorquinischen Käse.

🛍 Shoppen

Estel@rt   LEBENSMITTEL, KUNSTHANDWERK
(Carrer de Sa Siquia; Mo & Mi–Sa 10–14 & 17–20, So 10–14 Uhr) In diesem faszinierenden kleinen Geschäft am Nordende der Stadt kann man Kleidung, Schmuck, Keramik sowie kulinarische Spezialitäten und Wein aus Mallorca und Menorca kaufen. Das Sortiment ist nicht groß, aber die Produkte wurden sorgfältig ausgewählt. Unten befinden sich zwei Galerieräume.

Banyalbufar

560 EW. / 112 M

Banyalbufar, 8 km östlich von Estellencs, thront hoch über dem Meer in einer Kluft auf der Küstenseite der Serra Tramuntana. Das steile, verwinkelte Städtchen lädt mit seinen ruhigen zum Blumentöpfen gesäumten Gassen, die sich zum Meer hinabwinden, zu einem Spaziergang ein.

Im 10. Jh. wurde das Dorf von Arabern gegründet. Sie gaben ihm auch seinen Namen, der „neben dem Meer gebaut" bedeutet. Rund um den Weiler sind sogenannte *ses marjades* in die Landschaft gegraben, jahrhundertealte, von Steinmauern umgebene Terrassenfelder. Sie bilden eine Reihe von Stufen hinunter zum Meer. Bewässert werden sie mit Quellwasser aus den Bergen, das durch offenen Kanäle dahingurgelt und schließlich in Zisternen aufgefangen wird.

⊙ Sehenswertes

Torre des Verger   TURM
(Torre de Ses Animes; Carretera de Banyalbufar-Andratx) GRATIS 1 km außerhalb der Stadt an der Straße nach Estellencs erhebt sich der Torre des Verger, ein *talayot* (Wachturm) aus dem Jahr 1579, dessen Bild auf Postkarten überall auf Mallorca zu sehen ist. Seine verrückte Lage ist unübertroffen: Nur 1 m weiter, und er würde ins Mittelmeer tief unten stürzen.

Cala Banyalbufar   STRAND
Ein steiler 1 km langer Weg bergaufwärts durch die Terrassenhänge von Banyalbufar führt zu dieser felsigen Kieselbucht, die zu einem Bad oder einer kühlen Erfrischung in der Strandhütte an den Felsen einlädt. In der Nähe befindet sich zudem ein hübscher Wasserfall.

Bodega Son Vives   WEINGUT
(609 601904; www.sonvives.com; Carretera de Banyalbufar-Andratx, Font de la Vila 2; Mai–Okt. Do–So 11–19 Uhr) Auf einem Hügel am südlichen Ende des Ortes liegt dieses kleine Anwesen, das im Sommer Weinproben im Keller und Weinverkauf anbietet. Es gibt mehrere Fusionsweine, der beste Tropfen stammt aber von der örtlich angebauten Rebsorte Malvasia.

 Essen

Pegasón y el Pajarito
Enmascarado   MEDITERRAN €
(971 14 87 13; www.pegasonyelpajaritoenmascarado.com; Carrer del Pont 2; Hauptgerichte 7–16 €; Sa–Mi 12.30–16 & 19.30–23, Fr 19.30–23 Uhr)

Steinwände, karierte Tischdecken und eine Inneneinrichtung aus bunt zusammengewürfelten alten Möbeln verleihen dem niedlichen Bistro ein gewisses Bohème-Flair. Leicht versteckt in der Ecke einer engen Nebenstraße und mit grünem Patio lockt es mit dem Blick aufs gemächliche Treiben sowie einer großen Speisenauswahl, die von *tumbet* (mallorquinisches Ratatouille) mit Schweinebraten bis hin zu Lammfleischbällchen reicht. Das Drei-Gänge-Mittagsmenü mit Wasser, Wein und Oliven kostet äußerst faire 15,50 €.

Ca'n Paco — MALLORQUINISCH €€
(☎ 971 61 81 48; www.canpaco.es; Carrer de la Constitució 18; Hauptgerichte 11,50–17,50 €; ⊙ Di–So 13–17 & 19.30–23 Uhr) An der Straße hinab zur Cala de Banyalbufar bleibt dieses traditionelle Restaurant seinen mallorquinischen Wurzeln treu und serviert großzügige Portionen *arroz negro* (in Tintenfischtinte gekochter Reiseintopf) und gegrillten Fisch. Mit dem mächtigen *gato con helado de almendra,* saftigem Kuchen mit Mandeleis, muss man eventuell etwas kämpfen, was auf der Terrasse mit Blick auf den Sonnenuntergang über dem Meer jedoch leicht fällt.

Son Tomás — MALLORQUINISCH €€
(☎ 971 61 81 49; Carrer de Baronia 17; Hauptgerichte 14–21 €; ⊙ Mi–Mo 12.30–16 & 20–22.30 Uhr; 🅿) Fast scheint es, als wolle dieser Restaurantklassiker am südwestlichen Ortseingang über die Straße zu lehnen. An den Tischen draußen essen Radfahrer gerne einen Snack, doch auch das Restaurant oben ist erstklassig. Hier locken knusprige *lechona* (Spanferkel) und eine der besten Garnelenreis-Varianten der Insel.

🛍 Shoppen

Malvasia de Banyalbufar — WEIN
(☎ 971 14 85 05; www.malvasiadebanyalbufar.com; Carrer de Comte Sallent 5; ⊙ Juni–Aug. Di–Sa 11–14 & 17–20, So 11–14 Uhr, übriges Jahr kürzere Öffnungszeiten) Das von einer Genossenschaft örtlicher Weingüter geführte Geschäft wurde gegründet, um die in der Gegend angebaute Rebsorte Malvasia zu bewerben. Es ist also genau der richtige Ort, um sich mit einer Flasche Wein für ein Picknick oder auch als Mitbringsel aus dem Urlaub zu versorgen.

Esporles & Rundfahrt durchs Inland

Wenige Hundert Meter nach der Abzweigung gen Port des Canonge macht die Ma 1100 einen Bogen Richtung Süden auf Esporles zu.

1 km später erreicht man eine Kreuzung mit einem prächtigen Anwesen, La Granja.

Wer ein eigenes Auto hat, sollte von hier aus auf jeden Fall einen Ausflug ins Inland machen. Dabei geht's auf der Ma1101 nach Süden durch dichten Wald und mehrere Haarnadelkurven runter nach **Puigpunyent**. Das typische Inlandstädtchen hat nicht viele Sehenswürdigkeiten zu bieten, doch das auf einem Hügel liegende luxuriöse rosafarbene Gran Hotel Son Net (S. 181) ist Grund genug für den Abstecher, wenn man auch das nötige Kleingeld dafür besitzt.

Von Puigpunyent geht's hoch in die Berge nach **Galilea**, ein Dorf vier Serpentinenkilometer weiter südlich. Auf dem Kirchplatz genießt man einen Panoramablick über die Täler und eine Bar gleich um die Ecke ist perfekt für eine Stärkung. Wem es hier noch nicht nah genug am Himmel ist, kann in dem malerischen Ort weiter nach oben kraxeln.

Die Ma 1102 führt von Puigpunyent weiter nach Esporles, einem hübschen Dorf mit ockerfarbenen Häusern zwischen den zerklüfteten Ausläufern der Tramuntana an einem meist ausgetrockneten Fluss. Samstags findet ein Markt statt und über den von Cafés gesäumten Alleen mit ihrem geruhsamen Flair thront eine neogotische Kirche. Abends kann es in Esporles richtig lebhaft werden, da viele Leute aus Palma dorthin gezogen sind und nun zu ihren Arbeitsplätzen in der Inselhauptstadt pendeln, aber ihren Feierabend in Galilea verbringen.

⊙ Sehenswertes

La Granja — HISTORISCHES GEBÄUDE
(www.lagranja.net; Carretera de Esporles- Banyalbufar; Erw./Kind 12,50/6 €; ⊙ 10–19 Uhr) Im Laufe der Zeit hat sich die beeindruckende *possessió* (ländliches Anwesen) in ein kitschiges „Mallorca-Land" verwandelt, komplett mit Leuten in Trachten. Das Haus und der riesige Park – einige Teile des Landguts stammen aus dem 10. Jh. – lohnen aber trotzdem einen Besuch. Man kann sich stundenlang die stilecht eingerichteten Zimmer, die Oliven- und Weinpressen, die Ställe, Werkstätten und mittelalterlichen Foltergeräte im Keller anschauen.

 Essen

El Mesón La Villa — MALLORQUINISCH €€
(☎ 971 61 09 01; www.mesonlavilladeesporles.com; Calle Nou de Sant Pere 5; Hauptgerichte 15–25 €; ⊙ Juni–Mitte Sept. Mo–Sa 20–23 Uhr, übriges Jahr kürzere Öffnungszeiten) Einheimische schwär-

Valldemossa

men von den *asados* (Grillgerichten) im El Mesón La Villa, wo Lamm oder Spanferkel in einem holzbefeuerten Lehmofen langsam zu wunderbar saftigen Köstlichkeiten geröstet wird. Balken und Landwirtschaftsgeräte bilden die passende Kulisse zur rustikalen, herzhaften Küche, so erfreut sich das Gesamtkonzept einer treuen Anhängerschaft.

Es Brollador SPANISCH €€

(✆ 971 61 05 39; Passeig del Rei 10; Hauptgerichte 11,50–21,50 €; ⏱ 10–22 Uhr) Mit seinen gefliesten Böden, hohen Decken und einem Hof nach hinten raus ist dieses Restaurant ein netter Stopp, egal ob zum Frühstück, Mittag- oder Abendessen. Wir empfehlen Schweinefilet mit *sobrassada*-Soße. Es gibt aber auch kleinere Gerichte. An den Tischen draußen kann man wunderbar das Treiben in den Straßen auf sich wirken lassen.

ℹ An- & Weiterreise

Der Bus 200 zwischen Palma und Estellencs (3,85 €, 1 Std. 20 Min., 4–11-mal tgl.) hält in Esporles und Banyalbufar.

Valldemossa

2027 EW. / 425 M

Der Turm eines Kartäuserklosters, das majestätisch vor der Kulisse der bewaldeten Berge der Tramuntana thront, wirkt wie die Krone auf dem Haupt des schönen Valldemossa. Das Dorf liegt an einem sanften Hang und lädt mit seinen gepflasterten Alleen, stabilen Steinhäusern und tollen Villen zu ausschweifenden Spaziergängen ein. Zwar sind hier ganze Busladungen von Urlaubern unterwegs und die Restaurants und

Valldemossa

Bars servieren fast alle nur durchschnittliches Essen zu überdurchschnittlichen Preisen, doch wer hinter die Fassade schaut, wird entdecken, dass sich Valldemossa aus gutem Grund so großer Beliebtheit erfreut.

◎ Sehenswertes

Fast alle Häuser des Ortes schmückt eine bunte Kachel, auf der eine Nonne und der Spruch „*Santa Catalina Thomàs, pregau per nosaltres*" („Heilige Catalina Thomàs, bete für uns") abgebildet ist: Valldemossa hat nämlich tatsächlich eine eigene Schutzheilige!

ROMANTISCHE ERZHERZÖGLICHE RESIDENZEN

Nordöstlich von Valldemossa führt die spektakuläre Küstenstraße nach Deià und passiert dabei zwei der bemerkenswertesten Residenzen der Insel. Beide gehörten einst dem Habsburger Erzherzog Luis Salvador (1847–1915), einem hoffnungslosen Romantiker, der seinen Traum vom Paradies hier lebte.

Als Erstes stößt man auf **Miramar** (www.sonmarroig.com; Carretera de Valldemossa-Deià; Erw./Kind 4 €/frei; ☉ Mai–Okt. 10–18 Uhr, übriges Jahr kürzere Öffnungszeiten). Die prächtige Villa am Meer wurde auf dem Gelände eines Klosters aus dem 13. Jh. errichtet. Die Anlage umfasst eine *tàfona* (Olivenölpresse), einen Kreuzgang und Landschaftsgärten. Gründer des Klosters war Ramon Llull, Theologe und Erzvater der katalanischen Literatur. Hier schrieb er einen Großteil seiner Bücher und unterrichtete die Mönche. Er brachte ihnen Arabisch bei und machte sie bibelfest, damit sie die Muslime bekehren konnten. Hinter dem Haus bietet sich ein großartiger Panoramablick.

7 km von Valldemossa entfernt liegt **Son Marroig** (www.sonmarroig.com; Carretera de Valldemossa-Deià; Erw./Kind 4 €/frei; ☉ Mai–Okt. 10–18 Uhr, übriges Jahr kürzere Öffnungszeiten), eine weitere Residenz Salvadors. Die reizende Villa ist mit Möbeln und Antiquitäten, darunter auch viele Bücher des Erzherzogs, vollgestopft. Außerdem genießt man hier einen traumhaften Ausblick.

Besucher, die zuvor um Erlaubnis gefragt haben, können nach **Sa Foradada** hinunterwandern. Die interessante, mit einem Loch versehene Felsformation am Wasser ähnelt aus der Ferne einem Elefanten. Der eindrucksvolle 3 km lange Weg dorthin führt durch Olivenhaine samt glockenbehangenen Schafen, vorbei an Pinien und Höhlen. Zur Belohnung lockt ein kühles Bad im Windschatten des Felsens. Die Mittagshitze sollte man meiden, denn es gibt nur wenige Schattenplätze. Die feurigen Sonnenuntergänge wirken hier besonders eindrucksvoll.

★ **Real Cartuja de Valldemossa**   KLOSTER
(www.cartujadevalldemossa.com; Plaça Cartoixa; Erw./Kind 8,50/4 €; ☉ Mo–Sa 9.30–18.30, So 10–13.30 Uhr) Dieses großartige alte Kloster blickt auf eine bewegte Geschichte zurück. Früher lebten hier Könige, Mönche und ein berühmtes Paar des 19. Jhs.: der Komponist Frédéric Chopin und George Sand. Heute vermitteln ein paar Zellen einen Eindruck vom Leben der Mönche. Diese mussten ein Schweigegelübde ablegen und durften pro Woche nur eine halbe Stunde in der Bibliothek miteinander sprechen. Aus der Zeit von Sand und Chopin können Besucher allerlei bewundern, darunter auch Chopins Klavier.

Jaume II. ließ das wunderschöne Gebäude 1310 als Palast errichten. Noch im selben Jahrhundert übernahm es der Kartäuserorden und verwandelte es in ein Kloster, das 1388 umfangreich erweitert wurde. Entsprechend den Ordensregeln lebten in den gewölbeartigen Gemächern nur 13 Mönche. Nachdem die Mönche 1835 vertrieben worden waren, wurde das Kloster in Mietunterkünfte umgebaut (vor allem für Urlauber aus Palma). Im Eintritt sind ein Klavierkonzert (im Sommer 8-mal tgl.) und die Besichtigung des **Palau de Rei Sanxo** von Jaume II. aus dem 14. Jh. enthalten. Letzterer besteht aus mittelalterlichen Räumen voller Möbel und uraltem Krimskrams, die sich rund um einen unspektakulären Kreuzgang gruppieren.

Casa Natal de Santa Catalina Thomàs   HISTORISCHES GEBÄUDE
(Carrer de la Rectoria) Die Casa Natal de Santa Catalina Thomàs, 1531 die Geburtsstätte der hl. Catalina Thomàs, liegt neben der Pfarrkirche **Església de Sant Bartomeu** am östlichen Ende der Stadt. Hier kann man sich eine schlichte Kapelle und ein Faksimile von Catalina Thomàs' Seligsprechung (1792) durch Papst Pius VI. ansehen. 1930 wurde Catalina heiliggesprochen. Es gibt keine festen Öffnungszeiten, doch die Türen sind selten verschlossen.

Miranda des Lledoners   AUSSICHTSPUNKT
Wer dem Carrer de Jovellanos hinab zum Miranda des Lledoners folgt, wird mit einem fantastischen Blick auf Terrassen, Obstbäume, Gärten, Zypressen, Palmen, vereinzelte gelbbraune Berghäuser und auf die weit entfernten Ebenen in Richtung Palma belohnt.

Costa Nord   KULTURZENTRUM
(☎ 971 61 24 25; www.costanord.es; Avinguda de Palma 6; Erw./Kind 6 €/frei; ☉ 9–17 Uhr) Costa

Nord, das geistige Kind des Teilzeitbewohners von Valldemossa und Hollywoodstars Michael Douglas, definiert sich selbst als „Kulturzentrum" und empfängt Besucher mit einem fünfzehnminütigen Porträt der Stadtgeschichte, die von Douglas selbst vorgetragen wird. Die folgende virtuelle Reise an Bord der Nixe, der Jacht des österreichischen Erzherzogs Luis Salvador aus dem 19. Jh. (ihm gehörten große Teile des westlichen Mallorcas), ist weniger interessant.

✸ Feste & Events

Sonntags findet im Ort ein Markt statt.

Festa de la Beata   RELIGIÖSES FEST
Am 28. Juli ehrt Valldemossa das Leben von Santa Catalina Thomàs bei einem Umzug mit Eselwagen und als Bauern verkleideten Kindern, die die Süßigkeiten ins Publikum werfen.

Festival Chopin   MUSIK
(www.festivalchopin.com) Im ganzen August werden im Real Cartuja in Valldemossa klassische Konzerte geboten, vor allem mit Werken Chopins, aber auch anderer Komponisten. Eintrittskarten kosten 20 bis 30 €.

✘ Essen

QuitaPenas   TAPAS €
(☏ 675 993082; www.quitapenasvalldemossa.com; Carreró de la Amargura 1; Tapas 3–15 €; ⊙ 12–16 & 18–20 Uhr) Kopfsteingepflasterte Stufen führen hinab zu diesem charmanten Feinkostcafé, das sorgfältig zubereitete Tapas aus erstklassigen Zutaten verkauft. An einem der Straßentische können Kunden sich leckere Varianten von *pa amb oli* (Brot mit Olivenöl und Strauchtomaten) oder würzige *sobrassada* mit karamellisierter Feige schmecken lassen. Gepaart mit gekühltem mallorquinischem Wein und der magischen Aussicht auf die Berge ein wahrhaft paradiesisches Erlebnis.

Forn Ca'n Molinas   BÄCKEREI €
(Carrer de Blanquerna 15; coca de patata/ensaïmada 1,15/1,20 €; ⊙ 7.30–20 Uhr; ⊕) Seit 1920 gibt's in diesem Laden die frisch gebackene örtliche Spezialität *coca de patata* (mit Puderzucker bestäubtes Kartoffelgebäck) und das Lieblingsgebäck der Insel: *ensaïmades* (mit Puderzucker bestäubte Teigschnecken). Im Hochsommer ist hier lange geöffnet.

Gelatimossa   EIS €
(www.gelatimossa.com; Plaça de Cartoixa 18; Eiskugel 1,60 €; ⊙ Juni–Sept. 11–22 Uhr, übriges Jahr kürzere Öffnungszeiten) Pistazie, mallorquini-

sche Mandel, Pfirsich, Kaffee oder Joghurt – die vielen leckeren hausgemachten Eissorten machen eine Entscheidung schwer. Hat man eine Wahl getroffen, kann man sein Eis im Garten hinter der 50 m entfernten Real Cartuja genießen.

Hostal Ca'n Marió   MALLORQUINISCH €
(☏ 971 61 21 22; http://hostalcanmario.net; Carrer d'Uetam 8; Hauptgerichte 8,50–14 €; ⊙ Mi–Mo 13.30–15.30 & 20–22.30 Uhr, im Winter kürzere Öffnungszeiten) Einen Fensterplatz ergattert man in diesem gemütlichen Restaurant nur mit Glück, denn die Sicht reicht bis nach Palma. Auf der Speisekarte stehen gute, ehrliche, perfekt zubereitete mallorquinische Gerichte wie *lomo com col* (Schweinelende mit Kohl), *caracoles* (Schnecken), gefüllte Aubergine und *tumbet,* ein Auflauf mit Auberginen, Tomaten, Kartoffeln, Zucchini und Knoblauch.

Casa de Sa Miranda   FUSIONSKÜCHE €€
(☏ 971 61 22 96; www.samiranda.com; Plaça Miranda des Lladoners 3; Tapas 8–10 €, Hauptgerichte 14–24 €; ⊙ Mo 19–22, Di–Sa 13–15.30 & 19–22 Uhr) Welch eine Kulisse! In der Casa de Sa Miranda überblicken Gäste die gesamte Stadt sowie das Tal. Küchenchef Fecundo verarbeitet gekonnt lokale Erzeugnisse auf innovative Weise zu großartig angerichteten aromatischen Speisen wie Tintenfisch mit Miso-Soße und Birnenravioli mit Gorgonzola und Erdbeeren. Auch die Tapas sind lecker.

♟ Ausgehen

Aromas   CAFÉ
(Carrer de la Rosa 25; ⊙ 11–21 Uhr; ☎) Das Künstlercafé mit Schachbrettmusterboden, warmen Terrakottawänden und Jazzmusik bietet sich für eine entspannte Tasse Tee (es gibt 60 Sorten) oder dickflüssige heiße Schokolade an. Hinten gibt es einen hübschen Garten. Alles in allem eine tolle Adresse!

⬚ Shoppen

Es Carreró   KUNSTHANDWERK
(Carrer de Jovellanos 6B; ⊙ Juni–Sept. 11–21 Uhr, übriges Jahr kürzere Öffnungszeiten) Vicky Vidals Künstlerauge spürt jeden Trend auf. Die Haushaltswaren, Schmuckstücke und Accessoires der kleinen Boutique sind größtenteils von der Besitzerin selbst handgemacht oder aus recycelten Materialien hergestellt. Die Auswahl reicht von Knopfringen und Sonnenbrillen aus Holz über Geschirr aus Zeitungen bis hin zu aus Papier gefalteten Fischen und Vögeln. Setzt sich von Valldemossas typischen Souvenirshops ab.

❶ Praktische Informationen

Touristeninformation (☎ 971 61 20 19; www. ajvalldemossa.net; Avinguda de Palma 7; ⊙ Mo–Fr 10–18.30, Sa & So bis 14 Uhr) An der Hauptstraße, ca. 2 Min. von der zentralen Bushaltestelle entfernt.

❶ An- & Weiterreise

Bus 210 verkehrt vier- bis neunmal täglich zwischen Palma und Valldemossa (1,85 €, 30 Min.). Von dort fahren drei bis vier Busse weiter über Deià bis nach Port de Sóller (2,25 €, 1. Std.).

Port de Valldemossa

Etwa 1,5 km westlich von Valldemossa geht eine spektakuläre Bergstraße (Ma 1113) von der Straße nach Banyalbufar ab; sie klammert sich die ganzen 5,5 km bis nach Port de Valldemossa an die Felsen. Die schwindelerregenden Ausblicke aufs Meer und die Klippen sind atemberaubend, und der Trip gleicht der Überquerung eines Steilhangs, wobei gelegentlich durch die Bäume ganz tief unten ein Dorf zu sehen ist. Beim Fahren sollte man aber immer die Augen auf der Straße lassen! Unterwegs gibt's nur eine Stelle, an der man zum Fotografieren anhalten kann. Der Ausflug endet an einem „Strand" mit Kies, Algen und niedrigen roten Felsen sowie einer Gruppe von etwa einem Dutzend Häusern. In einem davon befindet sich das beliebte Restaurant Es Port.

✕ Essen

Restaurant Es Port   FISCH & MEERESFRÜCHTE €€
(☎ 971 61 61 94; Carrer Ponent 5; Hauptgerichte 12,50–23,50 €; ⊙ Juni–Aug. 10–22 Uhr, übriges Jahr kürzere Öffnungszeiten) Es wird wohl kaum einen Gast überraschen, dass sich hier fast alles um Fisch und Meeresfrüchte dreht. An einem Sommerabend kann man es sich wunderbar auf der im Obergeschoss gelegenen Terrasse gemütlich machen. Die Reisegerichte sind die gemischte Meeresfrüchteplatte stehlen allem anderen die Show. Wir empfehlen auch die leckeren *calamares al ajillo con patatas* (Tintenfisch mit Kartoffelwürfeln, beides dezent gewürzt).

Deià & Umgebung

750 EW. / 222 M

Wenn die späte Nachmittagssonne die honigfarbenen Häuser von Deià wärmt, die sich malerisch über einen kegelförmigen Hügel erstrecken, und das Meer am Horizont in tiefem Blau glitzert, wird selbst der größte Pragmatiker sentimental. Das hoch in der Tramuntana gelegene Dorf wird von steilen Hängen flankiert, auf denen vor der majestätischen Kulisse des **Puig des Teix** (1062 m) verschiedene Gemüse, Zitronen, Mandeln, Oliven und auch ein paar Weintrauben gedeihen.

Früher hatten in dem Ort Schriftsteller, Schauspieler und Musiker ihren Zweitwohnsitz, darunter der berühmte englische Schriftsteller Robert von Ranke-Graves.

◉ Sehenswertes & Aktivitäten

Die steilen Pflasterstraßen, die von der Hauptstraße bergaufwärts abgehen, machen mit ihren hübschen Steinhäusern, üppigen Bougainvilleen sowie dem einmaligen Blick aufs Meer, die Terrassenfelder und die Berge schnell klar, warum das Künstler- und Bohèmevolk Deià so sehr liebte. Als Erste ließen sich hier Anfang des 20. Jhs. katalanische Künstler blicken.

★ **Casa Robert Graves**   HISTORISCHES GEBÄUDE
(Ca N'Alluny; www.lacasaderobertgraves.com; Carretera Deià-Sóller; Erw./Kind 7/3,50 €; ⊙ Mo–Fr 10–17, Sa bis 15 Uhr) Ein fünfminütiger Spaziergang entlang der Straße nach Sóller führt zur Casa Robert Graves, einem faszinierenden Denkmal für den Dichter, der 1929 nach Deià zog und dort drei Jahre später sein Haus errichten ließ. Dieses bietet einen gut präsentierten Einblick in von Ranke-Graves' Leben. Zu sehen sind u. a. alte Möbel, audiovisuelle Ausstellungen sowie verschiedene private Gegenstände und Bücher.

Heute ist das dreistöckige Steinhaus **Ca N'Alluny** (Haus in der Ferne) ein Zeugnis vom Leben des Schriftstellers und seiner Arbeit. Als 1936 der Bürgerkrieg ausbrach, machte sich von Ranke-Graves eilig aus dem Staub und beauftragte einen Einheimischen damit, nach dem Rechten zu sehen. Zehn Jahre später erlaubten ihm die spanischen Behörden, zurückzukommen – und alles war genauso, wie er es verlassen hatte. „Wenn ich gewollt hätte, hätte ich mich hinsetzen und … direkt anfangen können zu arbeiten", sagte er später. Selbst heute wirkt das Anwesen so, als sei von Ranke-Graves nur mal eben spazieren gegangen. Seine Stimme dringt durch die Räume, denn in einer scheinbaren Endlosschleife wird sein Vortrag des Gedichts *The Face in the Mirror* abgespielt. Die Wirkung ist erstaunlich.

Von Ranke-Graves feierte Erfolge mit Romanen wie *Ich, Claudius, Kaiser und Gott*, aber er schrieb auch massenhaft Gedichte und ein Buch über seine Wahlheimat: *Betrachtungen über Mallorca* (1965). Der Prolog zu seinem Roman *Das goldene Vlies* spielt in Deià. Ein paar seiner 146 Werke werden im Ticketbüro verkauft, wo man auf Nachfrage auch ein Infoblatt mit Leseempfehlungen erhält.

Es Puig AUSSICHTSPUNKT, KIRCHE

Vom Es Puig, dem Hügel im Herzen Deiàs, bietet sich ein hübscher Ausblick über die Dächer des verwinkelten Dorfes und auf das weite Tal bis hin zum glitzernden Meer am Horizont. Über dem Ort thront die einfache Pfarrkiche **Església de Sant Joan Baptista**. Das dazugehörige Museu Parroquial mit religiösem Krimskrams aus der Gegend hat nur unregelmäßig geöffnet. Gegenüber befindet sich der **Friedhof**. Hier wurde „Robert von Ranke-Graves, Poeta, 24.4.1895–7.12.1985 E.P.D." *(en paz descanse* heißt „Er ruhe in Frieden") bestattet. Seine zweite Frau, Beryl Pritchard (Beryl Graves), starb 2003 und ist am anderen Friedhofsende begraben.

Cala de Deià STRAND

Die Cala de Deià erreicht man nach 3 km Fahrt auf der Straße Richtung Sóller bzw. etwas kürzer ist ein Fußmarsch von Deià. Mit ihrem klaren Wasser, dem kleinen Kieselstrand und den wenigen dahinter liegenden Häusern ist sie eine der bezauberndsten Buchten an der Serra de Tramuntana. Weil die Parkplätze ein paar Hundert Meter weiter oben hart umkämpft sind, sollte man sich möglichst frühzeitig auf den Weg hierher machen.

Anschließend kann man sich am einfachen Bar-Essensstand Can Lluc oder dem Ca's Patró March (hier gibt's frischen Fisch) auf einem Felsvorsprung über dem Wasser stärken. In der Gegend locken einige schöne Wanderrouten, z. B. der Deià-Küstenpfad ins hübsche Dorf Lluc Alcari. Von Mai bis Oktober fahren täglich drei Busse von Deià (15 Min.) hierher.

Lluc Alcari DORF

Dieser bezaubernde Ort schmiegt sich 3 km nordöstlich von Deià an einen felsigen Berghang. Er wird von Hotels dominiert, doch dafür gilt der Blick von der Hauptstraße auf die Terrakottadächer und Palmen vor der Kulisse des Mittelmeers als einer der schönsten an dieser Küste.

 Feste & Events

Festival Internacional de Deià MUSIK

(☎ 971 63 91 78; www.dimf.com; Eintritt 20 €) In der Villa Son Marroig an der Küste der Serra de Tramuntana bei Deià findet von April bis September donnerstags das Festival Internacional de Deià statt, eine Konzertreihe mit leichter klassischer Musik.

Essen

Die Ma 10 führt als Hauptstraße durch das Zentrum. Sie ist gesäumt von Bars, Restaurants und Läden, vor allem am östlichen Ende. Zwischen den vielen durchschnittlichen Lokalen, die im Laufe der Jahre kommen und gehen, verstecken sich auch einige gute Adressen.

Village Cafe INTERNATIONAL €

(☎ 971 63 91 99; www.villagecafedeia.com; Carrer Felipe Bauzà 1; Hauptgerichte 9–15 €; ⊙ März–Okt. Mi–Mo 12–23 Uhr; 🖶) Das Café ist von einer Steinmauer umgeben und von seiner mit Blumen und Weinreben geschmückten Terrasse eröffnet sich eine weite Aussicht auf die Tramuntana. Die Gourmetburger sind eine gute Wahl, ebenso die Salate und *bocadillos* (belegte Baguettes). Abends sorgen Keramiklaternen und zirpende Zikaden für eine wunderbare Atmosphäre, die zu Gin Tonic und Tapas verführt.

Sa Vinya MEDITERRAN €€

(☎ 971 63 95 00; www.restaurant-savinya.com; Carrer de Sa Vinya Vella 4; Hauptgerichte 15–29 €; ⊙ Feb.–Nov. Mi–Mo 13–23 Uhr; 🖶) Gepflasterte Stufen führen hinauf zur stimmungsvoll beleuchteten Terrasse des Sa Vinya mit Blick auf Zitronenhaine und die bewaldeten Gipfel der Tramuntana. Es ist ein perfekter Ort für ein romantisches Abendessen. Auf den Tisch kommen sonnig-frische mediterrane Gerichte wie Melonen-Gazpacho mit Estragon, Seehecht mit Safran-Risotto und Zackenbarsch. Die Grillabende sind beliebt, die Mitarbeiter freundlich und aufmerksam.

Ca's Patró March SPANISCH €€

(☎ 971 63 91 37; Cala Deià; Hauptgerichte 10–25 €; ⊙ Juni–Aug. 10–23 Uhr, übriges Jahr kürzere Öffnungszeiten) Wegen der leicht erhöhten Lage ist dieses Restaurant wahrscheinlich das schönere der beiden am Meer, macht aber nur ganz knapp das Rennen. Serviert wird eine große Auswahl an gegrilltem Fleisch und Fisch, wobei die *gambas* aus Sóller besonders beliebt sind. Das Lokal wird in dritter Generation von einer Fischerfamilie geführt.

Can Lluc
FISCH & MEERESFRÜCHTE €€

(🖉 649 198618; Cala Deià; Hauptgerichte 10–20 €; ⊙ Mai–Okt. 10.30–19 Uhr) Wer sich nicht allzu weit von seinem Handtuch wegbewegen will, könnte es nicht besser treffen. An einem faulen Sommernachmittag sind die kühlen Drinks, gegrillten Sardinen und Calamares mit einem Spritzer Zitrone in dem einfachen Bar-Restaurant wirklich eine Wonne.

★ Es Racó d'es Teix
FUSIONSKÜCHE €€€

(🖉 971 63 95 01; www.esracodesteix.es; Carrer de San Vinya Vella 6; Hauptgerichte 36–38 €, 3-Gänge-Mittagsmenü 35 €, 4-/6-Gänge-Probiermenü 72/98 €; ⊙ Feb.–Okt. 13–15 & 19–22 Uhr) Josef Sauerschell hat sich einen wohlverdienten Michelin-Stern erkocht und gilt auf der Insel als lebende Legende. Er bereitet ausgeklügelte, herzhafte Fleischgerichte zu, von geschmorter Kalbsschulter in Sherryessig-Soße mit Kürbis bis hin zu mallorquinischem Spanferkel und Schweinsfüßen mit Foie Gras.

Die Küche ist nicht so ausgefallen wie in anderen Restaurants dieser Art, doch die Resultate sind genauso köstlich und werden vor großartiger Bergkulisse kredenzt. Jeden Monat steht ein anderes mallorquinisches Weingut im Mittelpunkt.

Sebastian
MEDITERRAN €€€

(🖉 971 63 94 17; Carrer de Felip Bauzà 2; Hauptgerichte 26–30 €; ⊙ 19.30–22.30 Uhr) Zwischen kahlen Steinwänden und weiß leuchtenden Tischdecken erlebt man gehobene kulinarische Momente. Die kleine, aber feine Auswahl umfasst drei Fisch- und drei Fleischgerichte, serviert mit köstlicher Soße oder Püree. Das Angebot ist je nach der Saison unterschiedlich, Gäste können sich jedoch auf Speisen wie Ziegenkäse in Blätterteig mit Haselnuss-Pesto oder Zackenbarsch-Ceviche mit Avocado und Cherrytomaten einstellen.

❶ An- & Weiterreise

Bus 210 verkehrt zwischen Palma (2,85 €, 45–60 Min.) und Port de Sóller (1,60 €, 30–40 Min.) sowie Valldemossa und Deià (15 Min.).

Sóller

14 150 EW. / 40 M

Wie in einer schützenden Hand ruht das ockergelbe Sóller in einem Tal, umringt von den graugrünen Hügeln der Serra de Tramuntana. Die Mauren merkten früh, was für ein wertvolles Stück Land sie mit dem Vall

d'Or (Goldenes Tal) vor sich hatten. Schon im 13. Jh. pflanzten sie hier Orangen und Zitronen an, die von Bergquellen bewässert wurden.

Mit ihrer historischen Straßenbahn, prachtvoller modernistischer Architektur und Galerien mit Werken von Picasso und Miró lohnt auch die Stadt selbst einen Besuch. Zudem eignet sie sich hervorragend als Ausgangsbasis für Ausflüge an die Westküste und in die Tramuntana sowie als Startpunkt einiger großartiger Bergwanderungen.

◉ Sehenswertes

Es macht jede Menge Spaß, durch Sóllers ruhige, größtenteils gepflasterte Straßen zu schlendern. Die verschlungenen Gässchen erweitern sich in allen Richtungen zu Landstraßen. Hinter den Steinmauern rechts und links der Wege gucken Orangen- und Zitronenbäume hervor.

★ Ca'n Prunera – Museu Modernista
KUNSTMUSEUM, HISTORISCHES GEBÄUDE

(http://canprunera.com; Carrer de Sa Lluna 86–90; Erw./Kind 5 €/frei; ⊙ März–Okt. 10.30–18.30 Uhr, Nov.–Feb. Mo geschl.) Ca'n Prunera, eines der besten Kunstmuseen Mallorcas, befindet sich in einer berühmten modernistischen Villa. Hier werden erstaunlich viele Arbeiten berühmter Künstler präsentiert, darunter Werke von Joan Miró sowie einzelne Zeichnungen von Toulouse-Lautrec, Picasso, Gauguin, Klimt, Kandinsky, Klee, Man Ray und Cézanne. Zur ständigen Ausstellung gehört auch eine Galerie, die dem in Sóller geborenen weltbekannten Künstler Juli Ramis (1909–90) gewidmet ist. Dieser hatte sein Atelier im Nachbardorf Biniaraix. Daneben sind auch Werke von Miquel Barceló, Antoni Tàpies und Eduardo Chillida in dem Museum ausgestellt.

Zudem können Besucher das merkwürdig hypnotisierende *Movement* (2006) von Francesca Martí bewundern, durch den Skulpturengarten hinter dem Haus streifen und sich eine Puppensammlung aus dem frühen 20. Jh. ansehen. Alles in allem wird eine bemerkenswerte und vielfältige Auswahl geboten.

Doch das Museum ist viel mehr als ein bloßes Who's who der europäischen Meister, weil das Gebäude selbst die so breit gefächerte Sammlung ergänzt. Die Villa gilt als Lehrstück des modernistischen Stils, angefangen bei der verhaltenen, aber faszinierenden Fassade aus Stein und Schmiedeeisen

Sóller

Sóller

bis zu den aufwendigen Decken und den Möbeln aus dem frühen 20. Jh.

★ **Sala Picasso & Sala Miró**   KUNSTMUSEUM
(Plaça d'Espanya 6, Estación de Tren; ◷ 10–18.30 Uhr) GRATIS Nur wenige Bahnhöfe können ein derartig reiches künstlerisches Erbe vorweisen: Sóllers Bahnhof wartet in zwei Räumen des Erdgeschosses, der Sala Picasso und der Sala Miró, mit spannenden Kunstausstellungen auf. In der Sala Picasso sind über 50 Keramiken des Künstlers aus den Jahren 1948 bis 1971 zu sehen, viele mit den

für ihn typischen Motiven wie Tänzer, Frauen und Stierkämpfe. Die Sala Miró beherbergt eine Reihe verspielter, farbenfroher Werke des katalanischen Meisters; Mirós Großvater mütterlicherseits stammte aus Sóller.

Església de Sant Bartomeu   KIRCHE
(Plaça de la Constitució; ◷ Mo–Do 11–13.15 & 15–17.15, Fr & Sa 11–13.15, So 12–13 Uhr) Ein Schüler des Architekten Antoni Gaudí, Joan Rubió i Bellver, zog in Sóller gleich mehrere Großaufträge an Land. Da die Stadt den Zug der

Moderne nicht verpassen wollte, ließ man Rubió i Bellver 1904 die Església de Sant Bartomeu aus dem 16. Jh. umbauen. Die 1688 bis 1723 erbaute Kirche ist schwerpunktmäßig barock und im Innenraum teilweise noch gotisch. Rubió i Bellver versah sie mit einer schönen und ziemlich ungewöhnlichen Fassade im Stil des Modernisme.

Ihr Inneres ist vergoldet, wirkt mit den schwach beleuchteten Kapellen im Kontrast zum schmuckvollen Altar aber düster. Eine besonders schöne Perspektive ergibt sich, wenn man sich auf dem Weg zum Altar umdreht und die Kronleuchter, die Orgel und die leuchtenden Fensterrosetten betrachtet. Die Spitzen der Kirche, die an einen zweiarmigen Leuchter erinnern, sind in ganz Sóller vor der Kulisse der Serra de Tramuntana zu sehen.

Banco de Sóller
HISTORISCHES GEBÄUDE
(Plaça de la Constitució) Joan Rubió ist für die auffällige modernistische Fassade der Banco de Sóller von 1912 (heute Banco de Santander) verantwortlich, einem Gebäude direkt neben der Església de Sant Bartomeu. Es handelt sich um einen besonders gewagten Entwurf mit zwei massiven runden Balkonen und mit prächtigen Eisengittern verzierten Fenstern.

Plaça de la Constitució
PLATZ
(Ortszentrum) Sóllers Hauptplatz liegt vom Bahnhof 100 m bergab. Er ist das Herz der Stadt und wird von Bars, Restaurants sowie dem *ajuntament* gesäumt. Abends füllt er sich mit spielenden Kindern.

Jardí Botànic & Museu Balear de Ciències Naturals
GARTEN, MUSEUM
(www.jardibotanicdesoller.org; Carretera Palma-Port de Sóller; Erw./Kind 5 €/frei; ⊙ Mo–Sa 10–18 Uhr) Ein kurzer Spaziergang von 600 m führt vom Zentrum Richtung Westen zum friedlichen Jardí Botànic. Hier sprießen neben Blumen und anderen typisch balearischen Pflanzen wie Steineichen, Magnolien, Myrten und einer bedrohten Pinienart auch Gewächse aus anderen Ecken des Mittelmeers. Die Eintrittskarte gilt zugleich für das Museu Balear de Ciències Naturals (Naturkundemuseum), das eine Einführung in die Flora und Fauna der Balearen gibt; interessant ist die Fossiliensammlung.

🌿 Aktivitäten

Wer Wanderungen im Tal von Sóller und in der Umgebung plant, sollte sich die Karte *Tramuntana Central* von Editorial Alpina

(1:25 000) besorgen. *Wandern auf Mallorca* von DuMont enthält eine tolle Route von Sóller nach Fornalutx sowie die dazugehörige Wanderkarte. Tramuntana Tours veranstaltet geführte Touren.

Straßenbahnen
HISTORISCHE STRASSENBAHN
(Tranvías; einfache Fahrt 5 €; ⊙ Abfahrt 7–23.30 Uhr alle 30 o. 60 Min.; ), Sóllers altmodische offene Straßenbahn, die auf einer 2 km langen Strecke hinunter nach Port de Sóller tuckert, nimmt Passagiere auf eine Zeitreise in die Vergangenheit mit. Vor dem Bahnhof geht's los, Fahrpläne erhält man bei der Touristeninformation.

Tramuntana Tours
ABENTEUERSPORT
(📞 971 63 24 23; www.tramuntanatours.com; Carrer de Sa Lluna 72; Radverleih pro Tag 12–30 €; ⊙ Mo–Fr 9–13.30 & 15–19.30, Sa 9–13.30 Uhr) Dieser erfahrene Anbieter organisiert Exkursionen von Canyoning (45 €) über Kajakfahren (50 €) bis zu Wanderungen (25–45 €) und Mountainbiketouren (ab 40 €) in der Serra de Tramuntana. Außerdem werden hier neue Fahrräder verliehen sowie Ausrüstungen für verschiedene Outdoor-Unternehmungen verkauft. Wenn der Laden geschlossen ist, lohnt ein Versuch bei der Filiale in Port de Sóller. Die hat nämlich längere Öffnungszeiten.

🎓 Kurse

Lengua Sóller
SPRACHKURS
(📞 674 216677; http://lenguas-soller.es; Carrer de Vives 5; ⊙ Mo–Fr 11–13 & 17–20 Uhr) Die zentral gelegene Sprachschule bietet Spanisch-Intensivkurse an.

🎉 Feste & Events

Es Firó
STADTFEST
Rund um das zweite Wochenende im Mai fällt in Sóller eine bunte Horde muslimischer Piraten ein. Das Scharmützel zwischen *pagesos* (Städter und Landbewohner) und *moros* (Mauren) nennt sich Es Firó und ist eine feuchtfröhliche Angelegenheit. Etwa 1200 Einwohner spielen den erfolgreich abgewehrten Überfall auf die Stadt vom 11. Mai 1561 nach. Höhepunkt des Events sind **Ses Valentes Dones** (Die Tapferen Frauen): Zwei Schwestern verkrochen sich nicht ängstlich vor den Eindringlingen, sondern griffen sich eine schwere Stange und brachten damit gleich mehrere Piraten um die Ecke. So verhalfen sie der Stadt schließlich zum Sieg.

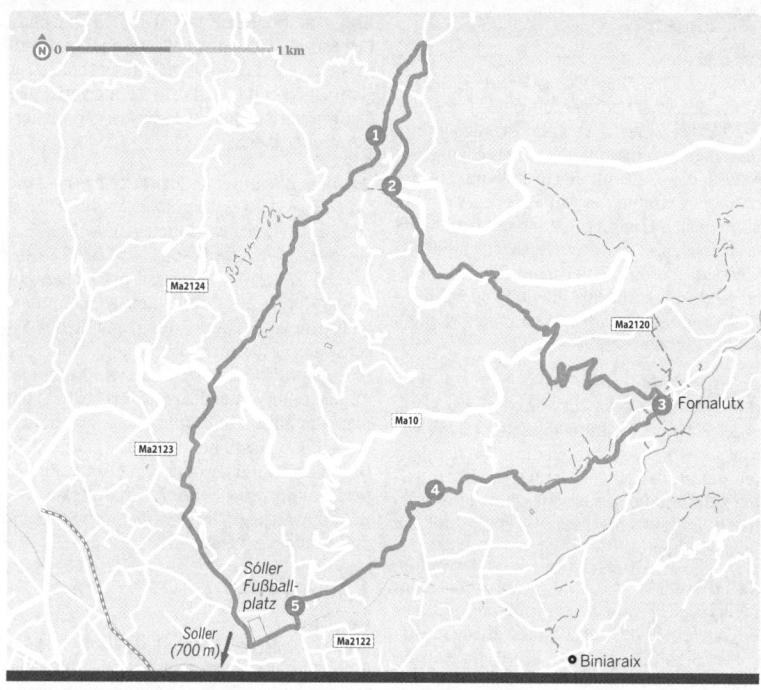

Wanderung
von Sóller zum Mirador de Ses Barques Circuit

START/ZIEL SÓLLER
LÄNGE/DAUER 8 KM; 3¾–4¼ STD.

Der eindrucksvolle Rundweg bietet sich bei kühleren Temperaturen an. Zu empfehlen ist die Karte *Tramuntana Central* von Editorial Alpina (1:25 000).

Startpunkt ist das Fußballfeld am nördlichen Stadtrand. Von dort geht's kurz den Camí de Sa Figuera entlang Richtung Port de Sóller, bevor man rechts in den Camí de ses Argiles einbiegt. Nun folgt man dem Weg bis zum Schild zum ❶ **Camí Vell de Bàlitx** und läuft rechts auf den Camí de son Blanco bis zu einer Weggabelung. Dort dann links und direkt im Anschluss rechts ab auf einen Pfad, der steil zur Ma 10 ansteigt. Nun hält man sich links, biegt dann rechts auf einen befestigten Weg ein und folgt dem gepflasterten Pfad linkerhand hoch durch Olivenhaine. An dem Schild nach Cala Tuent geht man links auf den Camí Vell de Bàlitx; am ersten Tor dann rechts und weiter bergauf. Der gepflasterte Weg verläuft an einem Bach entlang, wird breiter und trifft schließlich auf eine Schotterstraße. Die Schil-

der nach Cala Tuent ignorieren, stattdessen rechterhand den letzten Anstieg hinauf zum Aussichtspunkt ❷ **Mirador de ses Barques** (1¾–2 Std.) mit Blick auf Port de Sóller.

Auf der Ma 10 geht's rechts und dann wieder rechts den Schildern Richtung Fornalutx und Sóller nach. Ein schmaler Weg schlängelt sich durch Pinien und Steineichen bergab und passiert mehrmals die Ma 10. Nach 2¾ bis 3 Stunden taucht ❸ **Fornalutx** auf, eines der schönsten Bergdörfer der Tramuntana. Von dort aus führt der ❹ **Camí Binibassí** vorbei an Mandelterrassen und dem Dorffriedhof. Dann folgt man einem gepflasterten Weg durch Olivenhaine zum Örtchen Binibassí. Auf eine Rechtskurve folgt eine Schotterstraße, die zum Fußweg wird. An dem Haus geht's nach links an einem Bach entlang und dann rechts auf eine Straße. An der Y-Kreuzung dann weiter geradeaus auf den ❺ **Camí de ses Marjades** mit hübscher Aussicht auf Zitronenhaine und Sóller. Schließlich geht's links bergab über die Brücke Pont de Can Rave und rechts auf den Camí des Maurterar, bis man wieder das Fußballfeld erreicht.

✗ Essen

✗ Café Scholl
CAFÉ €

(☎ 971 63 23 98; Carrer de la Victòria 11 Maig 9; leichte Snacks & Hauptgerichte 5–15 €; ⊙ Mo–Fr 9–20, Sa bis 17 Uhr) Mit seinen Kronleuchtern, Messingspiegeln und dem hübschen Patio schafft das Café im Retro-Bohème-Stil gemütliches Ambiente. Auf Jugendstilstühlen können sich Gäste Frühstück mit Croissants und frischem Orangensaft, ein leichtes Mittagessen (zu empfehlen sind Ziegenkäsesalat und hausgemachte Ravioli) oder Kaffee mit einem Stück saftigem Orangen-Mandel-Kuchen schmecken lassen.

✗ Sa Fàbrica de Gelats
EIS €

(Avinguda de Cristòfol Colom 13; Eiskugel 1,20 €; ⊙ Juli & Aug. 9–22 Uhr, übriges Jahr kürzere Öffnungszeiten) Legendäre Eisdiele! Zu den besten der an die 40 vor Ort hergestellten Sorten gehören die mit frischer Orange und Zitrone. Es gibt eine kleine Terrasse mit ein paar Tischen.

Ca'l Bisbe
MALLORQUINISCH €€

(☎ 971 63 12 28; www.hotelcalbisbe.com/restaurante; Carrer del Bisbe Nadal 10; Menü 29,50–38,50 €; ⊙ März–Okt. 20–22.30 Uhr) Eine alte Olivenmühle beherbergt dieses Restaurant, wo man unter einer schweren Holzbalkendecke bei Laternenlicht oder auf der Terrasse am Pool essen kann. Die Speiseauswahl setzt sich mit raffinierten Gerichten vom Standard ab. So stehen etwa gedämpfter Kabeljau mit Tintenfischnudeln oder Lamm mit einer Kruste aus schwarzen Oliven an Basilikum-Risotto auf der Karte. Dazu werden perfekt passende mallorquinische Weine ausgeschenkt.

Ca'n Boqueta
MEDITERRAN €€

(☎ 971 63 83 98; Gran Via 43; 3-/5-Gänge-Menü 15/29,50 €; ⊙ Di–Sa 13–15.15 & 19.45–22.15, So 13–15.15 Uhr) Das Bistro in einem geschmackvoll umgebauten Stadthaus mit Kunst an den Wänden, Balkendecke und Gartenpatio serviert kreative Küche aus saisonalen Zutaten. Neben leckeren Vorspeisen wie Kirsch-Gazpacho und Jakobsmuscheln mit weißer Zucchinicreme überzeugen auch die Hauptgerichte wie Iberisches Schwein aus Mallorca mit würziger Orangensoße.

Casa Alvaro
TAPAS €€

(☎ 871 709315; Carrer del Vicari Pastor 17; Tapas 4,50–7 €, Hauptgerichte 16–24,50 €; ⊙ 13–16 & 18–23 Uhr) Abseits des zentralen Platzes führt ein gepflasterter Weg hinab zur Casa Alvaro, einer unprätentiösen Bodega im minimalistisch-traditionellen Stil. Unter Deckenbalken serviert das herzliche Personal großartige Tapas wie knusprigen Tintenfisch, zartes Kaninchen und Artischockenherzen. Den Genuss perfekt macht eine Flasche mallorquinischer Wein.

★ Béns d'Avall
FISCH & MEERESFRÜCHTE €€€

(☎ 971 63 23 81; www.bensdavall.com; Urbanització Costa Deià, abseits der Carretera Sóller-Deià; Probiermenüs 54–75 €; ⊙ Mi–So 13–15.30 & 19.30–22, Di 19.30–22 Uhr) Die Terrasse hoch oben auf einer Klippe versprüht bei Sonnenuntergang Romantik pur. Zudem hat Benet Vicens im Restaurant das Sagen, einer der führenden Köche der Insel. Das Probiermenü nach moderner Balearen-Art richtet sich nach der Saison und umfasst eventuell kulinarische Sensationen wie Carpaccio von Garnelen aus Sóller oder mit Obst gefülltes, perfekt knusprig gebratenes Spanferkel. Das Béns d'Avall liegt 7 km westlich von Sóller an der Straße nach Deià.

🔒 Shoppen

Ben Calçat
SCHUHE

(www.bencalcat.es; Carrer de Sa Lluna 74; ⊙ Mo–Fr 9.30–20.30, Sa bis 13.30 Uhr) Hier gibt's die echten mallorquinisch handgearbeiteten *porqueras* (Schuhe aus recycelten Autoreifen). Das außergewöhnliche Bowlingschuhdesign in bunt leuchtenden Farben mag nicht jedermanns Sache sein, ist aber typisch für Mallorca. Preise ab etwa 54 €.

✗ Fet a Sóller
LEBENSMITTEL

(www.fetasoller.com; Carrer de Romaguera 12; ⊙ Mai–Okt. 10–20 Uhr, übriges Jahr kürzere Öffnungszeiten) In den Regalen des Geschäfts, das inmitten der berühmten Sa Fàbrica de Gelats liegt, findet man mallorquinische Produkte wie Olivenöle, Weine, Mandeln, Marmeladen, Feigen in Kognak, Wurst und Balsamico-Essig mit Orangen. Fast alle Produkte stammen aus Sóller und der näheren Umgebung.

Arte Artesanía
SCHMUCK

(www.arteartesania.com; Carrer de Sa Lluna 43; ⊙ Mo–Fr 10.30–20, Sa bis 15 Uhr) Dieser dynamische und künstlerische Laden kommt gleichzeitig elegant und avantgardistisch daher. Hier werden Designerschmuck und eine kleinen Auswahl an Malerei, Keramik und Skulpturen von spanischen sowie internationalen Künstlern und Kunsthandwerkern verkauft und oftmals auch Ausstellungen veranstaltet.

ℹ Praktische Informationen

Touristeninformation (☎ 971 63 80 08; www.visitsoller.com; Plaça d'Espanya 15; ⊘ Mo–Fr 9.45–16.15, Sa 9–13 Uhr) Die Touristeninformation befindet sich in einem alten Eisenbahnwagen direkt neben dem Bahnhof.

ℹ An- & Weiterreise

AUTO & MOTORRAD

Wer aus Palma kommt, kann entweder den Tunnel nehmen (5,05 € pro Auto; 2 € pro Motorrad) oder einen 7 km langen Umweg machen und über den Pass kurven, um von dort den fantastischen Blick auf Palma zu genießen.

BUS

Die Linie 211 fährt die Ma 11 von Palma direkt nach Sóller hoch (3,50 €, 30 Min., bis zu 5-mal tgl.), während die Linie 210 den längeren Weg von Palma (3,50 €) über Deià und Valldemossa (2 €, 40–50 Min.) nimmt. Ein örtlicher Bus verkehrt von Sóller über Biniaraix nach Fornalutx (1,50 €, 15 Min., 2–4-mal tgl.).

ZUG

Die Zugfahrt von Palma nach Sóller (S. 79) ist ein echtes Highlight.

Port de Sóller

Sóllers Verbindung zum Meer ist ein für Mallorca typischer Fischerei- und Jachthafen, der sich um eine fast vollständig geschlossene Bucht erstreckt. Mitte 2007 wurden Millionen von Euro in die Sanierung des Hafens gepumpt. Die Atmosphäre hier schwankt zwischen exklusiv und derb. Bei der Architektur ist der Einfluss Frankreichs und Puerto Ricos nicht zu übersehen, denn dort suchten die meisten mallorquinischen Auswanderer ihr Glück und brachten später Bargeld und außerdem einen neuen Geschmack mit.

⊙ Sehenswertes

Die Bucht hat die Form einer Qualle und ist von einer hübschen Promenade mit vielen Restaurants umringt. Sie lädt zum Schlendern ein, vor allem am Nordende, wo sich das Herz der Altstadt befindet.

Die Strände sind akzeptabel, aber nicht gerade die besten der Insel. Am schönsten ist die **Platja d'en Repic** am Südende der Bucht, schon allein deshalb, weil sie abgeschieden vom Besucherstrom liegt. Auf die **Platja d'es Port** 'neben der Marina hingegen trifft das wahrlich nicht zu.

🏃 Aktivitäten

Tramuntana Tours ABENTEUERSPORT
(☎ 971 63 27 99; www.tramuntanatours.com; Passeig Es Travès 12; Radverleih pro Tag 12–30 €, 3-stündige Seekajaktour 50 €; ⊘ März–Okt. 9–19.30 Uhr) Der hervorragende Ausrüstungsladen und Veranstalter für organisierte Aktivitäten ist der richtige Ort für Seekajakfahrten und Mieträder. Hier werden auch geführte Wanderungen in die Serra de Tramuntana, Canyoning, Mountainbiketouren, Bootscharter und Tiefseeangeln arrangiert. In Sóller gibt's eine weitere Filiale.

Barcos Azules BOOTSTOUREN
(☎ 971 63 01 70; www.barcosazules.com; Passeig Es Travès 3; Erw./Kind einfache Strecke 15/8 €, hin & zurück 25/13 €; ⊘ Öffnungszeiten variieren) **GRATIS** Dieser Anbieter fährt nach Sa Calobra (Mo–Sa bis zu 4-mal tgl.) und Cala Tuent (Ostern–Juni & Sept. Mo–Fr 1-mal tgl.). Tickets gibt's an einem Schalter am Hafen.

Octopus Dive Centre TAUCHSCHULE
(☎ 971 63 31 33; www.octopus-mallorca.com; Carrer del Canonge Oliver 13; 1 Tauchgang mit/ohne eigene Ausrüstung 39/49 €, 2 Tauchgänge 67/88 €; ⊘ Mitte Mai–Okt. 8.30–19 Uhr) Das Fünf-Sterne-PADI-Zentrum gehört Engländern, verfügt über ausgezeichnete Geräte und bietet Kurse (u. a. Bubblemaker-Kurse für Kinder) und Tauchausflüge für Anfänger und Fortgeschrittene vor der Küste und im tieferen Meer an. Mit dem Boot werden etwa 30 Stellen an der Tramuntana-Küste angesteuert.

Nàutics Sóller SEGELN
(☎ 609 354132; www.nauticsoller.com; Platja d'en Repic; Seekajak für 1 Pers. pro Std./½ Tag/Tag 10/25/40 €, für 2 Pers. 15/35/60 €) Vermietet Seekajaks und arrangiert Bootsverleih (½ Tag 120 €) sowie Wasserski (110 € pro Std.).

✖ Essen

Rund um die Bucht in Port de Sóller reiht sich ein Restaurant an das nächste. Die meisten servieren Fisch und Meeresfrüchte, wobei die Qualität stark variiert. Wer sicher gehen möchte, wählt eine der folgenden Optionen.

⭐ **Es Passeig** MALLORQUINISCH €€
(☎ 971 63 02 17; www.espasseig.com; Paseo de la Playa 8; Hauptgerichte 20–26 €, 4-Gänge-Probiermenü 36,90 €; ⊘ März–Okt. 12.30–22.30 Uhr) In diesem raffiniert-unprätentiösen Restaurant wählt man am besten einen Tisch am Fenster oder lieber gleich auf der Terrasse am

WESTLICHES MALLORCA PORT DE SÓLLER

Meer. Die frischen innovativen Gerichte sind saisonal geprägt und werden mit viel Liebe zum Detail serviert, schließlich hat hier Sternekoch Marcel Battenberg das Zepter in der Hand.

Randemar INTERNATIONAL €€
(☑ 971 63 45 78; www.randemar.com; Passeig Es Través 16; Hauptgerichte 13,50–23 €; ☺ Mitte März–Anfang Nov. 12.30–24 Uhr) Die Pseudovilla am Wasser wäre der perfekte Ort für Partys à la Great Gatsby. Doch die meisten Gäste kommen gar nicht so weit, sondern machen es sich lieber auf der mit Kerzen beleuchteten Terrasse bei sanfter Musik und einem Cocktail gemütlich. Die internationale Speiseauswahl reicht von thailändischem Curry über Sushi und Pizza bis hin zu peruanischem Ceviche.

Espléndido MALLORQUINISCH €€€
(☑ 971 63 18 50; www.esplendidohotel.com; Passeig Es Través 5; Hauptgerichte 26–29 €; ☺ tgl. 8–24 Uhr) Schickes, modernes Bistro in fröhlich-maritimem Blau und Weiß, an der Küstenpromenade von Port de Sóller. Der Schwerpunkt liegt auf Fisch, wobei einfache Hauptgerichte wie gegrillter Thunfisch und *gambas* aus Sóller besonders lecker sind. Ein echtes Schnäppchen ist das Drei-Gänge-Mittagsmenü für 15 €.

♟ Ausgehen

Wie in jeder mallorquinischen Hafenstadt mit Jachten am Horizont sind die Sommernächte lang und fröhlich, und wer sich nachmittags auf der Terrasse eines Café-Bar-Restaurants am Hafen oder entlang des Passeig de Sa Platja niederlässt, könnte sich unverhofft frühmorgens am nächsten Tag immer noch dort befinden. Es gibt eine Menge lebhafte Bars, die sich jedoch kaum voneinander unterscheiden.

❶ Praktische Informationen

Touristeninformation (☑ 971 63 30 42; Carrer del Canonge Oliver 10; ☺ April–Okt. Mo–Fr 9–15.15 Uhr) Die Touristeninformation liegt im Stadtzentrum unweit des Busbahnhofs.

❶ An- & Weiterreise

Die meisten Busse nach Sóller enden in Port de Sóller. Wer seinen eigenen Wagen dabeihat, kann den Weg ins Zentrum durch den Tunnel nehmen oder sich für die Strecke an der Platja d'en Repic vorbei entscheiden (den Schildern nach). Die *tranvías* (Straßenbahnen) nach Sóller fahren am Ufer entlang. Am Passeig Es Través gibt's mehrere Autovermietungen.

Biniaraix

Von Sóller ist es eine nette, 2 km lange Auto- oder Radtour oder ein hübscher Spaziergang über enge Straßen in das charmante Dorf Biniaraix. Viel zu sehen gibt's nicht, darum fahren die meisten gleich weiter in den Nachbarort Fornalutx. Trotzdem hat Biniaraix seinen Reiz. Hier treffen die meisten Besucher zu Fuß ein oder legen an den engen, von Trockensteinmauern gesäumten Landstraßen eine Pause ein. Biniaraix hat sich aus einer arabischen *alquería* (Gehöft) entwickelt und wartet mit einem schattigen Hauptplatz, der Plaça de Sa Concepció, auf. Der Wanderweg ins Dorf ist von Sóllers Zentrum gut ausgeschildert.

Fornalutx

Zwei Wege führen nach Fornalutx, eines der hübschesten steinernen Dörfer Mallorcas, das im Schatten hoher Berge liegt. Der erste ist die schmale und landschaftlich reizvolle Straße von Biniaraix, die sich durch terrassierte Orangen- und Zitronenhaine windet. Der andere führt über eine Straße, die von der Ma 10 abgeht und Blicke aus der Vogelperspektive auf die hübschen Steinhäuser und Terrakottadächer des kleinen Dorfs ermöglicht.

Doch welchen Weg man auch nimmt, Fornalutx ist aus jeder Perspektive eine perfekte Postkartenidylle. Dieser Eindruck verstärkt sich noch, wenn beim Näherkommen die grünen Fensterläden, die Blumenkästen, die gepflegten Gärten und die üppigen Zitronenhaine auftauchen. Viele Häuser gehören Einwanderern, doch es herrscht längst nicht so ein Trubel wie in Sóller. Wahrscheinlich hat Fornalutx seine Ursprünge genau wie Biniaraix in einer arabischen *alquería*.

◉ Sehenswertes

Beim ziellosen Herumschlendern zeigt sich der Ort von seiner schönsten Seite. Los geht's in den Gassen rund um die zentrale **Plaça d'Espanya**, gefolgt von einem Abstecher ins **ajuntament**. Im kühlen Innenhof steht eine Palme und draußen gurgelt munter das Wasser durch Bewässerungskanäle. Entlang des Dorfbachs spaziert man Richtung Osten an schönen Häusern und üppigem Grün vorbei. Man kann auch die Stufen hinaufgehen, die von der **Església de la Nativitat de Nostra Senyora** nach Norden aus dem Ort führen.

 Essen

In Fornalutx gibt es jede Menge Restaurants und Cafés. Die meisten liegen rund um die zentrale Sa Plaça oder 500 m vom Zentrum an der Ma 2121 Richtung Nordwesten, wo die Lokale mit schattigen Terrassen locken.

Es Turó
MALLORQUINISCH **€**

(☎ 971 63 08 08; www.restaurante-esturo-fornalutx. com; Carrer Arbona-Colom 12; Hauptgerichte 9–19 €; ☺ Fr–Mi 12–22.30 Uhr) Die Tische in erster Reihe mit Blick über das Dorf bis hin zu den Gipfeln der Tramuntana sind hier das Highlight, wobei sich das Essen ebenfalls sehen lassen kann. Auf der durch und durch mallorquinischen Speisekarte stehen Gerichte wie *pa amb oli*, *arros brut* („Schmutziger Reis") und wunderbar knuspriges *lechona* (Spanferkel). Unbedingt den frisch gepressten Saft aus in der Region angebauten Orangen probieren!

Ca'n Verdera
MALLORQUINISCH **€€**

(☎ 971 63 82 03; www.canverdera.com; Carrer des Toros 1; Hauptgerichte 14–25 €; ☺ Mitte Mai–Mitte Okt. 19.30–22.30 Uhr) Steinstufen führen hinauf zu einer romantisch mit Kerzen beleuchteten Terrasse. Die spektakuläre Aussicht auf die Berge ist bei Sonnenuntergang am schönsten. Vor den Gästen erstreckt sich malerisch das Tal, während sie raffinierte lokale Aromen genießen, darunter Safran-Ravioli und wunderbar zartes Lammconfit mit Honig und Rosmarin.

Shoppen

Tramuntana Gourmet
LEBENSMITTEL, WEIN

(Carrer Arbona-Colom 4a; ☺ 11–20 Uhr) In dem schönen kleinen Laden werden vor allem Erzeugnisse aus der Serra de Tramuntana verkauft, ein paar Produkte aus anderen Gegenden Mallorcas und von anderen Baleareninseln sind aber auch im Angebot. Außerdem kann man sich auf kostenlose Olivenölproben sowie eine ganze Palette an Marmeladen, Weinen und selteneren Leckerbissen wie Feigenbrot freuen.

❶ An- & Weiterreise

Ein lokaler Bus fährt von Fornalutx über Biniaraix nach Sóller (1,50 €, 15 Min., 2–4-mal tgl.).

Straße von Sóller nach Alaró

Südlich von Sóller führt eine dramatische Strecke aus dem Tal hoch in die Berge (nicht den Tunnel nehmen, der kostet 5,05 € und ist nicht sonderlich schön!). Auf der anderen Seite schlängelt sich die Straße in Serpentinen bergab und bietet dabei einen herrlichen Blick auf Palma. Vor Bunyola und den danach folgenden Ortschaften lohnt es sich, den Jardins d'Alfàbia einen Besuch abzustatten, die an Mallorcas maurische Geschichte erinnern.

◉ Sehenswertes

★ Jardins d'Alfàbia
GARTEN

(www.jardinesdealfabia.com; Carretera de Sóller Km 17; Erw./Kind 6,50 €/frei; ☺ April–Okt. Mo–Sa 9.30–18.30 Uhr, Nov. Mo–Fr 9.30–17.30, Sa 9.30–13 Uhr, Dez.–Feb. geschl.) Die Jardins d'Alfàbia liegen im Schatten der zerklüfteten Gebirgskette Serra d'Alfàbia, die sich östlich von Sóller erstreckt. Inmitten von Gärten, Zitronenhainen, Palmen und einer Handvoll Nutztiere steht eine romantisch-verfallene Finca. Ihre barocke Fassade sieht aus, als hätte man sie einer florentinischen Basilika geklaut. Das gluckernde Wasser in den Bewässerungskanälen erinnert an die Vergangenheit des Ortes, denn der erste, der hier wohnte, war ein maurischer *wāli* (Vizekönig); nicht umsonst wird im Koran das Paradies als Garten dargestellt.

Abgesehen von der außergewöhnlichen bunten Kassettendecke aus Pinien- und Ilexholz gleich neben dem Eingang ist vom ursprünglichen arabischen Haus kaum noch etwas übrig. Sie ist rundherum mit arabischen Inschriften bedeckt und soll um 1170 entstanden sein. Rechts des Innenhofs steht eine *tafona* (große Ölpresse), die Elemente der Gotik, des Barock und der Renaissance miteinander vereint. In dem riesigen Haus befinden sich zahlreiche Stilmöbel, außerdem gibt es eine Bibliothek mit über 1200 Bänden.

Bunyola

Der verschlafene Ort, bekannt für sein Olivenöl und die *palo*-Brennerei (dabei handelt es sich um einen Kräuterschnaps), liegt am Fuße von grünen terrassierten Hügeln und der wilden Felsgipfel der Tramuntana. Die klapprige Holzbahn, die zwischen Palma und Soller verkehrt, hält auch hier. Bunyola ist eine großartige Ausgangsbasis für Kletterer. Zudem bietet die zentrale Sa Plaça, wo samstagmorgens ein kleiner Markt stattfindet, interessante Einblicke ins mallorquinische Dorfleben.

NICHT VERSÄUMEN

DIE STRASSE NACH ALARÓ

Eine der malerischsten Routen nach Alaró ist die Ma 210 ab Orient, die an einer ländlichen Idylle aus Zypressen sowie Feigen-, Oliven- und Mandelhainen vorbeiführt. Die Straße schlängelt sich 4 km nach Nordosten, dann umrundet sie die Ausläufer eines mächtigen Felsens, des über dem Tal aufragenden **Puig d'Alaró** (822 m). Sein Pendant im Osten ist der **Puig de S'Alcadena** (815 m). Die Zwillingsgipfel wurden vor Millionen von Jahren durch tektonische Bewegung voneinander getrennt und zählen zu den markantesten Naturlandschaften Mallorcas. Im Süden lässt sich die Ebene **Es Pla** erahnen.

⊙ Sehenswertes & Aktivitäten

Església de Sant Mateu   KIRCHE
(Carrer de l'Església 2; ⊙ zur Messe) Die Església de Sant Mateu liegt neben dem Hauptplatz im Ortszentrum. Sie wurde 1230 errichtet und 1756 umfangreich umgebaut. Besucher dürfen nur während der Messe hinein.

Sa Gubia   KLETTERN
Unmittelbar westlich von Bunyola, wo die Ausläufer der Tramuntana ins Flachland rund um Palma übergehen, erhebt sich diese großartige Felskulisse. Das Klettermekka lockt mit 125 Mehrseillängenrouten der Schwierigkeitsgrade 4 bis 8, darunter ein paar exzellente komplett mit Haken gesicherte Strecken. Die Cara Oeste (Westwand) zählt zu den eindrucksvollsten Kalksteinwänden Europas. **Rock and Ride** (☑ 0664 734512; www.rockandride-mallorca.com) bietet geführte Klettertouren an.

✗ Essen

Ca'n Topa   MALLORQUINISCH €
(☑ 971 14 84 67; www.cantopa.com; Careterra Palma a Soller Km 22,1; Snacks 5–10 €; ⊙ Öffnungszeiten variieren) „Hier geht's überall bergab" ist das Motto des Ca'n Topa, was sich nicht aufs Essen bezieht, sondern auf die Lage hoch oben an der windgepeitschten Straße nach Sóller. Radfahrer, die nach einer Tour durch die Tramuntana das gemütliche Ambiente, die Terrasse am Pool, die Snacks (wie Pizzas und *bocadillos*) sowie die eisgekühlten Getränke zu schätzen wissen, machen hier gern Pause.

Orient

Orient ist einer der hübschesten Orte der Insel mit einem Häufchen ockergelber Häuser auf einer Anhöhe. Ein paar Gebäude auf der Nordseite scheinen fast abzurutschen.

Aktivitäten

Auf der 9 km langen Straße (die Ma 2100), die nordöstlich von Bunyola nach Orient führt, sieht man oft Pulks von ambitionierten Radfahrern in voller Montur. Die ersten 5 km führen durch ein Tal mit Olivenbäumen und Zypressen, das langsam bis zu einer Ebene und zum **Coll d'Honor** (550 m) ansteigt. Dann geht's auf der anderen Seite des von Wäldern bestandenen Bergrückens wieder bergab. Auf den nächsten 2 km mit engen Kurven wird die Strecke flacher. Die gesamte Zeit über ist im Norden die **Serra d'Alfàbia** zu sehen.

Essen

Mandala   INTERNATIONAL €€
(☑ 971 61 52 85; Carrer Nou 1; Hauptgerichte 17–25 €; ⊙ Juni–Mitte Sept. Di–So 20.30–22.30 Uhr, sonst kürzere Öffnungszeiten & Dez.–Feb. geschl.; ⊕) Herzhafte Düfte dringen verführerisch aus diesem Lokal, das mit viel Herzblut und Kreativität von Schweizern geführt wird und Fusionsküche serviert. Am besten schnappt man sich einen Tisch im Patio und genießt französische Klassiker wie Tatar und Bouillabaisse (provenzalischer Fischeintopf) oder asiatische Gerichte wie thailändisches Garnelencurry, gefolgt von Yogi-Tee und dreierlei Minidesserts. Reservierung erforderlich.

Alaró

Alaró unterhalb einer Burgruine ist ein angenehm verschlafenes Örtchen, das zu einem Bummel einlädt. An der Plaça de la Vila befinden sich die Casa de la Vila (Rathaus), die Pfarrkirche und einige Cafés. Samstagmorgens erweckt ein Markt den Platz zum Leben. Cafés findet man auch rund um die Carrer Petit und Carrer de Jaume Rosselló.

⊙ Sehenswertes

★ **Castell d'Alaró**   BURG
(abseits der Carretera Alaró-Bunyola) Eine Wanderung zum Castell d'Alaró, das in geradezu irrwitziger Lage auf einem Felsen thront, gilt als eine der lohnendsten Burgbesteigungen auf der Insel. Von der letzten Schanze

christlicher Krieger, die um 911 von den muslimischen Eroberern durch Aushungern bezwungen werden konnten – acht Jahre, nachdem die Muslime auf der Insel eingefallen waren –, sind nur noch Ruinen geblieben, doch dafür genießt man von hier aus eine herrliche Aussicht.

Wer keine Lust auf die zweistündige Wanderung hat, kann den größten Teil des Aufstiegs mit dem Auto bewältigen. Die ersten 4,2 km bis zum Bar-Restaurant Es Vergé sind asphaltiert, allerdings mit zahlreichen Schlaglöchern durchzogen. Für die nächsten 1,2 km bis zum Parkplatz wird die Straße noch schlechter (wenn es nicht gerade regnet, sollte sie aber befahrbar sein; am besten erkundigt man sich vorher beim Restaurant). Vom Parkplatz führt ein Pfad in 15 Gehminuten hinauf zu den Ruinen. Heute sind von der einst so bedeutenden Burg noch mehrere steinerne Torbogen und Teile der Mauern zu sehen.

Zur **Ermita de la Mare de Déu del Refugi** ist es noch eine weitere Minute bergauf. Die altersschwache Kapelle aus dem 17. Jh. wird nach wie vor von Einheimischen besucht, die sich für wunderbare Geschehnisse bedanken möchten. Wer sich von dem Ort gar nicht mehr losreißen kann, findet im Refugi S'Hostatgeria (S. 183) Unterschlupf.

🍴 Essen

 **★ Es Verger**   SPANISCH €€
(☑ 971 18 21 26; Camí des Castell; Hauptgerichte 8–16 €; ☺ Di–So 9–21 Uhr; 🚻) Das wunderbar rustikale Lokal an der verschlungenen Straße zum Castell d'Alaró lohnt die Anreise, sei es mit dem Auto, Fahrrad oder zu Fuß. Die Schafe am Parkplatz geben einen Vorgeschmack auf die Speiseauswahl. In seiner Bücherreihe *Mediterranean Escapes* bezeichnet der in Großbritannien lebende Koch Rick Stein das Lamm dort als das saftigste, das er je gekostet hat – zu Recht! Jeden Morgen heizt Antonia den Ofen an, um das Fleisch dreieinhalb Stunden in Bier, Kräutern, Karotten und Zwiebeln wunderbar zart zu schmoren.

Traffic   MALLORQUINISCH €€
(☑ 971 87 91 17; www.canxim.com; Plaça de la Vila 8, Hotel Can Xim; Hauptgerichte 12–22 €; ☺ Mo & Do–So 12.15–17.15 & 20–23.30, Mi 20–23 Uhr) Das ländlich anmutende Restaurant ist eines der besten an der Plaça de la Vila und kredenzt innovative Interpretationen mallorquinischer Spezialitäten. Highlight sind die Fleischge-

richte wie Kaninchen und Spanferkel, doch Kabeljau mit *sobrassada* und Honig schmeckt ebenso köstlich. Gegessen wird auf der Terrasse oder im gekachelten Speisesaal mit Balkendecke.

❶ An- & Weiterreise

In Bunyola halten Busse und Züge von Palma nach Sóller (die Bushaltestelle befindet sich an der Sa Plaça, der Bahnhof liegt einen kurzen Fußweg westlich vom Ortszentrum). Der Minibus 221 fährt von hier zweimal täglich Richtung Osten nach Orient (2 €, 30 Min.; vorher unter ☑ 617 365365 reservieren).

Der Zug auf der Strecke von Palma nach Inca hält im Bahnhof Consell-Alaró (20–30 Min.); hier startet direkt anschließend Bus 320 nach Alaró (15 Min.).

Cala de & Cala Tuent

Mit Blick auf das weite offene Meer, die höchsten Berge der Insel und steil abfallende Klippen zählt die Ma 10 von Sóller zum Monestir de Lluc zu den schönsten Straßen Mallorcas, die Sportliche übrigens auch mit dem Fahrrad erkunden können. Erster Stopp

CANYONING IN DER SERRA DE TRAMUNTANA

Die wilden Kalksteingipfel und felsigen Schluchten der zentralen Serra de Tramuntana zwischen Valldemossa und Sa Calobra bieten ideale Bedingungen für Canyoning-Touren. Richtig zur Sache geht's (Stufe 5–6, nur für Könner) in der 2,5 km langen Gorg Blau-Sa Fosca, einem der dramatischsten Canyons Europas, der sich nördlich und dann nordöstlich vom Gorg-Blau-Stausee erstreckt. Auf der schwierigen Route gehören steile Hänge, Klettertouren, eiskaltes Wasser und ein 400 m langer Abschnitt in totaler Finsternis zum Programm. Eine einfachere Alternative (wenn auch lange kein Parkspaziergang!) ist der 8 km lange Torrent de Pareis, der von majestätischen Felswänden gesäumt wird. Ohne ortskundigen Führer sollte es allerdings auch hier nicht. Zu empfehlen sind Experience Mallorca (S. 132), Tramuntana Tours (S. 107) und Món d'Aventura (S. 115).

ist beim **Mirador de Ses Barques** rund 6 km hinter Sóller. Neben einer fantastischen Aussicht bis nach Port de Sóller gibt's ein Café, das frisch gepressten Orangensaft und Snacks anbietet. Von hier aus verläuft die Straße weiter nach Osten über die Serra de son Torrell. 16 km hinter Sóller zweigt eine Nebenstraße nach Norden zum höchsten Punkt der Insel ab, dem **Puig Major** (1445 m). Allerdings liegt dieser im Sperrgebiet der Luftwaffe, weil sich auf dem Gipfel eine Radarstation befindet. Von hier aus passiert die Straße die beiden blau glitzernden Stauseen Cúber und Gorg Blau.

All das ist jedoch nur ein vielversprechender Vorgeschmack auf die 12 km lange wilde Serpentinenstraße hinab nach Sa Calobra. Ob man nun den Ausblick auf schwindelerregend tiefe Schluchten bewundert, darüber staunt, wie sich ein Bus durch eine augenscheinlich viel zu schmale Felsspalte zwängt oder wie Tour-de-France-Gewinner Bradley Wiggins mit brennenden Oberschenkeln nach oben radelt (er braucht für die Strecke 26 Minuten ...): Die spektakuläre verschlungene Straße, die gen Norden von der Ma 10 abzweigt, ist Dramatik pur! Der italienische Straßenbauingenieur Antonio Paretti ließ sie 1932 bauen. Manche sagen, dass er sich beim Krawattenbinden zu den vielen Haarnadelkurven inspirieren ließ.

Wer im Sommer herkommt, wird kaum allein sein. Eine Armada von Bussen und Ausflugsbooten karrt Scharen von Urlaubern heran. An einem ruhigen, sonnigen Morgen im Winter präsentiert sich Sa Calobra hingegen von einer ganz anderen Seite. Vom Nordende der Straße führt ein kurzer Küstenpfad zur felsigen Schlucht **Torrent de Pareis** und zu einer kleinen Bucht mit weißen Kieselsteinen; hier gibt's tolle Badeplätze, meistens aber total überfüllt.

Wer sich nicht gemeinsam mit den Massen sonnen will, nimmt etwa 2 km vor Sa Calobra einen Abzweig Richtung Westen zur Cala Tuent, einer smaragdgrünen Bucht im Schatten des Puig Major. Den breiten Kiesstreifen säumen zum Land hin ein paar Häuser und üppig grünes Gestrüpp an den Berghängen. 200 m vor dem Strand zweigt eine 1,5 km lange Straße zum Restaurant Es Vergeret ab.

✕ Essen

Es Vergeret MALLORQUINISCH €€
(☏ 971 51 71 05; www.esvergeret.com; Camí de Sa Figuera Vial 21; Hauptgerichte 10–19 €; ☉ März–Okt.

10–16.30 Uhr) Eine schmale Landstraße führt von der Cala Tuent vorbei an Schaffarmen und Olivenhainen zu dieser großartigen alten Finca mit fantastischem Blick auf Bucht und Berge. Die tolle Terrasse bietet sich für ein gemütliches Mittagessen mit Paella, gegrilltem Fisch oder Lammkotelett an. Besser vorab reservieren, besonders im Sommer!

ℹ An- & Weiterreise

Bus 355 (Mai–Okt. Mo–Sa) kommt einmal täglich aus Ca'n Picafort (9 Uhr); er fährt über Alcúdia, Cala Sant Vicenç, Pollença und Monestir de Lluc. Um 15 Uhr geht's zurück. Die komplette Fahrt bis Sa Calobra dauert 3 Stunden und 50 Minuten (mit einstündigem Halt am Monestir de Lluc), zurück 2½ Stunden. Ab Ca'n Picafort kostet die einfache Strecke 9,05 €. In Port de Sóller starten Ausflugsboote nach Sa Calobra und Cala Tuent.

Monestir de Lluc & Umgebung

Im 13. Jh. behauptete ein Schafhirte aus der Gegend, er hätte am Himmel ein Bild der Jungfrau Maria gesehen. Später tauchte das gleiche Bild auf einem Felsen auf. Es gibt noch eine andere Story: Jemand entdeckte an dieser Stelle eine kleine Marienstatue und brachte sie ins nächste Dorf, Escorca. Am nächsten Tag stand sie plötzlich wieder an ihrem Fundort. Dreimal wurde sie ins Dorf gebracht und dreimal kam sie zurück. Zur Erinnerung an dieses Wunder wurde nicht weit von der Stelle um 1268 eine Kapelle gebaut. Später kam noch das Kloster dazu. Seither pilgern jedes Jahr Tausende zur **Statue der Jungfrau von Lluc** aus dem 14. Jh. (es handelt sich also nicht um das Original). Weil ihr Gesicht so dunkel ist, heißt sie auch La Moreneta (Schwarze Madonna).

◉ Sehenswertes

★ **Monestir de Lluc** KLOSTER, GARTEN
(www.lluc.net; Plaça dels Peregrins; Kloster & Garten Eintritt frei, Museum Erw./Kind 2 €/frei, Lluc-Ticket 3 €; ☉ 10–17 Uhr) Durch den Klostergarten mit Kreuzgang gelangen Besucher auf die riesige schmucklose Anlage, die größtenteils aus dem 17. und 18. Jh. stammt. In der Nähe des Innenhofs beherbergt eine Basilika aus der Spätrenaissance ein schönes Altarbild von Jaume Blanquer und eine Statuette der Jungfrau Maria. Anfang des 20. Jhs. wurde die Kirche nach Plänen Gaudís im verschnörkelten Barockstil umgestaltet. Mit et-

PILGERPFADE

Wie so viele vor ihm pilgerte Antoni Gaudí im April 1908 zum **Monestir de Lluc** und spendete 25 Peseten. Im Oktober desselben Jahres kehrte er zurück, diesmal mit seinem Schützling Joan Rubió im Schlepptau. Dieser passte die Kirche dem Barockstil des Altarraums an und ließ die Steinmonumente am **Pujol des Misteris** (Hügel der Geheimnisse) errichten, der sich hinter der Klosteranlage erhebt.

Ein alter gepflasterter Weg, teils von Steineichen gesäumt, führt auf den Hügel und erzählt die Rosenkranzgeheimnisse nach. Er passiert Monumente und drei Bronzereliefs, die sich im Schatten einer Felsnase verstecken, und lädt zum Innehalten ein. Vom Kreuz auf dem Gipfel bietet sich ein fantastischer Ausblick auf das Tal und die felsigen Berge der Tramuntana. Die Strecke dauert etwa eine halbe Stunde.

Am Kloster starten mehrere Wanderrouten. Dazu gehört eine 11 km lange anstrengende Rundwanderung (5 Std.) zum **Puig de Massanella** (1365 m), Mallorcas zweithöchstem Berg mit Traumblick vom Gipfel. Zudem gibt es einen 9 km langen Rundweg (3½ Std.) zum **Puig Tomir** (1103 m). Der steile felsige Anstieg führt in die einsamen Höhen der Tramuntana, wo man manchmal Geier und Falken entdeckt. Lluc ist außerdem eine Etappe auf dem Fernwanderweg **GR 221** zwischen Sant Elm und Pollença.

Wer eine echte Pilgerreise inklusive Blasen an den Füßen unternehmen möchte, kann gemeinsam mit Tausenden Mallorquinern die **Marxa des Güell a Lluc a Peu** (http://desguellallucapeu.es) in Angriff nehmen. Die 42 km lange Nachtwanderung am ersten Samstag im August führt beim Schein von Taschenlampen von der Plaça Güell in Palma durch Ackerland, Bergdörfer und die Serra de Tramuntana zum Monestir de Lluc.

was Glück singen gerade die Els Escolanets, der Knabenchor des Klosterinternats, ein Ständchen. Wegen ihrer Soutanen werden sie auch Els Blauets (Kleine Blaue) genannt. Der Chor wurde im frühen 16. Jh. gegründet.

Centre d'Informació
Serra de Tramuntana   INFORMATIONSZENTRUM
(☑971 51 70 83; www.serradetramuntana.net; Monestir de Lluc; Erw./Kind 2 €/frei; ⊙9–16.30 Uhr) Gegenüber der Klosteranlage widmen sich audiovisuelle Exponate und das kleine Museum des Zentrums der Serra de Tramuntana. Besucher erfahren etwas über die Flora und Fauna der Region, etwa über die heimische Vogelwelt, zu der auch Eleonorenfalken und Balearen-Sturmtaucher gehören, sowie über Ackerbau in den Bergen. Vor Ort gibt es Broschüren in verschiedenen Sprachen zu Wanderungen in der Gegend, und das freundliche Personal organisiert gerne Campingmöglichkeiten auf dem Klostergelände für 5 € pro Nacht.

 Essen

Sa Fonda   MALLORQUINISCH €€
(☑971 51 70 22; Plaça del Lledoner; Hauptgerichte 9,50–18 €; ⊙8.30–21.15 Uhr) Das Sa Fonda ist im erweiterten Speisesaal für Pilger untergebracht und serviert in historischem Ambiente unter Marmorbögen und Holzbalken Mittagessen und leichte Gerichte. Zur durchweg mallorquinischen Auswahl zählen Leckereien wie *frit Mallorquí* (leckeres Pfannengericht mit Lamminnereien und Gemüse), Spanferkel und *pa amb oli*.

ℹ An- & Weiterreise

Von Mai bis Oktober fahren täglich bis zu zwei Busse von Ca'n Picafort zum Monestir de Lluc (6,30 €, 1¾ Std.); ihr Hauptziel ist Sóller bzw. Port de Sóller. Zwei Busse (Linie 330 & 354), die überall halten, verkehren montags bis samstags sowie einmal am Sonntag von Palma nach Inca und fahren anschließend weiter über Caimari bis nach Lluc.

Nördliches Mallorca

Inhalt ➡

Lecker essen

➡ Mirador de La Victòria
(S. 131)

➡ Restaurante Jardín (S. 129)

➡ Manzanas y Peras (S. 118)

➡ Ca'n Cuarassa (S. 123)

➡ S'Arc (S. 126)

Schön übernachten

➡ Posada de Lluc (S. 184)

➡ Hotel Formentor (S. 185)

➡ Can Tem (S. 185)

➡ Hostal Los Pinos (S. 185)

➡ Pensión Bellavista (S. 185)

Auf ins nördliche Mallorca

Das nördliche Mallorca ist das Herz und die Seele der Insel. Traumküsten, Städte voller Kultur und energiegeladene Fiestas, weiße Sandbuchten und viele aufregende Abenteuersportarten ergeben eine verführerische Mischung.

Der höchste Punkt der Serra de Tramuntana ist am Cap de Formentor, wo sie wie ein gezackter Drachenschwanz zum Mittelmeer abfällt. Auf der Straße, die sich um die hohen Felsen windet, holen Auto- und Radfahrer immer wieder tief Luft vor Erstaunen. Gegenüber erstreckt sich das Wandererparadies der von Kiefern bestandenen Halbinsel Cap des Pinar. Andernorts entdecken Kitesurfer, „Klippenspringer", Taucher, Höhlenwanderer und Paraglider die einzigartigen Küstenlandschaften und genießen die stete Brise.

Die hiesigen Ferienorte sind unprätentiös und kinderfreundlich, die Städte im Landesinneren – Alcúdia mit seinen mittelalterlichen Mauern und Pollença mit seinen Plazas voller Cafés – sind unverändert authentisch. Hinzu kommen Pilgerpfade und ausgelassene Sommerfestivals.

Reisezeit

Vor Mai und nach Oktober ist in einigen Badeorten wie dem charmanten Cala Sant Vicenç wenig los, denn das beste Strandwetter herrscht von Juni bis August. Pollença z. B. ist eine einzige große Party im August. Dennoch sind unsere Lieblingsjahreszeiten der Frühling und der Herbst: Dann bevölkern Zugvögel den Parc Natural de S'Albufera, der Verkehr ist weniger stark (insbesondere rund um das Cap de Formentor), Pollença veranstaltet eine eindrucksvolle Karfreitagsprozession und in Alcúdia findet Anfang Oktober ein großartiger Markt statt. Die kühleren Temperaturen eignen sich natürlich auch besser zum Wandern.

POLLENÇA & UMGEBUNG

Pollença

16 190 EW. / 41 M

An einem Nachmittag im Spätsommer, wenn die Strahlen der tief stehenden Sonne die Steinhäuser glühen lassen, die Grillen ihr Liedchen anstimmen und die Unterhaltungen der Cafébesucher auf der Plaça Major die Luft erfüllen, repräsentiert Pollença genau das Mallorca, das man zu finden gehofft hat. Pollença, das perfekte Postkartenmotiv, hat ein etwas alternatives Flair, das schon zahlreiche Künstler, Schriftsteller und Berühmtheiten wie Winston Churchill bis Agatha Christie in seinen Bann gezogen hat. Die kleinen Gassen laden zu einem Bummel durch Galerien und Boutiquen ein, und bei Sonnenuntergang kann man sich einen Stuhl auf dem Platz schnappen und das Leben vorbeiziehen lassen ... Pollença „kriegt" jeden!

⊙ Sehenswertes & Aktivitäten

★ Calvari   PILGERSTÄTTE

(Carrer del Calvari) Die Leute nennen ihn nicht ohne Grund Calvari (Kalvarienberg): Manche Pilger rutschen auf Knien hinauf, dabei ist es schon Strafe genug, die 365 Stufen vom Zentrum an den Zypressen vorbei zur Kapelle **Oratori del Calvari** (18. Jh.) oben auf dem Hügel zu Fuß zu erklimmen. Die Belohnung ist ein toller Ausblick über die Stadt mit ihrem Mosaik aus terrakottafarbenen Dächern und Kirchtürmen bis zur Tramuntana.

Església de la Mare de Déu dels Àngels   KIRCHE

(Plaça Major; ⊙ Juni–Aug. 11–13 & 15–17, übriges Jahr kürzere Öffnungszeiten) Kurz nach der Eroberung 1229 wurde hier erstmals eine gotische Kirche errichtet, im 18. Jh. erfolgte allerdings eine Generalüberholung. Heute ist der Bau größtenteils barock. Die ungewöhnlich einfache Fassade aus grobem Sandstein dient dem Platz als hübsche Kulisse, im Inneren wiederum sind die Fensterrosette und eine interessant gewölbte Decke mit extravaganten Fresken zu bewundern.

Museu de Pollença   MUSEUM

(Carrer de Guillem Cifre de Colonya; Erw./Kind 1,50 €/frei; ⊙ Juni–Sept. Di–Sa 10–13 & 17.30–20.30, übriges Jahr kürzere Öffnungszeiten) Besonders bemerkenswert ist der barocke Kreuzgang des Klosters (17. Jh.) mit dem Museum.

Hier kann man das leuchtende buddhistische Kalachakra-Mandala – ein Geschenk des Dalai Lama aus der Stadt – sowie archäologische Funde aus der Gegend und einige gotische Altarbilder bestaunen.

Museu Martí Vicenç   MUSEUM

(www.martivicens.org; Carrer del Calvari 10; ⊙ Mo & Mi–Sa 10.30–14 & 17–20, So 10.30–14 Uhr) `GRATIS` Über die Calvari-Treppen erreicht man das Museu Martí Vicenç. Bevor der Weber und Künstler Martí Vicenç Alemany (1926–1995) das Anwesen in den 1950er-Jahren kaufte, war es Teil eines gigantischen Franziskanerklosters. Auch die ehemalige **Església de Monti-Sion** in der Nähe gehörte dazu. Alemanys Werke, vor allem Gemälde und Textilien, sind in mehreren Räumen ausgestellt.

Casa-Museu Dionís Bennàssar   MUSEUM

(www.museudionisbennassar.com; Carrer de Roca 14; Erw./Kind 2 €/frei; ⊙ Mitte März–Okt. Di–So 10–14 Uhr) Das ehemalige Haus des einheimischen Künstlers Dionís Bennàssar (1904–1967) beherbergt eine ständige Ausstellung seiner Werke. Unten sieht man frühe Radierungen, Aquarelle und Ölgemälde, die meistens ländliche mallorquinische Szenen zeigen. In den anderen Stockwerken gibt's eine Fisch-Serie, die an Miquel Barcelós Werke in der Kathedrale von Palma erinnern, sowie eine Reihe von Akten und Porträts tanzender Mädchen.

Món d'Aventura   ABENTEUERSPORT

(☎ 971 53 52 48; www.mondaventura.com; Plaça Vella 8; Canyoning 40–50 €; ⊙ Mo–Fr 10–14 & 17–21, Sa & So 10–14 Uhr) Canyoning, Höhlen- und Küstenwanderungen, Kajakfahren, Klettern, Trekking ... Egal welche Aktivität mit stark vermehrter Adrenalinausschüttung, Món d'Aventura, einer der besten Outdoor-Abenteuer-Anbieter an der Nordküste, ist die richtige Anlaufstelle.

☆☆ Feste & Events

Davallament   RELIGIÖSES FEST

(⊙ März oder April) Am Karfreitag wird die Passion Christi nachgespielt. Es ist eines der fesselndsten Schauspiele zum Osterfest. Bei Fackellicht wird der „Leichnam" Jesu in einer feierlichen Prozession die 365 Stufen des Calvari hinabgetragen.

Festival de Pollença   KULTURELL

(www.festivalpollenca.com; ⊙ Ende Juli–Aug.) Anlässlich dieses Sommerfestivals finden im Kloster Sant Domingo Orchesterauftritte, Ausstellungen und Filmvorführungen statt.

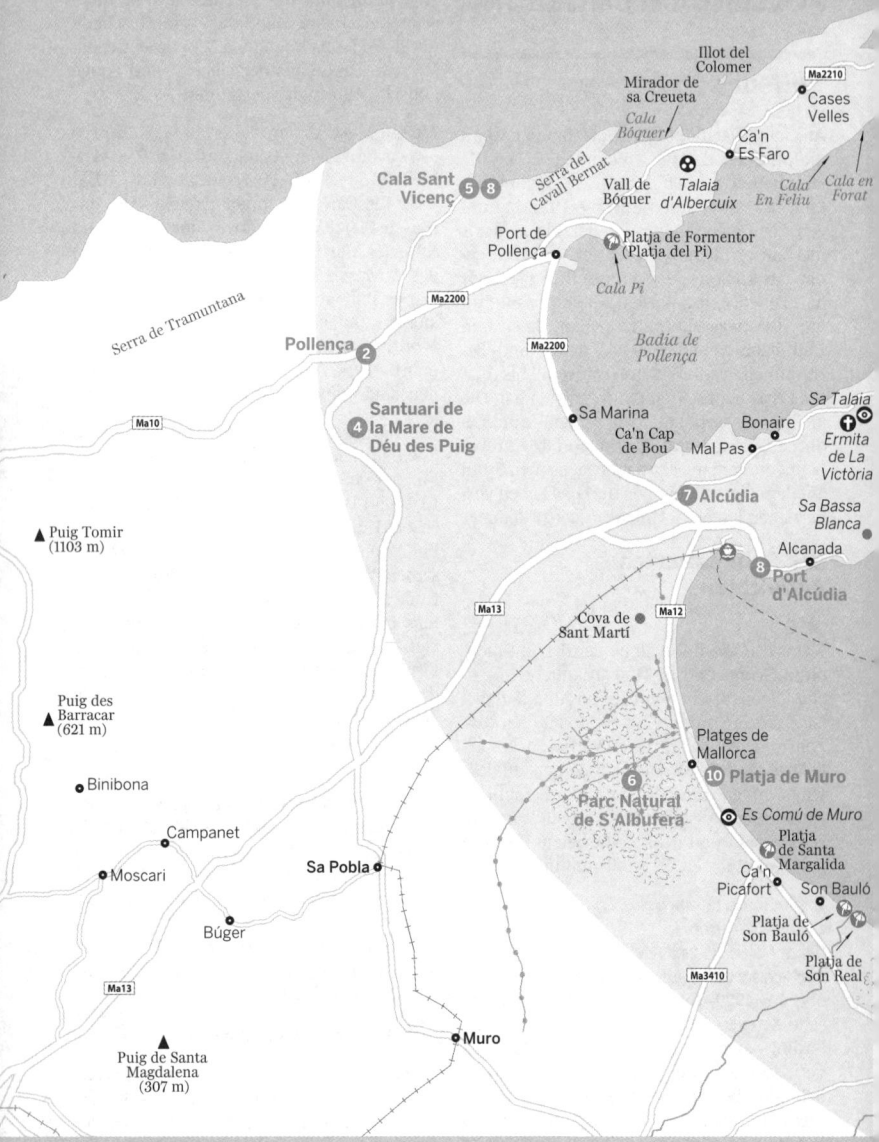

Highlights

1 Der Anblick der Klippen des **Cap de Formentor** (S. 124) macht sprachlos.

2 Wie ein Pilger die 365 Stufen auf **Pollenças** (S. 115) Kalvarienberg erklimmen.

3 Vom **Penya Rotja** (S. 130) die Nordküste auf Postkartenformat geschrumpft erleben.

4 Auf dem **Santuari de la Mare de Déu des Puig** (S. 120) den Geist beflügeln.

5 In kristallklarem Wasser schnorcheln und fangfrische Meeresfrüchte in **Cala Sant Vicenç** (S. 121) verzehren.

6 Nach Vögeln Ausschau halten im **Parc Natural de S'Albufera** (S. 131).

Cala
Figuera

Cap de Formentor
1 Moll del
Patronet

▲
Fumat
(334 m)

Cala
Murta

Cala
Gossalba

MITTELMEER

Cap des Pinar

3 Penya Rotja

Platja des
9 Coll Baix

Fundación
⦿ Yannick y
Ben Jakober

Badia d'Alcúdia

Cap
Ferrutx

Cala
Fosca

Punta
des Caló   ▲ Talaia
Es Caló   Moreia
              (432 m)

S'Arenal et
⦿ des Verger

Betlem ⦿   S'Alquera
           Vella
           d'Avall   ♠

Illot dels Porros
❂ Necròpolis
de Son Real
Finca Pública   Son Serra   Platja de   Colònia de
de Son Real   de Marina   Sa Canova   Sant Pere
                            (S'Arenal)
❂   ⦿
Es Figueral   ❂ S'Estanyol
de Son ❂ Talayot de
Real   Son Serra

Ma3331

Parc Natural de
la Península de
Llevant

🛈 Ermita de
Betlem

Son
Morell
Vell

Ma3333

7 Sich in **Alcúdia** (S. 124) in
Mallorcas Vergangenheit zurückversetzen lassen.

8 Die Traumküste zwischen
Port d'Alcúdia (S. 127) und
Cala Sant Vicenç (S. 121) vom
Boot aus betrachten.

9 Zur herrlich abgeschiedenen **Platja des Coll Baix**
(S. 129) hinabsteigen.

10 Sich auf dem puderig-
weißen Sand der **Platja de
Muro** (S. 131) ausbreiten.

Pollença

Map of Pollença showing streets and numbered points of interest including Teixits Vicens (800 m), Oratori de Sant Jordi, Calvari (190 m), Plaça Seglars, Plaça Vella, Plaça Major, Jardins Joan March, Santuari de la Mare de Déu des Puig (2,4 km), Sant Domingo.

NÖRDLICHES MALLORCA POLLENÇA

Festes de la Patrona   HISTORISCH

(☉ Ende Juli–Anfang Aug.) Aufgemacht wie ein verwegener Pirat oder ganz in Weiß gekleidet stürzt man sich ins Getümmel, um die bunten und lauten Festes de la Patrona zu feiern. Auf dem Programm stehen nachgestellte Kämpfe zwischen Mauren und Christen (s. S. 121), um an die Belagerung und den Angriff sarazenischer Piraten 1550 zu erinnern.

La Fira   MARKT

(☉ 2. So im Nov.) Der riesige Markt findet im Kloster Sant Domingo und vielen anderen Orten in Pollença statt.

✗ Essen

★ Manzanas y Peras   TAPAS €

(☑ 971 53 22 92; www.manzanasyperas.es; Carrer del Martell 6; Tapas-Probiermenüs 25 €; ☉ Mo–Sa 10–16 & 19–23, So 10–16 Uhr; 🛜 👶) Neben den Stufen auf den Calvari stößt man auf das winzige, aber großartige Manzanas y Peras („Äpfel und Birnen"), eine einladende Oase mit Tischen unter Bäumen voller Lichterketten. Die Tapas-Karte ist ein wahres Fest für die Sinne (Crostini mit geschmolzenem Ziegenkäse, Blaubeergelee und Walnüssen, Hühnchen nach marokkanischer Art mit Datteln etc.) und es gibt auch eine Kinderkarte (11 €).

Pollença

La Placeta
SPANISCH €€

(☎ 971 53 12 18; Carrer Sant Jordi 29; Hauptgerichte 13,50–16 €; ⊙ Di–So 12.30–15 & 19.30–23 Uhr; 🖍) In der letzten Zeit hat das La Placeta im Hotel Sant Jordi erstklassige Kritiken erhalten, sowohl für das schöne Ambiente unter freiem Himmel auf dem Platz als auch für die kinderfreundlichen Angestellten und die schnörkellose Hausmannskost. Gerichte wie sautierte Garnelen mit Artischocken oder im eigenen Saft und in Madeira-Wein gekochtes Lamm sind denkbar schlicht, aber voller Geschmack.

Il Giardino
ITALIENISCH €€

(☎ 971 53 43 02; www.giardinopollensa.com; Plaça Major 11; Hauptgerichte 17–24 €; ⊙ März–Okt. 9–23 Uhr; 🖍) Die beste Adresse auf der Plaça Major für Leute, die aufs Geld achten müssen. Eine hübsche Terrasse, freundliches Personal und die Speisekarte flüstert *bella Italia* – die Hauptgerichte wie Ravioli mit wilden Pilzen und frischem Thunfisch mit Avocados, Chili und Schnittlauch machen einfach glücklich. Zum Nachtisch empfiehlt sich ein Abstecher in Il Giardinos Konditorei und Schokoladenfachgeschäft nebenan.

Cantonet
MEDITERRAN €€

(☎ 971 53 04 29; Carrer del Monti-Sion 20; Hauptgerichte 11–19 €; ⊙ 12.30–15 & 19–23 Uhr) Wenn es langsam dunkel wird, lädt die Terrasse vor der Església de Monti-Sion mit Blick über die Altstadtdächer bis zum Puig de Maria zu einem italienisch angehauchten Abendessen ein: Es gibt Muscheln in Oregano-Soße, langsam in Thymian und Honig gegartes Lamm, *malloreddus* (sardische Pasta) und Ähnliches. Auch das Tiramisu ist köstlich.

Restaurant Clivia
MALLORQUINISCH €€

(☎ 971 53 36 35; Avinguda Pollentia 7; Hauptgerichte 12–23 €; ⊙ Do–Di 13–15 & 19–22.30 Uhr) Clivia ist moderner als viele andere Restaurants, der Innenhof wirkt wie ein abstraktes Kunstwerk mit dem Mosaik aus Holzpanelen und glockenförmigen Lampen. Auch das Essen (insbesondere der Fisch) wird stilvoll zubereitet. Das Garnelen-Carpaccio mit süßem rotem Pfeffer ist eine hervorragende Vorbereitung auf die Spezialität des Hauses: in Malvasierwein gedämpfter Wolfsbarsch.

La Font del Gall
MALLORQUINISCH €€

(☎ 971 53 03 96; Carrer del Monti-Sion 4; Hauptgerichte 7,50–17 €, Menüs 25–35 €; ⊙ tgl. 18.30–23, außerdem Mo, Do, Fr & So 12–15 Uhr) Wer im Sommer einen Tisch auf der Terrasse des La Font del Gall ergattert, darf sich glücklich schätzen. Der Koch hält es gern simpel, seine Spezialität sind mallorquinische Speisen wie knuspriges, langsam geröstetes Spanferkel und Meeresfrüchte-Paella. Manchmal sind die Portionen etwas klein, sonst gibt es nichts zu mosern (und das bedeutet ja auch, dass noch Platz fürs Dessert bleibt!).

☕ Ausgehen & Nachtleben

Club Pollença
CAFE, BAR

(Plaça Major 10; ⊙ 7–0 Uhr) Leute beobachten, während man ein paar Drinks und Tapas auf der Terrasse dieses weitläufigen Cafés (eröffnet 1910) mit dem Kolonialflair zu sich nimmt ... gar nicht übel. Einen „Logenplatz" suchen und genießen!

U Gallet
BAR

(Carrer de Jesús 40; ⊙ So–Do 19–2, Fr & Sa bis 4 Uhr) Die Einheimischen nennen diesen Laden voller kuscheliger Ecken „Gallito"

(Hähnchen). Im Sommer können die Gäste auch auf der Terrasse sitzen. Besitzer und Barkeeper Neil mixt geniale Cocktails und Gin Tonics. Entspannte Atmosphäre, coole Musik.

🛍 Shoppen

In Pollença sind zahlreiche nette kleine Boutiquen, die es neben Palma zur besten Anlaufstelle für einen Einkaufsbummel machen.

★Hito
KUNST & KUNSTHANDWERK

(www.hitohome.com; Carrer del Calvari 10; ⊙ Mo & Mi-Sa 10.30–14 & 17–20, So 10.30–14 Uhr) Galerie, Designer-Haushaltswarengeschäft und Residenz für wechselnde Künstler – alles in einem. Betreiber sind die Goldschmiede Gillian Conroy und Danica Wilcox aus New York. Sie vertreiben bildschöne Unikate (lokales Kunsthandwerk und Accessoires) wie z.B. Teixits Vicens' feine *robes de llengües* (gestreifte Stoffe aus Mallorca), Babystiefel aus Schafshaut und unechte Jagdtrophäen aus Filz.

Oben finden wechselnde Kunstausstellungen (häufig moderne Kunst) statt, unten ist das Museu Martí Vicenç (S.115) untergebracht.

La Merceria
KUNST & KUNSTHANDWERK

(Carrer del Monti-Sion 3; ⊙ Di–Fr 10–14 & 17–21.30, Sa & So 10–14 Uhr) Dieses geniale Retro-Kaufhaus führt Vintage-Stil mit modernem De-

sign zusammen. Unter den einzigartigen Schmuckstücken und Geschenken findet man nostalgische Postkarten mit sepiafarbenen Motiven des alten Pollença, Mode aus Barcelona, handgefertigte Strohhüte mit einem Hauch „Great Gatsby"-Glamour, Glas- und eigentümliche Porzellanwaren, Kunst und Schmuck. Im hinteren Teil des Geschäfts ist eine sehr gute Abteilung für Kinder (Bücher und Kleidung) untergebracht.

Sonntagsmarkt
MARKT

(Plaça Major; ⊙ So 8.30–13 Uhr) Dieser Sonntagsmarkt gehört zu den größten und meistbesuchten der Insel und findet das ganze Jahr über statt. Auf der Plaça Major gibt's vor allem Obst, Gemüse, Käse, Wein, Kräuter und Gewürze, in den angrenzenden Straßen (der Radius um die Plaça wird immer größer!) werden Kunsthandwerk und andere Waren verkauft.

Enseñat
ESSEN, WEIN

(www.ensenyat.com; Carrer d'Alcúdia 5; ⊙ Mo-Sa 8.30–15 & 16.30–20.30, So 8.30–14 Uhr) Den Delikatessenladen gibt es schon seit den 1940er-Jahren. Hier decken sich Leckermäuler mit Weinen aus der Region, Salz, Konserven, Käse, Fleisch (z. B. hausgemachter *sobrassada*) und Marmelade aus Sóller ein.

Teixits Vicens
KUNSTHANDWERK

(www.teixitsvicens.com; Ronda Can Berenguer; ⊙ April–Sept. Mo–Fr 9–20, Sa 10–14 & 16–20, übri-

---

SANTUARI DE LA MARE DE DÉU DES PUIG

Südlich von Pollença zweigt von der Ma 2200 eine der kurvenreichsten Straßen Mallorcas ab, die sich 1,5 km über furchterrenged enge Haarnadelkurven auf den 333 m hohen **Puig de Maria** zu dem ehemaligen **Nonnenkloster** (Puig de Maria; ⊙ Okt.–März 9–18, April–Sept. 8.30–20.30 Uhr) aus dem 14. Jh. hinaufwindet. Wanderer benötigen für den ziemlich anstrengenden Aufstieg, vorbei an Steineichen, Kiefern und Olivenbäumen, etwa eine Stunde (nicht in der Mittagshitze losmarschieren!). Von oben betrachtet sieht Pollença aus wie eine Spielzeugstadt.

Die Auffahrt trauen sich nicht einmal Taxifahrer zu, aber wer brav im ersten Gang bleibt (und dabei betet), schafft es vielleicht bis zur letzten Parkbucht. Dann sind es nur noch 20 Gehminuten.

Oben angekommen kann man sich das Refektorium, die Küche, die mit alten Gegenständen gefüllten Gänge und die von Weihrauchduft erfüllte gotische Kapelle ansehen – sofern man sich denn von der bombastischen Aussicht lösen kann, denn der eher kleine Puig gewährt einen der schönsten Blicke auf der gesamten Insel: Im Westen ragen die Gipfel der Tramuntana auf, im Osten erstrecken sich die sachte geschwungenen Buchten von Alcúdia und Pollença und die zerklüfteten Formationen der Formentor-Halbinsel.

Besucher können in einer umgebauten Einsiedlerklause (S.177) schlafen und zu unchristlicher Zeit aufstehen, um den spektakulären Sonnenaufgang mitzuerleben, oder auch einfach die Stille bei einem Happen zu essen genießen. Hier gibt's die so ziemlich beste Paella der Gegend (viel Zeit mitbringen – hier oben ticken die Uhren anders).

MAUREN & CHRISTEN IM EWIGEN KAMPF

Im August steigt in der Stadt eines der farbenprächtigsten mallorquinischen Feste. Bei Pollenças Variante von Moros i Cristians (Mauren & Christen) wird der 1550 errungene Sieg der Einwohner über einen maurischen Stoßtrupp unter Führung des berüchtigten türkischen Piraten Dragut (1500–1565) gefeiert. Die „Schlacht" ist das Highlight der Festes de la Patrona (S. 118). Zu diesem Anlass verkleiden sich die Städter als maurische Piraten und schwingen ihre Krummsäbel, während sich die Dorfbewohner mit Stangen bewaffnen. Dann wird „gekämpft". Dazu dröhnen am Nachmittag des 2. August in der ganzen Stadt Trommeln und Donnerbüchsen. Am Vorabend gibt's im Stadtzentrum ein Massenbesäufnis. Dann strömen Leute von der ganzen Insel hierher und drängen sich in die Bars und auf die Plätze; ab 23 Uhr sorgt Livemusik für Partystimmung. Kein Wunder, dass die Schlacht am nächsten Tag erst um 19 Uhr anfängt! Zum Abschluss findet ein großes Feuerwerk statt.

ges Jahr kürzere Öffnungszeiten) Bereits seit 1854 werden in diesem Familienbetrieb die gestreiften mallorquinischen Stoffe namens *robes de llengües* gewebt. Auch heute noch tragen sie traditionelle Motive. Manche der Werke sind im Hito (S. 120) ausgestellt.

ℹ Praktische Informationen

Touristeninformation (☑ 971 53 50 77; www. pollensa.com; Carrer de Guillem Cifre de Colonya; ⊙ Mai–Sept. Mo–Fr 8.30–13.30 & 14–16, So 10–13 Uhr, den Rest des Jahres kürzere Öffnungszeiten) Jede Menge Infos zu Pollença und Umgebung.

ℹ An- & Weiterreise

Von Palma fährt der Bus 340 nonstop nach Pollença (5,30 €, 45 Min., bis zu 12-mal tgl.). Dann geht's weiter nach Cala Sant Vicenç (1,50 €, 20 Min., 6-mal tgl.) und Port de Pollença (1,50 €, 20 Min., bis zu 30-mal tgl.).

Cala Sant Vicenç

290 EW.

Cala Sant Vicenç ist eines der hübschesten Fleckchen an der Nordküste. Es wird von vier traumhaften *cales* (Buchten) am Fuße der Serra de Tramuntana gesäumt, die schöne Ausblicke auf die türkisfarbene Meer und auf die steil abfallenden Kalksteinfelsen am Cap de Formentor im Nordwesten bieten. Touristische Einrichtungen sind in Cala Sant Vicenç nur von Mai bis Oktober geöffnet.

🏊 Strände

Am ersten der vier Strände, **Cala Barques**, gibt's zwar jede Menge Sand, allerdings nur, bis man das Wasser erreicht. Dort geht's über Steine, bis man an eine Meeresstelle kommt, die tief genug zum Schwimmen ist. Ganz ähnlich sieht die hübsche – wobei sie alle hübsch sind! – **Cala Clara** aus. Am größten ist die **Cala Molins** mit viel Sand und einfachem Zugang ins kristallklare Wasser, am kleinsten und ruhigsten die **Cala Carbó** auf der anderen Seite der Landspitze. Um alle vier Strände abzuklappern, braucht man nicht mehr als 20 Minuten.

Wer hinter der Cala Clara ca. 15 Minuten den Carrer Temporal entlang- und dann den Carrer de Dionís Bennàsar hinunterläuft, gelangt auf eine Anhöhe mit Parkbänken und zu den **Coves de L'Alzineret**, sieben Grabhöhlen aus der Prä-Talayot-Zeit (ca. 1600 v. Chr.).

🏃 Aktivitäten

atemrausch ABENTEUERSPORT
(☑ 622 122145; www.atemrausch.com; Carre Temporal 9; ⊙ Mai–Sept. Mo–Sa 10–12 & 18–19 Uhr) Veranstalter von Outdoor-Abenteuern wie Kajak- und Mountainbikefahren, Schnorcheln und Tauchen in deutscher Hand. Verleiht auch Trekking- und Straßenräder (12/ 24,50 € pro Tag) sowie Mountainbikes (15 € pro Tag).

🍴 Essen

Cal Patró FISCH & MEERESFRÜCHTE €€
(☑ 971 53 38 99; Cala Barques; Hauptgerichte 14– 22 €; ⊙ Juli & Aug. 12.30–15.30 & 19.30–22.30 Uhr, übriges Jahr kürzere Öffnungszeiten) An den Stufen, die zum Strand hinabführen, kann man einen wunderschönen Blick aufs Wasser und den Fang des Tages genießen, u. a. Tintenfisch nach mallorquinischer Art (in einer reichhaltigen Soße als Auflauf zubereitet), gefolgt von einem Reisgericht oder Hummereintopf.

Bar-Restaurant Cala Barques

MALLORQUINISCH €€

(☑971 53 06 91; Cala Barques; Hauptgerichte 14–25€; ⊙Mai–Sept. Di–So 12.30–15.30 & 19.30–22.30 Uhr) Die Location mit Blick auf den Strand ist einfach unschlagbar. Abends kommen Fisch und Meeresfrüchte vom Grill auf den Tisch.

❶ Praktische Informationen

Touristeninformation (☑971 53 32 64; Plaça de Cala Sant Vicenç; ⊙Mai–Sept. Mo–Fr 8.30–14 & 14.30–16, So 10–13 Uhr) 50 m von der Cala Clara entfernt.

❶ An- & Weiterreise

Cala Sant Vicenç liegt 6,5 km nordöstlich von Pollença bei der Straße nach Port de Pollença. Bus 340 fährt von Pollença und Port de Pollença nach Cala Sant Vicenç (1,50 €, 20 Min., bis zu 6-mal tgl.).

Port de Pollença

6600 EW.

Dieser recht bescheidene Ferienort an der nördlichen Spitze der Badia de Pollença zeichnet sich durch die geradezu hypnotisierend schöne Aussicht über die zerklüftete Halbinsel Formentor aus. Gut, touristisch ist das Ganze schon, doch der Jachthafen, die von Cafés gesäumte Promenade und der lange Sandstrand ziehen immer noch viele Familien und Wassersportfans an.

NICHT VERSÄUMEN

„KLIPPENSPRINGEN" IN CALA SANT VINCENÇ

Von einer Klippe zu hüpfen mag nach „lebensmüde" klingen, tatsächlich ist dies in Cala Sant Vicenç aber ein beliebter Zeitvertreib im Sommer – wenn die Einheimischen aus großer Höhe ins Wasser springen, sieht es so verflixt einfach aus! Wer mitmachen will, sollte sich aber auf jeden Fall einen Guide suchen.

Die Mitarbeiter von Experience Mallorca (S. 132) kennen die Felsen wie ihre Westentasche. Sprünge sind zwischen 3 und 12 m tief. Das klingt vielleicht nicht so beeindruckend, aber in dem Moment, in dem man springt, wird einem das Adrenalin durch den Körper rauschen – der absolute Kick!

Strände

Die Strände gleich südlich vom Hafen sind breit, sandig und sanft abfallend. Auch entlang der schattigen Promenade am nördlichen Dorfrand gibt's immer wieder kleine Strandflächen, die zu den hübschesten Fleckchen in Port de Pollença gehören. Südwärts entlang der Bucht gen Alcúdia besteht der Sand aus einer grauen Kiesmischung, oft durchsetzt mit Poseidongras. Am Ende des mäßigen Küstenstreifens liegen **Ca'n Cap de Bou** und **Sa Marina** (kurz vor Alcúdia). Eine steife Brise macht die Gegend zu einer der besten Locations für Wind- und Kitesurfer.

Auch Taucher kommen in der Badia de Pollença auf ihre Kosten. Felswände, Höhlen und Meeresgetier (z. B. Rochen, Tintenfische, Barrakudas) machen die Südflanke der Formentor-Halbinsel besonders spannend, weitere Spots liegen am südlichen Ende der Bucht zum Cap des Pinar hin.

Aktivitäten

★ Bike & Kite

ABENTEUERSPORT

(☑971 09 53 13; www.bikeandkite.com; Carrer Temple H Fielding 3; geführte Wanderung/Radtour 45/55€, 3 Std. Kitesurfing-Unterricht 150€; ⊙Mo–Fr 9–13 & 16–19, So 16–19 Uhr) Kai und Julia kennen die Serra de Tramuntana wie ihre Westentasche und bringen Urlauber zu den schönsten Plätzen. Sie organisieren Mountainbike-Fahrten zum Kloster von Lluc und zum Cap de Formentor sowie Wanderungen auf den Talaia d'Alcudia und durch die Schlucht Torrent de Pareis.

Auch wenn man klettern oder Kitesurfen lernen und Räder sowie Ausrüstung leihen möchte, ist man hier richtig.

Boat Trips

BOOTSFAHRTEN

(www.lanchaslagaviota.com; ⊙Mai–Sept.) An dem kleinen Schalter neben der Einfahrt zum Parkplatz beim Jachthafen von Port de Pollença werden Tickets für Fahrten zur Platja de Formentor (Erw./Kind 12/6€, im Sommer bis zu 5-mal tgl.), zum Cap de Formentor (23/11,50€) und nach Cala Sant Vicenç (28/14€) verkauft.

Scuba Mallorca

TAUCHZENTRUM

(☑971 86 80 87; www.scubamallorca.com; Carrer d'Elcano 23; 2 Tauchgänge 80€, Ausrüstung 20€; ⊙Juni–Sept. Mo–Do 9.30–19, Fr & Sa 9.30–18.30, So 9–18 Uhr, übriges Jahr kürzere Öffnungszeiten; ⚐) Scuba Mallorca ist ein Fünf-Sterne-PADI-Shop, der um die 20 verschiedene Tauchkurse anbietet, u. a. den „Bubblemaker" (Blasenmacher) für Kinder.

RADFAHREN & WANDERN AUF MALLORCA

Kai Schwerte und Julia Rimpl von Bike & Kite in Port de Pollença haben uns von ihren Lieblingswanderrouten an der Nordküste und in der Serra de Tramuntana erzählt.

Die schönste Tageswanderung Die Halbinsel La Victòria, insbesondere die halbtägige Wanderung auf den Talaia d'Alcudia (445 m), bietet das Komplettpaket: Meer, Berge, eine spektakuläre Küste und einen Rundumblick. Beim Abstieg könnte man an der Platja des Coll Baix im türkisfarbenen Wasser baden gehen. Der Rückweg durch Kiefernwälder ist zudem ziemlich einfach.

Auf zwei Rädern Für alte Mountainbike-Hasen ist die 55 km lange Strecke von Port de Pollença nach Monestir de Lluc ein Muss, denn die Steigungen sind moderat, einspurige Pfade führen durch Steineichenwälder und es geht auf steinigen Pilgerwegen bergab. Der Blick auf die Tramuntana und die Badia de Pollença ist unglaublich. Wer weniger Erfahrung hat, könnte an einer geführten Formentor-Radtour bei Sonnenaufgang teilnehmen oder einen halben Tag durch den Parc Natural de S'Albufera radeln.

Für Gipfelstürmer Der Aufstieg zum Puig de Massanella (1365 m) ist fantastisch. Er ist fast schon alpin: An mehreren Stellen muss geklettert werden (Seile vorhanden), doch die Aussicht über die gesamte Insel entschädigt einen für die Anstrengung.

Sail & Surf Pollença
SEGELN, WINDSURFEN

(☑ 971 86 53 46; www.sailsurf.eu; Passeig de Saralegui 134; Anfängerkurse Windsurfen/Segeln 122/133 €; ◔ April–Okt. Mo–Sa 9–18 Uhr, übriges Jahres kürzere Öffnungszeiten) Dieser Anbieter hat zwei- bis dreitägige Segel- und Windsurfkurse im Programm. Fortgeschrittene können hier außerdem Ausrüstung leihen.

Kayak Mallorca
KAJAKFAHREN

(☑ 971 91 91 52; www.kayakmallorca.com; La Gola; 3-stündige Tour inkl. Transport 40–50 € pro Pers., Miete 10/20 € pro Std./halber Tag; ◔ 9.30–13.30 & 14.30–18 Uhr) Am Strand südlich des Jachthafens organisiert dieser Veranstalter Kajakfahrten aller Schwierigkeitsstufen (entlang der Küste zum Cap des Pinar, durch Höhlen nach Formentor etc.), verleiht Kajaks und gibt Unterricht für Anfänger.

Rent March
RADVERLEIH

(☑ 971 86 47 84; www.rentmarch.com; Carrer de Joan XXIII 89; Radverleih 9–27 € pro Tag; ◔ 9–13 & 15.30–20 Uhr) Rent March verleiht von einfachen Fahrrädern, Elektro- und Mountainbikes über Tandems und leichte Rennräder bis zu Motorrollern und Motorrädern alles.

 Essen

Mittwochs wird auf der Plaça Miguel Capllonch, zwei Block landeinwärts und nordwestlich des Jachthafens, der Wochenmarkt aufgebaut.

Celler La Parra
MALLORQUNISCH €

(☑ 971 86 50 41; www.cellerlaparra.com; Carrer de Joan XXIII 84; Hauptgerichte 10–16,50 €; ◔ 13–15 &

19.15–23 Uhr; 🐾) Dieses traditionsbewusste Restaurant nahm bereits in den 1960er-Jahren seinen Betrieb auf und ist eine kleine Rarität vor Ort. Hier wird authentische Inselküche wie frischer Fisch, *frit Mallorquí* (gebratene Lamm-Innereien), *lechona* (Spanferkel) und *tumbet* (mallorquinisches Ratatouille) serviert. Das Gesamtpaket runden Holzofen, Weinkeller-Dekor und das Fehlen von Pizzas auf der Karte ab.

Ca'n Cuarassa
SPANISCH, MALLORQUNISCH €€

(☑ 971 86 42 66; www.cancuarassa.com; Carretera Port de Pollença-Alcúdia; Hauptgerichte 14,50–30, 3-gängiges Menü 30 €; ◔ 12–15.30 & 19–23 Uhr; 🐾) Meerblick, eine ruhige Gartenterrasse, die von Palmen und Tamarinden gesäumt ist, und eine hübsche Villa – dieses Restaurant hat schon etwas Besonderes. Das selbstgebackene Brot und die Tapas stimmen einen auf Hauptgerichte wie Steinbutt in *cava*-Soße und Fleisch vom Kohlegrill ein. Für die Kleinen gibt's einen Spielbereich. Ca'n Cuarassa befindet sich 3 km südlich von Port de Pollença.

Stay
INTERNATIONAL €€€

(☑ 971 86 40 13; www.stayrestaurant.com; Moll Nou; Hauptgerichte 15–42 €, 3-gängige Menüs inkl. Wasser, Wein & Kaffee 34,90 €; ◔ 9–23 Uhr) Ein elegantes Restaurant mit maritimem Schick. Wer will, kann draußen auf dem Anleger sitzen, wo sich Segler & Co. treffen und Fisch & Meeresfrüchte genießen, von gegrillten Krabben bis zum Seehecht in Safran-Soße. Das Stay ist stilvoll und zugleich leger und die teuren Preise sind meist gerechtfertigt.

Bellaverde
INTERNATIONAL €

(☎ 971 86 46 00; www.pensionbellavista.com; Carrer Monges 14; Mittagsmenüs 6–12 €, Hauptgerichte 9,50–19,50 €; ☺ Di–So 8.30–0 Uhr; ✏ ♿) Die Terrasse dieser kleinen Künstlerenklave erstreckt sich unter dem Blätterdach eines Feigenbaums. Hin und wieder finden hier Bildhauereikurse statt und in der Küche werden gesunde, meist vegetarische Gerichte zubereitet, von kreativen Salaten bis zu Currys mit Tofu oder Lasagne mit Kürbis und Ziegenkäse. Auch für Kinder ist etwas dabei.

La Llonja
MEDITERRAN €€€

(☎ 971 86 59 04; www.restaurantlallonja.com; Carrer del Moll Vell; Hauptgerichte 13,60–67 €; ☺ April–Okt. 12.30–16 & 19.30–23 Uhr) La Llonja im oberen Stock mit Blick aufs Meer serviert ausgezeichnete Meeresfrüchte und Fleischgerichte mit kreativem Touch wie Cobia-Carpaccio. Der Hummereintopf kostet allerdings 67 €. **La Cantina** (☺ April–Okt. 10–23 Uhr) im unteren Geschoss lockt mit günstigeren Preisen für Frühstück, Snacks und Sandwiches.

♟ Ausgehen & Nachtleben

In Port Pollença steppt nicht gerade der Bär. Man hat wirklich Mitleid mit den verloren wirkenden Teenagern, die hier spätabends durch die Gegend streunen, von den Clubs auf Ibiza träumen und ihre unsensiblen Eltern dafür verfluchen, dass sie sie hierhergeschleift haben!

❶ Praktische Informationen

Touristeninformation (☎ 971 86 54 67; www. puertopollensa.com; Passeig Saralegui; ☺ Mai–Sept. Mo–Fr 8–20, Sa 9–16 Uhr, übriges Jahr kürzere Öffnungszeiten) Liegt am Meer vor dem Jachthafen.

❶ An- & Weiterreise

Bus 340 von Palma nach Pollença fährt weiter nach Port de Pollença (20 Min. direkt oder 30 Min. via Cala Sant Vicenç). Bus 352 verkehrt zwischen Port de Pollença und Ca'n Picafort (2,55 €, 1 Std.). Unterwegs hält er in Alcúdia (1,50 €, 15 Min.) und Port d'Alcúdia (1,55 €, 25 Min.) Die Linie 353 fährt nach Formentor (1,50 €, 20 Min.).

CAP DE FORMENTOR

Dies ist die wohl umwerfendste Künstlerlandschaft Mallorcas mit rasierklingenscharfen Klippen wie aus einer anderen Welt und vom Wind gepeitschten Kalksteinfelsen, die ins Meer hineinragen. Aus der Ferne erinnert einen der Anblick an einen gigantischen Wellenkamm.

Hinter Port de Pollença steigt die Straße steil an und gibt auf dem Weg zum Kap die Sicht über die herrliche Bucht frei. Im Sommer bewegt sich der Verkehr im Schneckentempo, da sich hier ein Aussichtspunkt an den nächsten reiht, z. B. der **Mirador de Sa Creueta** (232 m) 3 km nordöstlich von Port de Pollença. Der Anblick der zerklüfteten Nordküste raubt einem den Atem. Im Osten schwimmt die Felseninsel **Illot del Colomer** im Meer. Vom *mirador* aus kann man eine Seitenstraße ein paar Kilometer bis zum Wachturm **Talaia d'Albercuix** (380 m) hinaufklettern, der als Frühwarnsystem gegen Piraten gebaut wurde. Tatsächlich sieht man von hier extrem weit übers Meer. Bei Sonnenuntergang scheinen die Klippen zu glühen – Fotozeit!

Die Ma 2210 führt nun 4 km abwärts durch Wälder bis zur **Platja de Formentor** (Platja del Pi), einem schönen Sandstrand, der von Kiefern auf der einen und kristallklarem Wasser auf der anderen Seite begrenzt wird. Parken kostet 10 € pro Tag. Vom Hotel Formentor geht's noch 11 km weiter zum Kap und zum **Leuchtturm** (19. Jh.). Dort kann man die Aussicht auf Cap Ferrutx im Süden genießen oder den kurzen Wanderweg (den Camí del Moll del Patronet) nach Süden zu einem weiteren Aussichtspunkt nehmen.

❶ An- & Weiterreise

Den 18 km langen Weg ab Port de Pollença (über die Ma 2210) kann man mit dem eigenen Auto, per Fahrrad oder zu Fuß zurücklegen. Alternativ pendelt der Bus 353 montags bis samstags viermal täglich zwischen Port de Pollença und der Platja de Formentor (1,50 €, 20 Min.). Außerdem gibt's zwei Sonderfahrten zwischen Port de Pollença und dem Cap de Formentor.

BADIA D'ALCÚDIA

Alcúdia

Wenige Kilometer von der Küste verströmt Alcúdia idyllischen Charme und Charakter. Beeindruckende mittelalterliche Mauern umschließen von Cafés gesäumte Plazas und ein verwirrendes Netz aus schmalen Gassen, an denen sich historische Gebäude und Steinhäuser aneinanderreihen. Am Stadtrand befinden sich die Überreste der einst wichtigsten römischen Siedlung der Insel.

◉ Sehenswürdigkeiten

Dienstags und sonntags findet rund um den Passeig de la Victòria ein Markt statt.

★**Pol·lèntia**   ARCHÄOLOGISCHE STÄTTEN
(www.pollentia.net; Avinguda dels Príncipes d'Espanya; Erw./Kind inkl. Museu Monogràfic 3/2 €; ⊙ Mai–Sept. Di–So 9.30–20.30, So 10–14 Uhr, übriges Jahr kürzere Öffnungszeiten) Gleich außerhalb der Mauern von Alcúdia stößt man auf die Ruinen der römischen Stadt Pol·lèntia. Mallorcas größte römische Siedlung und wichtigste archäologische Stätte wurde ca. 70 v. Chr. gegründet. Ihre Blütezeit erlebte sie im 1. und 2. Jh. n. Chr. Der Ort erstreckte sich über 20 ha (ein Großteil davon ist vergraben), was von seiner Bedeutung zeugt.

In der Nordwestecke liegt die Wohngegend Portella. Als interessantestes Gebäude gilt die **Casa dels Dos Tresors** (Haus der zwei Schätze), ein typisch römisches Atriumhaus aus dem 1. Jh., das bis zum 5. Jh. intakt war. Nicht weit davon stehen die Überreste des **Forums**, zu dem drei Tempel und eine Reihe *tabernae* (Läden) gehörten. Ein paar Hundert Meter weiter wartet zum Abschluss das **Teatre Romà** (römisches Theater) aus dem 1. Jh. n. Chr. Es scheint sich langsam wieder in den Fels zu verwandeln, aus dem es einst geschlagen wurde. Allein das Theater ist es wert, den Eintritt zu investieren.

★**Mittelalterliche Mauern**   MAUERN
Obwohl größtenteils rekonstruiert, sind die Stadtmauern beeindruckend. Jene an der Nordseite sind sogar fast komplett erhalten! In der Nähe der **Porta Roja** (rotes Tor) sieht man die Überreste einer Brücke aus dem 18. Jh. Von dort kann man auf den Mauern 250 m bis zur Carrer del Progres spazieren und dabei die Aussicht auf Hausdächer sowie die Berge genießen. Hinter der Brücke in Richtung Nordosten liegt die Stierkampfarena Plaça de Toros in einer befestigten Renaissance-Bastion.

NÖRDLICHES MALLORCA ALCÚDIA

ABSEITS DER ÜBLICHEN PFADE

WANDERN AM CAP DE FORMENTOR

Auf der Halbinsel führen verschiedene Pfade zu kiesigen Stränden und Buchten hinab. Der 3 km lange, leichte Wanderweg von **Port de Pollença** zur halbmondförmigen **Cala Bóquer** ist ab einem Kreisverkehr an der Hauptstraße zum Cap de Formentor ausgeschildert. Er führt durch ein Tal, an dessen Westseite sich die felsige Serra del Cavall Bernat auftürmt.

11 km hinter Port de Pollença auf der Halbinsel beginnen zwei weitere Strecken rechts und links der Straße (einen holperigen Parkplatz gibt's auch): Nach Norden geht's zur **Cala Figuera**, nach Süden zur **Cala Murta**. Der erste Weg führt eine kahle Schlucht hinunter zu einem schmalen Kiesstrand, wo das Meer in faszinierenden Farben leuchtet. Der zweite Weg verläuft vor allem durch Wälder zu einem steinigen Strand. In beiden Fällen braucht man etwa 40 Minuten bis nach unten.

Nahe der Cala Murta gelangt man über einen schattigen Weg innerhalb von 30 Minuten zur **Cala Gossalba** (falls möglich, in der Bucht kurz vor Km 15 parken und den Pfad gegenüber hinablaufen). Von hier aus geht's nach rechts über die Felsen zur nächsten Bucht. Sie ist Ausgangspunkt einer der schönsten Formentor-Wanderungen. Hinter der Bucht läuft man durch eine felsige Schlucht bergauf und folgt einem kurvenreichen alten Militärpfad auf den Gipfel des 334 m hohen **Fumat** (ca. 1½ Std. ab der Bucht). Der Panoramablick auf das Kap im Osten und die Badia de Pollença im Süden ist unbeschreiblich. Im Westen ragen die Gipfel der Tramuntana wie zackige Haifischflossen in die Höhe. Auf dem Rückweg hält man sich links; der Pfad führt zurück zur Straße und zur Parkbucht.

Weitere kleine Buchten an der Küste sind **Cala des Caló** und **Cala En Feliu**. Wer will, kann auch den Camí Vell del Far zum Kap probieren: Dabei handelt es sich um einen schlecht markierten Weg, der immer wieder die Hauptstraße kreuzt (und ihr z. T. auch folgt). In Port de Pollença trifft man auf den Weitwanderweg GR 221 entlang der Serra de Tramuntana.

Die Touristeninformationen in Pollença und Port de Pollença halten Tourenbeschreibungen mit relativ ungenauen Karten bereit, die jedoch für die genannten Wege völlig ausreichen.

Alcúdia

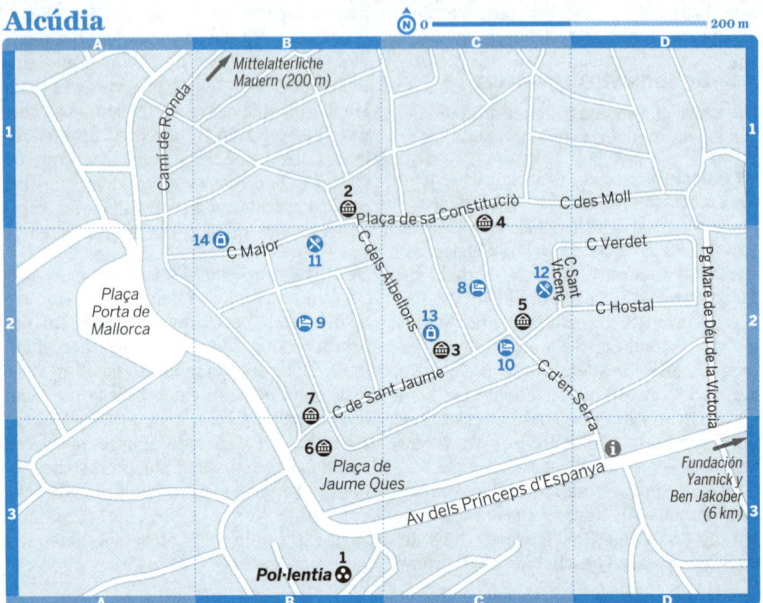

Mittelalterliche
Mauern (200 m)

Carni de Ronda

Plaça de sa Constituciò

C des Moll

14 C Major

11

Plaça
Porta de
Mallorca

C dels Albellons

2
Plaça de sa Constituciò

4

C Verdet

C Sant Vicenç

12

8

5

13

3

9

10

C Hostal

Pg Mare de Déu de la Victoria

7
C de Sant Jaume

C d'en Serra

6
Plaça de
Jaume Ques

Av dels Prínceps d'Espanya

Fundación
Yannick y
Ben Jakober
(6 km)

Pol·lentia
1

N 0 200 m

Alcúdia

Museu Monogràfic de Pol·lentia   MUSEUM
(www.pollentia.net; Carrer de Sant Jaume 30; Erw./
Kind inkl. Pol·lentia 3/2 €; ⊙ Mai–Sept. Di–Sa 9.30–
20.30, So 10–14 Uhr, übriges Jahr kürzere Öffnungszeiten) Im einzigen Ausstellungsraum des

Museums sind Statuenfragmente, Münzen,
Schmuck, Götterfiguren, Modelle der Casa
dels Dos Tresors und des Teatre Romà sowie
verschiedene Fundstücke aus den Ruinen
der römischen Stadt Pol·lèntia zu sehen. Die
Exponate sind schön präsentiert, die Be-
schriftungen jedoch nur auf Katalanisch. Es
gibt aber eine englischsprachige Infobro-
schüre.

Museu de Sant Jaume   MUSEUM
(Plaça de Jaume Ques; Erw./Kind 1 €/frei; ⊙ Mo–Sa
10–13 Uhr) Das Museum ist in der gleichnamigen Kirche untergebracht und ein toller
Ort, wenn man sich für Priesterkleidung
und anderen religiösen Kram aus vergangenen Zeiten interessiert.

✿ Feste & Events

Fira d'Alcúdia   MARKT
(⊙ 1. Wochenende im Okt.) Neben dem großen
Bauernmarkt gehören traditionelle Tanzauf-
führungen, Musik und Umzüge zum Fest-
programm.

✖ Essen

S'Arc   INTERNATIONAL €€
(☎ 971 53 91 78; www.restaurantsarc.com; Carrer
d'en Serra 22; Hauptgerichte 18–24 €; ⊙ 12–15.30
& 18.30–23.30 Uhr; 🍴) Dieser kleine Char-
meur von einem Restaurant gehört zum Pe-

tit Hotel Ca'n Simó in der Altstadt. Seine Markenzeichen sind der hübsche Innenhof und die nackten Steinwände. Auf den Tisch kommen mediterrane Gerichte mit fantasievoller Note, z. B. Schwein mit Zitronen-Couscous. Darüber hinaus gibt es Leckeres aus aller Welt, von peruanischem Ceviche bis zu thailändischem Curry.

Ca'n Pere MEDITERRAN €€
(971 54 52 43; www.hotelcanpere.com; Carrer d'en Serra 12; Hauptgerichte 8,50–22 €; 12–16 & 18–22.30 Uhr) Auch das hübsche Ca'n Pere besticht mit Steinmauern und einem Innenhof. Es gehört zum Hotel desselben Namens und hat frische mediterrane Gerichte wie schwarze, mit Garnelen und Lachs gefüllte Ravioli im Angebot. Wenn viel los ist, muss man oft lange auf einen Kellner warten.

Ca'n Costa MALLORQUINISCH €€
(971 54 53 94; Carrer Sant Vicenç 14; Hauptgerichte 12–19 €; Di–So 13–15 & 19–23 Uhr;) Dieses Haus wirkt so, als hätte sich seit seiner Erbauung 1594 kaum etwas darin verändert – die Holzbalken und Ölgemälde sind immer noch an Ort und Stelle. Bei schönem Wetter kann man die Auswahl an katalanischen und mallorquinischen Leibspeisen wie *suquet* (reichhaltiger Fischauflauf), Dorsch mit *sobrassada* und gebratenes Spanferkel im Freien genießen.

Bistro 1909 TAPAS €€
(971 53 91 92; Carrer Major 6; Hauptgerichte 11–19 €; April–Okt. So–Fr 11–23, Sa 16.30–23 Uhr) Aufgeweckte Kellner servieren in diesem niedlichen Bistro perfekt gebratene Pfeffersteaks, Paellas und Tapas (gemischte Platte für 2 Pers.: 12,50 €).

Shoppen

Art i Costura ACCESSOIRES, KLEIDUNG
(Carrer dels Albellons 5; Di–Fr 10–13 & 17–20 Uhr) Das coole kleine Atelier von Designerin Maren bringt frischen Wind ins Souvenirsegment. Eine große Auswahl an wunderschönen Taschen mit vielen edlen Extras (Blumenmuster hier, ein bisschen purpurfarbene Seide dort), Baumwolltuniken, Perlen und Gürtel machen die Entscheidung schwer.

Flor de Sal d'es Trenc ESSEN
(http://flordesaldestrenc.com; Carrer Major 30; 10–20 Uhr) Für eine Fahrt in den Süden bleibt keine Zeit? Dann kann man sich einfach hier mit dem berühmten, von Hand geernteten Es-Trenc-Salz eindecken. Es gibt

sogar verschiedene Geschmacksrichtungen wie Rose oder schwarze Olive. Dazu werden extranative Olivenöle, scharfe Biomarmeladen aus Sóller und Kräuterliköre verkauft.

Praktische Informationen

Touristeninformation (971 54 90 22; Avinguda dels Príncepss d'Espanya; Mai–Sept. Mo–Sa 9.30–17 Uhr, übriges Jahr kürzere Öffnungszeiten) Hilfsbereite Angestellte versorgen Touristen mit Karten, Broschüren und haufenweise Infos zu Alcúdia und seiner Umgebung.

An- & Weiterreise

Bus 351 von Palma nach Platja de Muro hält in Alcúdia (5,30 €, 45 Min., bis zu 16-mal tgl.). Von Mai bis Oktober verbindet Bus 352 Ca'n Picafort (1,70 €, 45 Min.) alle 15 Minuten mit Port de Pollença. Der Stadtbus 356 pendelt zwischen Alcúdia, Port d'Alcúdia und der Platja d'Alcúdia (1,50 €, 15 Min., Mai–Okt. alle 15 Min.).

Port d'Alcúdia
4850 EW.

Port d'Alcúdia im Nordosten der Bucht von Alcúdia ist ein angesagter Bade- und Urlaubsort. Das Hafenviertel sowie der Jacht- und Fischerhafen sind hübscher als vielerorts an diesem Teil der Küste. Palmen stehen an dem leicht abfallenden Strand mit dem feinen Sand, das Wasser in Ufernähe ist seicht und für Familien wird ein umfangreiches Programm geboten.

Sehenswürdigkeiten & Aktivitäten

Cova de Sant Martí HÖHLE, KAPELLE
Diese faszinierende religiöse Stätte liegt in einer 20 m tiefen Grotte und geht auf das 13. Jh. zurück. Am Weißen Sonntag (der Sonntag nach Ostern) findet eine Pilgerreise zur Höhle statt, die sich am Fuß des Puig de

ALCÚDIAS HISTORISCHE VILLEN

Alcúdias Altstadt schmücken hübsche Villen, darunter ein paar besonders schöne Exemplare:
➔ **Ca'n Canta** (Carrer Major 18)
➔ **Ca'n Domènech** (Carrer dels Albellons 7)
➔ **Ca'n Fondo** (Carrer d'en Serra 13)
➔ **Ca'n Torró** (Carrer d'En Serra 15)

KULTUR AN DER KÜSTE

6 km östlich von Alcúdia befindet sich die **Fundación Yannick y Ben Jakober** (⎙ Führungen 971 54 98 80; www.fundacionjakober.org; Camí de Coll Baix; Eintritt Di & Do frei, Führungen 9–15 €; ⊘ Di 9.30–12.30 & 14.30–17.30, Do 10–12, vorab gebuchte Touren Mi–Sa 11 & 15 Uhr) in einem Haus im spanisch-maurischen Stil, eine facettenreiche Kultureinrichtung, die sich auf Kinderporträts aus dem 16. bis 19. Jh. spezialisiert hat. Darüber hinaus sind Werke zeitgenössischer Künstler und ein Skulpturengarten des britischen Künstlerpaars Ben Jakober und Yannick Vu zu sehen sowie der Espacio SoKraTES, der Meistern wie dem mallorquinischen Maler Miquel Barceló vorbehalten ist. Ein echter Hingucker ist der Swarovski-Vorhang aus 10 000 Steinen.

Der Frühling ist eine gute Zeit für einen Besuch. Dann steht der Rosengarten in voller Blüte. Schilder weisen den Weg zur Fundación und nach Bonaire. An der Bodega del Sol geht's rechts ab und auf einer Straße weiter, die in eine Piste voller Schlaglöcher mündet. Die Galerie befindet sich rechter Hand.

Sant Martí befindet (hinter dem Hotel Belle-Vue Club). In der Touristeninformation von Port d'Alcúdia nach dem Weg fragen.

Transportes
Marítimos Brisa
BOOTSFAHRTEN

(⎙ 971 54 58 11; www.tmbrisa.com; Passeig Marítim; Erw. 18–55 €, Kind 9–27,50 €; ⊘ Mai–Sept.) Transportes Marítimos Brisa bietet Katamaranfahrten (Erw./Kind 56/28 €, 5 Std.) sowie Ausflüge zur Platja de Formentor (24/12 €, 4 Std.) und Cala Figuera (29/14,50 €, 3½ Std.).

Alcudiamar Sports & Nature
WASSERSPORT

(⎙ 678 022866; www.sportsandnaturealcudiamar.com; Port Turístic i Esportiu; ⛵) Der Wassersportexperte für alle Arten von PADI-Kursen (Schnuppertauchen, Advanced Open Water Diver und alles dazwischen). Außerdem werden Kajaks vermietet und Kajakfahrten organisiert, man kann Segeln und Windsurfen lernen oder Bootsfahrten zu Meereshöhlen unternehmen.

Tandem Mallorca
PARAGLIDEN

(⎙ 616 173402; www.mallorcaparapente.es; Tandemflüge 85 €; ⊘ Mai–Sept.) Ab in den Himmel – Tandem Mallorca bietet Tandemflüge für Anfänger an. Meist hebt man auf dem 230 m hohen Puig de Sant Martí ab. Kostenloser Abholservice in Alcúdia und Umgebung.

Wind & Friends
WASSERSPORT

(⎙ 971 54 98 35, 661 745414; www.windfriends.com; Carrer de Neptú; ⊘ April–Okt.) Das Unternehmen neben dem Hotel Sunwing am Wasser ist die richtige Adresse in Sachen Segeln, Windsurfen und Kitesurfen. Ein fünftägiger Windsurfkurs für Anfänger kostet 210 €. Leihausrüstung (Boote, Kajaks, Stehpaddelbretter) ist ebenfalls erhältlich.

Hidropark
FREIZEITPARK

(⎙ 971 89 16 72; www.hidroparkalcudia.com; Avinguda del Tucá; Erw./Kind 3–11 J./Kind unter 3 J. 20/14,50/frei; ⊘ Mai–Juni & Sept.–Okt. 10–17, Juli & Aug. 10–18 Uhr) Ein Wasserpark mit Rutschen, einem Wellenbad und Kleinkinderbereich etwa 600 m in Richtung Landesinneres.

✦ Feste & Events

Festival de Sant Pere
STADTFEST

(⊘ 29. Juni) Das Festival de Sant Pere ist dem Schutzpatron des Hafens gewidmet. In der Woche davor gibt's Konzerte, Shows für Kinder und alle möglichen Aktivitäten. Am großen Tag selbst steht bei einem Umzug an Land und auf dem Wasser die Statue des Heiligen ganz im Mittelpunkt.

✗ Essen

Kulinarisch gesehen ist in Port d'Alcúdia eher Quantität als Qualität die Regel, ein paar Restaurants wissen dennoch beides miteinander zu kombinieren.

Willy's Hamburger
SNACKS €

(Carrer Joglars; Snacks & leichte Mahlzeiten 4–8 €; ⊘ 8–2.30 Uhr; ⛵) Die Einheimischen lieben diese *snackeria* an der Platja de Muro, denn das hausgemachte Fast Food ist immer frisch. Im Sommer geht's hier zu wie in einem Taubenschlag, dennoch hat Juan immer ein Lächeln für seine Gäste übrig. Die Burger sind lecker, genauso wie das *pepito de lomo* (Schweinelende im Brötchen mit Aioli).

Como en Casa
SPANISCH €€

(⎙ 971 54 90 33; www.restaurantcomoencasa.com; Carrer dels Pins 4; Hauptgerichte 8–18 €; ⊘ Di–So

18–0 Uhr) Das Como en Casa liegt etwas versteckt in einer Seitenstraße, nicht weit vom Jachthafen entfernt. Trotzdem brummt der Laden und man fühlt sich immer gleich willkommen. Am besten schnappt man sich einen Tisch auf der Terrasse und genießt dort die überaus leckere Küche, die auf lokalen Zutaten und selbst angebautem Gemüse basiert. Uns haben vor allem Gaumenkitzler wie sautierter Thunfisch auf Kiwi-Mango-Salat oder der Krabbenspieß mit einem Salat aus Ananas, Limette und Koriander geschmeckt.

Miramar   FISCH & MEERESFRÜCHTE **€€**
(☑ 971 54 52 93; Passeig Marítim 2; Hauptgerichte 13–32,50 €; ⊙ März–Dez. 13–15.30 & 19–23 Uhr; 🖰) In diesem traditionsreichen Restaurant am Wasser (seit 1871) sitzt man auf der weitläufigen Terrasse und wählt aus dem großen Angebot an Paella und *fideuá* (Paella-Variante mit Nudeln). Die Standardfischgerichte (Seezunge, Seebrassen etc.) sind gut gemacht, der Preis und die Größe der Meeresfrüchteplatte von wirklich epischem Ausmaß (66,50 € pro Pers.).

Restaurante Jardín   MEDITERRANE FUSIONSKÜCHE **€€€**
(☑ 971 89 23 91; www.restaurantejardin.com; Carrer dels Tritons; Probiermenüs 85 €; ⊙ Mi–So 13.30–15 & 19.30–22 Uhr; 🖰) Wenn man die 08/15-Fassade des Restaurante Jardin so sieht, kann man sich nicht vorstellen, wie schick seine Innenarchitektur ist. In dem mit einem Michelin-Stern gekrönten Restaurant vollführt Chefköchin Macarena de Castro wahre kulinarische Kunststücke. Dabei lässt sie sich von den Jahreszeiten inspirieren. Das elfgängige Probiermenü besteht aus neu interpretierten mediterranen Delikatessen, etwa Carpaccio von Roten Garnelen. Alle Gerichte sehen einfach zum Anbeißen aus.

❶ Praktische Informationen

Touristeninformation (☑ 971 54 72 57; www.alcudiamallorca.com; Passeig Marítim; ⊙ März–Okt. Mo–Sa 9.30–20.30 Uhr) Hinter dem Jachthafen.

❶ An- & Weiterreise

BUS
Busse fahren nach Alcúdia (1,50 €, 15 Min.) und Port de Pollença (1,50 €, 25 Min.).

SCHIFF/FÄHRE
Die Boote nach Ciutadella auf der Insel Menorca legen im Fährhafen ab.

Cap des Pinar

Von Alcúdia und Port d'Alcúdia aus gesehen ragt das unfassbar schöne Cap des Pinar nach Osten ins tiefblaue Meer und säumt gemeinsam mit dem Cap de Formentor weiter nördlich die Badia de Pollença. Am östlichen Ende wachsen Aleppo-Kiefern; hier steigt das Kap zu einer Serie schroffer Klippen an, und man kann ein paar der spektakulärsten Wanderwege der gesamten Insel ablaufen. Leider ist die Landspitze militärische Sperrzone, aber auch der Rest der Halbinsel lohnt einen Besuch.

Zum Cap des Pinar geht's von Alcúdia durch die Wohngegenden Mal Pas und Bonaire auf einer landschaftlich reizvollen Strecke Richtung Nordosten. Nach 1,5 km auf einer kurvigen Küstenstraße kommt man östlich von Bonaire zum Strand und Bar-Restaurant von S'Illot. Etwas weiter tauchen die Abzweigungen nach La Victòria und zur Ermita de la Victòria auf (S. 177).

Von der Ermita de la Victòria sind es 40 Gehminuten bergauf zum ausgeschilderten Wachturm **Sa Talaia** aus dem 16. Jh. mit Blick nach Norden, Osten und Süden. Zurück auf der Hauptstraße wandert man 1,5 km nach Osten ab der Gabelung, wo die Straße gesperrt ist. Der Weg ist jeden Meter wert, denn ständig locken tolle Aussichten.

Ein anderer weiter Spaziergang führt zur **Platja des Coll Baix** – wow, was für eine Bucht! Klares Wasser und ein Halbmond aus bleichen Kieseln unterhalb steiler, bewaldeter Felsen … das lässt jedes Herz höher schlagen. Einziger Nachteil ist (je nach Sichtweise zumindest), dass er nur zu Fuß oder mit dem Boot erreicht werden kann. Besonders schön und friedlich ist es hier am frühen Morgen oder Abend. Von Alcúdia sind es 8 km bis zu einem Platz im Wald, wo man parken kann. Ein Weg führt zur Fundación Yannick y Ben Jakober und danach noch 2 km weiter. Wer will, kann an dieser Stelle zum Wachturm Sa Talaia hinaufklettern. Nach dem Abstecher folgt man den Schildern nach Coll Baix, ein leichter halbstündiger Abstieg zu den Felsen südlich vom Strand.

Die Kiefern hinter der hübschen **Platja S'Illot**, ein Geheimtipp der Einheimischen, bilden eine Art Vorhang, hinter dem sich herrlich klares Wasser und ein Inselchen verbergen – ein toller Ort zum Schnorcheln. Handtuch mitbringen, denn es gibt keine Sonnenliegen. Oder man genießt den unver-

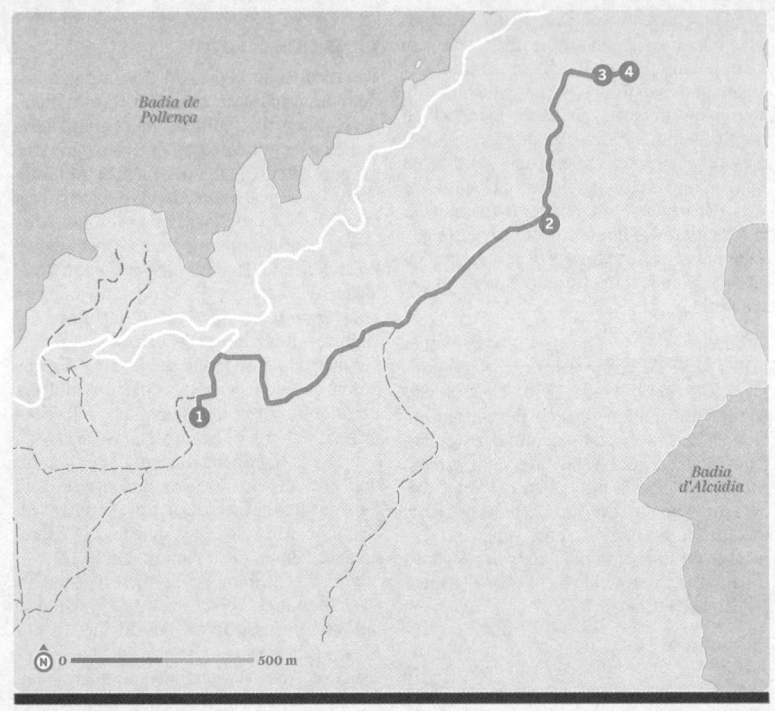

🏃 Wanderung „Drei Küstengipfel"

START/ENDE ERMITA DE LA VICTÒRIA
LÄNGE/DAUER 6 KM; 2½–3 STD.

Diese mittelschwere Küstenwanderung verläuft über schwindelerregend hohe Kämme und Felsen zu drei Gipfeln, die wie Adlerhorste oberhalb der Halbinsel Cap des Pinar thronen. Unterwegs begegnet man vielleicht auch ein paar Wildziegen (*Capra ageagrus hircus*). Am besten meidet man die Mittagshitze und nimmt reichlich Wasser und eine Karte mit.

Von der ① **Ermita de la Victòria** führt ein Weg bergauf durch einen schattigen Kiefernwald mit traumhaftem Meerblick. Nach 15 Minuten hält man sich links (den Schildern zur Penya Rotja und Penya des Migdia folgen). Der schmale Pfad windet sich an Bäumen vorbei und wird dann etwas abschüssig. Die sensationelle Sicht auf die Badia de Pollença und Formentor im Westen verdient eine Pause. Über einem ragen steile Felsen auf, unterhalb glitzert das Meer. Wenn man die Überhänge passiert hat, geht's an der Gabelung nach rechts den Hügel hinauf. In 1½ Stunden ist

man am ② **Puig des Romaní** (387 m). Dort lockt wieder ein sensationelles Panorama.

Vom Gipfel geht's zurück zum Hauptpfad, der entlang eines Grats um einen Felsen herum bergab führt. Linker Hand stürzen sich die Klippen halsbrecherisch in die Tiefe, dann bohrt sich ein Tunnel durch das Gestein. Man gelangt zu alten Befestigungsanlagen mit Geschützstellungen, der Weg passiert die messerscharfe Felswand. An den steilsten Stellen hilft ein Seil. Nach 1½ Stunden ist man an der Kanone der ③ **Penya Rotja** (354 m). Dort genießt man einen Rundumblick auf die Nordküste, vom Cap des Pinar bis zur Badia d'Alcúdia, von Pollença bis Formentor.

Wer noch nicht genug vom Kraxeln hat, kann sich zur Kanone auf dem ④ **Canó des Moró** (355 m) aufmachen, den man wahrscheinlich mit Ausnahme einiger Ziegen und des wilden Rosmarins ganz für sich allein hat. Der Blick auf die Halbinsel und das kobaltblaue Wasser an der Platja des Coll Baix weit unterhalb ist grandios. Anschließend läuft man zurück zur Ermita de la Victòria.

gleichlichen Blick bis zum Cap de Formentor vom Standcafé aus. Man sollte sich allerdings nicht der Illusion hingeben, dass man das alles an einem prächtigen Sommertag für sich allein haben wird.

Hungrig? Stufen führen durch einen Pinienwald an der Ermita de la Victòria vorbei zum **Mirador de La Victòria** (📞 971 54 71 73; Carretera Cap des Pinar; Hauptgerichte 7,50–25 €; ⊙ Mai–Sept. 13–15.45 & 19–23 Uhr, übriges Jahr kürzere Öffnungszeiten; 🚻), einem traumhaft rustikalen Restaurant, in dem man bodenständige Küche bei herrlicher Aussicht über die Baumwipfel hinweg zum Cap de Formentor aufgetischt bekommt: *caracoles* (Schnecken) und *lomo con col* (in Kohl gewickelte Schweinelende), aber auch gegrillten Fisch und Reisgerichte – der ganze Stolz der Betreiber – sowie eine verboten gute *alioli* (Knoblauchmayonnaise).

SÜDLICH VON ALCÚDIA

Parc Natural de S'Albufera

Der 688 ha große **Parc Natural de S'Albufera** (📞 971 892 250; www.mallorcaweb. net/salbufera; ⊙ Besucherzentrum April–Sept. 9–18, Okt.–März 9–17 Uhr) `GRATIS` westlich der Ma 12 zwischen Port d'Alcúdia und Ca'n Picafort ist ein Paradies für Vogelbeobachter. Hier leben 303 verschiedene Arten (über 80 % der auf den Balearen heimischen Spezies), von denen 64 innerhalb des Parks brüten. Über 10 000 Vögel, sowohl Zugvögel als auch Dauergäste, überwintern in der Gegend. Der Eintritt ist frei, allerdings muss man sich beim **Besucherzentrum** 1 km vom Eingang entfernt eine Genehmigung besorgen.

Im Herzen des Parks wurde der sogenannte Gran Canal angelegt, über den das Wasser ins Meer fließen sollte. Darüber spannte man im späten 19. Jh. die **Pont de Sa Roca** mit ihren fünf Bogen, um den Weg von Santa Margalida nach Alcúdia abzukürzen. Der Park gehört zu den nach der Ramsar-Konvention geschützten Feuchtgebieten internationaler Bedeutung. Neben zahlreichen Vögeln entdeckt man hier rund 400 Pflanzenarten.

Im Besucherzentrum erhält man Informationen über das Gelände und die dort beheimatete Vogelwelt. Außerdem starten dort Wanderwege (mit einer Gesamtlänge

von 14 km) durch das Schutzgebiet. Die vier markierten **Routen** sind zwischen 725 m (30 Min.) und 11,5 km (3½ Std.) lang, zwei davon können mit dem Rad befahren werden. Unter den sechs *aguaits* (Unterstände aus Holz zur Vogelbeobachtung – hier ist absolute Ruhe angesagt) gibt's bessere und schlechtere. Wattvögel beobachtet man am besten von den *aguaits* Bishop I und II auf der Nordseite des Gran Canal. Darüber hinaus verteilen sich im Park noch sechs weitere Aussichtsplattformen.

Busse, die zwischen Ca'n Picafort und Alcúdia verkehren, halten an einem kleinen Parkplatz nahe dem Parkeingang.

Platja de Muro

Ca. 5 km südlich von Port d'Alcúdia (an der Busstrecke nach Ca'n Picafort) liegt die Platja de Muro, die es oft unter die Top-Strände Mallorcas schafft. Aussagen wie „besser als in der Karibik" machen uns zwar skeptisch, aber die Platja de Muro ist ohne Zweifel eine wahre Schönheit. Der blasse, weiche Sand verläuft sich in den Kiefern und den Dünen des Parc Natural de S'Albufera und das Wasser ist wunderbar seicht und azurblau.

Ca'n Picafort & Umgebung

Ca'n Picafort und der südliche Vorort **Son Bauló** sind eine Satellitenstadt für Pauschaltouristen, die leicht heruntergekommen wirkt, aber die Strände sind gut und es gibt faszinierende archäologische Stätten in der Nähe. Der Hauptort liegt an der **Platja de Santa Margalida,** einem überfüllten Sandstreifen mit türkisfarbenem Wasser.

Wer es gern etwas urtümlicher mag, ist an der **Platja de Son Real** südwestlich der Stadt gut aufgehoben. Der fast 5 km lange Küstenstreifen mit sandigen Lücken zwischen den Felsen wird nur von niedrigen Dünen, Gebüsch und Aleppo-Kiefern gesäumt.

⊙ Sehenswürdigkeiten & Aktivitäten

⭐**Finca Pública de Son Real**   GUTSHOF
(Erw./Kind unter 12 J. 3 €/frei; ⊙ 10–17 Uhr) Ein Großteil des Areals zwischen Küste und der Ma 12 wird von diesem Gutshof eingenommen. Ihr Haupteingang liegt etwas südlich von Km 18 auf der Ma 12. Die ehemaligen

BETLEM

Das verschlafene **Betlem** liegt an der Küstenstraße Ma 3331, 3 km nordöstlich von Colònia de Sant Pere. Viel ist hier nicht los, was als guter Grund für einen Besuch genommen werden kann. Auf einem 3 km langen, holprigen Weg geht's unter Aleppo-Kiefern die Küste entlang bis zu einer winzigen, geschützten Bucht namens **Es Caló**. Dort ankern ab und zu Segelboote und ein paar Leute sonnen sich am steinigen Strand oder schwimmen im türkisfarbenen Wasser. Im Hintergrund ragen steil dramatische Kalksteinhügel auf, auf denen z. T. nicht mal Gras richtig wächst. Die erdige Küstenlinie ist recht fragil und bricht leicht ab und die gekrümmten Bäume zeigen deutlich, wo der Wind bläst. **Cap Ferrutx**, das Kap nördlich von Es Caló, ist schwieriger zu erreichen, weil kein Weg dorthin führt. Im nahe gelegenen Parc Natural de la Península de Llevant (S. 153) erstrecken sich verschiedene Wanderwege.

Wer mag, kann auch dem alten Pilgerpfad zur **Ermita de Betlem** entlang dem Weg nach S' Alqueria Vella folgen. Der 6 km lange Rundweg führt an der verlassenen Finca (Landgut) Cases de Betlem vorbei und durch ein urtümliches, herrlich abgeschiedenes Tal zur Einsiedelei hinauf. Von dort aus sind es nur wenige Minuten bis zum 322 m hoch gelegenen Aussichtspunkt **Sa Coassa**. Hier oben liegen einem die gesamte Badia d'Alcúdia und das Cap Ferrutx dahinter zu Füßen.

landwirtschaftlichen Gebäude beherbergen ein Informationsbüro für Besucher, die auf den Küstenpfaden des Anwesens wandern wollen. Darüber hinaus gibt's ein Museum über traditionelles Landleben auf Mallorca.

Es Figueral de Son Real ARCHÄOLOGISCHE STÄTTE
Von der Finca Pública de Son Real führt ein Pfad durch eine größtenteils aufgegebene Feigenplantage zu den überwachsenen Talayot-Ruinen von Es Figueral de Son Real. Diese Siedlung datiert mindestens ins Jahr 1000 v. Chr. und besteht aus mehreren Gebäuden, die allerdings kaum mehr als solche erkennbar sind.

Necròpolis de Son Real ARCHÄOLOGISCHE STÄTTE
Die eindrucksvolle Nekropole am Meer zehn Gehminuten südöstlich von der Platja de Son Bauló war wohl ein Friedhof der Talayot-Kultur mit 110 Gräbern (in denen die Überreste von mehr als 300 Menschen gefunden wurden). Die Gräber sind wie Mini-*talayots* (alte Wachtürme) gebaut und datieren zurück ins 7. Jh. v. Chr. Man nimmt an, dass hier ganz normale Leute bestattet wurden.

Illot dels Porros ARCHÄOLOGISCHE STÄTTE
Gleich nördlich der Necròpolis de Son Real findet man auf der Illot dels Porros die Überreste einer weiteren alten Nekropole. Wer sie sehen will, muss allerdings ganz gut schwimmen können.

Experience Mallorca ABENTEUERSPORT
(☎ 687 358922; www.experience-mallorca.com; Avinguda Josep Trias 1, Vent-i-Mar Apts; Aktivitäten

55–75 €; ☺ März–Nov.) Wer etwas mehr Action braucht, kann bei diesem Spezialisten für Abenteuersportarten vorbeischauen, der von Canyoning und Coasteering über Küsten- und Höhlenwanderungen bis hin zu Abseiling, Trekking und Klettern für jeden Abenteulustigen etwas im Programm hat.

❶ Praktische Informationen

Touristeninformation (☎ 971 85 07 58; Plaça Cervantes; ☺ Ostern–Okt. Mo–Fr 8.30–13.30 & 17–19.30) Sehr nützliche Anlaufstelle in unmittelbarer Strandnähe.

❶ An- & Weiterreise

Bus 390 fährt von Palma nach Ca'n Picafort (6,50 €, 1 Std. 40 Min., 4–7-mal tgl.). Bus 352 ist die Hauptverbindung zwischen Ca'n Picafort und Port de Pollença (4 €, 1¼ Std.) via Port d'Alcúdia (2 €, 45 Min.).

Son Serra de Marina

Son Serra de Marina erstreckt sich von Son Bauló aus 5 km entlang der Küste nach Osten und lockt mit einer entspannten, unprätentiösen Atmosphäre. Im Südosten beginnt die **Platja de Sa Canova**, 2 km unberührter Strand, der von Dünen und Kiefern geschützt wird – davon fühlt sich der eine oder andere FKKler angezogen! Die steife Brise und die Wellen treffen wiederum ganz den Geschmack der Kite- und Windsurfer. Ein paar der Palma–Ca'n Picafort-Busse fahren weiter bis Son Serra de Marina.

Colònia de Sant Pere

Das friedliche ehemalige Bauerndorf ist nach dem hl. Petrus benannt und bietet einen echten Kontrast zu den Touristenorten im Westen. Seine Bebauung hat sich längst über den zentralen Platz und die Kirche hinaus ausgedehnt. Hier herrscht eine Stimmung, als würde die kleine Bewohnerschaft permanent Urlaub machen.

Im Ortskern am schattigen Passeig del Mar planschen ein paar Leute an der sandigen, geschützten **Platja de la Colònia de Sant Pere** im Wasser. Ganz in der Nähe liegen die kleine Marina und der Fischerhafen. 2,5 km

westlich ist die **Platja de Sa Canova**, ein schöner Sandstreifen vor den Dünen. Von S'Estanyol nach Sa Canova kommt man nur zu Fuß!

Sa Xarxa (☑ 971 58 92 51; www.sa-xarxa.com; Passeig del Mar; Hauptgerichte 12–20 €; ☺ März–Okt. Di–So 12–23 Uhr) liegt gleich am Wasser und bietet eine Wahnsinnsaussicht, vor allem bei Sonnenuntergang. Ein paar Tische stehen im Schatten der Tamarinden. Spezialität des Hauses sind Meeresfrüchte, an erster Stelle der Tagesfang, serviert in einer schlichten Salzkruste. Alle Gerichte, wie Seeteufel-Carpaccio mit Limettenjoghurt, haben das gewisse Etwas.

Das Inland

Lecker essen

➡ Celler Es Grop (S. 142)

➡ Joan Marc Restaurant
(S.139)

➡ Es Celler (S. 144)

➡ Celler Ca'n Amer (S. 139)

➡ Celler Ca'n Carrossa
(S.140)

Schön übernachten

➡ Read's Hotel (S.186)

➡ Es Castell (S.186)

➡ Sa Torre (S.186)

➡ Agrotourisme Monnàber
Vell (S.186)

➡ Possessió Binicomprat
(S.187)

Auf ins Inland

Das Inland ist eine Gegend voll stillem Charme und ein echter Gegensatz zu den berühmteren Küstenattraktionen Sonne, Mittelmeer und Meeresfrüchte. Obwohl die Strände selten mehr als eine Stunde entfernt sind, scheint das Landesinnere mit seinen Weingütern, Bergklöstern und Flächen voller Oliven-, Mandel- und Johannisbrotbäumen doch eine komplett andere Welt zu sein. In den Dörfern schlägt das bukolische Herz der Insel. Wie Löwen verteidigen die Menschen ihre Traditionen gegen das moderne Leben und feiern besonders temperamentvolle *festas* (Feste). Ein paar Orte sind immer noch für spezielle Handwerke wie Töpfern, Schustern und Glasbläserei bekannt.

Mallorca-Reisende sollten die Küste wenigstens für einen Tag verlassen, um eine Weinprobe zu machen, Wanderungen zu unternehmen oder versteckte Fincas zu entdecken und um herrlich untätige Momente am Pool oder verträumte Nächte unterm Sternenzelt zu verbringen. Die lokale Küche ist erdig und ehrlich, insbesondere in den Kellergewölben von Inca, wo Freunde und Familien im Schatten der Holzfässer beisammensitzen, Wein trinken und Spanferkel essen.

Reisezeit

Im Inland ist man das ganze Jahr über auf Gäste eingestellt, denn die Bewohner von Palma lieben nichts so sehr, wie im tiefsten Winter – egal wie warm er auch sein mag – aus ihrer Stadt zu fliehen und sich für eine leckere Mahlzeit oder eine ruhige Nacht in ein ländliches Refugium zurückzuziehen. Zudem zählen die Feste vom S'Encuentro in Montuïri am Ostersonntag bis zu den 700 Jahre alten Viehmärkten in Sineu im Mai und der jährlichen Weinlese in Binissalem im September zu den traditionellsten der Insel.

IM ZENTRUM

Viele Traveller eilen auf schnellstem Weg auf der Autobahn Ma 13 durch das geografische Herz der Insel, obwohl die ältere Strecke, die Ma 13a, durch einige interessante Gegenden führt. Die größten Attraktionen sind elegante ländliche Refugien und einige der besten Weingüter Mallorcas, wobei auch charmante Dörfer wie Binibona an den Ausläufern der Serra Tramuntana und Sineu weiter im Süden gute Argumente liefern, um sich auf der Reise zur Küste Zeit zu lassen.

Santa Maria del Camí & Umgebung

Santa Maria del Camí ist ein Tor zum Weingebiet der Insel. **Bodegas Macià Batle** (☎ 971 14 00 14; www.maciabatle.com; Camí de Coanegra; ⊙ Mo–Fr 9.30–18.30, Sa 9–13 Uhr), eines der Top-Weingüter, befindet sich dort, gleich außerhalb des Zentrums von Santa Maria. Hier sind Besichtigungen und kostenlose Weinproben möglich, außerdem können Besucher die Weinetiketten bewundern, die alle von namhaften zeitgenössischen Künstlern entworfen wurden.

Das Dorf selbst hat wenig Interessantes zu bieten, wartet aber mit ein paar hübschen Plätzen auf. Von Palma kommend verbreitert sich die Ma 13a und wird in der Stadt zur von Bars gesäumten **Plaça dels Hostals**. Das alte Zentrum von Santa Maria del Camí ist die **Plaça de la Vila**, ein friedlicher mittelalterlicher Platz mit der Casa de la Vila (Rathaus) aus dem 17. Jh.

Das Schmuckstück an der Plaça dels Hostals ist der **Convent de Nostra Senyora de la Soledat** (Plaça dels Hostals 30) aus dem 17. Jh., auch bekannt als Can Conrado. Falls die Tür offen steht, kann man einen Blick in den großartigen Vorhof werfen. Um die Ecke ist vom Carrer Llarg aus der hintere Garten zu sehen.

Bei den fast dreiwöchigen **Festes de Santa Margalida** (⊙ Juli) stehen Konzerte, traditioneller Tanz und gemeinschaftliche Mahlzeiten auf dem Programm. Der wichtigste Tag ist der 20. Juli.

Das **Moli des Torrent** (☎ 971 14 05 03; www.molidestorrent.de; Carretera de Bunyola 75; Hauptgerichte 20–26 €; ⊙ Fr–Di 13–15 & 19.30–22.30 Uhr) ist eines der stimmungsvollsten Restaurants in der Gegend. Man erreicht es über die Landstraße nach Bunyola Richtung Norden aus der Stadt. Wenn man eine Windmühle aus Stein erblickt, ist man da. Unter der Gewölbedecke drinnen oder im hübschen Hof wird solide Hausmannskost aus hauptsächlich saisonalen Zutaten (von mallorquinischen *gambas* (Garnelen) bis hin zu perfekt gebratenen Steaks) serviert. Unbedingt reservieren.

❶ An- & Weiterreise

Santa Maria liegt etwa auf halbem Weg an der Bahnlinie Palma–Inca. Der Preis für die Fahrt in eine der beiden Städte (18–23 Min.) beträgt jeweils 2,10 €.

Binissalem

7800 EW. / 131 M

Vor 2000 Jahren begannen die alten Römer damit, Wein in Binissalem anzubauen. Seither hat man in der aufgeräumten, kleinen Stadt am Fuße der Tramuntana wenig anderes gemacht. Aus den vollmundigen, purpurfarbenen Manto-Negro-Trauben werden die besten „DO"-Weine (Denominación de Origen) gekeltert. Abgesehen von Weinstöcken bedecken Mandelbäume die weitläufige Landschaft, deren blasse Blüten im Februar blühen.

Wie viele Städte im Inland hat Binissalem seinen arabischen Namen behalten.

◉ Sehenswertes

José Luis Ferrer   WEINGUT
(☎ 971 51 10 50; www.vinosferrer.com; Carrer del Conquistador 103; Führungen 6 €; ⊙ Führungen Mo–Fr 11 & 16.30 & Sa 11 Uhr, Laden Mo–Fr 9–19, Sa 10–18, So 10–14 Uhr) Am westlichen Stadtrand liegt eines der größten und renommiertesten Weingüter der Insel. Es wurde 1931 gegründet. Wer wissen möchte, wie der Wein gemacht wird, sollte an einer der 45-minütigen Führungen teilnehmen (inkl. Verkostung von drei Weinen) – anrufen und buchen.

Celler Tianna Negre   WEINGUT
(☎ 971 88 68 26; www.tiannanegre.com; Camí des Mitjans; Führungen 10 €; ⊙ Führungen Mo–Fr 10–14 Uhr, Laden Mo–Fr 9–18.30, Sa 10–13 Uhr) ⚐ Das Ziel dieses 20 ha großen Weinguts mit den eindrucksvollen, von Architekten entworfenen Gebäuden (z. B. einem tollen Korkzaun) ist die nachhaltige Produktion. Hier werden mehrere Rot-, Weiß- und Roséweine hergestellt, und bei den Führungen dürfen drei Weine und Brot mit mallorquinischem Olivenöl verkostet werden.

Highlights

1 Auf Weingütern wie den **Bodegas Castell Miquel** (S. 140) das Glas erheben.

2 Dem Charme des bescheidenen aus Steinen erbauten **Petra** (S. 144) erliegen.

3 Sich im hübschen Bergdorf **Sineu** (S. 141) ins Marktgetümmel stürzen.

4 Bei einer Übernachtung in **Binibona** (S. 141) vollkommene Stille genießen.

5 An einer „Traubenschlacht" teilnehmen und die feuerspuckenden Teufel bei den **Festes de la Verema** (S. 138) in Binissalem bestaunen.

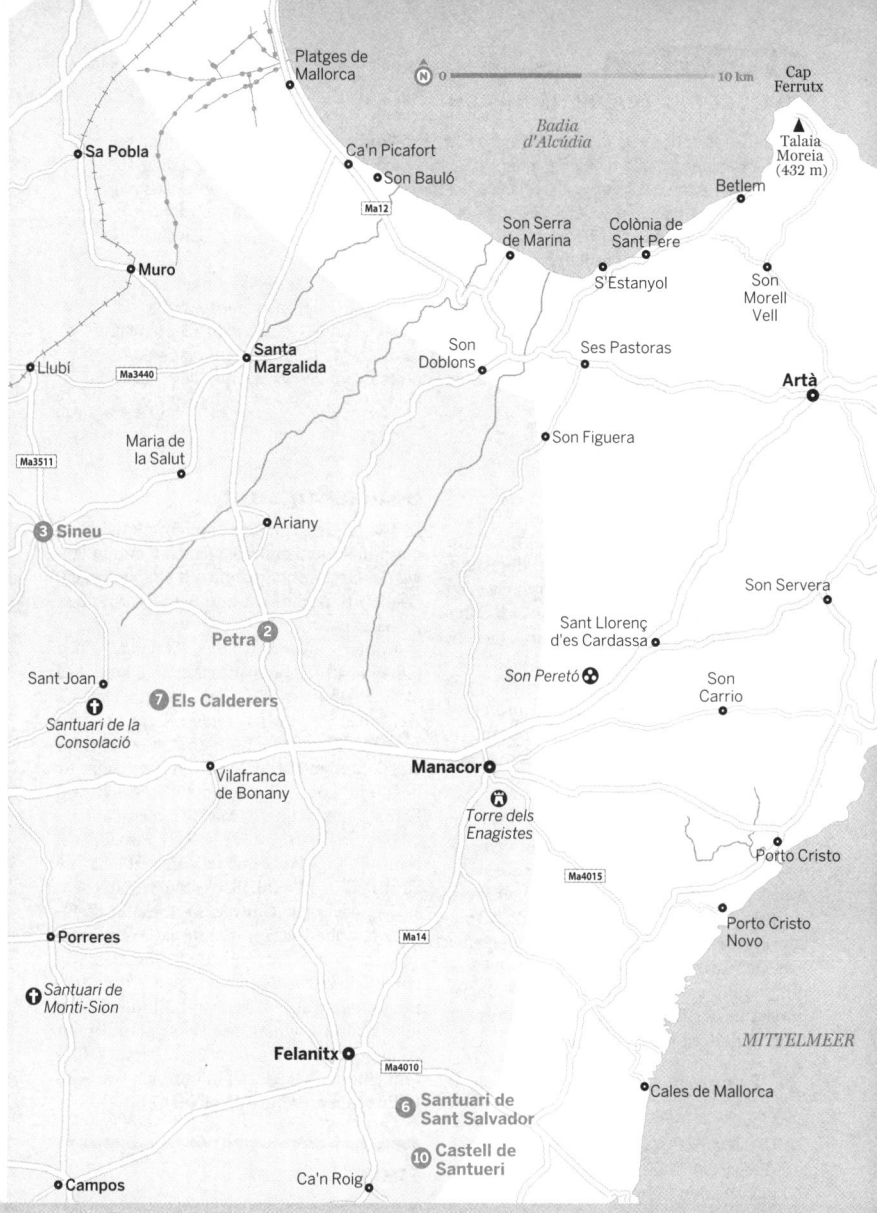

Platges de Mallorca

Ca'n Picafort
● Son Bauló

Ma12

Son Serra
de Marina

Colònia de
Sant Pere

S'Estanyol

Sa Pobla

Muro

● **Santa Margalida**

Son
Doblons ●

Son Morell
Vell

Ses Pastoras

Artà

● Llubí Ma3440

Maria de
la Salut ●

● Son Figuera

③ **Sineu**

● Ariany

Ma3511

Petra ②

Son Servera

Sant Llorenç
d'es Cardassa ●

Son Peretó ✪

Son
Carrio

Sant Joan ●
✿
*Santuari de la
Consolació*

⑦ **Els Calderers**

Vilafranca
de Bonany ●

Manacor ●

✿
*Torre dels
Enagistes*

Porreres ●

Ma14

Ma4015

Porto Cristo

Porto Cristo
Novo

✿
*Santuari de
Monti-Sion*

Felanitx ●

Ma4010

MITTELMEER

● Cales de Mallorca

⑥ **Santuari de
Sant Salvador**

⑩ **Castell de
Santueri**

Campos ●

Ca'n Roig ●

*Badia
d'Alcúdia*

Cap
Ferrutx

▲
Talaia
Moreia
(432 m)

Betlem

⑥ Die himmlische Aussicht am **Santuari de Sant Salvador** (S. 147) in sich aufnehmen.

⑦ Das Museum in **Els Calderers** (S. 145) besuchen für einen Eindruck von der einstigen Macht des Landadels.

⑧ In **Inca** (S. 138) nach Lederwaren stöbern und danach in einem traditionellen *celler* einkehren.

⑨ Die unterirdischen Gefilde in den glitzernden Höhlen der **Coves de Campanet** (S. 141) erkunden.

⑩ Zum **Castell de Santueri** (S. 147) hinaufsteigen und über den Flickenteppich aus Feldern bis zum Meer blicken.

DIE GROSSE TRAUBENSCHLACHT

Ende September wird in Binissalem die Weinernte mit fröhlichem Traubenstampfen und einer riesigen Traubenschlacht gefeiert – eine unglaubliche Ferkelei! Jedes Jahr laden LKW anlässlich der **Festes de la Verema** tonnenweise Trauben auf einem Feld ab – sehr zur Freude von mehr als 1000 Einheimischen und Besuchern, die sich sogleich daran machen, sich mit Trauben zu bewerfen oder in ihnen zu wälzen ... man sollte nur zusehen, dass der saure Saft nicht in die Augen kommt.

Die Stadt teilt sich in zwei Gruppen: Eine zerstampft die Trauben, die andere macht sich bei den *batalles* (Schlachten) schmutzig. Die *festa* dauert eine ganze Woche, während der Weinproben, Konzerte, Lesungen und Ausstellungen stattfinden. Ein Highlight – neben der Traubenschlacht – ist der nächtliche *correfoc* (Feuerlauf) mit feuerspuckenden Teufeln und Feuerwerk. Das Programm kann man unter www.ajbinissalem.net nachlesen, wenn das Fest näherrückt.

Casa-Museu Llorenç Villalonga   MUSEUM
(www.fundaciocasamuseu.cat; Carrer de Bonaire 25; ⊙ Mo–Fr 10–14, Di auch 16–20, Sa 17–20 Uhr) GRATIS Von der Mitte des 18. bis ins frühe 19. Jh. schlug sich der Reichtum der Weinstadt im Bau mehrerer bemerkenswerter Villen nieder. Prima erhalten ist Can Sabater, Landsitz des Schriftstellers Llorenç Villalonga, der heute das Casa-Museu Llorenç Villalonga beherbergt. Innen kann man Weinfässer aus dem 18. Jh. und einen Raum zum Traubentreten bewundern. Im Sommer werden im Garten Konzerte veranstaltet.

Ca'n Novell   WEINGUT
(☑ 971 51 13 10; www.vinscannovell.es; Carrer de Bonaire 17; ⊙ Mo–Fr 8–13 & 15–20, Sa 8.30–14 Uhr) Auf diesem wunderbar altmodischen Weingut füllen sich Einheimische den edlen Traubensaft direkt aus dem Fass in ihre eigenen Flaschen ab. Die riesigen Olivenholzfässer mit den Eichenfassreifen aus dem 18. Jh. gehörten in der Gegend zur Standardausstattung in Kellern und Landhäusern.

✕ Essen

Singló   SPANISCH, INTERNATIONAL €€
(☑ 971 87 05 99; Plaça de l'Església 5; Hauptgerichte 8–15 €; ⊙ Do–Di 13–16 & 20–23 Uhr) Das Singló hat zwar den Charme einer Cafeteria, serviert aber Leckereien wie *porcella rostida* (gegrilltes Spanferkel) oder *bacallà a la mallorquina* (Stockfisch mit Tomaten und Kartoffeln) und wartet mit einer umfangreichen Weinkarte auf.

❶ An- & Weiterreise

Binissalem liegt an der Bahnstrecke Palma–Inca (2,10 €, 20–30 Min.).

Santa Eugènia

Zwischen den ruhigen Landstraßen südlich von Binissalem erstreckt sich auf einem Hügel der Ort Santa Eugènia mit ein paar malerischen Windmühlen und wunderhübschen Aussichten.

Kinder werden vom **Natura Parc** (☑ 971 14 40 78; www.naturaparc.net; Carretera de Sineu Km 15,4; Erw./Kind 3–12 J./Kind unter 3 J. 11/7 €/frei; ⊙ 10–18 Uhr), einem Natur-Freizeitpark mit Tieren von Kängurus bis zu herumstolzierenden Flamingos, begeistert sein. Er liegt ein paar Kilometer südwestlich von Santa Eugènia an der Ma 3011 nach Palma.

Das **Sa Torre** (☑ 971 14 40 11; www.sa-torre. com; 4-gängige Probiermenüs 40 €; ⊙ Di–Sa 20–22.30 Uhr), ein Weinkellerrestaurant aus dem 15. Jh., ist einen Umweg wert. Seine Steinsäulen, hohe Decken und riesige Weinfässer verleihen ihm Persönlichkeit und das wöchentlich wechselnde 4-gängige Probiermenü ist ein wahres Fest, mit simplen, aber köstlichen Gerichten wie Dorsch-Gratin mit Aioli oder mit Pflaumen und Spinat gefülltem Huhn. Es liegt 2,5 km nördlich von Santa Eugènia (der Ma 3020 folgen).

Inca

30 070 EW. / 130 M

Für einen Besuch in Inca gibt's zwei Hauptgründe: Erstens befinden sich in der Stadt einige der besten traditionellen *celler*-Restaurants der Insel, zweitens ist sie das Zentrum der mallorquinischen Lederindustrie. Von hier aus starteten die spanischen Schuhmacher Camper und Farrutx ihre Erfolgsgeschichte. Ansonsten ist der Ort nicht besonders reizvoll.

◉ Sehenswertes

Die ersten Eindrücke von der Stadt sind Hitze und dichter Verkehr, außerdem breitet sich die Neustadt ohne jeden Charme aus. Dennoch lohnt sich ein Spaziergang entlang dem Carrer Major zur Plaça de Santa Maria Major mit der gleichnamigen Kirche und belebten Cafés.

★ Ermita de Santa Magdalena   KLAUSE, AUSSICHTSPUNKT

(☉ Mai–Okt. Kirche 11.30–19 Uhr, übriges Jahr kürzere Öffnungszeiten) GRATIS Lust auf eine sensationelle Aussicht? Dann empfiehlt sich die Wanderung zu dieser Einsiedelei aus dem 13. Jh., die auf dem **Puig de Santa Magdalena** (307 m) thront. An der kleinen Kapelle kann man den Blick weit über die Ebenen bis zur Serra de Tramuntana und zu den Buchten von Alcúdia und Pollença schweifen lassen. Dies ist ein idealer Ausgangspunkt für weitere Wanderungen – vorausgesetzt, man hat die richtigen Schuhe an.

2 km östlich von Inca zweigt der Weg zur Ermita de Santa Magdalena ab. Erst geht es 2,5 km nach Süden, dann auf den Puig de Santa Magdalena hinauf.

Claustre de Sant Domingo   KLOSTER

(Plaça de Sant Domingo; ☉ Mo–Fr 10–13.30 & 17–20, Sa 10–13.30 Uhr) GRATIS Das Claustre de Sant Domingo ist das letzte auf Mallorca gegründete Dominikanerkloster. Heute dient es als Kulturzentrum. Ein besonderer Hingucker ist der barocke Kreuzgang.

Església de Santa Maria Major   KIRCHE

(Plaça de Santa Maria Major) GRATIS Die Barockkirche prangt stolz an der Plaça de Santa Maria Major. Der größte Schatz ist das gotische Altarbild von Santa Maria d'Inca (anno 1373).

✺ Feste & Events

Dijous Bo   STADTFEST

(Heiliger Donnerstag; ☉ 3. Do im Nov.) Incas größtes Fest lockt mit Prozessionen, Nutztierwettbewerben sowie Sportereignissen und Konzerten.

✕ Essen

Die Kellerrestaurants *(cellers)* in ein paar alten Häusern im Ortskern sind ganz typisch für die Stadt. In allen gibt's deftige mallorquinische Kost und Weine aus der Gegend. Letztere lagerten früher in monströsen Fässern aus dem 18. Jh., die immer noch vor den Kellerwänden stehen.

★ Celler Ca'n Amer   SPANISCH, MALLORQUINISCH €

(📱 971 50 12 61; www.celler-canamer.com; Carrer de la Pau 139; Hauptgerichte 9–18 €; ☉ Mo–Sa 13–16 & 19.30–23, So 13–16 Uhr) Dieser gut besuchte *celler* schwört auf traditionelle mallorquinische Küche. Spezialität des Hauses ist Lammschulter mit einer Füllung aus Aubergine und *sobrassada* (Schweinswurst mit Paprikageschmack), aber das Spanferkel mit leckerer Kruste ist mindestens genauso empfehlenswert. Das Ambiente mit Holzbalken und großen Weinfässern ist wunderbar rustikal.

Joan Marc Restaurant   MEDITERRAN €€

(📱 971 50 08 04; www.joanmarcrestaurant.com; Plaça del Blanquer 10; Hauptgerichte 15–20 €; ☉ Di–Sa 13–15.30 & 20–22.30, So 13–15.30 Uhr) Das Gegenstück zu den dunklen, traditionellen *cellers* ist dieses helle, schön aufgemachte Restaurant. Natürliche Designelemente wie Baumstammgarderoben und Treibholz nehmen dem minimalistischen Dekor die Kälte. Chefkoch Joan Marc legt Wert auf sonnigwarme Zutaten und Kräuter für seine Gerichte aus regionalen Produkten. Mediterrane Spezialitäten wie Schnecken werden mit Tomaten-Salsa und Knoblauchbrot „aufgemotzt", der Tintenfisch wird mit gebratener Aubergine und Paprika serviert.

Celler Ca'n Ripoll   MALLORQUINISCH €€

(📱 971 50 76 39; www.cellercanripoll.com; Carrer de Jaume Armengol 4; Hauptgerichte 9,50–20 €; 3-gängige Menüs 17,50 €; ☉ Mo–Sa 12–16 & 19.30–23.30, So 12–16 Uhr) Der Kellerraum aus dem 18. Jh. lässt mit seiner hohen Balkendecke, die von mehreren Steinbogen getragen wird, an eine imposante Kathedrale denken. Auf der Karte findet man herzhafte Leckereien wie Spanferkel oder Dorsch mit *sobrassada*. Die Angestellten sorgen dafür, dass man ein Plätzchen findet, um sein Rad abzustellen.

Celler Sa Travessa   MALLORQUINISCH €€

(📱 971 50 00 49; Carrer de Murta 16; Hauptgerichte 9,50–19,50 €; ☉ Sa–Do 13–16.30 & 19–23.30 Uhr) Sa Travessa hat viel Atmosphäre und altmodischen Charme. Auf der Karte stehen Leibspeisen wie Kaninchen mit Zwiebeln oder *llengua amb tàperes* (Zunge mit Kapern) .

🛍 Shoppen

Mercat d'Inca   MARKT

(☉ Do 8–13.30 Uhr) Der Donnerstagsmarkt ist einer der größten der Insel und erstreckt sich über einen Großteil des Stadtzentrums. An Hunderten von Ständen wird alles von Honig, Kräutern und Keramikwaren über

Blumen und Stoffe bis hin zu Obst und Gemüse feilgeboten. Lederverarbeitung ist ein wichtiges lokales Handwerk und man kann Jacken, Taschen und Schuhe kaufen.

ReCamper SCHUHE
(www.camper.com; Polígon Industrial; ⊙ Mo–Sa 10–20 Uhr) Perfekt für Schnäppchenjäger ist das Fabrik-Outlet von Camper's. Hier bekommt man Auslaufmodelle etc. besonders günstig.

Lottusse Outlet SCHUHE
(www.lottusse.com; Avinguda de Jaume II; ⊙ Mo–Fr 10–20, Sa 10–14 Uhr) Hochwertige Schuhe und Accessoires.

Munper MODE
(www.munper.com; Avinguda de Jaume II; ⊙ Mo–Fr 9–18.30, Sa 9–14 Uhr) Lederartikel aller Art von verschiedenen Marken.

Ballco SCHUHE
(www.ballco.com; Carrer de Vicente Enseñat 87; ⊙ Mo–Fr 10–13.30 & 15.30–19.30, Sa 10–13.30 Uhr) Bewährter Schuhhersteller.

Barrats SCHUHE
(✆ 971 50 08 03; www.barrats1890.com; Avinguda del General Luque 480; ⊙ Mo–Fr 10–20, Sa 10–14 Uhr) Klassische Outfits für Männer, kräftigere Farben für Frauen.

❶ An- & Weiterreise

Wer nicht mit dem eigenen Auto über die Ma 13 von Palma kommt, kann auch per Zug anreisen, der regelmäßig verkehrt (2,10 €, 40 Min.).

Rund um Inca

In den Vorbergen der Serra de Tramuntana verstecken sich ein paar Ortschaften, die sich für eine nette Tour anbieten.

Lloseta & Umgebung

Lloseta ist ein niedliches Städtchen in warmen Ockertönen, das sich perfekt in die Landschaft zwischen den Vorbergen der Tramuntana und den offenen Ebenen des Landesinneren einfügt. Hier befindet sich eines der besten Weingüter der Insel. Am schönsten ist Lloseta von Ende Januar bis Anfang März, wenn die Mandelbäume von rosaweißen Blüten bedeckt sind. Anfang Juni veranstalten die Schuhmacher aus der Umgebung eine **Messe** auf der Plaça d'Espanya.

Im **Celler Ca'n Carrossa** (✆ 971 51 40 23; Carrer Nou 28; 5-gängige Probiermenüs 25 €; ⊙ Di–So 13–15.30 & 19–23 Uhr) sitzen die Gäste entweder zwischen unverputzten Steinwänden oder im Garten des umgebauten Hauses aus dem 18. Jh. Woraus das 5-gängige Probiermenü besteht, hängt ganz von der Laune des Chefkochs, Joan Abrines, ab, es schmeckt aber immer großartig. Obwohl sich das Lokal im Landesinneren befindet, haben die Fischgerichte einen besonders guten Ruf.

Ca. 1.5 km westlich von Lloseta an der Straße nach Alaró liegt das preisgekrönte Weingut **Bodegas Castell Miquel** (✆ 971 51 06 98; www.castellmiquel.com; Carretera Alaró–Llo-

---

WEINE AUS DEM INLAND

Bereits zu Zeiten der alten Römer wurde auf Mallorca Wein gekeltert. Im Landesinneren befinden sich zwei anerkannte Weinregionen, die den hohen Standards des Gütesiegels DO (Denominación de Origen) genügen.

Die kleinere der beiden, Binissalem, ist nicht viel größer als der gleichnamige Ort. Die Region Pla i Llevant DO, die fast die gesamte östliche Hälfte der Insel umfasst, wirkt da wesentlich beeindruckender. Etwa die Hälfte der in diesen DO-Regionen produzierten Rotweine stammen von der Rebsorte Manto Negro. Zwei Drittel der Weißweine werden aus Trauben der regionalen Sorte Moll gewonnen.

Wer Lust auf eine Weinprobe hat, könnte mal ,bei den folgenden Weingütern vorbeischauen:

➜ Bodegas Castell Miquel (S. 140)
➜ Bodegas Crestatx (S. 142)
➜ Bodegas Miquel Oliver (S. 144)
➜ Celler Tianna Negre (S. 135)
➜ Mesquida Mora (S. 144)
➜ José Luis Ferrer (S. 135)
➜ Toni Gelabert (S. 145)

seta Km 8,7; Weinprobe 5 €, 2-stündige Führung & Verkostung 15 €; ☺ April–Okt. Mo–Fr 12–19 Uhr, übriges Jahr kürzere Öffnungszeiten). Es erinnert ein wenig an ein kleines weißes Schloss. Der deutsche Besitzer, ein Doktor der Pharmazie namens Dr. Michael Popp, hat neben Weinen wie dem Rosé „Stairway to Heaven" und dem *cava* (Sekt) „Pearls of an Angel" auch eine Rotweinpille, Resveroxan, entwickelt, die angeblich eine lebensverlängernde Wirkung hat. Führungen und Weinproben vorher reservieren.

Das nördlich von Lloseta gelegene Örtchen **Caimari** (☎ 971 873 577; www.aceites-olicaimari.com; Carretera Inca–Lluc Km 6; ☺ Mo–Sa 9–20, So 10–14 Uhr) ist für sein Olivenöl bekannt. Am besten besucht man die Fabrik und den zugehörigen Laden im November oder Dezember, wenn das Öl gepresst wird.

Binibona

Eine schmale Straße führt aus Caimari raus Richtung Nordosten nach Binibona. Das faszinierende Dorf am Fuße der Serra Tramuntana und ist nur über ruhige Nebenstraßen zu erreichen. Schafe und Kuhglocken geben hier den Ton an, außerdem erfreut sich der Ort großer Beliebtheit bei Travellern, die eine stilvolle Unterkunft suchen.

Campanet

Campanet ist ein charmantes Dorf in einer wunderschönen Gegend, die nur wenige Besucher verzeichnet. Inmitten von Obsthainen und Schafweiden kann man dem Touristenrummel für eine Weile entfliehen. Der Ort liegt auf einer Anhöhe und eine gotische Kirche dominiert den zentralen Platz, die Plaça Major (in den umliegenden Cafés ist mehr los als in der Messe!).

Die **Coves de Campanet** (www.covesdecampanet.com; Camí de ses Coves; Erw./Kind 5–10 J./Kind unter 5 J. 13,50/7 €/frei; ☺ April–Sept. 10–19 Uhr, übriges Jahr kürzere Öffnungszeiten) sind ein unheimlicher Wald aus wachsartigen Stalaktiten und Stalagmiten 3 km nördlich der Stadt, zwar nicht ganz so protzig wie andere Höhlensysteme auf der Insel, aber dafür umso authentischer. Alle 45 Minuten finden Führungen statt, ein Besuch dauert knapp eine Stunde. Wissenschaftler kommen gern, da in den Höhlen ein blinder Käfer lebt, der sich von Fleisch ernährt (lecker).

3 km südwestlich der Stadt (der PMV 2131 folgen) stößt man auf das **Ca'n Calco** (☎ 971 51 52 60; www.cancalco.com; Carrer Campanet 1, Hotel Ca'n Calco; Menüs 28–32 €; ☺ Feb.–Anfang Nov. 19–22.30 Uhr). Dort wird in intimer Atmosphäre gegessen: auf einer Terrasse am Pool, im flackernden Schein von Teelichtern. Der kulinarische Schwerpunkt liegt auf fangfrischen Meeresfrüchten (die Betreiber haben ein eigenes Boot in der Badia d'Alcúdia). Für 28 € ist das 5-gängige Probiermenü ein echtes Schnäppchen.

Sineu

3760 EW. / 151 M

Nach 7 km südöstlich von Inca auf der Ma 3240 entdeckt man auf einer Anhöhe in der Ferne das gelbbraune Sineu, zweifellos einer der hübschesten Orte im Inselinneren. Darüber hinaus ist er auch einer der ältesten, da er einer Legende zufolge auf die römische Siedlung Sinium zurückgeht. Stichhaltiger sind jedoch die Verbindungen zur maurischen Siedlung Sixneu.

◉ Sehenswertes

Die hiesigen Märkte sind auf der ganzen Insel berühmt und finden auf der Plaça des Fossar weiter unten am südöstlichen Ortsrand statt. Der Wochenmarkt am Mittwoch nimmt auch die Sa Plaça oben in der Altstadt in Beschlag.

Convent dels Mínims   EHEM. KLOSTER
(Rathaus; Carrer de Sant Francesc) **GRATIS** In dem barocken Kloster aus dem 17. Jh. ist das Rathaus untergebracht. Besucher können jederzeit hineingehen und den etwas heruntergekommenen Kreuzgang bewundern. Eine Querstraße weiter westlich stößt man auf ein schönes Renaissance-Wegkreuz, das **Creu dels Morts** (Kreuz der Toten) von 1585.

Convent de la Concepció   KLOSTER
(Carrer del Palau 17) Das Kloster aus dem 17. Jh. entstand durch den Umbau eines früheren muslimischen *al-qasr* (Burg). Von der Sa Plaça sind es zwei Gehminuten Richtung Südwesten dorthin. Beim Betreten sieht man rechts einen *torno*, eine kleine Drehtür, die als Verkaufsschalter dient. Hier bekommt man Gebäck, das von den Nonnen hergestellt wird. Innerhalb der Anlage errichtete König Jaume II. seine Inlandsresidenz und machte Sineu damit faktisch zur wichtigsten Stadt des ländlichen Mallorcas.

Sa Plaça   PLATZ
Im Herzen Sineus erstreckt sich der belebte Platz Sa Plaça mit mehreren Bars und der

ABSTECHER

KARNEVAL IN LLUBÍ

Ein Ausflug nach Llubí lohnt sich vor allem während der **Festa del Siurell** (⊙ Feb. oder März) am Karnevalssamstag. Zu diesem Anlass verkleiden sich die Einheimischen als *siurells*, typisch mallorquinische Tonpfeifenfiguren. Am Abend verbrennen sie eine riesige *siurell*-Puppe auf der Plaça de l'Església. Dort steht auch die etwas zu groß geratene Església de Sant Feliu.

Llubí liegt an der Ma 3440, ziemlich genau zwischen Inca und Sineu.

bröckligen spätgotischen Sandsteinfassade der Església de Santa Maria (16. Jh.).

Plaça des Fossar   PLATZ

Auf der Plaça des Fossar sieht man eine **Statue** zum Gedenken an Francisco Alomar, einen in Sineu geborenen Profi-Radfahrer, der 1955 starb.

 Feste & Events

Die Osterprozessionen in Sineu gehören zu den größten der Insel.

SaFira   VIEHMARKT

(Plaça des Fossar; ⊙ 1. So im Mai) Dieser wichtige landwirtschaftliche Markt findet seit 1318 jedes Jahr am ersten Maisonntag statt.

Fira de Sant Tomás   STADTFEST

(⊙ 2. So im Dez.) Im Dezember steht die jährliche *matanza* (Schweineschlachten) auf dem Programm. Nichts für Zartbesaitete.

✗ Essen

Sa Fàbrica   MALLORQUINISCH €

(☎ 971 52 06 21; Carrer Estació 1; Hauptgerichte 8–15 €; ⊙ Juni–Okt. Mi & Fr 12–16, tgl. 19–23.30 Uhr, übriges Jahr kürzere Öffnungszeiten) Meeresfrüchte und Steaks frisch vom Grill locken sicher die meisten Gäste in dieses gesellige, in einer ehemaligen Teppichfabrik untergebrachte Restaurant, die Reisgerichte sind aber genauso großartig. Besitzer Pep sorgt dafür, dass alles reibungslos läuft. Für die Sommermonate gibt's eine nette Terrasse.

Celler Es Grop   MALLORQUINISCH €

(☎ 971 52 01 87; Carrer Major 18; Hauptgerichte 8–19 €; ⊙ Di–So 9.30–16 & 19–23 Uhr) Bei der Treppe, die in diesen fröhlichen weiß getünchten Keller mit riesigen alten Weinfäs-

sern führt, ist Vorsicht angesagt. Wir empfehlen das gebratene Frühlingslamm und die unterschiedlichen Reisgerichte. Das Restaurant liegt 100 m nördlich der Sa Plaça.

ℹ An- & Weiterreise

Sineu liegt auf der Zugstrecke Palma–Manacor (ab Palma 2,90 €, 50 Min.). Der Bahnhof ist ca. 100 m von der Plaça des Fossar entfernt.

Sa Pobla & Muro

Sa Pobla, ein ländliches Zentrum mit gitternetzartigen Straßen, erstreckt sich im landwirtschaftlichen Herzen der Insel am Ende der Bahnstrecke von Palma. Zwischen Muro im Süden und Sa Pobla liegen 5 km Kartoffeläcker. Muros ganzer Stolz ist seine Sandsteinkirche, die **Església de Sant Joan Baptista**. Das wuchtige gotische Bauwerk erinnert an die Hauptkirche von Sineu.

In Sa Pobla findet ein lebhafter Sonntagsmarkt statt. Außerdem lohnt sich ein Besuch der **Bodegas Crestatx** (☎ 971 54 07 41; Carrer de Joan Sindic; ⊙ 9–13 Uhr), eines der ältesten Weingüter auf der Insel.

Im **Can Planes** (www.ajsapobla.net; Carrer d'Antoni Maura 6; Erw./Kind 2 €/frei; ⊙ Di–Fr 10–13 & 16–20, Sa & So 10–14 Uhr) GRATIS ist das **Museu d'Art Contemporani** mit wechselnden Ausstellungen einheimischer und ausländischer Künstler, die auf Mallorca leben, untergebracht. Das **Museu de Sa Jugueta Antiga** im Obergeschoss beherbergt eine nette Sammlung alter Spielzeuge, auch einige zum Thema Stierkampf.

Das jährliche **Mallorca Jazz Festival** (http://jazz.sapobla.cat; ⊙ Aug.) bringt Jazzmusik nach Sa Pobla, die **Festes de Sant Antoni Abat** (⊙ 16. & 17. Jan.) bieten einen „Rundumschlag": Umzüge, Feuerwerk, traditionelle Musik, Tanz und die Segnung von Nutztieren. Besonders viel los ist am Abend des 16. Januar.

ℹ An- & Weiterreise

Von Palma über Inca nach Sa Pobla braucht der Zug etwa eine Stunde (3,95 €, 1 Std.). Der Bahnhof, an dem auch die Busse halten, liegt 1 km südöstlich der zentralen Plaça de la Constitució. Muro befindet sich an der gleichen Strecke.

DER SÜDOSTEN

Kleine Dörfer charakterisieren diese Region Mallorcas. Die meisten sind nicht allzu spannend, allerdings liegen sie in der Nähe zahlreicher Weingüter und verfügen teilweise über einstige Klöster, die auf nahen Hügeln thronen. Neben Wein werden in ihnen auch andere regionale Produkte verkauft, z. B. Holzarbeiten und Glas. Die beiden wichtigsten Orte, Manacor und Felanitx, sind auf Reisen zur Orientierung nützlich, haben ansonsten aber an Sehenswürdigkeiten nur sehr wenig zu bieten.

Algaida

5370 EW. / 201 M

Algaida wurde rund um die gotische **Església de Sant Pere i Sant Pau** errichtet. Zu den Festes de Sant Honorat (16. Januar) und der Festa de Sant Jaume (25. Juli) verwandelt sich das ruhige Dorf in einen trubeligen Ort. Dann tanzen *cossiers* vor einem dankbaren einheimischen Publikum. Woher die Tänze stammen, ist nicht ganz klar. Auf jeden Fall zeigen sechs Männer und eine Frau gemeinsam mit einem Teufel diverse Darbietungen, bei denen am Ende stets der Teufel den Kürzeren zieht.

Die Hauptattraktion von Algaida liegt 2,5 km westlich (der Ma 15 folgen). Das **Museu de Gordiola** (www.gordiola.com; Carretera Palma–Manacor Km 19; ◷ Mo–Sa 9–19, So 9.30–13.30 Uhr) GRATIS ist in einem pseudogotischen Palast untergebracht. Unten im Manufakturbereich können Besucher den Arbeitern von 9 bis 13.30 Uhr bei der Glasherstellung und beim Schwitzen zusehen. Das Museum oben zeigt eine kuriose Sammlung mit Glasgegenständen aus aller Welt. Im Laden gibt's jede Menge Kitsch, aber auch einige zauberhafte Stücke.

Am nördlichen Stadtrand von Algaida steht ein Stück rustikales Mallorca, die **Ca'l Dimoni** (☏ 971 66 50 35; www.restaurantecaldimoni.com; Carretera Vella de Manacor Km 21; Hauptgerichte 9–15 €; ◷ Do–Di 8–23 Uhr). Unter Holzbalken und herabhängenden Würsten garen die Köche fleischlastige Gerichte über dem offenen Feuer. *Frit Mallorquí* (gebratene Lamminnereien), *caracoles* (Schnecken), *arròs brut* (schmutziger Reis) & Co. sorgen für ein wohliges Gefühl und die wuchtigen Tische sind stets gut besetzt.

❶ An- & Weiterreise

Einige Busse, die von Palma an die Ostküste fahren, halten hier (2,35 €, 20–25 Min.). Am häufigsten verkehrt die Linie 490 zwischen Palma und Felanitx (5–9-mal tgl.).

Montuïri & Umgebung

Montuïri, das auf einem schmalen Bergrücken 8 km nordöstlich von Randa an der Ma 5017 liegt, ist für seine Aprikosen bekannt. Frühmorgens erglüht der Ort übrigens in genau diesem Orangeton. Die **Església de Sant Bartomeu** aus Sandstein beherrscht die Plaça Major an der Carrer Major mit ein paar Villen und einer Bar.

Einige Kilometer weiter südlich erstreckt sich **Porreres**, ein typisch mallorquinischer Ort im Inselinneren. Weizen, Feigen, Johannisbrotbäume und Wein sorgten dafür, dass es immer ein recht wohlhabendes landwirtschaftliches Zentrum war. Hauptgrund für einen Besuch sind die örtlichen Weingüter.

◉ Sehenswertes

Museu Arqueològic de Son Fornés

ARCHÄOLOGIEMUSEUM

(☏ 971 64 41 69; www.sonfornes.mallorca.museum; Carrer d'Emili Pou; Erw./Kind 3,50 €/frei; ◷ März–Okt. Mo–Fr 10–14 & 16–19 Uhr, übriges Jahr kürzere Öffnungszeiten) Das Museum befindet sich an der östlichen Ausfahrt nach Lloret de Vistalegre (an der Ma 3220) in einer alten Mühle, vor der Kakteen wachsen. Es widmet sich der Geschichte des *talayot* (Wehrturm) von Son Fornés, der von ca. 900 v.Chr. bis ins 4. Jh. bewohnt war. Wer den Turm besichti-

ABSTECHER

SANTUARI DE NOSTRA SENYORA DE CURA

Den 548 m hohen Puig de Randa krönt dieses anmutige **Kloster** (Puig de Randa; ◷ tgl.), das, wie so viele Klöster, zu Verteidigungszwecken erbaut wurde. Ramon Llull lebte hier als Einsiedler und betete in einer Höhle (nicht öffentlich zugänglich). Im 16. Jh. richtete die Estudi General (Universität) von Palma im Kloster die Collegi de Gramàtica ein, wo Studenten jahrhundertelang lateinische Grammatik, Rhetorik und andere klassische Fächer paukten.

Auf dem Klostergelände befindet sich ein nettes Bar-Restaurant. Das Santuari ist manchmal auch als „Santuari de Cura" oder einfach „Cura" ausgeschildert und liegt 5 km hinter dem kleinen Örtchen Randa (südwestlich von Algaida).

gen möchte, fährt von Montuïri auf der Ma 3200 2,5 km nach Nordwesten Richtung Pina. Das Gebäude steht rechts (östlich) von der Straße.

Wer sich telefonisch anmeldet, kann an einer ungefähr dreistündigen Führung teilnehmen. Sie umfasst das Museum, den *talayot* und die Mühle. Der Preis variiert je nach Gruppengröße.

Mesquida Mora   WEINGUT
(☑ 687 971457; www.en.mesquidamora.com; Pas des Frare, Porreres; ⊙ Mo–Fr 9–17 Uhr) 🍷 Jaume Mesquida ist ein Newcomer in der mallorquinischen Winzerszene. Er produziert mehrere Weiß-, Rot- und Roséweine und hat sich der nachhaltigen Herstellung verschrieben. Neben Weinproben werden hier auch Radtouren und abendliche Mahlzeiten angeboten, bei denen der Wein im Mittelpunkt steht.

Sa Font   ARCHÄOLOGISCHE STÄTTE
GRATIS **Sa Font** ist eines der wenigen Zeugnisse der einstigen arabischen Präsenz auf der Insel. Von wann der ausgeklügelte *qanawat* (ein Brunnen plus Wasserleitung) stammt, ist nicht bekannt. 1229 erbten ihn jedenfalls die Christen von ihren maurischen Vorgängern. Er liegt 5,5 km nordwestlich von Montuïri in Pina, nur 50 m südlich der Església de Sants Cosme i Damià an der Straße nach Lloret de Vistalegre.

🎉 Feste & Events

Festa de Sant Bartomeu   STADTFEST
(⊙ 24. Aug.) Das Hauptereignis dieses Festes zu Ehren des Schutzheiligen von Montuïri sind die traditionellen Tänze der *cossiers* (am Abend des 23. und am 24. August).

S'Encuentro   RELIGIÖSES FEST
(⊙ März oder April) Bei diesem Osterumzug begegnen sich eine Figur der Jungfrau Maria und eine Figur des auferstandenen Jesus Christus. Maria macht beim Anblick ihres Sohnes ein paar Freudensprünge.

Petra

2910 EW. / 120 M

Petras Reize zeigen sich nicht auf den ersten Blick, doch wer etwas länger bleibt, entdeckt schnell den Charme der engen, langen Gassen und der Steinhäuser. Dank der Weinkellerei, ein paar fantastischen Restaurants und des interessanten Museums bleiben viele Besucher länger, als sie es vorhatten.

👁 Sehenswertes

Seine historische Bedeutung verdankt Petra Juníper Serra, der hier 1713 auf die Welt kam. Der berühmteste Sohn des Städtchens war Franziskanermönch und sollte später einer der Gründerväter Kaliforniens werden. Ob er das schon ahnte, als er in dem ländlichen Zentrum groß wurde? Die Straße zum Museum, das Serras Leben gewidmet ist, gilt als eine der hübschesten Mallorcas.

Ermita de la Mare de Déu de Bonany   KLOSTER
4 km südwestlich von Petra thront diese Einsiedelei auf einem bewaldeten Hügel. Hier predigte Juníper Serra zum letzten Mal, bevor er sich Richtung Neue Welt aufmachte. Die Kirche ist zu Fuß oder mit dem Auto zu erreichen. Sie stammt z. T. aus dem 18. Jh., wurde aber 1925 generalüberholt. Der Blick über die Ebene ist einfach herrlich.

Museu Fra Juníper Serra   MUSEUM
(Carrer des Barracar Alt 6; ⊙ nach Vereinbarung) GRATIS In dem Museum werden Erinnerungsstücke aus Juníper Serras Leben als Missionar präsentiert. Nebenan, in der Hausnummer 4, befindet sich sein Geburtshaus. Wer bei der Nummer 2 klingelt, hat vielleicht Glück und darf in das Haus und das Museum (klappt nicht immer). Überall im Ort sind im Boden Fliesen eingelassen, die an Serras bewegtes Leben erinnern.

Bodegas Miquel Oliver   WEINGUT
(☑ 971 56 11 17; www.miqueloliver.com; Carrer de Sa Font 26; ⊙ Mo–Fr 10–14 & 15.30–18.30 Uhr) Dies ist einer der renommiertesten Weinproduzenten Mallorcas. Seit 1912 wird hier Wein gekeltert. Eine ordentliche Flasche bekommt man schon für 5 €.

🍴 Essen

Es Celler   MALLORQUINISCH €
(☑ 971 56 10 56; www.esceller.es; Carrer de l'Hospital 46; Hauptgerichte 8–14,50 €; ⊙ 12–23 Uhr) Von der Straße geht's die Treppe runter in dieses wunderbare höhlenartige Kellerrestaurant mit hohen Decken und alten Weinfässern. Zu den Spezialitäten gehören gegrilltes Fleisch, Lammbraten und Spanferkel, aber auch mallorquinische Klassiker wie *arròs brut* (schmutziger Reis).

Ca n'Oms   SPANISCH, MALLORQUINISCH €
(☑ 971 56 19 20; www.canoms.com; Carrer de Caparrot de Ca N'Oms 7; Hauptgerichte 7–14 €; ⊙ 9–16 & 19–23, im Winter kürzere Öffnungszeiten; 🛋)

ELS CALDERERS

An einer hübschen Landstraße stößt man zwischen Montuïri und Manacor auf dieses gedrungene, 1750 errichtete Herrenhaus, das heute ein historisches Museum beherbergt. Das Grundstück von **Els Calderers** (www.elscalderers.com; Erw./Kind 8/4 €; ⊙ April–Sept. 10–18 Uhr, übriges Jahr kürzere Öffnungszeiten) wird bereits seit 1285 bewohnt. Das Gebäude hat zwar nicht die Grandesse und dekadente Eleganz anderer mallorquinischer Anwesen, ist aber dennoch einen Abstecher wert.

Im Erdgeschoss des Haupthauses gruppieren sich um einen grünen Hof die Hauptsalons und Gästezimmer sowie die Familienkapelle und der Weinkeller, die beide zu einer empfehlenswerten Finca gehörten. Wer will, kann ein bisschen hauseigenen Rotwein kosten. Im Museum ist ein Brief von 1895 ausgestellt, der den Wein von Els Calderers als *muy flojito* (sehr durchschnittlich) beschreibt – daran hat sich nicht viel geändert.

Das Anwesen liegt 11 km östlich von Montuïri. Folgt man der Ma 15 Richtung Manacor, muss man 300 m hinter der Abzweigung nach Sant Joan links abbiegen und sich nach den Schildern richten.

In dem reizenden Restaurant mit schattigem Garten werden tolle Variationen von *pa amb oli* (mit Olivenöl abgeriebenes Brot, oft mit Tomatenstücken belegt) geboten, darunter eine mit Tintenfisch. Darüber hinaus ist das Ca n'Oms mit seinem Designertouch und gelegentlicher abendlicher Livemusik auch ein toller Ort zum Relaxen.

ⓘ An- & Weiterreise

Petra liegt an der Bahnlinie Palma–Manacor, eine Station (9 Min.) vor Manacor. Täglich fährt mindestens ein Zug in jede Richtung. Von Palma (3,95 €) aus braucht man knapp eine Stunde hierher.

Manacor

40 830 EW. / 128 M

Manacor, die zweitgrößte Stadt der Insel, dürfte vor allem als Geburtsort der Tennisgröße Rafael Nadal und als Zentrum der Möbelherstellung bekannt sein. Das sagt wohl alles über seine touristische Bedeutung. Trotzdem gibt's hier eine bemerkenswerte Kirche und in den Außenbezirken einige gute Einkaufsmöglichkeiten von Weinkellereien bis zu Läden mit den weltbekannten mallorquinischen Perlen.

⊙ Sehenswertes

Església de Nostra Senyora Verge dels Dolors — KIRCHE

(Plaça del General Weyler; ⊙ 8.30–12.45 & 17.30–20 Uhr) GRATIS Die massive Església de Nostra Senyora Verge dels Dolors thront eindrucksvoll über der Kulisse von Manacor. Sie wurde am ehemaligen Standort einer Moschee errichtet. Ihr Stil reicht von gotisch bis neogotisch, was die lange Bauzeit vom 14. bis zum 19. Jh. widerspiegelt.

Torre del Palau — HISTORISCHES GEBÄUDE

(abseits der Plaça del General Weyler) Ein kurzes Stück von der Hauptkirche entfernt steht im Hof eines Wohnblocks der derangierte Torre del Palau. Er ist alles, was von der königlichen Residenz geblieben ist, deren Errichtung Jaume II. gegen Ende des 13. Jhs. in Auftrag gab.

Església de Sant Vicenç Ferrer — KIRCHE, KREUZGANG

(Carrer de Muntaner; ⊙ Mo–Fr 8–14 & 17–20 Uhr) GRATIS An der Ecke des Carrer de Muntaner stößt man auf die barocke Església de Sant Vicenç Ferrer, die 1617 ihre Pforten zum Gebet öffnete. Zur Kirche gehört ein schöner Kreuzgang aus dem 18. Jh., in dem sich heute Regierungsbüros befinden.

Torre de Ses Puntes — MUSEUM, HISTORISCHES GEBÄUDE

(Plaça de Gabriel Fuster Historiador) GRATIS Einst diente der Torre de Ses Puntes aus dem 14. Jh. der Verteidigung der Stadt, inzwischen finden in dem Turm unregelmäßig Ausstellungen statt. Er steht ca. 500 m westlich der Touristeninformation.

Toni Gelabert — WEINGUT

(☎ 971 55 24 09; www.vinstonigelabert.com; Camí dels Horts de Llodrà Km 1,3; ⊙ 9–13.30 & 15–19 Uhr) Toni Gelaberts familiengeführte Weinkellerei produziert einige hervorragende Weißweine. Besucher dürfen sich die Bodega ansehen und ein paar der edlen Tropfen kosten. Die organisierten Weinproben (3 Rot-/

Manacor

Weißweine plus Häppchen, 15 € pro Pers.) müssen vorab gebucht werden. Auf der Ma 14 geht's Richtung Süden aus Manacor raus, nach 2 km sieht man rechts ein kleines Schild zum Weingut.

🍴 Essen

Ca'n March   FISCH & MEERESFRÜCHTE, MALLORQUINISCH €€
(☏ 971 55 00 02; www.canmarch.com; Carrer de València 7; Hauptgerichte 9–14 €, Menüs 12–28 €; ⊙ Di–So 13–15.30 & 20.30–23 Uhr) Das Ca'n March einen Block nördlich des Torre de Ses Puntes hat ein warmes, traditionelles Flair. Um die Spezialität des Hauses – Fisch – wird nicht viel Theater gemacht: Den Gerichten werden einfach etwas Salz vom Naturstrand Es Trenc sowie mallorquinisches Olivenöl beigefügt. Ebenfalls lecker sind die Reiskreationen wie *arròs melós amb guàtleres i bolets* (ein cremiges Reisgericht mit Wachteln und Pilzen).

Reserva Rotana   MEDITERRAN €€€
(☏ 971 84 56 85; www.reservarotana.com; Camí de Bendris Km 3; Hauptgerichte 28–32 €, 3-gängige Mittagsmenüs 25 €; ⊙ Ende Feb.–Mitte Nov. 13–16 & 19–23 Uhr) Ein Stück Luxus auf dem Lande. Diese Oase von einer Finca hat ein stimmiges Ambiente: Im Speisesaal fallen die Balken auf, im Garten blühen die Blumen. Die Speisen bestehen aus frischen, regionalen Zutaten, es gibt z. B. Seeteufel mit Serrano-Schinken und *fregola* (sardische Pasta aus Durumweizen) oder Lamm mit Minzjoghurt. Der Service ist 1 a. Die Reserva Rotana liegt 7 km nördlich von Manacor abseits der Ma 3321.

🛍 Shoppen

Viele Besucher kommen wegen der Kunstperlen nach Manacor, es gibt aber auch schöne Holzarbeiten. Auf der Plaça Sa Bassa findet samstagmorgens ein **Kunsthandwerksmarkt** statt.

Majorica-Verkaufsraum   SCHMUCK
(www.majorica.com; Carretera Palma–Artà Km 47; ⊙ Mo–Fr 9–20, Sa & So 9–19 Uhr) Majorica ist der bekannteste Kunstperlenhersteller der Insel. Die Firma wurde 1902 von dem Deutschen Eduard Heusch gegründet und hat heute am Stadtrand an der Straße nach Palma einen Showroom über zwei Etagen. Oben können Besucher einigen Perlenherstellern über die Schulter gucken.

Orquidea   SCHMUCK
(www.perlasorquidea.com; Carretera Palma–Artà Km 47; ⊙ Mo–Fr 9–19, Sa & So 9–13 Uhr) Orquidea ist ein weiterer Lieferant mallorquinischer Perlen.

Oliv-Art KUNSTHANDWERK
(Carretera Palma–Artà Km 47; ⊙ Mo–Fr 9–19, Sa & So 9–18 Uhr) Zwar werden in diesem Geschäft, das an eine Lagerhalle erinnert, auch Wikingerhelme oder gold lackierte Pharaonen angeboten, aber es sind die Stücke aus Olivenholz, die einen Besuch lonenswert machen. Die Objekte sind nicht billig, aber wunderbar gearbeitet.

 Praktische Informationen

Touristeninformation (✐ 662 350891; www. visitmanacor.com; Plaça del Convent 3; ⊙ Mo–Fr 9–14 Uhr) Im Stadtzentrum.

ⓘ An- & Weiterreise

Der Zug aus Palma hält stündlich in der Stadt (3,95 €, 1 Std.), außerdem wird der Bahnhof von verschiedenen Buslinien angesteuert. Von hier aus erreicht man in zehn Gehminuten die Plaça del General Weyler.

Felanitx

Dieses wichtige regionale Zentrum ist für seine Keramik, Weißwein und Kapern bekannt und ein interessanter Zwischenstopp. Darüber hinaus dient Felanitx als Ausgangspunkt für zwei interessante historische Bauwerke in der Nähe.

Über das Herz der Stadt wacht die **Església de Sant Miquel** (Plaça de Sa Font de Santa Margalida; ⊙ Messe) mit der Barockfassade. Ihre jetzige Form erhielt sie 1762. Über dem Renaissance-Portal steht eine Figur des hl. Michael; der Teufel unter seinen Füßen sieht nicht gerade glücklich aus. Auf der an-

deren Straßenseite, direkt vor der Kirche, führt eine Treppe runter zum einstmals wichtigsten Brunnen der Stadt.

Einer der schönsten Aussichtspunkte im Landesinneren befindet sich am **Santuari de Sant Salvador** (www.santsalvadorhotel.com; ⊙ Kirche 8–23 Uhr), einer Einsiedelei auf einem Hügel 5 km südöstlich von Felanitx. Sie wurde 1348 errichtet, als in Europa eine der schlimmsten Pestepidemien tobte. Seither ist die Anlage mehrmals umgebaut worden und präsentiert sich als seltsame Mischung aus knallbunten Säulen und einer aufwendigen Darstellung der Geburt Christi in einer Höhle einerseits sowie der angenehm schmucklosen Gewölbedecke und dem filigranen Altar andererseits.

Auf einem benachbarten Gipfel ist ein markantes Kreuz aus dem Jahr 1957 zu sehen, zudem thront über dem Parkplatz eine riesige Christus-Statue. Der Ausblick ist von jedem Standort fantastisch. Ein besonderes Erlebnis ist die Übernachtung in den geschmackvoll umgebauten Zellen des Petit Hotel Hostatgería Sant Salvador.

Einen noch tolleren Ausblick (Richtung Südosten weit übers Meer) hat man vom **Castell de Santueri**. Dessen stolze Mauern verwandeln den schroffen Gipfel in ein Verteidigungsbollwerk. Die Festung wurde von den Mauren erbaut und erst 1231 besetzt, zwei Jahre nach der Eroberung der restlichen Insel durch Jaume I. Aus Felanitx kommend folgt man der Ma 14 2 km, dann richtet man sich nach den Schildern linker Hand (Richtung Osten). Die Straße windet sich auf 5 km bis zum Fuß der Festung.

Östliches Mallorca

Inhalt ➡

Gut essen

➡ Forn Nou (S.152)

➡ Cases de Son Barbassa
(S.154)

➡ Es Coll d'Os (S.156)

➡ Restaurant Sa Llotja
(S.162)

➡ Sa Sal (S.161)

Schön übernachten

➡ Jardi d'Artà (S.188)

➡ Cases de Son Barbassa
(S.188)

➡ Residence – The Sea Club
(S.188)

➡ Es Picot (S.189)

➡ Hotel Sant Salvador
(S.188)

Auf ins östliche Mallorca

Kein Wunder, dass der Osten Mallorcas jedes Jahr Hunderttausende von Sonnenhungrigen anzieht: Dies ist nämlich zweifellos eine der hübschesten Küstenregionen der Insel. Natürlich gibt's auch Ecken, die alle Vorurteile über die negativen Seiten des Mittelmeermassentourismus bestätigen, doch zwischen den Klippen entdeckt man jede Menge idyllische Buchten und Höhlen, die teilweise nur zu Fuß zu erreichen sind. Dort kann man außer Sichtweite von irgendwelchen Hotels in türkisfarbenem Wasser planschen. Ein paar Urlaubsorte sind sogar richtiggehend nett, insbesondere Porto Cristo mit seinem natürlichen Hafen und den ursprünglichen Stränden gleich vor der Haustür. Der Osten bietet aber noch mehr: Landeinwärts befindet sich z. B. das mittelalterliche Artà.

Reisezeit

Wer das Gefühl hat, dass der Osten Winterschlaf hält und eigentlich nur von April bis Oktober „aktiv" ist, liegt gar nicht so falsch. Es gibt viele Restaurants, Hotels und Geschäfte, die nur während der warmen Monate geöffnet sind. Manchmal wird der April noch zum Großreinemachen und Entrümpeln genutzt, sodass die Saison erst im Mai beginnt. Dabei ist der Winter recht mild und es hat seinen ganz eigenen Reiz, die Strände einmal frei von Menschenmassen zu erleben! Nur zum Baden ist es leider zu kalt. Als weiteres Winterhighlight gilt das Sant Antoni-Fest Mitte Januar, das vielerorts ausgelassen gefeiert wird.

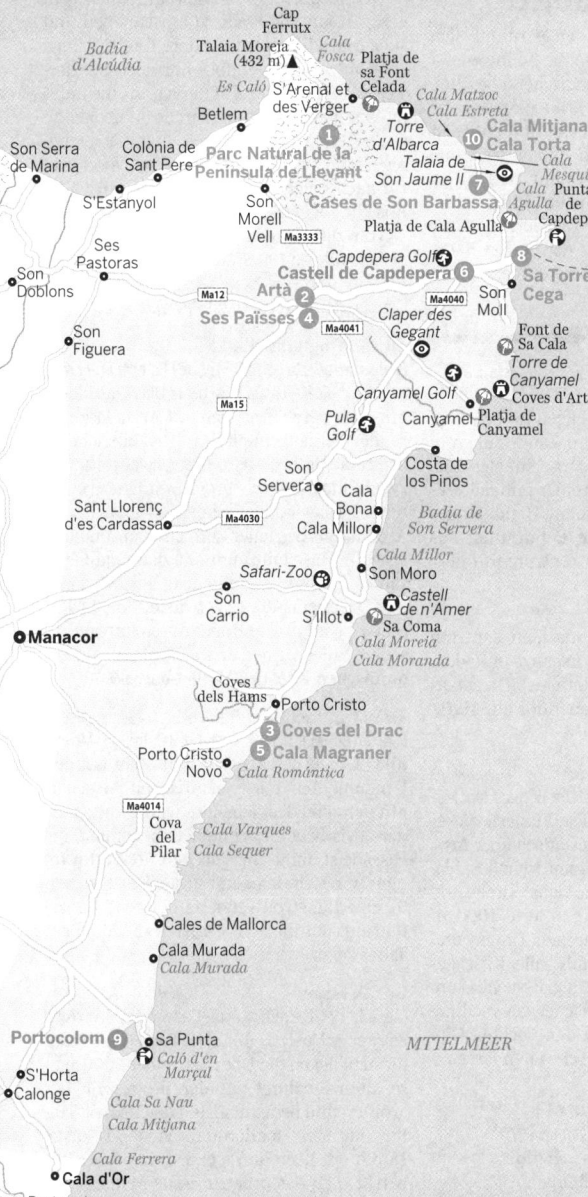

Highlights

① Im **Parc Natural de la Península de Llevant** (S.152) durch zerklüftete Hügel zu unberührten Buchten wandern.

② In den Burgmauern und Nebenstraßen von **Artà** (S.150) ins maurische Mallorca eintauchen.

③ Die **Coves del Drac** (S.160), Mallorcas spektakulärste Höhlen, erkunden und dem Mittelpunkt der Erde näherkommen.

④ In **Ses Païsses** (S.150) über Mallorcas rätselhafte Talayot-Geschichte sinnieren.

⑤ An der grandiosen **Cala Magraner** (S.161) eine Traumbucht nach der nächsten erkunden.

⑥ Vom **Castell de Capdepera** (S.153) in luftigen Höhen den Blick auf Land und Meer genießen.

⑦ Auf der Finca **Cases de Son Barbassa** (S.154) zu zirpenden Zikaden den Romantiker in sich entdecken.

⑧ Bei einem Spaziergang zu Skulpturen von Henry Moore und Rodin in **Sa Torre Cega** (S.154) das kulturelle Cala Ratjada entdecken.

⑨ Im klaren Wasser rund um **Portocolom** (S.161) tauchen, schnorcheln oder mit dem Kajak fahren.

⑩ Sich an den abgeschiedenen Buchten des Ostens wie der **Cala Torta** (S.155) und der **Cala Mitjana** (S.155) entspannen.

ARTÀ & UMGEBUNG

Mallorcas nordöstlichste Ecke rühmt sich damit, der Ort zu sein, wo die Sonne zuerst aufgeht. Die Gegend ist erfrischend bescheiden: Hier erblickt man grün gesprenkelte Berge so weit das Auge reicht und entdeckt an der Küste ruhige, von Pinien gesäumte Strände, von denen einige nur zu Fuß, zu Pferd oder mit dem Boot erreichbar sind. Faszinierende historische Bauwerke, schöne Wandergebiete und einer der besten Badeorte der Ostküste sind weitere überzeugende Gründe für einen Besuch.

Artà

7630 EW.

Die Antithese zu den wuseligen Resorts liegt nur ein paar Kilometer im Landesinneren: Artà lockt mit einem Gewirr schmaler Gassen, reizenden Cafés und einer mittelalterlichen Architektur. Das absolute Highlight des Ortes ist eine imposante Bergfestung aus dem 14. Jh., die über dem Zentrum thront.

◉ Sehenswertes

Das Herz von Artàs historischem Zentrum ist die schattige Plaça d'Espanya mit dem hübschen *ajuntament* (Rathaus). Dienstags findet auf der Plaça Conqueridor ein Markt statt.

Santuari de Sant Salvador   BURG, KIRCHE

(Via Crucis; ⊙ April–Okt. 8–20 Uhr; übriges Jahr kürzere Öffnungszeiten) GRATIS Die Mauern dieser Festung erheben sich majestätisch über Artà, wo sie auf einer früheren maurischen Enklave errichtet wurde und eine kleine Kirche umschließt. Der größtenteils renovierte, 4000 m² große Komplex mit steinernen Zinnen und meterdicken Mauern erfüllt alle Klischees einer mittelalterlichen Festung. Besucher können den Blick über die Dächer der medinaähnlichen Altstadt bis zu den nackten Gipfeln der Serra de Llevant schweifen lassen.

ⓘ ARTÀ CARD

Wer eine größere Sightseeing-Tour plant, sollte sich in der Touristeninformation die Artà Card (3 €) kaufen. Sie gilt für alle größeren Attraktionen, darunter das Museu Regional d'Artà, die Kirche Transfiguració del Senyor sowie Ses Païsses und man erhält auch verschiedene Ermäßigungen.

Die Burgmauern wurden im 14. Jh. hochgezogen, um die Stadt zu umschließen und sie gegen Piraten und andere Eindringlinge zu schützen. Heute gibt's nur noch Spazierwege, eine schlichte Cafeteria und eine uninteressante lachsfarbene Kirche im neoklassizistischen Stil. Sie wurde 1832 errichtet, nachdem man ihre bescheidene Vorgängerin nach einer Cholera-Epidemie mit voller Absicht abgefackelt hatte.

Von der Pfarrkirche Transfiguració del Senyor führen 180 Stufen zum Sant Salvador hinauf (der von Zypressen gesäumten Via Crucis, dem Kreuzweg, folgen).

Museu Regional d'Artà   MUSEUM

(www.museuarta.com; Carrer de l'Estel 4; Erw./Kind 2 €; ⊙ Di–Fr 10–18, Sa & So bis 14 Uhr) Das kleine Museum beschäftigt sich mit Artàs faszinierender Vergangenheit. Im 1. OG gibt es eine ornithologische Ausstellung, während die zweite Etage mittels bronzezeitlichen, punischen, Talayot-, römischen und maurischen Artefakten Besucher auf eine chronologische Zeitreise mitnimmt. Zu den Exponaten zählen Keramik, Schmuck, Bronzestücke und zweischneidige Votiväxte. Im Erdgeschoss sind wechselnde Ausstellungen zu sehen, zuletzt über den abstrakten mallorquinischen Künstler Miquel Barceló.

Transfiguració del Senyor   KIRCHE, MUSEUM

(Carrer del Mal Lloc; Erw./Kind 2 €/frei; ⊙ Mo–Sa 10–14 & 15–18 Uhr) Diese Kirche steht auf den Fundamenten einer maurischen Moschee. Mit dem Bau des Gebäudes wurde kurz nach der christlichen Reconquista begonnen, die Fassade stammt aber aus dem 16. Jh. Im Innenraum sieht man eine große Fensterrosette, eine kunstvoll verzierte hölzerne Kanzel und ein Altarbild, das Christus auf dem Berg Tabor zeigt.

Ses Païsses   ARCHÄOLOGISCHE STÄTTE

(abseits der Carretera Artà–Capdepera; Erw./Kind 2 €/frei; ⊙ Mo–Fr 10–17, Sa bis 14 Uhr) Gleich hinter Artà liegen die Überreste einer 3000 Jahre alten Siedlung aus der Bronzezeit, der größten und bedeutendsten der Talayot-Kultur an der mallorquinischen Ostküste. Durch ein hoch aufragendes steinernes Tor betritt man das prähistorische Mallorca, eine Welt voller Geheimnisse. Besucher können problemlos eine oder zwei Stunden auf dem Gelände verbringen, wo ein paar Bäume für Schatten sorgen.

Über das soziale und religiöse Leben der damaligen Bewohner ist wenig bekannt, aber dass Sicherheit ein wichtiges Thema

Artà

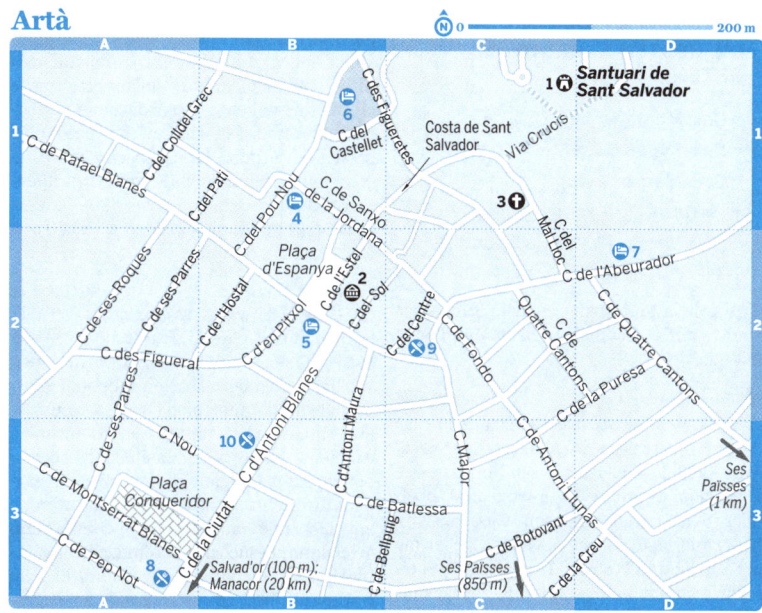

Artà

für sie war, kann man leicht erkennen: Sie versteckten sich nämlich hinter einer doppelten steinernen Ringmauer (erb. zw. 650 und 540 v. Chr.) und ihre kleinen Steinhäuser drängten sich rund um einen *talayot* (Wehrturm). Die Siedlung hatte eine beachtliche Größe (die Mauern haben einen Umfang von 320 m), wurde jedoch nach der Ankunft der Römer 123 v. Chr. aufgegeben.

Von Artà aus sind es nur wenige Minuten nach Ses Païsses: einfach vom großen Kreisverkehr östlich der Touristeninfo den Schildern nach Ses Païsses folgen. Zu Fuß oder mit dem Fahrrad ist es von der Hauptstraße aus weniger als 1 km.

🏃 Aktivitäten

In der Touristeninformation gibt's eine tolle Broschüre mit zahlreichen Karten und Routenbeschreibungen für Radfahrer und Wanderer. Besonders lohnenswert ist die 7 km lange anstrengende Strecke von Artà zur Einsiedelei Ermita de Betlem.

🎊 Feste & Events

Festes de Sant Antoni Abat   STADTFEST
Anlässlich dieses kuriosen Fests (16.–17. Jan.) macht man sich in traditioneller Kleidung auf den Weg zum Santuari de Sant Salvador. Dort wird getanzt, musiziert und Reitern zu-

geguckt, die rückwärts auf ihren Pferden sitzen und mit langen Stäben herumfuchteln.

✖ Essen

In Artà gibt es einige wunderbar atmosphärische Restaurants und Cafés, viele davon mit Straßentischen und Künstlerflair. Die

DIE BESTEN STRÄNDE IM OSTEN

➜ **Cala Magraner** (S.161)

➜ **Cala Mitjana** (S.155)

➜ **Cala Marçal** (S.161)

➜ **Platja de Cala Agulla** (S.154)

➜ **Cala Matzoc** (S.155)

Carrer de la Ciutat, die schönste Straße der Stadt, säumen Geschäfte, Lokale und Plätze mit Cafés.

★ Forn Nou   MEDITERRAN €€

(☎ 971 82 92 46; www.fornnou-arta.com; Carrer del Centre 7; Mittagsmenü 12 €, Abendmenüs 28–38 €; ⊙ Do–Di 12–16 & 19–24 Uhr) Die Terrasse des Forn Nou thront wie ein Vogelnest hoch über dem mittelalterlichen Gassengewirr Artàs und bietet Blicke über die Dächer bis zur Kirche und Festung. Die saisonale Speisekarte ändert sich zweimal im Monat und ist von unverfälschten frischen mediterranen Aromen geprägt. Gäste können sich auf Gerichte wie mit Garnelen gefüllte Avocado an Trüffel-Mayonnaise oder Seehecht mit Knoblauch und knuspriger roter Bete freuen. Im schicken Restaurantbereich unten lassen sich durch ein Fenster im steinernen Fußboden Blicke auf den Weinkeller erhaschen.

Mar de Vins   INTERNATIONAL €

(☎ 662 030460; Carrer d'Antoni Blanes 34; Hauptgerichte 6–11 €; ⊙ Mo–Sa 10–24 Uhr; 🍴🚲) Das Café mit einem der hübschesten Gartenpatio Artàs ist unsere Lieblingsadresse für einen Kaffee und ein gutes Buch. Gepflasterter Boden, Bilder und marmorüberzogene Tische sorgen im Inneren für gemütliches Flair, während in der Küche lokale Bioprodukte zu herzhaften Gerichten wie Quinoa-Avocado-Salat mit Orangen-Soja-Dressing oder Ochsenschwanzeintopf mit Rosmarin und Schokolade verarbeitet werden. Oben verkauft eine Boutique sorgfältig ausgewählte Kleider und Accessoires aus Mallorca und Barcelona.

Bar Parisien   MEDITERRAN €€

(☎ 971 83 54 40; www.cafeparisien.es; Carrer de la Ciutat 18; 3 Tapas 10 €, Hauptgerichte 11–22 €; ⊙ Mo–Sa 10–23, So 11–23 Uhr) Schmiedeeiserne weiße Stühle, moderne Kunst und Swingmusik aus den 1930ern verleihen dem Künstlercafé ein gewisses Pariser Flair und der Hof mit Jasmin und Weinreben lädt an lauen Tagen zum Verweilen ein. Auf den Tisch kommt mediterran inspirierte Küche aus marktfrischen Zutaten, darunter verführerische Vorspeisen wie Ceviche vom Wolfsbarsch oder Erdbeeren-Gazpacho sowie Tapas und Hauptgerichte mit gegrilltem Fleisch und Fisch.

Freitags und samstags sorgt ab 20.30 Uhr Livemusik für Stimmung.

Salvador Gaudí   MEDITERRAN €€

(☎ 971 82 95 55; www.santsalvador.com; Carrer del Pou Nou 26; Menüs 16–33 €, Hauptgerichte 16–39 €; ⊙ Mi–Mo 13–15 & 19–22.30 Uhr) Das um einen von Teelichten beleuchteten Innenhof angeordnete Restaurant bietet sich bestens für ein Mittag- oder Abendessen in intimem Ambiente an. Angeblich soll Gaudí höchstpersönlich die elegant geschwungene Fassade entworfen haben. In der Küche werden ansprechende, fantasievolle Speisen gezaubert, darunter in Zitronenöl gegrillter Atlantik-Hummer an Nussbutter und mit Eicheln gefüttertes Iberisches Schwein. Jeden Dienstagabend gibt's zu den Tapas Livemusik.

❶ Praktische Informationen

Touristeninformation (☎ 971 82 97 78; Carrer de l'Estel 4; ⊙ Di–Fr 10–17, Sa & So bis 14 Uhr) Hilfsbereites Personal und jede Menge Infos und Karten zur Gegend. Das Büro verkauft die Artà Card.

❶ An- & Weiterreise

Vom Carrer de Costa i Llobera fährt die Buslinie 411 über Manacor (2,80 €, 25 Min.) nach Palma (9,50 €, 1 Std.–20 Min., 2–5-mal tgl.), während die Linie 446 Alcúdia (5,65 €, 50 Min., Mo–Sa 6-mal tgl.) und Port de Pollença (6,55 €, 1 Std.) zum Ziel hat.

Der Bahnhof wurde zu Redaktionsschluss gerade umgebaut (die Zugstrecke Palma–Manacor soll erweitert werden und zukünftig bis Artà führen).

Parc Natural de la Península de Llevant

Dieser wunderschöne Naturpark beginnt 5 km nördlich von Artà und gilt als eines der schönsten Fleckchen Erde im Osten Mallorcas. Er wird von der Serra de Llevant dominiert, einer niedrigen Gebirgskette mit vom Wind geformtem Kalkstein inmitten von Steineichen, Aleppo-Kiefern und Fächerpalmen. Den Höhepunkt des Parks bildet das

Cap Ferrutx, eine dramatische Landzunge, die entlang der Nord- und Ostküste ins Mittelmeer ragt. Das **Parkbüro** (☏ 606 096830; S'Alqueria Vella de Baix; ☉ Informationsbüro 9–15 Uhr) hat Karten auf Lager und organisiert geführte Wanderungen, meist auf Spanisch oder Katalanisch.

Teile des Geländes sind durch Straßen erschlossen, doch eigentlich ist es ein Paradies für Wanderer, Radfahrer und mit Ferngläsern ausgestattete (Hobby-)Ornithologen. Letztere werden zahllose Kormorane und Korallenmöwen sowie Wander- und Eleonorenfalken sichten. Mit ein wenig Glück zeigen sich auch Wildziegen, Balearische Wechselkröten und Griechische Landschildkröten.

Aufgrund der Abgeschiedenheit des Parks finden Besucher hier ruhige, ursprüngliche Buchten mit weichem Pulversand und kristallklarem Meer wie die **Cala Fosca** und die **Platja de sa Font Celada**.

In der **Ermita de Betlem** aus dem 19. Jh. führen noch immer Eremiten ein isoliertes, autarkes Leben. Der faszinierende Blick über die Natur und die vom Wind gepeitschte Küste lohnt die Pilgerreise zu der Einsiedelei. Es gibt eine kleine Kirche mit unregelmäßigen Öffnungszeiten, deren hübsche Steinfassade im Kontrast zum modernen weiß getünchten Innenraum mit der Darstellung von Christi Geburt in einer Höhle (inklusive Stalaktiten und Stalagmiten) steht. Ringsum gewähren die Hügel eine tolle Aussicht.

Zu der Einsiedelei führt die schmale asphaltierte Straße (die Ma 3333) ab Artà, sich über rund 5 km durch Pinienwald und Felder schlängelt, bevor sie steil ansteigt und nach etwa 7 km den Bergkamm erreicht.

Capdepera

11 420 EW.

Capdepera ist eher eine Burg mit Stadt als eine Stadt mit Burg: Die eindrucksvolle mittelalterliche Festung sticht schon aus der Ferne ins Auge. Der restliche Ort erstreckt sich hangabwärts, versprüht Alltagsflair und ist nicht sonderlich interessant.

◉ Sehenswertes

★ Castell de Capdepera   BURG

(www.castellcapdepera.com; Carrer Castell; Erw./Kind unter 12 J. 3 €/frei; ☉ Mai–Okt. 9–20 Uhr, übriges Jahr kürzere Öffnungszeiten) Über Capdepera thront diese Festung aus dem 14. Jh. Der ummauerte Komplex wurde auf den Ruinen einer maurischen Festung hochgezogen und zählt zu den am besten erhaltenen Burgen der Insel. Sie entstand auf Geheiß von Jaume II. (dem Sohn von Jaume I., dem Eroberer), der in ihren Mauern eine geschützte Stadt errichten wollte; damals waren Piratenangriffe an der Tagesordnung.

Auf dem Gelände befindet sich auch eine schlichte, aus Stein gebaute Kirche, die ein kostbares hölzernes Kruzifix aus dem 14. Jh. beherbergt. Der Wachturm der Burg, der **Torre Miquel Nunis**, ist älter als die anderen Gebäude und stammt wahrscheinlich noch von den Mauren. Im 19. Jh. wurde in den rechteckigen Turm ein höherer Rundturm gebaut. Von dort blickt man über die Dächer der Stadt bis zu den bewaldeten Hügeln und dem glitzernden Meer dahinter.

✷ Feste & Events

Festes de Sant Antoni   RELIGIÖSES FEST
(St. Antoniustag) Traditionelle Segnung der Tiere am 17. Januar.

WANDERN IM PARC NATURAL DE LA PENÍNSULA DE LLEVANT

Wanderer sind im Parc Natural de la Península de Llevant in ihrem Element. Eine klassische Route führt von **S'Alquera Vella d'Avall** (mit Parkmöglichkeiten) bis zur Küste und zu einem kleinen Strand bei **S'Arenal et des Verger**. Für die Strecke benötigt man etwa zwei Stunden. Wer von Osten her kommt, kann in **Cala Estreta** starten (ebenfalls Parkmöglichkeit). Diese Route folgt der Küste Richtung **Cala Matzoc** vorbei am mittelalterlichen Wachturm **Torre d'Albarca** und weiter nach Westen: Nun braucht man noch eine Stunde bis nach S'Arenal et des Verger. Danach wird die Küste unwegsamer.

Auf dem Hauptparkplatz, unweit S'Arenal et des Verger, sind neun Wanderwege (Gesamtlänge: 25 km) durch den Park auf einer Karte eingezeichnet. Nördlich von Artà der Ma 3333 Richtung Ermita de Betlem folgen und dann an der ausgeschilderten Abzweigung bei Km 4,7 rechts abbiegen; von dort sind es noch weitere 600 m bis zum Parkplatz.

GOLFEN IM NORDOSTEN MALLORCAS

Nicht weit von Artà, Capdepera, Cala Ratjada und Cala Millor gibt's ein paar gut erreichbare Golfplätze, darunter folgende:

Pula Golf (☑ 971 81 70 34; www.pulagolf.com; Carretera Son Servera–Capdepera Km 3; 9 Löcher 37–47 €, 18 Löcher 60–75 €; ◷ 8–19 Uhr) Der 18-Loch-Platz der PGA Tour wurde von José María Olazabal entworfen und ist der längste Mallorcas.

Canyamel Golf (☑ 971 84 13 13; www.canyamelgolf.com; Avinguda d'es Cap Vermell; 9/18 Löcher 63/97 €; ◷ 8–20 Uhr) An klaren Tagen ist von dem malerischen 18-Loch-Platz die Nachbarinsel Menorca zu sehen.

Capdepera Golf (☑ 971 81 85 00; www.golfcapdepera.com; Carretera Artá–Capdepera Km 3,5; 9 Löcher 49–59 €, 18 Löcher 64,50–89 €; ◷ 8–19 Uhr) Der 18-Loch-Platz zählt zu den schönsten Mallorcas und trägt die Handschrift des Golfarchitekten Dan Maples.

Mercat Medieval MITTELALTERLICHER MARKT
Mittelalterliche Kostüme und Essensstände am dritten Maiwochenende.

Festa de Sant Bartomeu STADTFEST
Ausstellungen, Konzerte, Umzüge und Feuerwerk in der dritten Augustwoche.

✗ Essen

★ Cases de Son Barbassa MEDITERRAN €€
(☑ 971 56 57 76; www.sonbarbassa.com; Camí de Son Barbassa; Hauptgerichte 15–25 €, Menü 28 €; ◷ 12.30–15 & 19–22 Uhr) Eine schmale Gasse führt zu dieser wunderbar abgeschiedenen Finca (Landhaus) inmitten von Oliven-, Mandel- und Johannisbrotbäumen, die mit ihrer laternenbeleuchteten Terrasse und weiten Blicken aufs Umland für romantische Stimmung sorgt. Die Küche verarbeitet Produkte aus dem Garten und vom Markt zu leckeren Gerichten wie Steinbutt mit Venusmuscheln und perfekt knusprigem Spanferkel, wobei durchweg hausgemachtes Olivenöl zum Einsatz kommt. Auf der Weinkarte findet sich eine Auswahl exzellenter mallorquinischer Sorten.

❶ Praktische Informationen

Touristeninformation (☑ 971 55 64 79; Carrer de la Ciutat 22; ◷ Mo–Fr 8.30–14.30 & Di 16–18.30 Uhr) Im Stadtzentrum.

❶ An- & Weiterreise

Bus 411 verbindet Capdepera mit Palma (10,60 €, 1½ Std., bis zu 5-mal tgl.) und verkehrt über Artà (1,50 €, 10 Min.) sowie Manacor (3,90 €, 35 Min.). Bus 441 dagegen fährt die Ostküste entlang und hält in allen größeren Ferienorten, z. B. in Porto Cristo (3,20 €, 55 Min., bis zu 10-mal tgl.) und Cala d'Or (9,10 €, 1 Std. 25 Min.).

Cala Ratjada

6240 EW.

Cala Ratjada ist der Dr. Jekyll und Mr. Hyde unter den Urlaubsorten des östlichen Mallorcas. Bei einem Spaziergang entlang der Küstenpromenade zu einer der ruhigeren Buchten präsentiert er sich von seiner hübschen, idyllischen Seite. Zudem ist er ein toller Ausgangspunkt für Wassersportler. In der Hochsaison zeigt das Städtchen dann sein zweites Ich als Costa del Bavaria mit feucht-fröhlichen Biergärten samt angetrunkenen Gästen zwischen 18 und 30, bei denen Schnitzel und dergleichen reißenden Absatz finden. Das wahre Mallorca findet man dann erst wieder jenseits des Zentrums.

◉ Sehenswertes

★ Sa Torre Cega
KUNSTMUSEUM, HISTORISCHES GEBÄUDE
(☑ 971 81 94 67; www.fundacionbmarch.es; abseits der Carrer Leonor Servera; Erw./Kind unter 12 J. 4,50 €/frei; ◷ Führungen Mi & Do 10.30–12, Fr 10.30–18, Sa & So 11–18 Uhr) Der Name des Anwesens auf einem Hügel westlich des Hafens bedeutet so viel wie „blinder (sprich: fensterloser) Turm" (erb. 15. Jh.). Selbiger erhebt sich im Zentrum des Geländes mit einem mediterranen Garten, in dem eine Sammlung von etwa 70 Skulpturen großer Meister wie Eduardo Chillida, Josep Maria Sert, Henry Moore und Auguste Rodin zu sehen ist. Führungen müssen vorab in der Touristeninformation gebucht werden.

Platja de Cala Agulla STRAND
(Cala Agulla) Nördlich der Stadt legt sich dieser hufeisenförmige Strand wie ein Band um eine friedliche helle Sandbucht mit türkisfarbenem Wasser. Im Hintergrund ragen

Hügel auf, die mit Pinien bedeckt sind. Vom Sand aus ist wunderbar wenig von der Bebauung zu sehen, dafür ist er übersät mit Mietsonnenschirmen.

Direkt nördlich von Cala Agulla erstreckt sich die ruhigere **Platja de ses Covasses.** Der Strand ist nicht sehr breit, weshalb sich die Besucherzahl in Grenzen hält.

Far de Capdepera   LEUCHTTURM

Der Leuchtturm steht 1,5 km östlich von Sa Torre Cega an der östlichsten Spitze Mallorcas, am Ende einer wunderschönen Auto-, Wander- oder Radstrecke durch Pinienwälder. Er befindet sich 76 m über dem Meer und wurde 1861 in Betrieb genommen. Die Aussicht hier ist traumhaft: An klaren Tagen kann man sogar bis Menorca sehen!

Font de Sa Cala   STRAND

Südlich von Cala Ratjada befindet sich dieses friedliche Fleckchen, das von einer rauen und schönen Felsküste umgeben ist. Das Kristallklare Wasser lädt zum Schnorcheln ein.

Cala Gat   STRAND

Östlich des Hafens von Cala Ratjada, hinter Sa Torre Cega, wartet diese kleine Bucht mit einem hübschen Strand auf, an den ein Pinienwald angrenzt. Hier sind viel weniger Leute unterwegs als an den übrigen Stadtstränden.

Platja de Son Moll   STRAND

Am einfachsten zugänglich ist die gut besuchte Platja de Son Moll gleich vor dem Passeig Marítim im Ortszentrum von Cala Ratjada.

🤿 Aktivitäten

Skualo Adventure Sports   TAUCHEN

(☑971 56 43 03; www.mallorcadiving.com; Carrer Lepanto 1; 3-stündiger Einführungskurs 90 €, 2-stün-

dige Schnorcheltour 45 €) Die renommierte Tauchschule veranstaltet verschiedene PADI-Kurse und Schnorchelausflüge, u. a. im klaren Wasser rund um den Naturpark Llevant. Weitere Aktivitäten wie Stehpaddeln und Kajakfahren sind auch im Angebot.

Illa Balear   BOOTSTOUREN

(☑971 81 06 00; www.illabalear.com; Erw. einfach/ hin & zurück ab 15/20 €, Kind 8 €; ☺April–Okt.) Täglich bis zu zwei Rundfahrten in Glasbodenbooten nach Porto Cristo, Sa Coma, Cala Millor und Cala Bona.

Segpark   SEGWAY

(☑634 317266; www.segpark.es; Carrer de l'Agulla 85D; 90-minütige Segway-Tour Erw./Kind 44/29 €, E-Bike 1 Std./Tag 7/22 €; ☺10–20 Uhr) Wer Lust auf eine Fahrt über einen Hindernisparcours in einem schicken zweirädrigen, sich selbst balancierenden Elektroscooter hat, ist hier genau richtig. Eine Schnupperfahrt kostet 5 €, eine 15-minütige Runde 10 €. Außerdem werden 90-minütige Touren angeboten und es gibt einen E-Bike-Verleih, der für ein gemütliches Raderlebnis sorgt.

M Bike   RADVERLEIH, RADTOUREN

(☑639 417796; www.m-bike.com; Carrer de l'Agulla 95; Radverleih 10–32 € pro Tag, 60–180 € pro Woche, 1-/3-/4-tägige Touren 53/150/200 €; ☺Mo–Fr 9–12.30 & 16–18, Sa 9–11 & 18 Uhr nur Rückgabe, So 10–11 & 17–18 Uhr) M Bike verleiht hochwertige Mountainbikes sowie Renn- und Trekkingräder. Von März bis Oktober werden täglich Radtouren entlang der Küste und zur Ermita de Betlem angeboten; Abfahrt ist immer um 10 Uhr.

Rancho Bonanza   REITEN

(☑619 680688; www.ranchobonanza.com; Carrer de Ca'n Patilla; 1-/2-stündige Ausritte 18/30 €;

RUHIGE BUCHTEN RUND UM CALA RATJADA

Nördlich von Cala Ratjada erstreckt sich ein hübscher Küstenstreifen mit lauter kleinen Stränden, der lange Zeit Favorit der FKK-Szene war. Heute sind die abgelegenen Buchten zwar kein Geheimtipp mehr, aber dank spärlicher Bebauung weiter ruhig und ursprünglich.

Cala Mesquida, ist von Sanddünen und einer kleinen Wohnanlage umgeben und gut erreichbar. Es gibt kostenlose Parkplätze und alternativ eine regelmäßige Busverbindung (Linie 471) ab Cala Ratjada (25 Min. bis zu 15-mal tgl.) hierher.

Um zu den Buchten weiter westlich zu gelangen, braucht es schon etwas Entschlossenheit. **Cala Torta**, **Cala Mitjana** und **Cala Estreta** (ohne Strand) liegen alle am Ende einer schmalen Straße, die sich von Artà durch die Berge schlängelt. Interessanter ist es aber, auf dem Weg von Cala Mesquida herzuwandern (1 Std.).

Weiter westlich, ca. 20 Gehminuten von Cala Estreta die Küste entlang, kommt **Cala Matzoc** in Sicht. Hinter dem weitläufigen Sandstrand ragt ein Berg mit den Ruinen eines *talayot* (Wachturm) auf. Dieser sollte früher die Küste vor Piraten schützen.

Cala Ratjada

N 0 ————————— 500 m

Platja de ses Covasses (500 m)

C. de la Regana
C. de l'Agulla
C. del Secret
C. de Na Llisteres
C. de S'Entrador
Via dels Romanis
C. de L'Esperança
Clot Gran
C. de Monturiol
Clot de Sa Grava
C. dels Reis Catòlics
C. de Ca'n Patilla
C. del Pizarro
C. de Joan Alzover
C. del Castellet
C. de l'Agulla
C. de Hernán Cortés
Av Floreal
C. del Campet
C. de Serreta
C. del Mestre Vicenç Nadal
C. de Juan Sebastián Elcano
C. de Méndez Núñez
C. del Bastió
C. de Sant Andreu
C. de Bustamante
C. de Coconar
C. de Ses Llegitimes
C. de Ses Rotges
C. del Almirall Cervera
C. de Ramón Franco
C. d'Elionor Servera
Via Menorca
Via Mallorca
Plaça dels Pins
Pg Colón
Joan March
C. de Lepanto
Sa Torre Cega
C. de Antonio Maura
C. del Torrent
C. de Pinzón
C. de Magallanes
C. de Rafael Blanes
C. de Alcalá Galiano
C. de Juan Carlos I
C. de Faralló
C. de Nereides
Av de América (Pg Marítim)
C. de Tito

Far de Capdepera (850 m)
Cala Gat
Hotel Cala Gat (230 m)
Mittelmeer
Capdepera (1,7 km)

ganztägiger Ausritt 55 € pro Pers.) Bietet tägliche Ausflüge zu ruhigen Buchten und entlang ländlicher Wege. Zum Programm gehören außerdem einstündige Ponyritte (8 €) für Kinder bis sechs Jahre sowie Reitunterricht (18 €).

Feste & Events

Festes del Carme   RELIGIÖSES FEST

(15.–16. Juli) Das wichtigste Fest in Cala Ratjada zu Ehren der Verge del Carme, der Schutzheiligen aller Fischer, wird mit Feuerwerk, einer aufwendigen Prozession und zahlreichen Kulturevents gefeiert.

Essen

Es Coll d'Os   MEDITERRAN €€

(971 56 48 55; www.escolldos.com; Ecke Carrer Hernán Cortés & Carrer l'Esperança; Hauptgerichte 18–28 €, 3-Gänge-Probiermenü 30 €; Mo–Di 7.30–22.30, Mi–Sa 13.30–15 & 19.30–22.30 Uhr) Dieses familiengeführte Finca-Restaurant wirkt Lichtjahre von den geschmacklosen Touristenlokalen in der Stadt entfernt. Auf der mit Weinreben geschmückten Terrasse wird kreativ zubereitete saisonale Küche serviert. Die biologischen Kräuter und Gemüsesorten stammen aus eigenem Anbau, der Fisch aus heimischen Gewässern. Die

Cala Ratjada

Speiseauswahl ändert sich regelmäßig und umfasst Gerichte wie zarte Lammkeule mit Butter von schwarzen Oliven oder Ente mit pikanter *sobrassada* (würziger Räucherwurst).

Restaurante del Mar   INTERNATIONAL €€
(☑ 680 133381; www.mallorca-delmar.com; Avinguda de América 31; Mittagsmenüs 9,90 €, Hauptgerichte 15–26 €; ☉ Mitte April–Anfang Nov. Do–Di 11.30–15 & 18.30–23 Uhr, Juli & Aug. nur abends) Das Restaurant mit Meerblick von der luftigen Terrasse wird von einem Schweizer Paar geführt und bietet vor allem Leckereien aus dem Meer, etwa eine großartige *parrillada* mit fünf Fischsorten, Meeresfrüchten und Grillgemüse. Ansonsten stehen international inspirierte Gerichte auf der Karte, darunter mit Ingwer gekochte Riesengarnelen an Zitronenreis oder Züricher Kalbsgeschnetzeltes mit knusprigen Kartoffelrösti.

Ca'n Maya   FISCH & MEERESFRÜCHTE €
(☑ 971 56 40 35; www.canmaya.com; Carrer d'Elionor Servera 80; Hauptgerichte 11–20 €; ☉ Feb.–Dez. Di–So 12–16 & 19–24 Uhr) Das wohl authentischste Fischrestaurant von Cala Ratjada. In der verglasten Terrasse am Hafen mit rustikalem Flair kommen Gäste in den Genuss von gebratenem Tintenfisch, Scheidenmuscheln, gegrilltem Seeteufel,

Reis mit Langusten und weiteren köstlichen Gerichten mit Fisch und Merresfrüchten.

Ausgehen

Café Noah's   BAR, CAFÉ
(www.cafenoahs.com; Avinguda de América 2; ☉ 9 Uhr–open end) Wer das bunte Treiben an der Küstenpromenade bei einem Cocktail auf sich wirken lassen möchte, hat von der Terrasse dieser schicken Loungebar den perfekten Ausblick. Drinnen gibt es gemütliche Ledersofas und im Sommer heizen DJs dem Publikum jeden Abend ein.

Sa Fonda 74   BAR, CAFÉ
(www.safonda74.es; Carrer d'Elionor Servera 74; ☉ 9.30–1 Uhr) Mit seiner hübschen Terrasse mit Blick auf das schmale Ende des Hafens ist das Sa Fonda eine beliebte Adresse bei Sonnenuntergang. Samstags ab 21 Uhr gibt's Livemusik (Jazz, Swing, Soul).

ⓘ Praktische Informationen

Haupttouristeninformation (☑ 971 81 94 67; www.ajcapdepera.net; Carrer de l'Agulla 50, Centre Cap Vermell; ☉ Mo–Fr 9–14 & 15–21.30 Uhr) Im weißen Rathausgebäude. Morgens trifft man englisch sprechende Mitarbeiter an. Auf dem Platz vor dem Rathaus gibt's kostenloses WLAN.

ⓘ An- & Weiterreise

Bus 411 verbindet Palma mit Artà und Cala Ratjada und fährt täglich fünfmal in jede Richtung (11 €, 2 Std.). Von Mai bis Oktober steuert ein Bus die Strände und Attraktionen in der Nähe

---

NICHT VERSÄUMEN

KÜSTENWANDERUNGEN IN CALA RATJADA

Wer den Menschenmassen entkommen möchte, macht sich an diesen **Rundwanderweg**, der am nördlichen Ende von Cala Agulla beginnt. Er ist 10 km lang und führt durch die Pinienwäldchen eines Naturschutzgebiets bis zur unberührten, von Dünen umgebenen **Cala Mesquida**. Unterwegs biegt ein schmalerer Pfad an dem Schild mit der Aufschrift „Torre" nach rechts zum Wachturm **Talaia de Son Jaume II** ab. Der Weg (7 km von/bis Cala Agulla) ist mit roten Punkten markiert; am Ende wird man mit einem spektakulären Panoramablick belohnt.

mehrmals täglich an, darunter Cala Mesquida, Cala Agulla und die Coves d'Artà (jeweils 1,85 €).

Vom Hafen startet täglich ein Tragflächenboot nach Ciutadella (Menorca).

Coves d'Artà & Platja de Canyamel

Das ruhige Canyamel ist eine gute Alternative zu den überlaufenen Ferienorten an der Ostküste. Abgesehen von einem netten Strand, Platja de Canyamel, gibt's hier einen schönen Turm aus dem Mittelalter, ein tolles Restaurant und einen beeindruckenden Höhlenkomplex, der von weit weniger Touristen besucht wird als die übrigen Höhlen im Osten.

Die **Coves d'Artà** (www.cuevasdearta.com; Carrer Coves de s'Ermita; Erw./Kind 7–12 J./Kind unter 7 J. 13/7 €/frei; ⊙ April–Okt. 10–18 Uhr, Juni–Sept. bis 19 Uhr, Nov.–März 10–17 Uhr) sind ein eindrucksvolles Werk der Natur. Das labyrinthartige Höhlensystem liegt 1 km nördlich von Canyamel an der Küste. Besucher gelangen durch einen unscheinbaren Riss in der Felswand hinein, finden sich in einer hohen Vorhalle wieder und folgen einem Steg, vorbei an der „Königin der Säulen", einem 22 m großen Stalagmiten, und durch andere „Räume", darunter die „Halle des Fegefeuers" und die „Höllenkammer". Die 40-minütigen Höhlenführungen beginnen alle halbe Stunde und werden auch auf Deutsch angeboten. Schon der Weg zu den Höhlen ist genial, denn sie liegen etwa auf halber Höhe einer steilen Klippe. In Kriegszeiten suchten dort Einheimische Zuflucht.

3 km landeinwärts vom Strand steht der berühmte **Torre de Canyamel** (Carretera Artà–Canyamel Km 5; Erw./Kind unter 13 J. 3 €/frei; ⊙ Di–Sa 10–15 & 17–20 Uhr, April–Okt. So 10–14 Uhr). Der 23 m hohe, ursprünglich muslimische Wehrturm aus dem 13. Jh. ist auf der Hauptküstenstraße ausgeschildert. Der Abstecher dorthin lohnt sich.

Das **Porxada de Sa Torre** (☎ 971 84 13 10; www.restauranteporxadadesatorre.com; Carretera Artà–Canyamel Km 5; Hauptgerichte 9–18 €; ⊙ April–Okt. 13–15.30 & 19–23 Uhr) mit offener Gartenterrasse ist eine Bastion mallorquinischer Küche, dafür sorgen perfekt zubereitetes *tumbet* (traditionelles Gemüsegericht), gebratenes Kaninchen mit Zwiebeln, *sobrassada* und *lechona* (Spanferkel). Wer mag, kann sogar den Köchen bei der Zubereitung zusehen! Ein rustikales Ambiente (viel Stein und Holz, alte landwirtschaftliche

Geräte und eine noch ältere Olivenpresse) und nette Angestellte runden den tollen Gesamteindruck ab.

VON CALA MILLOR NACH PORTOCOLOM

Für die Millionen von Urlaubern, die jedes Jahr die Sandstrände bevölkern, in den sanften Wellen planschen und in All-inclusive-Resorts übernachten, ist die Küste zwischen Cala Millor und Portocolom das Paradies schlechthin. Für diejenigen, die den Verlust der früher unberührten mallorquinischen Küste betrauern, sind die Massen von Hotels und Pools dagegen ein Alptraum. Die vielen Urlauber brauchen einen allerdings nicht schrecken: Man kann einfach in einem der gemütlichen ländlichen Hotels absteigen und zu Stränden abseits des Rummels mit dem Auto oder dem Rad fahren bzw. wandern, etwa zur Cala Romántica oder zur Cala Varques.

Cala Millor & Umgebung

Wenn in Cala Millor die Dämmerung hereinbricht, die Sonne den Himmel violett färbt und das Meer in zartes Aquamarin taucht, dann scheint der Betondschungel im Landesinneren nur noch ein Trugbild zu sein. Was Cala Millors Ehre rettet, ist der fast 2 km lange Strand (abgesehen von den belebtesten Tagen im Hochsommer verteilen sich die Menschenmassen dort ganz gut) mit angrenzender Promenade.

Wer Einsamkeit sucht, könnte die anstrengende Küstenwanderung zum **Castell de n'Amer** unternehmen.

Jenseits von Cala Millors Betonbunkern liegt der **Safari-Zoo** (☎ 971 81 09 09; www.safari-zoo.com; Carretera Portocristo–Son Servera Km 5; Erw./Kind 19/12 €; ⊙ Juni–Sept. 9–18.30 Uhr, übriges Jahr kürzere Öffnungszeiten) mit Nashörnern, Nilpferden, Zebras, Giraffen, Pavianen, Gnus und verschiedenen Antilopenarten, die man vom eigenen Wagen oder einem der offenen Touristenzüge ganz bequem beobachten kann. Hier haben die Tiere viel Platz – anders als in dem restlichen Teil des Parks, der mit seinen engen Gehegen den typischen (deprimierenden) Anblick eines klassischen Zoos bietet.

Die **Touristeninformation** (☎ 971 58 58 64; www.visitcalamillor.com; Passeig Marítim; ⊙ Mo–Fr 9–17, Sa bis 13 Uhr, im Winter kürzere Öffnungszeiten)

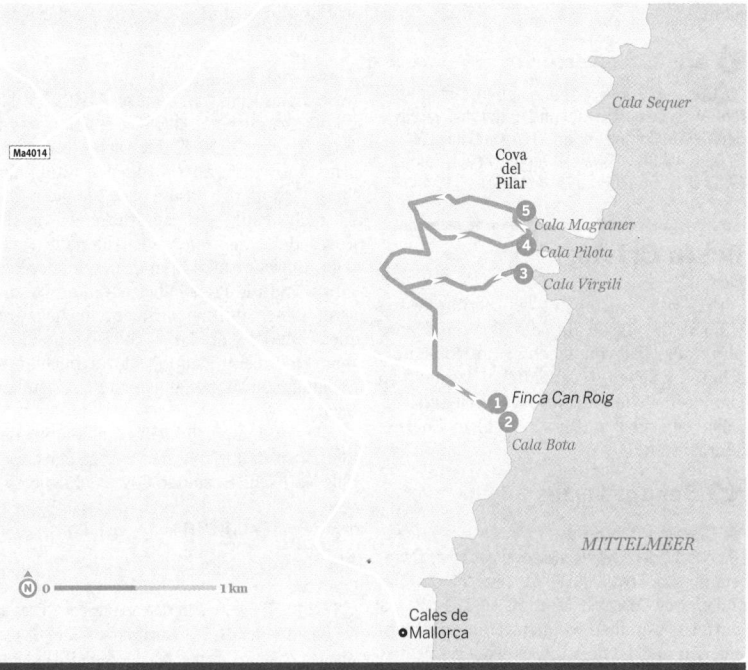

Wanderung
Vier Buchten

START/ZIEL FINCA CAN ROIG
LÄNGE/DAUER 13 KM; 3½ STD.

Etwas nördlich von Cales de Mallorca machen die quirligen Ferienorte der Natur Platz. Auf den 6 km zwischen Cales de Mallorca und Cala Romántica gibt's nichts als felsige Buchten mit ein paar Pinien sowie durchlöcherte Felswände und das glitzernde Aquamarin des Mittelmeeres. Die Wanderung beginnt an der ① **Finca Can Roig,** einem Landgut. Von der Carretera Porto Cristo–Portocolom (Ma 4014) bei Km 6 östlich Richtung Cales de Mallorca abbiegen. Nach 2,2 km geht's links ab, dann ist 200 m weiter die Einfahrt von Can Roig.

Von dort nimmt man den breiten, felsigen Weg parallel zur Küste. Nach 15 Minuten führt ein schmalerer Pfad nach rechts, vorbei an einer schmalen Schlucht und durch kleine Wäldchen bis zur ② **Cala Bota,** einer geschützten Bucht mit kleinem Sandstrand. Hier schlängelt sich ein steiler Weg um die Bucht bis zu ihrem oberen Rand, von wo sie in ihrer ganzen Pracht zu bewundern ist.

Von dort geht's auf demselben Weg zurück und über die zweite Abzweigung rechterhand zur nächsten Bucht, der ③ **Cala Virgili.** Von dem Weg führt ein Pfad direkt hinunter zu der schmalen von Klippen gesäumten Bucht, die mit ihrem klaren Wasser zu einem erfrischenden Bad einlädt. Der Abstecher dauert rund zehn Minuten. Dann wieder zurück und weiter den Hauptweg entlang. Am schmalen, nach rechts abzweigenden Pfad vorbei und weiter geradeaus, bis ein zweiter Pfad in Sicht kommt. Diesem folgen zur ④ **Cala Pilota,** einer hübschen Bucht mit von Höhlen durchzogenen Klippen und leuchtend türkisfarbenem Wasser.

Nun geht's erneut auf den Hauptweg zurück und an der zweiten Abzweigung nach rechts hinunter zur letzten Bucht, der ⑤ **Cala Magraner**. Sie ist die größte und schönste der vier. Der Weg ist erst breit, endet aber an einer Lichtung; von dort folgt man einem schmaleren Pfad. Nachdem man ausgiebig im kristallklaren Wasser geplanscht und die kleinen Grotten im Fels erkundet hat, wandert man den Hauptweg zurück zur Finca Can Roig.

befindet sich in einem Infostand an der Promenade.

 An- & Weiterreise

Die Busse 441, 446, 447 und weitere Linien fahren die Ostküste rauf und runter und verbinden Cala Millor mit Ferienorten wie Cala d'Or (8,05 €, 1¼ Std.). Bus 412 verkehrt nach Palma (9,65 €, 1½ Std., bis zu 15-mal tgl.).

Porto Cristo

7360 EW.

Porto Cristo wartet mit den berühmtesten Höhlen der Insel auf, die Tagesausflügler und Tausende von Möchtegern-Höhlenforschern anziehen. Das Städtchen ist nicht so glamourös wie andere Ferienorte an der Küste, aber das macht sein ruhiger Charme allemal wett.

 Sehenswertes

★ Coves del Drac　　　　　　　　HÖHLE

(Drachenhöhlen; www.cuevasdeldrach.com; Carretera Cuevas; Erw./Kind 14/7 €; ☉ April–Okt. 10–17 Uhr, Nov.–März 10.45–15.30 Uhr) Mallorca wartet mit einigen wunderschönen Höhlenanlagen auf, keine kann es jedoch mit den faszinierenden Coves del Drac aufnehmen. Folglich wird man nicht allein sein, wenn man – begleitet von Erläuterungen in mehreren Sprachen – 1,2 km ins Gestein vordringt. Zuletzt erreicht man ein riesiges Amphitheater und einen See, wo (kurz) klassische Musik gespielt wird. Die 60-minütigen Führungen beginnen immer zur vollen Stunde. Die magische Kraft dieses Ortes ist kaum in Worte zu fassen – mal wirkt er wie eine gewaltige unterirdische Kathedrale samt Orgelpfeifen, mal wie ein versteinerter Wald.

Die atemberaubend schönen (und clever genutzten) Hallen sind dramatisch ausgeleuchtet sowie voller beeindruckender Stalagmiten und Stalaktiten. Die Tour klappert die schönsten Abschnitte des 2 km langen Kalksteintunnels ab. Im Anschluss an das klassische „Konzert" kann man eine kurze Fahrt auf dem See unternehmen.

Passeig de la Sirena　　　　　　STRAND

Am meisten Trubel herrscht auf dem Passeig de la Sirena und am Hafen, wo man an einem kleinen, vollen Strand das Kommen und Gehen der Fischerboote und Jachten verfolgen kann. Neben dem Strand liegen die bescheidenen Coves Blanques, ein paar kleine Höhlen, die in der Talayot-Zeit bewohnt waren und später von Fischern genutzt wurden.

Coves dels Hams　　　　　　　　HÖHLE

(www.cuevas-hams.com; Carretera Ma4020 Manacor –Portocristo Km 11; Erw./Kind 5–12 J./unter 5 J. 21/10,50 €/frei; ☉ 10–17 Uhr) Dieses unterirdische Labyrinth am nördlichen Ende der Stadt liegt an der Straße nach Manacor und ist nicht ganz so beeindruckend wie die Coves del Drac, doch auch hier gibt's ein paar hübsche Stalaktitenformationen. Allerdings sind die Preise überteuert, einige unserer Leser fühlten sich regelrecht abgezockt. Zudem sind das Jules-Verne-Video und die Projektionen mit Mozartmusik und Schaufensterpuppen in einem Boot ziemlich bizarr.

Die riesigen „Höhlen"-Schilder in der Stadt weisen übrigens den Weg zu den Coves dels Hams, nicht zu den Coves del Drac.

🏃 Aktivitäten

Skualo Adventure Sports & Dive Centre　　　　　　　　　　　TAUCHEN

(☑ 971 81 50 94; www.mallorcadiving.com; Passeig del Cap d'Es Toll 11; 1/2 Tauchgänge 40/74 €, Ausrüstung 24 €; ☉ Ostern–Okt. Mo–Sa 9–18 Uhr) Die erstklassige Tauchschule bietet Anfängerkurse (90 €) und viele weitere PADI-Kurse, Schnorchelausflüge (45 €), zweistündige Touren im Seekajak (38 €) und einen Kajakverleih (Einer-/Doppelsitzer 10/18 € pro Std.).

Illa Balear　　　　　　　　　BOOTSTOUR

(☑ 971 81 06 00; www.illabalear.com; Carrer del Moll; 18–24 € pro Pers., einfache Fahrt nach Cala Ratjada 15 €; ☉ 8.30–17.30 Uhr) Im Sommer hat dieser Veranstalter täglich bis zu vier Bootsfahrten, meist in Glasbodenkatamaranen, zwischen Porto Cristo und anderen Ferienorten an der Ostküste, z. B. Cala Ratjada, Cala Romántica und Cala Millor, im Programm.

🎆 Feste & Events

Festes de Sant Antoni　　RELIGIÖSES FEST

Am 16. und 17. Januar ist ganz Porto Cristo auf den Beinen, wenn am Vorabend von Sant Antoni, der traditionellen Segnung der Tiere, ein riesiges Feuer entzündet und der „Tanz der Teufel" veranstaltet wird.

Verge del Carme　　　　　RELIGIÖSES FEST

Eine Feier zu Ehren der Schutzheiligen der Fischer steigt jedes Jahr am 16. Juli entlang der Küste.

ABGESCHIEDENE BUCHTEN SÜDLICH VON PORTO CRISTO

An der Küste südlich von Porto Cristo erstrecken sich mehrere herrlich einsame Buchten, die fast alle von der Fernstraße Ma 4014 zwischen Porto Cristo und Portocolom ausgeschildert sind. Die größte und touristischste ist die **Cala Romántica** mit blassgoldenem Sand, Klippen und seichtem türkisblauem Wasser. Mit nur wenigen Hotels zählt der Urlaubsort zu den ruhigeren der Insel. In die Felsen am Meer wurde eine grobe Promenade gehauen.

Hinter Cala Romántica warten Buchten und Höhlen auf Entdecker, beispielsweise **Cala Varques** (bekannt für die Höhle im Felsen über der Bucht), **Cala Sequer**, **Cova del Pilar** und die wilde abgeschiedene **Cala Magraner** am Fuße einer Schlucht und zerklüfteter Felsen, die bei Kletterern beliebt sind. Keiner dieser Orte ist direkt mit dem Auto zu erreichen, deshalb muss man ein paar Gehminuten einplanen.

 Essen

★ Sa Sal   MEDITERRAN €€
(✆ 971 82 20 49; www.restaurantesasal.com; Carrer la Tramuntana 11; Hauptgerichte 18–29 €; ⊙ Di–So 18.30–23.30 Uhr) Mit seinem professionellen Service, fantasievollen Gerichten und dem kerzenbeleuchteten Patio sticht das Sa Sal die meisten Restaurants der Stadt aus. In den Innenräumen des mallorquinischen Hauses mischen sich moderne Elemente mit Originalbalken und Steinwerk. Auf aromatische Vorspeisen wie Meeresfrüchtesuppe mit Vanille, Mango und Ravioli folgen Hauptgerichte wie Kalbsfilet mit Polenta, Käse aus Menorca und Trüffelsoße.

La Magrana   CAFÉ €
(✆ 971 55 69 74; Plaça del Carme 15; Snacks 4–8,50 €; ⊙ Mi–Mo 9–23 Uhr) Dieses zuckersüße Café versprüht dank Vintage-Dekor, Topfpflanzen, Korbstühlen, Bildern und frechen Farben echtes Künstlerflair. Auf der Terrasse an der Plaza mit Blick auf die Kirche und im Hof werden frische Säfte, Eis und leichte Snacks wie *pa amb oli* (Brot mit Öl) mit Serrano-Schinken und würziger Apfel-Gemüse-Salat serviert.

❶ Praktische Informationen

Touristeninformation (✆ 662 350882, 971 84 91 26; www.visitmanacor.com; Carrer del Moll; ⊙ Mo–Fr 9–15.30 Uhr) Am Ende der Werft.

❶ An- & Weiterreise

Zahlreiche Buslinien halten in Porto Cristo, z. B. die 412 und 414 nach Palma (einfach/hin & zurück 9,25/16 €, 1½ Std., 3–8-mal tgl.) via Manacor (1,90 €). Mit den Linien 441, 442 und 443 kommt man in die Ferienorte an der Ostküste (unterschiedliche Preise), beispielsweise nach Cala Ratjada (4,30 €, 30 Min., 3–11-mal tgl.).

Mittwochs gibt's eine Verbindung nach Sineu (5,50 €, 40 Min.).

Portocolom

3880 EW.

Dem Touristenansturm hat Portocolom würdevoll standgehalten. Im Vergleich zu anderen Ferienhochburgen an der Ostküste wirkt der Ort mit dem natürlichen Hafen (davon findet man auf der Insel nicht viele) recht verschlafen und steht bei Familien aus Deutschland, Großbritannien sowie Spanien gleichermaßen hoch im Kurs. Fischerboote, Segelboote sowie die eine oder andere Luxusjacht schaukeln im ruhigen Wasser der großen hufeisenförmigen Bucht.

🏊 Strände

In der Nähe von Portocolom erstrecken sich einige hübsche Strände, z. B. in den unberührten kleinen Buchten **Caló d'en Marçal** und **Cala s'Arenal** am nördlichen Ortsrand, wo die Einheimischen am liebsten baden. Auf der östlichen Landzunge öffnet sich die Bucht zum Meer hin, außerdem gewährt der Leuchtturm **Far de sa Punta de ses Crestes** einen schönen Ausblick auf Portocolom.

🏃 Aktivitäten

In der Touristeninformation kann man nach Fahrten im Glasbodenboot fragen (19–27 €, 2–6 Std.), die u. a. nach **Cala d'Or** führen.

Bahia Azul Dive Center   TAUCHEN
(✆ 971 82 52 80; www.bahia-azul.de; Ronda de Creuer Baleart 78; 27–39 € pro Tauchgang; ⊙ April–Okt.) Das Tauchzentrum im Hostal Bahia Azul bietet Kurse und Schnuppertauchgänge an und vermietet praktischerweise auch die passende Ausrüstung.

Skualo Adventure
Sports Centre
TAUCHEN, KAJAKFAHREN

(☑ 971 83 41 97; www.mallorcadiving.com; Carrer de Llampuga; 39 € pro Tauchgang; ☉ April–Okt.) Eine weitere renommierte Tauchschule. Ebenfalls im Programm: Schnorcheln (30–38 €) und Kajakausflüge auf dem Meer (2–3 Std., 38 €).

✗ Essen

★ Restaurant Sa Llotja
SPANISCH €€

(☑ 971 82 51 65; www.restaurantsallotjaportocolom. com; Carrer dels Pescadors; Hauptgerichte 15–33,50 €, Menü 35 €; ☉ Di–So 13–15.30 & 19–22.30 Uhr) Das schicke Restaurant mit Glasfront und schöner Terrasse samt Hafenblick lockt mit Gerichten wie Seeteufel, Hummereintopf, mallorquinischem Lammbraten und faszinierenden Spezialkreationen wie Thunfischtartar mit Mangosorbet. Alles ist frisch, hübsch präsentiert und lecker. Das Drei-Gänge-Menü mit Wein, Wasser und Kaffee ist ein echtes Schnäppchen.

Restaurant Sa Sinia
FISCH & MEERESFRÜCHTE €€

(☑ 971 82 43 23; Carrer dels Pescadors 25; Hauptgerichte 15–25 €; ☉ Di–So 13–15.30 & 19–23 Uhr) Die Speisekarten hat der Künstler Miquel Barceló entworfen und auf den Stühlen prangen Plaketten mit Namen der Stars, die hier gesessen haben: Das maritime Gewölbelokal versprüht zweifellos jede Menge Charakter. Spezialität des Hauses sind frischer Fisch, Paellas und hausgemachte Nachtische, zudem punktet es mit herzlichem, altmodischem Service.

Restaurante HPC
INTERNATIONAL €€

(☑ 971 82 53 23; www.restaurantehpc.com; Carrer de Cristòfol Colom 5; Hauptgerichte 10–25 €; ☉ 9–16 & 18.30–23 Uhr) Das moderne Restaurant mit hohen Wänden verfügt über eine von hinten beleuchtete Cocktailbar im ersten Stock in schicken Weiß- und Blautönen. Serviert wird ein wilder, aber leckerer Mix aus Spanferkel, Pizza und thailändischem Curry. Das Ambiente ist elegant, jedoch nicht spießig, besonders an den Außentischen mit luftigem Meerblick.

❶ Praktische Informationen

Touristeninformation (☑ 971 82 60 84; www. visitfelanitx.es; Avinguda de Cala Marçal 15; ☉ Mo–Fr 9–14 sowie Di & Do 17–19, Sa 9.30–12.30 Uhr) Am südlichen Ende der Stadt, an der Straße nach Cala Marçal.

❶ An- & Weiterreise

Zehn Buslinien fahren nach Portocolom, u. a. auch die Küstenbusse 441, 442 und 443 (verschiedene Preise, Dutzende pro Tag). Nach Palma gibt's täglich bis zu sieben Verbindungen (6,90 €, 1½ Std.).

Südliches Mallorca

Gut essen

➡ Yacht Club Cala d'Or (S.173)

➡ Alchemy (S.170)

➡ Sal de Coco (S.167)

➡ Casa Manolo (S.169)

➡ Aventura (S.172)

Schön übernachten

➡ Hotel Ca'n Bonico (S.190)

➡ Ca'n Bessol (S.190)

➡ Can Canals (S.189)

➡ Hotel Cala Santanyí (S.190)

➡ Hostal Colonial (S.189)

Auf ins südliche Mallorca

Dank der festungsartigen Küstenlandschaft zwischen der Badia de Palma (Bucht von Palma) und Colònia de Sant Jordi ist der Süden Mallorcas noch relativ untouristisch. Große Teile der Küste werden durch hohe, fast unüberwindbare Klippen abgeschirmt, an die das strahlend blaue Mittelmeer klatscht. Die Gegend mag schwer zugänglich sein, doch ihre raue, ungezähmte Schönheit ist hypnotisierend.

Zwischen den Klippen verstecken sich intime Buchten und lange Strände. Ob es sich dabei nun um Buchten handelt, die wie Fjorde von den Felsen eingeschlossen sind, oder man auf sanfte, von Pinien und Wacholder gesäumte Sandstreifen stößt: Hier findet man ein paar herrlich malerische Strände. Das Beste daran ist, dass man das Ganze sogar einigermaßen ungestört genießen kann. Die Einrichtung von Naturschutzgebieten sowie die vielen Bauernhöfe und Landgüter haben nämlich dafür gesorgt, dass dieser Teil der Insel von den schlimmsten Auswüchsen des Massentourismus verschont geblieben ist und die Küste an das ursprüngliche Mallorca erinnert.

Reisezeit

Die Strände im Süden erwachen erst in den Sommermonaten so richtig zum Leben, vor Ostern und nach Oktober ist dagegen kaum etwas los. Natürlich kann man die Region trotzdem besuchen, denn sie hat auch menschenleer, mit fast unheimlich ruhigen Badeorten und nur einer Handvoll geöffneter Restaurants, Hotels sowie Geschäften ihren Reiz. Dennoch ist zweifellos der Sommer die beste Reisezeit. Wer dann hierherkommt, sollte als Erstes die ursprünglichen Küstenabschnitte ansteuern.

Highlights im südlichen Mallorca

1 Mit dem Schiff zur **Illa de Cabrera** (S.170) übersetzen, Mallorcas einzigem Nationalpark.

2 Die winzigen Höhlen rund um das **Cap de Ses Salines** erkunden (S.167).

3 In **Capocorb Vell** (S.165) prähistorische *talayots* erforschen.

4 Die Dünen und vogelreichen Sumpfgebiete des **Parc Natural de Mondragó** (S.172) durchkämmen.

5 Bei einer geführten Tour durch **Ses Salines** (S.167) auf den Spuren des Salzes wandeln.

6 Sich am ruhigen **Platja des Trenc** (S.166) im blütenweißen Sandstrand aalen.

7 Im kristallklaren Wasser der schönen ruhigen **Cala Pi** (S.165) planschen.

8 Vom **Cap Blanc** (S.166) mit seinem Leuchtturm aus die Küste hinunterblicken.

9 Von der Terrasse eines Cafés in **Santanyí** (S.169) aus das Treiben beobachten.

10 Bei einer Kajakfahrt rund um die **Cala d'Or** (S.173) einsame Buchten entdecken.

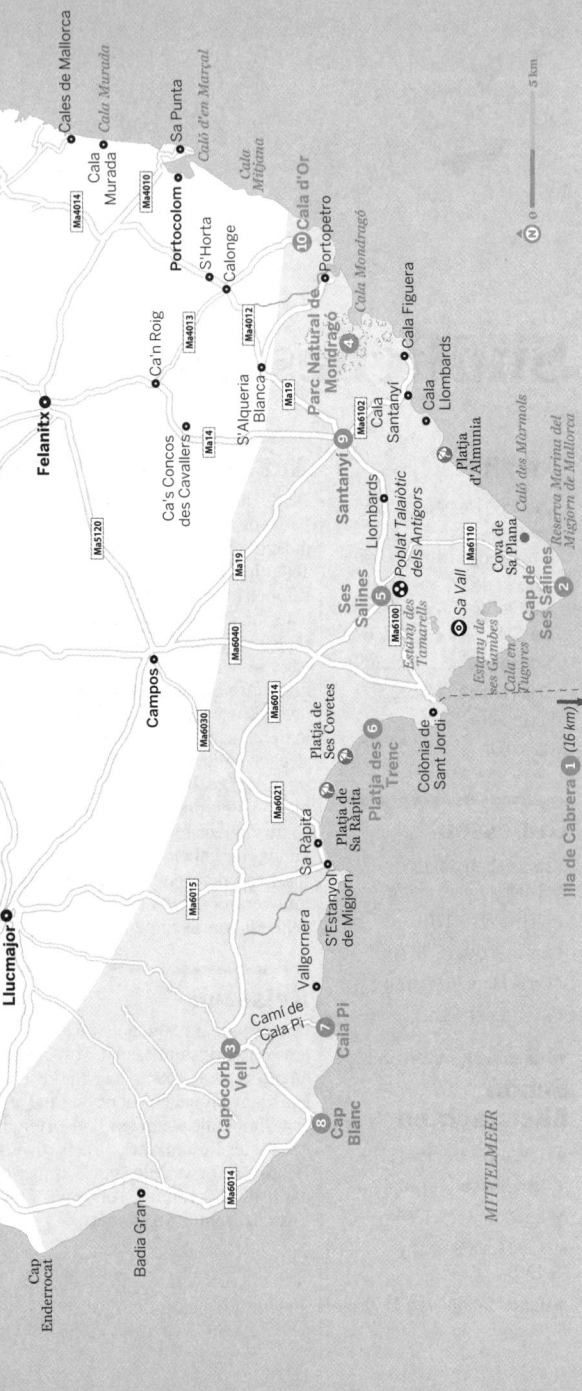

VOM CAP ENDERROCAT NACH SA RÀPITA

Der einsame, unberührte Küstenstreifen entlang der südlichsten Flanke Mallorcas erinnert an die Zeit, bevor der Massentourismus an der mallorquinischen Küste Einzug hielt. Angesichts der Lage – eingequetscht zwischen die Bettenburgen an der Ostküste und den hektischen Trubel in der Badia de Palma – wirkt seine Ursprünglichkeit noch ansprechender.

Cala Pi & Umgebung

Der angenehm beschauliche Urlaubsort Cala Pi liegt an einem hübschen weißen Sandstrand vor Pinien. An der Küste steht ein Wehrturm aus dem 17. Jh. und erinnert an das Mallorca vergangener Zeiten, als Piratenangriffe an der Tagesordnung waren.

◉ Sehenswertes

Cala Pi   STRAND
Die wunderschöne Cala Pi ist über eine steile Treppe zugänglich (der Beschilderung auf dem Camí de la Cala Pi folgen) und nur 50 m breit, erstreckt sich jedoch 100 m in Richtung Landesinneres. Zu beiden Seiten ragen zerklüftete Felsen auf, die dafür sorgen, dass der Wellengang in der türkisblauen Bucht dem in einer Badewanne entspricht. Unten am Strand gibt's keinerlei Einrichtungen für Besucher, alles Nötige sollte man dabeihaben.

Capocorb Vell   ARCHÄOLOGISCHE STÄTTE
(www.talaiotscapocorbvell.com; Carretera Arenal-Cap Blanc Km 23; Eintritt 2 €; ⊙ Fr–Mi 10–17 Uhr) In der weitläufigen prähistorischen Siedlung können Besucher auf felsigen Wegen an Bauwerken aus groben Steinen entlangwandern, die ungefähr um 1000 v. Chr. errichtet wurden. Wahrscheinlich war das Örtchen mit seinen 28 Wohnhäusern und fünf *talayots* (Wachttürmen, die im Falle von Capocorb Vell ohne Mörtel zusammenhielten) bis in die Römerzeit bewohnt.

✖ Essen

Restaurante Miguel   SPANISCH €€
(☑ 971 12 30 00; www.restaurante-miguel.com; Torre de Cala Pi 13; Hauptgerichte 9–26 €; ⊙ März-Okt. Di–So 11–23 Uhr) Dieses wunderbare Restaurant ist in einem typisch mallorquinischen Bauernhaus mit riesigem Patio untergebracht. Hier gibt's fantastische Gerichte mit Meeresfrüchten wie Paella, Mu-

scheln in Marinarasoße und Zackenbarsch mit Zitronensoße sowie deftigere mallorquinische Spezialitäten wie Kaninchen mit Pilzen sowie ein vegetarisches Menü.

ⓘ An- & Weiterreise

Bus 520 verkehrt morgens und abends jeweils einmal zwischen Cala Pi und Palma (5,50 €, 1½ Std.).

Sa Ràpita & Umgebung

Das verschlafene Sa Ràpita ist die bedeutendste Ortschaft an diesem Küstenabschnitt. Seine felsige, von Wellen umtoste Küste bietet optische Erholung vom Anblick des nichtssagenden Dorfes.

◉ Sehenswertes

Platja de Ses Covetes   STRAND
Der lange, seidige Strand mit kristallklarem Meer ist Teil des Wasserschutzgebiets **Reserva Marina del Migjorn de Mallorca**, dessen Kulisse aus Dünen und Pinien durch kein einziges Gebäude verschandelt wird. Es ist unbebaut, aber nicht unbesucht. Läuft man an der Küste Richtung Osten, kommt man an die Platja des Trenc. Die Platja de Ses Covetes liegt hinter Sa Ràpita an der Ma 6030. Parken kann man in Sa Ràpita.

Cova des Pas de Vallgornera   HÖHLEN
GRATIS 3 km östlich von Cala Pi erstrecken sich im felsigen Boden Vallgorneras einige Höhlen. Ein Paar sind wirklich beeindruckend und warten mit unterirdischen Flüssen und Seen oder spektakulären Stalagmiten und Stalaktiten auf. Die berühmteste dieser Höhlen, die Cova des Pas de Vallgornera, ist mit 6435 m auch die längste der Balearen. Leider ist sie nur Geologen und Höhlenforschern zugänglich.

ⓘ An- & Weiterreise

Bus 515 fährt nach und von Palma (5,30 €, 1 Std., bis zu 5-mal tgl.).

COLÒNIA DE SANT JORDI & UMGEBUNG

Westlich des Familienurlaubsortes Colònia de Sant Jordi erstreckt sich über 7 km der lange, unverbaute Strand Platja des Trenc. Im Südosten gehört ein langes Stück Felsenküste mit unberührten Stränden zu einem großen Naturschutzgebiet. Vor der Küste

SÜDLICHES MALLORCA COLÒNIA DE SANT JORDI

CAP BLANC

Auf der Küstenstraße, die von Palma nach Capocorb Vell und Cala Pi führt, lohnt sich ein kleiner Umweg zu einem wunderbar abgeschiedenen Fleckchen. Dazu folgt man einfach der Ma 6014 südlich von S'Arenal und dann dem nach rechts zeigenden Schild „Cap Blanc". Bald tauchen ein Leuchtturm und eine verlassen wirkende Militäranlage vor einem auf. Besucher können neben dem Zaun parken.

Zum Leuchtturm selbst führt kein Weg. Aber der Pfad, der am Zaun beginnt, windet sich fünf Minuten durch Gestrüpp und über verwitterte Felsen bis zu einer steilen Klippe. Von dort oben ist der Blick übers Mittelmeer mit den rötlichen Felsen an der Küste und darüber kreisenden Vögeln auf Beutefang atemberaubend. Der luftige und sonnige Platz bietet sich für ein Picknick an, wobei mit Kindern und Hunden Vorsicht angesagt ist: Es gibt keinen Zaun und geht sofort steil hinunter.

befindet sich der einzige Nationalpark der Balearen, der Parc Nacional Marítim-Terrestre de l'Arxipèlag de Cabrera, und im Landesinneren liegen ein paar gut erhaltene Talayot-Siedlungen verstreut in der friedlichen Landschaft.

Colònia de Sant Jordi

2900 EW.

Colònia de Sant Jordi ist der größte Badeort an der Südküste und schon seit Langem eine beliebte Sommerfrische für Leute aus Palma. Die Straßen des sauberen, familienfreundlichen Städtchens überziehen wie ein Schachbrett die hügelige Landschaft. In der Umgebung locken ein paar der besten und unberührtesten Strände Mallorcas, in erster Linie dient der Ort jedoch als Ausgangsbasis für Ausflüge auf die Illa de Cabrera (S.170).

⊙ Sehenswertes

Das Highlight sind die Uferpromenade und die fantastischen Strände innerhalb und außerhalb des Ortes, darunter die Platja des Trenc 20 Gehminuten vom nordwestlichen Stadtrand.

Platja des Trenc   STRAND

Die Platja des Trenc ist der größte mallorquinische Naturstrand; er liegt 3 km nordwestlich vom südlichen Stadtrand von Colònia de Sant Jordi. Mit seinem herrlichen weißen Sand, tiefblauem Wasser und der idyllischen Kulisse aus Pinien und sanft gewellten Dünen demonstriert der Strand, wie schön Mallorcas Küste vor dem ausufernden Bauboom einmal war. Offiziell ein FKK-Strand, tummelt sich hier ein gemischtes Publikum mit und ohne Kleider.

Der Weg zum Parkplatz ist von der Ma 6040 an ausgeschildert. Die schmale ge-

pflasterte Straße führt bei den Salines de Llevant vorbei an Hügeln aus gelbem Salz; danach schlängelt sie sich an mehreren Feldern mit Wildblumen entlang zum Marschland in der Nähe des Strandes hinunter.

Centro de Visitantes Ses Salines   AQUARIUM

(Ecke Carrer de Gabriel Roca & Plaça del Dolç; Erw./ Kind 6/3 €; ⊙10–12 & 15–23 Uhr) GRATIS Am nordöstlichen Ende des Ortes, einen Block hinter der Platja Es Port, liegt in einem runden Gebäude aus Glas und Stein das Interpretationszentrum mit einem Aquarium. Hier wird das Meeresleben des Parc Nacional Marítim-Terrestre de l'Arxipèlag de Cabrera vor der Küste erklärt. Am Ende der Besichtigung geht's einen spiralenförmigen Weg rund um ein außergewöhnliches Wandgemälde von Miguel Mansanet hoch, der sich von mallorquinischen Karten des Mittelmeers aus dem 16. Jh. inspirieren ließ.

🏃 Aktivitäten

Team Double J   FAHRRADVERLEIH

(📱971 65 57 65; www.teamdoublej.com; Avinguda de la Primavera 9; pro Tag ab 7,50–15 €, pro Woche 35–120 €; ⊙ Feb.–Okt. 9.30–13 & 16–19 Uhr) Verleiht Fahrräder und informiert über Radwege in der Umgebung.

Piraguas Mix   KAJAK FAHREN

(📱971 65 24 74; www.piraguasmixkayaks.com; S'Alqueria Rotje, Campos; Seekajaks pro Tag ab 30 €, geführte Kajakfahrten pro Person 30 €; ⊙ 9–21 Uhr) Einer der renommiertesten Kajakanbieter der Insel.

🍴 Essen

Marisol   INTERNATIONAL €€

(📱971 65 50 70; www.restaurantemarisol.eu; Carrer de l'Enginier Gabriel Roca; Hauptgerichte 12–26 €; ⊙ 12.30–22.30 Uhr) Auf einer großen überdachten Terrasse am Wasser werden Pasta, Pizza, Fisch, Meeresfrüchte, Reisgerichte und Eintöpfe serviert. Das Essen ist nichts Besonderes, doch dafür überzeugt die Kulisse umso mehr.

★ Sal de Coco
MEDITERRAN €€€

(☏971 65 52 25; www.restaurantsaldecoco.com; Carrer Carreró 47; Menüs 25–33 €; ☺ März–Okt. Mi–So 13–15 & 18–23 Uhr) Das schicke Bistro voller Kunstwerke verdankt seinen Namen dem Salz, das sich auf den Felsen rund um Colònia de Sant Jordi absetzt. Hier serviert Marta Rosselló originelle Varianten mediterraner Gerichte wie Fisch und Spinatravioli mit Garnelensoße, Tintenfisch und Pilzrisotto sowie hervorragendes Steak Tartare. Alle Gerichte sind liebevoll angerichtet und extrem schmackhaft.

❶ Praktische Informationen

Tourismusbüro (☏971 65 60 73; www.mallorcainfo.com; Carrer Gabriel Roca; ☺ Juni–Sept. Mi–Mo 10–14 & 16–21 Uhr, Feb.–April & Okt. Mi–Mo 10–13 & 16–18 Uhr) Liegt direkt am Hafen.

❶ An- & Weiterreise

Bus 502 fährt nach Palma (6,35 €, bis zu 8-mal tgl., 1¼ Std.).

Ses Salines

Schon seit der Römerzeit wurde in diesem kleinen Städtchen Salz abgebaut. Heute ist Ses Salines („Die Salzpfannen") ein bescheidenes landwirtschaftliches Zentrum, das sich dank der coolen Bar-Restaurants und einiger Läden, die clever lokales Salz vermarkten, von einer ländlichen Durchgangsstation zu einem der nettesten Orte im südlichen Inselinneren gemausert hat. Zudem grenzt es an eine wunderschöne ländliche Gegend mit vielen tollen Wander- und Radwegen.

◉ Sehenswertes

Weil die Sehenswürdigkeiten des Ortes recht weit verstreut liegen, benötigt man für die Besichtigung ein Auto.

Cap de Ses Salines
LEUCHTTURM

(Carretera de Cap de Ses Salines) Um zum Cap de Ses Salines, einer wunderschönen Felslandschaft an Mallorcas südlichsten Zipfel, sowie zum zugehörigen Leuchtturm von 1863 zu gelangen, folgt man der Ma 6110 ab Llombards 9 km in südlicher Richtung.

Am Kap selbst gibt's nicht viel zu sehen, allerdings erstrecken sich zu beiden Seiten tolle Naturstrände, die zum Schutzgebiet Reserva Marina del Migjorn de Mallorca gehören.

Die östlichen Strände zwängen sich zwischen die Küstenklippen, die sich zu atemberaubend hübschen kleinen Buchten wie der Caló des Màrmols, Sandstreifen wie der Platja d'Almunia und Höhlen wie der Cova de Sa Plana öffnen. Sie alle sind durch einen zerklüfteten 8 km langen Küstenpfad miteinander verbunden.

Botanicactus
GÄRTEN

(www.botanicactus.com; Carretera Ses Salines-Santanyí; Erw./Kind 9,50/4,50 €; ☺9–19.30 Uhr) Direkt vor den Stadttoren liegt Europas größter botanischer Garten mit Palmen, Bambuswäldchen, Zypressen, Johannisbrot- und Orangenbäumen und über 12 000 Kakteen. Im Botanicactus kann man zwischen 1000 Arten mediterraner und exotischer Pflanzen sowie Sumpfgewächsen herumspazieren.

Poblat Talaiòtic dels Antigors
ARCHÄOLOGISCHE STÄTTE

GRATIS 1 km vor Ses Salines in Richtung Colònia de Sant Jordi führen Schilder zu dieser vernachlässigten archäologischen Stätte. Es gibt kein Besucherzentrum, sondern nur kaum leserliche Tafeln. Deshalb ist Fantasie gefragt, um sich vorzustellen, dass die niedrigen Steinmauern früher zu den Häusern einer prähistorischen Siedlung gehörten. Das Tor steht immer offen.

🏃 Aktivitäten

Artestruz Mallorca
FARM

(☏971 65 05 62; www.artestruzmallorca.com; Ma6014; Erw./Kind 5/2 €; ☺10–14 & 17–20 Uhr) Die Straußenfarm 3 km nordwestlich von Ses Salines ist ab der Ma 6014 ausgeschilde-

---

DIE SCHÖNSTEN STRÄNDE DES SÜDLICHEN MALLORCA

➜ **Platja des Trenc** (S. 166)

➜ **Sa Plageta** und **S'Espalmador** (Illa de Cabrera; S. 170)

➜ **Cala Mondragó** (S. 172)

➜ **Cala Pi** (S. 166)

➜ **Cala Santanyí** (S. 170)

➜ **Cala Llombards** (S. 170)

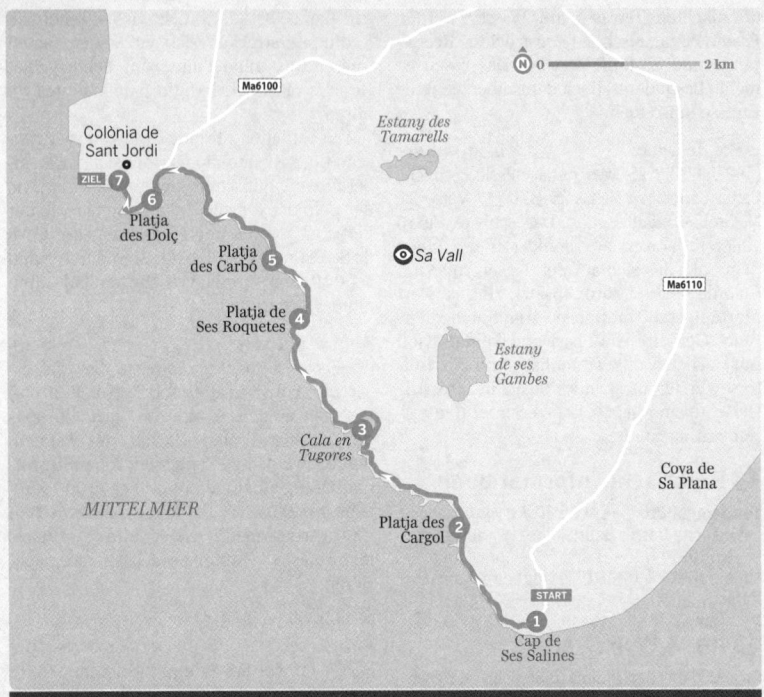

Wanderung
Cap de Ses Salines nach Colònia de Sant Jordi

STARTPUNKT CAP DE SES SALINES
ENDPUNKT COLÒNIA DE SANT JORDI
LÄNGE/DAUER 9 KM; 3 STUNDEN

Unberührte Küstenabschnitte auf Mallorca zu finden ist recht schwer, doch diese Wanderung bietet einige. Der Küstenpfad zwischen dem Cap de Ses Salines und Colònia de Sant Jordi ist eben, aber steinig. Er führt vorbei an verwitterten Felsformationen und vergessenen Sandstränden, die sich zum Schwimmen perfekt eignen. Unbedingt reichlich Trinkwasser mitnehmen, unterwegs gibt's keine Wasserquellen und nur wenig Schatten! Am Wegesrand wachsen wilder Spargel und die *azucena de mar* (Portulak-Keilmelde), die im Juli und August blüht und wunderbar duftet.

Am besten lässt man sein Auto auf dem Seitenstreifen beim **1 Cap de Ses Salines** stehen, das von der Fernstraße ausgeschildert ist. Von dort geht's zunächst in Richtung Meer und dann westwärts (nach rechts). Links glitzert das Wasser in Tausenden von Blautönen und in der Ferne sieht man die Illa de Cabrera.

Etwa 30 Minuten lang verläuft der relativ ebene Weg über die für die Küste typischen rötlichen Kalksteinfelsen, (aus ihnen wurde auch die Kathedrale in Palma gebaut). Dann kommt der erste „jungfräuliche" Strand, die **2 Platja des Cargol**, geschützt durch eine natürliche Felsmole geschützt ist. Im Sommer kann es hier allerdings ziemlich voll werden (an Land und auf dem Wasser).

Nun die Küste entlang zu anderen Buchten und Stränden, darunter die **3 Cala en Tugores** (nach 1 Std.), die **4 Platja de Ses Roquetes**, die **5 Platja des Carbó** (nach 2¼ Std.) und schließlich die **6 Platja des Dolç** (nach 3 Std.). Dank ihres feinen Sandes und den sanften, türkisfarbenen Wellen sind sie alle wirklich atemberaubend. Eine idyllische Kulisse aus Wacholdersträuchern und kreischenden Möwen sorgt dafür, dass man immer das Gefühl hat, an einen ganz besonderen Ort entflohen zu sein – selbst während des Besucheransturms im Sommer.

Der Ausflug endet schließlich in **7 Colònia de Sant Jordi**.

rund zweifellos etwas Besonderes. Hauptattraktion ist es, Strauße zu sehen, zu streicheln und zu füttern, was wohl jedes Kind begeistert. Gegen Vorbestellung kommen Besucher in den Genuss von Mahlzeiten (mit Straußenfleisch und -eiern sowie mallorquinischem Wein), außerdem kann man in einem Laden Produkte aus Straußenleder wie Taschen und sogar Straußenfedern zum Reinigen von Computern kaufen.

Salines des Trenc · GEFÜHRTE TOUR
(www.salinasdelevante.com; Carretera Colònia de Sant Jordi-Campos Km 10) Wer mehr über Trencs berühmtes *flor de sal* (handverlesenes Meersalz) erfahren möchte, kann an einer 90-minütigen Führung (auf Spanisch oder Deutsch) durch die Salzpfannen teilnehmen. Man erfährt viel über den Gewinnungsprozess und seine Geschichte sowie zur heimischen Vogelwelt. Los geht's von April bis Oktober um 10.30, 12, 16.30 und 17.30 Uhr vom Büro der Salines des Trenc.

 **Essen**

Cassai · INTERNATIONAL €
([☎] 971 64 97 21; Carrer de Sitjar 5; Hauptgerichte 13–23,50 €; [⏱] 11–23 Uhr) Das faszinierend und doch unprätentiös gestaltete Cassai versprüht das Ambiente eines Chill-Out-Cafés à la Ibiza für Erwachsene. Die Besitzer haben auch einen Laden für Designer-Haushaltswaren in der Stadt, was sich im rustikal-edlen Dekor widerspiegelt. Auf der Karte stehen Lammkoteletts mit *tumbet* (einem klassischen vegetarischen Gericht), Curry aus rotem Thunfisch und ein Mittagsgericht zum fairen Preis von 8,50 €.

★ Casa Manolo · MALLORQUINISCH €€
([☎] 971 64 91 30; www.bodegabarahona.com; Plaça Sant Bartomeu 2; Hauptgerichte 16–27 €; [⏱] Di–So 11–16 & 19–23 Uhr) Mit Postkarten an den Wänden und von der Decke hängenden Serranoschinken sieht die Bodega noch aus wie bei ihrer Eröffnung 1945. Grund für den beständigen Erfolg sind die Reis-, Meeresfrüchte- und Fischgerichte. Zu den Spezialitäten des Hauses gehören Hummereintopf und *arròs notari,* Reis mit Meeresfrüchten und einer reichhaltigen Soße aus Tintenfischtinte.

Asador Es Teatre · GRILL €€
([☎] 971 64 95 40; www.asadoresteatre.com; Plaça Sant Bartomeu 4; Hauptgerichte 12–22 €; [⏱] Do–Di 11–23 Uhr) Spezialitäten des Asador Es Teatre sind Lammbraten, T-Bone-Steaks und andere leckere Fleischgerichte. Das Gebäude

stammt aus dem 19. Jh. und wartet mit einer herrlichen Terrasse auf.

 Ausgehen

Bodega Llum de Sal · BAR, CAFÉ
(www.llumdesal.es; Carrer Burguera Mut 14; [⏱] 9–0 Uhr) Kunstwerke zieren die Wände dieser Bodega an der Hauptstraße , die mit ihrer Fassade aus Stein und Holz sowie den Zwischengeschossen eine der schönsten in diesem Teil der Insel ist. Neben gutem Kaffee und leckeren Cocktails punktet sie mit den hier erhältlichen Feinkostwaren, darunter mit verschiedenen Gewürzen verfeinertes Salz aus der Region für Fisch-, Fleisch- und sogar Wokgerichte.

 Shoppen

Cassai Gourmet · ESSEN, WEIN
(Plaça Sant Bartomeu 9; [⏱] 10–13.15 & 17–21.30 Uhr) Dies ist die offizielle Verkaufsstelle von Flor de Sal d'Es Trenc, das man überall auf der Insel bekommt. Zur Auswahl stehen die natürliche Variante (17 € pro Kilo) sowie mit mediterranen Kräutern, Hibiskus und schwarzen Oliven verfeinerte Mischungen, Weine, Olivenöl und andere regionale Erzeugnisse.

ⓘ An- & Weiterreise

Am besten kommt man mit dem eigenen Fahrzeug, weil man es zur Besichtigung der umliegenden Attraktionen benötigt. Von und nach Campos und Santanyí verkehren unregelmäßig Busse.

VON SANTANYÍ ZUR CALA D'OR

Die Ferienorte an der Ostküste Mallorcas haben sich zu einer endlosen Reihe von Hotels, Fischrestaurants und Stränden voller Sonnenschirme verbunden. Die einzige dankenswerte Ausnahme in diesem touristischsten Teil Südmallorcas ist der Parc Natural de Mondragó. Er bietet die Möglichkeit, mal durchzuatmen, und wartet mit makellosen Stränden auf, die von zerklüfteten Felsen und Wacholderhainen gesäumt werden.

Santanyí

Die Reize des entspannten Dörfchens Santanyí im Inland zwischen dem Parc Natural de

DIE ILLA DE CABRERA BESUCHEN

Der einzige Nationalpark der Balearen, der **Parc Nacional Marítim-Terrestre de l'Arxipèlag de Cabrera** (📞 971 72 50 10; ⊙ Ostern–Okt.), besteht aus 19 unbewohnten kargen und hügeligen Inseln. Diese sind für ihre Vogelwelt, die artenreiche Meeresflora und -fauna und ihre Eidechsenpopulationen bekannt. Die **Illa de Cabrera** ist die größte Insel und die einzige, die für Besucher zugänglich ist. Sie liegt nur 16 km vor der Küste bei Colò-nia de Sant Jordi. Auf den übrigen Inseln wird die Tier- und Pflanzenwelt erforscht. Pro Tag dürfen nur 200 Leute (300 im August) in das streng geschützte Naturreservat, also muss man mindestens einen Tag vorher einen Platz reservieren! Wer will, kann auch mit dem Privatboot nach Cabrera fahren – vorausgesetzt, er hat sich vorher eine Navigations- und Ankererlaubnis bei der Parkverwaltung besorgt. Fast alle Besucher kommen jedoch im Rahmen einer organisierten Tour. **Excursions a Cabrera** (📞 971 64 90 34; www.excursionsa cabrera.es; Porto de Colònia de Sant Jordi; Erw./Kind 40/25 €; ⊙ Ostern–Okt., Schnellboot 42/27 €) bietet Touren mit langsamen und schnellen Booten ab Colònia de Sant Jordi an; auch **Mar Cabrera** (📞 971 65 64 03; www.marcabrera.com; Avinguda Gabriel Roca 18; Erw./Kind ab 35/20 €; ⊙ 9–13 & 16–21 Uhr) hat Speedboatfahrten im Programm.

Während des Aufenthalts sind die Teilnehmer größtenteils auf sich gestellt. Viele genießen einfach die wunderbar ruhigen Strände **Sa Plageta** und **S'Espalmador**. Mancherorts wirkt der Park überbehütet: Nur wenige Pfade sind öffentlich zugänglich, allerdings braucht man dafür meistens entweder eine Genehmigung von der Parkverwaltung oder muss sich einem Guide anschließen.

Der beliebteste Wanderweg führt zu einer restaurierten **Burg aus dem 14. Jh**. Ursprünglich sollte die Festung Piraten von der Insel fernhalten. Später fungierte sie als Gefängnis für französische Soldaten, von denen über 5000 starben, als sie 1809, gegen Ende des Spanischen Unabhängigkeitskrieges, einfach vergessen wurden. Der 30-minütige Weg

---

Mondragó und Ses Salines sprechen sich langsam, aber sicher herum. Zwischen honigfarbenen Häusern verstecken sich hier unkonventionelle Cafés, Boutiquen, Galerien, Geschäfte mit Töpferware und Restaurants.

Dorfmittelpunkt ist die Plaça Major mit ihrer Kirche, vor allem an Markttagen (mittwochs und samstags), wenn Bauern aus der Region ihre Waren feilbieten. Rundherum liegen Cafés und Bars, von denen aus man bei Getränken und Tapas das Treiben beobachten kann.

◉ Sehenswertes

Cala Santanyí   STRAND

Cala Santanyí erfreut sich großer Beliebtheit, platzt aber nicht aus allen Nähten. Sie ist der Star einer Naturshow, in der auch grandiose, klippengesäumte Buchten und ein fantastisches, kobaltblaues Meer eine Rolle spielen. Die *cala* liegt am Fuß einer Art Schlucht mit einem sandigen Parkplatz (wer zu Fuß oder mit dem Rad zurück zur Ferienanlage will, hat sich wirklich was vorgenommen).

Ein schmaler Pfad führt die Küste entlang zu dem natürlichen Felsbogen El Pontàs mitten im Wasser – ein angesagter Spot zum Schnorcheln.

Cala Llombards   STRAND

Die winzige, von rauen Felswänden eingeschlossene und von Pinien gekrönte Bucht Cala Llombards ist ein wunderschönes Fleckchen Erde. Auf menschliche Intervention deuten nur eine Strandhütte als Bar und Liegestühle hin, die von Sonnenschirmen aus Palmwedeln beschattet werden. Die Aussicht hier ist unglaublich: Man blickt auf türkisfarbenes Wasser, einen weißen Sandstrand und rötliche Felsen, die wie eine Promenade Richtung Meer führen.

Zur Cala Llombards geht's von der Ma 6102 auf einer von Steinmauern eingefassten Straße hinunter (ausgeschildert); auf den angrenzenden Wiesen grasen Schafe.

✖ Essen

 **Alchemy**   MALLORQUINISCH €€

(📞 971 65 39 57; Carrer de Aljub 10; ⊙ Mo–Fr 13–16 & 19–2, Sa 19–2, So 19–0 Uhr) Trotz des Namens hat das Restaurant nichts mit Molekularküche oder ähnlichen Spielereien zu tun. Es punktet mit einem schönen Hof, schickem Bistro-Innenraum und herzlichem Empfang. Ambiente und Essen sind erfrischend schlicht. Als Vorspeisen werden z.B. Salat aus Ziegenkäse oder Tintenfisch serviert, gefolgt von göttlichem Filetsteak oder Grillfisch.

schlängelt sich an der Nordseite der Insel entlang und erklimmt dann die 80 m hohen Klippen, auf denen die Burg steht.

Manchmal gibt's auch Führungen auf dem 20-minütigen Weg zu **Es Celler**, einem hübschen Bauernhaus im Besitz der Familie Feliu. Ihr gehörte Anfang des 20. Jhs. die komplette Insel. Heute ist das Gehöft ein Museum mit historischen und kulturellen Exponaten. In der Nähe steht ein Denkmal für die französischen Gefangenen, die auf Cabrera umkamen.

Andere mögliche Routen, für die man jeweils eine Genehmigung braucht, führen zum **N'Ensiola-Leuchtturm** (4 Std.), zur **Serra de Ses Figueres** im Süden (2½ Std.) oder zum höchsten Punkt der Insel, dem 172 m hohen **Picamosques** (3 Std.).

Darüber hinaus ist die Illa de Cabrera ein toller Spot zum Schnorcheln. Tauchen darf man nur mit Sondergenehmigung, aber Schnorchelausflüge vor der Küste sind ohne Erlaubnis möglich. Im Juli und August kann man sich auch für eine der Schnorchelexkursionen anmelden, die von den Parkwächtern geführt werden.

Vogelliebhaber kommen auf Cabrera ebenfalls voll auf ihre Kosten, da hier Seevögel, Raubvögel und Zugvögel zumindest einen Teil des Jahres zu Hause sind. U. a. kann man Seeadler, die gefährdeten Balearensturmtaucher, Audouinmöwen, Gelbschnabelsturmtaucher, Eleonorenfalken und Wanderfalken sehen.

Zur facettenreichen Fauna gehört außerdem die kleine Balearen-Eidechse, die berühmteste Tierart auf Cabrera. Auf dem Archipel hat sie nur wenige Feinde, deshalb leben 80 % der Gesamtpopulation auf der Insel.

Auf der Rückfahrt nach Colònia de Sant Jordi hält das Boot bei **Sa Cova Blava** (Blaue Höhle), einer fantastischen Grotte mit kristallklarem Wasser – perfekt, um ein Bad zu nehmen. Auch Schnellboote legen dort einen Stopp ein.

Es Molí de Santanyí
TAPAS €€

(☑971 65 36 29; Carrer Consolació 19; Tapas 5–19 €; ⊙ Mitte Febr.–Mitte Nov. 13–23 Uhr) Nach der Windmühle Ausschau halten und sich dort im von Palmen und Gummibäumen beschatteten Garten an einen der Marmortische setzen. Auf der Karte stehen einfallsreiche, toll angerichtete Tapas von Tunfisch-Sashimi bis hin zu scharfen Blutwurst-Wan-Tans und gebratener Wachtel mit Linsen.

ℹ Praktische Informationen
Büro des Parc Natural de Mondragò (☑971 64 20 67; Carrer de Can Llaneres 8; ⊙9–16 Uhr) Informiert über das geschützte Küstengebiet.

ℹ An- & Weiterreise
Täglich fahren bis zu sechs Busse nach Palma (6,50 €, 1½ Std.).

Cala Figuera

Aus der Luft betrachtet sieht diese Bucht aus wie eine Schlange mit weit aufgerissenem Maul, die gerade dabei ist, die Pinien und Häuschen des gleichnamigen Ferienortes zu verschlingen. Die Stadt selbst ist unbedeutend und hat auch in Sachen Unterhaltung nicht viel zu bieten, aber dafür ist der romantische Hafen mit ein paar Restaurants einer der hübschesten an der Ostküste. Zwischen bunt angestrichenen Booten liegen ein paar neue Jachten und Ausflugsboote, trotzdem hat sich Cala Figuera das Flair früherer Zeiten bewahrt: Hier gibt's tatsächlich noch Fischer, die fischen! Vor Sonnenaufgang fahren sie über den gewundenen Meeresarm raus und kehren später am Vormittag in den Hafen zurück, um ihre Netze zu flicken.

🏃 Aktivitäten

Red Star Tours
BOOTSTOUR

(☑664 243464; www.redstartours.com; Port de Cala Figuera) Angeboten werden eine 15-minütige Fahrt durch den Hafen (Erw./Kind 10/7 €), eine 30-minütige Tour zu den umliegenden Buchten wie der Cala Santanyí (15/11 €) oder eine einstündige Tour (25/17 €), die zu einer Reihe wenig bekannter Buchten führt.

🍴 Essen

Restaurante Petite Iglesia
FRANZÖSISCH €

(☑971 64 50 09; www.la-petite-iglesia.com; Carrer de la Marina 11; Hauptgerichte 13,50–21 €, Menüs 19,90–39,50 €; ⊙ April–Okt. 18–23 Uhr; ) Mit

ABSTECHER

PARC NATURAL DE MONDRAGÓ

Mit seinen Stränden, Dünen, Feuchtgebieten, Klippen und Feldern ist der 766 ha große Naturpark im Landesinneren eine tolle Gegend zum Schwimmen und Wandern sowie ein echtes Paradies für (Hobby-)Ornithologen. Viele Besucher zieht es zum Baden in die herrliche Cala Mondragó, eine der attraktivsten Buchten an der Ostküste. Von großen Felsen geschützt und von Pinien gesäumt, besteht sie aus drei ruhigen, durch Trampelpfade verbundenen Sandstränden.

Vogelfans werden große Freude an den zahlreichen Arten haben, die hier rumflattern, darunter Falken und Turteltauben. Zudem nisten hier Wanderfalken und Korallenmöwen. Auf den Wanderwegen, die den Park durchziehen, hat man reichlich Gelegenheit, Vögel zu beobachten. Gelegentlich lassen sich auch Algerische Igel, Griechische Landschildkröten oder Wechselkröten blicken.

Die Cala Mondragó liegt 2 km südlich von Portopetro. Bus 507 verbindet Mondragó mit Cala d'Or (1,85 €, 30 Min., Mo–Fr 7-mal tgl.) und ein paar anderen Badeorten.

Meerblick kann das zwei Blocks von der Küste entfernt den Berg hoch gelegene Restaurant nicht aufwarten, trotzdem gehört die Kulisse zu den atmosphärischsten der Stadt. In den Gemäuern einer kleinen Sandsteinkirche mit Tischen im Freien unter Bäumen werden französische Köstlichkeiten serviert, darunter provenzalischer Rindereintopf oder auch zarte Lammhüfte mit Rosmarin.

Mistral Restaurante   MEDITERRAN €

(☑ 971 64 51 18; www.mistral-restaurante.com; Carrer de la Verge del Carme 42; Hauptgerichte 15–18,50 €; ☉ Mitte April–Okt. 18.30–23 Uhr; 🖥) In diesem schicken Restaurant über dem Hafen hat man die Qual der Wahl zwischen Tapas und aufwendigeren Speisen wie gegrillter Seezunge mit frischer Petersilienpaste oder *tumbet* mit Fleisch oder Fisch.

L'Arcada   MALLORQUINISCH, INTERNATIONAL €

(☑ 971 64 50 32; Carrer de la Verge del Carme 80; Hauptgerichte 13,50–26,50 €; ☉ April–Okt. 12.30–22.30 Uhr) Hier kann man von oben die Schiffe im Hafen blinken sehen, während man extrem frische Meeresfrüchte (von gegrillten Calamari bis hin zu mallorquinischen Garnelen), Paella und Inselspezialitäten wie Schweinelende mit *tumbet* genießt. Die Pizza ist ein Muss.

🍷 Ausgehen

Bon Bar   BAR, CAFÉ

(Carrer de la Verge del Carme 27; ☉ 9.30–2 Uhr) Das Café überzeugt vor allem mit der tollen Aussicht in die Ferne. Hoch über dem Meeresarm kann man sich hier einen Drink genehmigen und auch Snacks oder Eiscreme genießen.

ℹ️ An- & Weiterreise

Bus 502 fährt via Colònia de Sant Jordi und Santanyí nach Palma (7 €, 1½ Std, Mo–So 3-mal tgl.).

ℹ️ Praktische Informationen

Büro des Parks (☑ 971 64 20 67, 971 18 10 22; Carretera de Cala Mondragó; ☉ 9–16 Uhr) Das kleine Büro des Parks beim Parkplatz gibt Karten mit Wandervorschlägen aus. Eine weitere Filiale gibt's in Santanyí.

Portopetro

Irgendwas ist besonders an Portopetro. Wer durch die steilen, schattigen Straßen schlendert, spürt sofort die relaxte Stimmung und den ruhigen Lebensrhythmus dieses intimen Fischerdorfes. Früher erfreute sich der Ort dank seiner geschützten, natürlichen Bucht bei Fischern großer Beliebtheit.

🏃 Aktivitäten

Petro Divers   TAUCHEN

(☑ 971 65 98 46; www.petro-divers.eu; Calo d'es Moix 8; ☉ 9–18.30 Uhr; 🖥) Hier wird die gesamte Bandbreite an PADI-Kursen von Einführung über Kindertauchen bis zu zertifizierten Open-Water-Kursen angeboten. Ein einzelner Tauchgang kostet 39 €; je mehr man bucht, desto günstiger wird es. Vermietet auch Tauchausrüstung.

🍴 Essen

★ Aventura   MALLORQUINISCH €€

(☑ 971 65 71 67; Carrer de sa Punta Mitjana 11; Hauptgerichte 9,50–17 €; ☉ 12–15.30 & 18–23 Uhr) Hafenblick, freundlicher Service und taufrischer Fisch machen das Aventura zur ersten

Wahl an der Promenade. Toll sind die gemischten Tapas für zwei (22 €) und dazu eine Flasche *tinto* (Rotwein) oder Hauptgerichte wie Seehecht mit Muscheln oder gegrilltem Petersfisch.

La Caracola　　MALLORQUINISCH, INTERNATIONAL €€

(☑ 971 65 70 13; Avinguda del Port 40; Mittagsmenü mit 2 Gängen 8,50 €, Hauptgerichte 7–23 €; ⊘ 13–15.30 & 19.30–23 Uhr; ⊕) Neben Paella und Pasta überzeugt das beliebte Caracola seit 20 Jahren mit *calamares rellenos (*gefülltem Tintenfisch), hausgemachten Suppen und mallorquinischer Ratatouille *(tumbet)*. Es ist zwar nicht die auffälligste Location am Ort, aber meistens die vollste.

Restaurante Marítimo　　MALLORQUINISCH €€

(☑ 971 65 80 50; Calo d'en Moix; Hauptgerichte 12,50–28 €; ⊘ Di–So 12–16 & 19–23.30 Uhr; ⊕) Neben der Tauchschule liegt das schlichte Restaurant und seine von Bougainvillea überwachsene Terrasse mit Blick auf den Hafen. Fischgerichte von gegrilltem Seeteufel bis Paella voller Krustentiere sind hier Standard.

❶ An- & Weiterreise

Täglich fahren bis zu fünf Busse von Portopetro nach Palma (8,40 €, 1½ Std.) und Cala d'Or (1,50 €, 10 Min.).

Cala d'Or

4220 EW.

Es gibt sie zwar noch, die netten Buchten mit feinem Sandstrand und ruhigem, azurblauem Wasser, allerdings sind sie in diesem schicken touristischen Badeort nicht sonderlich leicht zu finden. Jede *cala* (Bucht) hat ihre eigene Hauptstraße, an der sich zahlreiche Pubs, Restaurants und Souvenirbuden drängeln, und das macht das Ganze leider ziemlich unübersichtlich.

Als eigentlicher Star gilt jedoch der Jachthafen **Port Petit**, eine der glamourösesten Marinas auf Mallorca. Er ist der Hauptgrund dafür, dass Cala d'Or mehr und mehr einen Namen als Edellocation für die Schönen und Reichen macht.

🏃 Aktivitäten

Nemar Kayaks　　KAJAK FAHREN

(☑ 656 851267; http://nemarkayaks.weebly.com; Avinguda de sa Cala Gran 8; Kajakverleih pro Tag 30–50 €, 2-stündige Ausflüge 30–40 €) Ein Kajak mieten und auf eigene Faust die geschützten Buchten an der Südküste erkunden oder auf

einer geführten Tour von den Profis lernen. Eine Pause am Strand rund um die Cala d'Or, das Erkunden der Höhlen rund um den Parc Natural de Mondragó und ein Abstecher durch den natürlichen Felsbogen Es Pontàs hindurch zur Cala Santanyí sind bei den Touren mit drin.

Xplore Mallorca　　OUTDOORSPORT

(☑ 971 65 90 07; www.xploremallorca.com; Carrer de Alga; ⊘ Mai–Okt.) Veranstaltet Mountainbike- (18 €), Wander- (15 €), Rad- (19 €) und Seekajaktouren (18 €) unterschiedlicher Länge. Kinder zahlen für die Ausflüge nur die Hälfte.

SeaRiders　　BOOTSTOUR

(☑ 615 998732; www.searidersweb.com; Cala Llonga; Fahrten Erw./Kind ab 21/16 €; ⊘ April–Okt.) Sea Riders in Cala Llonga hat kinderfreundliche Bootstouren im Programm, aber auch Exkursionen für echte Adrenalinjunkies (42 €); im Juli und August gibt's bis zu drei Fahrten am Tag.

Moto Sprint　　BICYCLE RENTAL, MOTORBIKE RENTAL

(☑ 971 65 90 07; www.moto-sprint.com; Carrer d'en Perico Pomar 5; pro Tag Fahrrad 7,50–16 €, Motorrad 29–93 €; ⊘ 8–13 & 16.30–20 Uhr) Verleiht Räder und die entsprechende Ausrüstung sowie Motorräder.

🍴 Essen

⭐ Yacht Club Cala d'Or　　MEDITERRAN €€

(☑ 971 64 82 03; www.yccalador.com; Avinguda de Cala Llonga; Snacks 5–9,50 €, Hauptgerichte 14–25 €; ⊘ März–Okt. 9–0 Uhr) Man muss kein millionenschwerer Yachtbesitzer sein, um stilvoll in diesem Hafenrestaurant mit Glasfront zu speisen, dessen Tische auf einen betörenden Infinity-Pool blicken. Auf der Karte finden sich einfache, international angehauchte mallorquinische Gerichte wie

Garnelentatar aus Sóller auf Avokado, wilder Seebarsch gegrillt in Orangensoße und Filetsteak.

Acuarius
SPANISCH €€

(☎ 971 65 98 76; www.restauranteacuarius.com; Port Petit 308; Hauptgerichte 11–27 €, 3-gängiges Menü 15 €; ⊙ Febr.–Nov. 9.30–0 Uhr) Mit tollem Ausblick auf den Jachthafen, entspannter Musik und freundlichem Service hebt sich dieses Restaurant von anderen ab. Auf der Terrasse lassen sich frischer Fisch, Meeresfrüchte oder köstliches *frit Mallorquí* (gebratenes Lamm nach Mallorquiner Art) am besten genießen.

Port Petit
MEDITERRAN €€€

(☎ 971 64 30 39; www.portpetit.com; Avinguda de Cala Llonga; Mittagsmenüs 21,50 €, Hauptgerichte 19–29,50 €, Abendmenüs 39,50–59,50 €; ⊙ April–Okt. Mi–Mo 13–15.30 & 19–23 Uhr) Auf einer eleganten Terrasse über dem Jachthafen tischt das Port Petit, eines der Spitzenrestaurants der Cala d'Or, innovative Kreationen aus mallorquinischen Produkten auf. Der Service ist aufmerksam und die Köche verstehen ihr Handwerk. Wir empfehlen frischen Hummer sautiert in Limettenbutter oder in seinem eigenen Saft und mediterranen Kräutern gekochtes Wildschwein.

❶ Praktische Informationen

Tourismusbüro (☎ 971 82 60 84; Avinguda de Cala Llonga; ⊙ Mo–Fr 9–14 Uhr) Die Touristeninformation liegt an der Straße, die vom Ortszentrum hinunter zum Port Petit führt.

❶ An- & Weiterreise

Bus 501 verkehrt nach Portopetro (1,50 €, 10 Min., 5-mal tgl.) und weiter nach Palma (8,40 €, 1 Std. 20 Min., bis zu 6-mal tgl.). Bus 441 fährt die Ostküste entlang und hält in allen größeren Ferienorten.

Unterkunft

Inhalt ➡

Schön übernachten

➡ Can Cera (S.177)
➡ Es Petit Hotel de Valldemossa (S.181)
➡ Can Busquets (S.180)
➡ Hotel Formentor (S.185)

Die besten Landhotels

➡ Cases de Son Barbassa (S.188)
➡ Ca N'Aí (S.182)
➡ Alqueria Blanca (S.184)
➡ Es Castell (S.186)

Die besten Budgetunterkünfte

➡ Hostal Dragonera (S.180)
➡ Hostal Nadal (S.182)
➡ Hostal Villaverde (S.181)
➡ Hostal Pons (S.178)

Wo übernachten?

Auf Mallorca gibt es keineswegs nur anonyme Megaresorts. Mit etwas Planung erwischt man ein Zimmer mit Designertouch oder ein Refugium, das noch ahnen lässt, wie die Insel vor dem Aufkommen des Pauschaltourismus war. Überall an der Küste finden sich stimmungsvolle Unterkünfte, von naturnahen Fincas (Landgütern), in Olivenhainen gelegen, bis zu Stadtvillen mit Boutique-Qualität und Bergklöstern mit großartiger Aussicht auf Berge und Meer.

Letztendlich ist es eine Frage der persönlichen Vorlieben: Der Westen bietet eine dramatische Küste, Bergstädte und Wandermöglichkeiten, das Inselinnere ländliche Entspannung, der Osten und Süden warten dagegen mit schönen Sandstränden auf, die ideal für Familien sind, und der Norden hat ein wenig von allem. Wenn Kultur, Essen und Shoppen ganz oben auf der Liste stehen, dann ist Palma genau richtig – und von dort lassen sich problemlos Tagestouren zu tollen Stränden in der Umgebung unternehmen.

Es ist immer ratsam, im Voraus zu buchen, besonders in der Hauptsaison (Mai bis September). Palma wird immer beliebter für Wochenendtrips, sodass man selbst in der Nebensaison besser vorher anfragt. In der Hochsaison steigen die Preise oft rapide (auf das Doppelte und manchmal das Dreifache), dafür gibt's in der Nebensaison tolle Schnäppchen.

Von November bis Ostern schließen die meisten Hotels in den Ferienorten. Palma kann man das ganze Jahr besuchen, und auch in Städten wie Pollença und Sóller sind einige Unterkünfte geöffnet.

Preise

Die folgenden Preiskategorien beziehen sich auf ein Doppelzimmer mit eigenem Bad:

KATEGORIE	PREISE
$ günstig	unter 75 €
$$ mittelteuer	75–200 €
$$$ teuer	über 200 €

Unterkunftsarten

Camping & Jugendherbergen

Es gibt zwar keine offiziellen Campingplätze auf der Insel, aber beim Kloster Monestir de Lluc ist Zelten erlaubt. Eine *albergue juvenile* (Jugendherberge) befindet sich in Cap des Pinar im Norden. Mehr darüber erfährt man auf der offiziellen Website des spanischen Jugendherbergsnetzes (www.reaj.com).

Hotels & Hostales

Ein *hostal* (manchmal auch *pensión*) genannt, ist ein kleines, oft familiengeführtes Budgethotel. Die besseren Häuser sind freundlich, blitzsauber und haben viel Atmosphäre. Hotels decken die ganze Bandbreite von schlichten, schnörkellosen Bleiben bis zu von Designern gestalteten Boutique- und Luxushotels ab.

Bei den Budgetunterkünften richtet sich der Preis vor allem danach, ob das Zimmer nur mit einem *lavabo* (Waschbecken), einer *ducha* (Dusche) oder einem *baño completo* (Badewanne/Dusche, Waschbecken und Toilette) ausgestattet ist. Im oberen Preissegment zahlt man mehr für Zimmer mit *balcón* (Balkon), Meerblick oder den zusätzlichen Komfort einer Suite.

Beim Buchen von Hotels und *hostales* im Netz sind folgende Seiten nützlich:

➜ **Mallorca Hotel Guide** (www.mallorcahotel guide.com) Hotelbuchungsseite, geführt vom wichtigsten Hotelverband Mallorcas.

➜ **Asociación Hotelera de Palma** (S. 78) Hotels in Palma.

➜ **Reis de Mallorca** (www.reisdemallorca.com) Hotels mit Charakter.

➜ **Hostal en Mallorca** (www.hostalenmallorca. com) Zahlreiche Budgetunterkünfte.

➜ **First Sun Mallorca** (www.firstsunmallorca. com) Hotels rund um Cala Ratjada und Canyamel.

Refugis

Refugis (einfache Wanderhütten) befinden sich vor allem in der Serra de Tramuntana und sind preiswerte Optionen für Wanderer. Viele werden von der **Umweltabteilung des Consell de Mallorca** (☏ 971 17 37 00; www.conselldemallorca.net/refugis) betrieben, andere vom **Institut Balear de la Naturalesa** (Ibanat; ☏ 971 17 76 52; www.caib.es; ⊙ Buchungen Mo–Fr 10–14 Uhr). Ein Bett im Schlafsaal kostet in der Regel etwa 12 €, teilweise gibt's auch ein paar Doppelzimmer. Wer in einer solchen Hütte unterkommen möchte, sollte

unbedingt vorher anrufen; wenn man ohne Anmeldung vor der Tür steht, findet man diese oft verschlossen vor.

Ländliche Anwesen

Friedliche Fincas (Landgüter), B&Bs in Herrenhäusern hoch oben in der Tramuntana oder Villen mit Meerblick – die ländlichen Anwesen Mallorcas bieten zweifellos die stimmungsvollsten Unterkünfte. Viele von ihnen sind historische, stilvolle Landsitze, die mit jeder Menge Annehmlichkeiten wie einem Pool, romantischen Restaurants und organisierten Ausflügen aufwarten.

Die Fremdenverkehrsämter teilen sie in drei Kategorien: *agroturisme* (Unterkunft auf bewirtschafteten Bauernhöfen), *turisme de interior* (in Boutique-Hotels verwandelte Herrenhäuser) und *hotel rural* (Landgüter, die zu Luxushotels umgebaut wurden).

Wer ländliche Unterkünfte online buchen will, sollte sich folgende Seiten anschauen:

Agroturismo en Mallorca (www.agroturismoenmallorca.com)

Associació Agroturisme Balear (☏ 971 72 15 08; www.rusticbooking.com)

Finca Mallorca (www.fincamallorca.de)

Fincas 4 You (www.fincas4you.com)

Mallorca Farmhouses (www.mfh.co.uk)

Rustic Rent (www.rusticrent.com)

Secret Places (www.secretplaces.com)

Top Rural (www.toprural.com)

PALMA DE MALLORCA

Palmas Altstadt und Es Puig de Sant Pere bezaubern mit ihren Boutique-Hotels, die prächtige *pati* (Innenhöfe) umschließen, und designorientierten Unterkünften sowie dem einen oder anderen familiengeführten Hostel. Wer in der Nähe des Passeig d'es Born oder der Plaça Major übernachtet, ist mitten im Herzen des Shopping- und Restaurantviertel. Einen schönen Blick aufs Meer bieten der Passeig Marítim und Es Portixol.

Altstadt

Hotel Santa Clara BOUTIQUE-HOTEL €€
(Karte S. 56 f.; ☏ 971 72 92 31; www.santaclarahotel. es; Carrer de Sant Alonso 16, Palma de Mallorca; DZ 104–225 €, Suite 168–360 €; ❋ @ ☎) Boutique-Elemente und Antikes begegnen sich in diesem behutsam umgebauten historischen Herren-

AB INS KLOSTER

Auf der Suche nach einem meditativen Refugium? Auf Mallorca gibt es mehrere Klöster (eigentlich Einsiedeleien, denn die Bewohner waren Einsiedler, keine Mönche), die einfache Quartiere in umgewandelten Klosterzellen, wunderbare Ruhe und oft spektakuläre Aussichten bieten. Vier besonders schöne:

Santuari de la Mare de Déu des Puig (☑971 18 41 32; Puig de Maria, Pollença; EZ 10–14 €, DZ 17–22 €; 🕸🍴) Von dieser faszinierenden Einsiedelei auf einer Bergkuppe, wo morgens statt des Weckers die Glocken der Ziegen klingen, bietet sich ein weiter Blick auf die Nordküste. Ein Aufenthalt hier ist ein asketisches, friedliches Erlebnis. Die Zimmer im ersten Stock sind die besseren. Gäste können das Refektorium und Grillbereiche nutzen oder Essen bestellen (die Paella ist großartig).

Petit Hotel Hostatgería Sant Salvador (☑971 58 19 52; www.santsalvadorhotel.com; Santuari de Sant Salvador, Sant Salvador; EZ/DZ 45/69 € 6-Bett-Apt. 117–142 €; ☺Feb.–Okt.; 🍴) Es ist lange her, dass die Mönche das festungsartige Kloster Sant Salvador hoch über der Ebene verlassen haben. Ihre Zellen wurden in einfache, schmucke Zimmer verwandelt, die herrliche Aussichten bieten und über eigene Bäder verfügen.

Hospedería del Santuari de Lluc (☑971 87 15 25; www.lluc.net; Plaça dels Peregrins, Escora; EZ 31–36 €, DZ 41–62 €; 🍴) Das Santuari de Lluc, das sich bei Schulgruppen, Wanderern und Pilgern großer Beliebtheit erfreut, bietet Zimmer in unterschiedlicher Größe und Ausstattung, einige davon mit Küchenbenutzung oder auch mit Blick auf den Innenhof. Wir empfehlen die Zimmer mit Bergblick und raten von den dunklen Räumen im Erdgeschoss ab. Ein magischer Ort in der Tramuntana.

Ermita de la Victòria (☑971 54 99 12; www.lavictoriahotel.com;k Carretera Cap des Pinar, Cap des Pinar; EZ/DZ 45/69 €, Frühstück 8 €; 🍴) Östlich der Bucht von S'Illot schlängelt sich eine Seitenstraße hinauf zu einem großartigen Aussichtspunkt und dieser Einsiedelei aus dem frühen 15. Jh. Die 13 renovierten, weiß gestrichenen Zimmer wirken frisch und verfügen über cremefarbene Bettwäsche, hölzerne Fensterläden sowie Deckenbalken. Massive Steinwände und Terrakottaböden sorgen für das mediterrane Flair, außerdem ist die Lage einfach perfekt.

haus. Gedämpfte Grau-, metallische Silbersowie Cremetöne ergänzen harmonisch die warmen Steinwände, großen Räume und hohen Decken des Originalgebäudes. Der intime Wellnessbereich lädt zum Entspannen ein. Von der geschmückten Dachterrasse wirkt Palma wie auf einer Postkarte.

Palma Suites APARTMENT €€
(Karte S.56f.; ☑971 72 79 00; www.palma-suites. com; Plaça Mercadal 8, Palma de Mallorca; Suite 137–250 €; 🕸🍴🛗🍴) Diese stilvolle neue Unterkunft verbindet den Luxus eines Hotels mit der Unabhängigkeit einer eigenen Wohnung. Verspielte Kunstwerke und kräftige Farbakzente verleihen den geräumigen, elegant eingerichteten Apartments Charakter, zudem warten sie mit Smart-TV und gut ausgestatteten Küchen inklusive Nespresso-Maschinen auf. Die Triplex-Suiten bieten Familien jede Menge Raum. Von der Dachterrasse eröffnet sich ein Rundblick auf die Skyline der Stadt. Der Mindestaufenthalt beträgt drei Nächte.

Hotel Dalt Murada HISTORISCHES HOTEL €€
(Karte S.56f.; ☑971 42 53 00; www.daltmurada. com; Carrer de l'Almudaina 6A, Palma de Mallorca; EZ 105 €, DZ 99–170 €, Suite 199 €, Frühstück 7,50 €; 🕸🍴) Dieses sorgsam restaurierte Haus aus dem Jahr 1500 besitzt einen mittelalterlichen Innenhof und 14 Zimmer mit antiken Möbeln (darunter Kronleuchter und Himmelbetten) und Kunstwerken, die größtenteils aus dem Besitz der Eigentümerfamilie stammt. Die Matratzen dürften dem einen oder anderen aber zu weich sein, und in den Zimmern zur Straße hin wird's manchmal laut. Das supermoderne Penthouse bietet eine unvergleichliche Aussicht auf die Kathedrale.

★**Can Cera** BOUTIQUE-HOTEL €€€
(Karte S.56f.; ☑971 71 50 12; http://cancerahotel. com; Carrer del Convent de Sant Francesc 8, Palma de Mallorca; Zi. 165–495 €; 🕸🍴🍴) Willkommen in einem der romantischsten Schlupflöcher Palmas! Hinein geht es über einen Innenhof, dessen Pflastersteine im Lauf von 700 Jahren ganz blank gewetzt wurden,

dann führt eine schmiedeeiserne Treppe hinauf zu den Gästezimmern. Denen gelingt das Kunststück, Geschichte und modernes Design unter einen Hut zu bekommen. Mit ihren hohen Decken, den antiken Möbeln und den reich verzierten Überdecken sind sie stilvoll, aber nie übertrieben eingerichtet.

Zum einzigartigen Reiz des Can Cera tragen auch die Terrasse mit weitem Blick über die Altstadt Palmas, eine prächtige Bibliothek, ein Wellnessbereich für die private Nutzung (einfach Wunschtermin nennen) und ein echter Concierge-Service bei.

Boutique-Hotel Calatrava BOUTIQUE-HOTEL €€€
(Karte S.56 f.; ☑ 971 72 81 10; www.boutiquehotelcalatrava.com; Plaça de Llorenç Villallonga 8, Palma de Mallorca; Zi. 180–495 €; ✳ @ 🛜 🛗) Direkt an der Stadtmauer um die Altstadt steht dieses überwältigende Boutique-Hotel mit tollem Meerblick. Die Zimmer kombinieren Elemente aus dem 19. Jh. mit minimalistischen Stromlinien, edlen Stoffen und moderner Kunst. Dazu kommen gern gesehene Extras wie Smart-TV und Minibars mit gratis Mineralwasser. Die Sonnenterrasse verführt zu ausgiebigem Frühstück mit individuell zubereiteten Eiern und frisch gepresstem Saft.

Passend zur intimen Atmosphäre können Gäste das Wellnesscenter im Untergeschoss mit Whirlpool, Sauna und Entspannungsbereich für die private Nutzung buchen. Auch durch den Service hebt sich das Hotel ab – nichts macht zu viel Mühe.

Hotel Palacio Ca Sa Galesa HISTORISCHES HOTEL €€€
(Karte S.56 f.; ☑ 971 71 54 00; www.palaciocasagalesa.com; Carrer del Miramar 8, Palma de Mallorca; EZ 199–300 €, DZ 219–349 €, Suite 299–488 €; ✳ @ 🛜 ≋) Die eleganten Zimmer dieser zauberhaften Villa aus dem 16. Jh. liegen um einen coolen Innenhof und sind nach berühmten Komponisten benannt. Sie sind mit Stilmöbeln, Kunstwerken und seidenen Bettüberwürfen ausgestattet. Im unterirdischen Spa im römischen Stil kann man unter einem Gewölbe schwimmen und auf einer bequemen Liege auf der Dachterrasse die Kathedrale bewundern.

Plaça Major & Umgebung

Misión de San Miguel BOUTIQUE-HOTEL €€
(Karte S.62; ☑ 971 21 48 48; www.urhotels.com; Carrer de Can Maçanet 1, Palma de Mallorca; Zi. 75–163 €, Suite 115–203 €; 🅿 ✳ @ 🛜) Das Preis-Leistungs-Verhältnis hier ist fantastisch. In den 32 stilvollen Zimmern stimmt von den festen Matratzen bis zu den Regenduschen jedes Detail. Einige der Räume gehen allerdings auf die öffentlichen Bereiche hinaus und können etwas lauter sein. Das hauseigene Restaurant, Misa Braseria, gehört zur Gruppe der Fosh-Restaurants. Der Service ist freundlich und professionell.

Hotel Born HISTORISCHES HOTEL €€
(Karte S.56 f.; ☑ 971 71 29 42; www.hotelborn.com; Carrer de Sant Jaume 3, Palma de Mallorca; EZ inkl. Frühstück 66 €, DZ inkl. Frühstück 91–126,50 €; ✳ @ 🛜) In dem Herrenhaus Ca'n Maroto aus dem 16. Jh. scheint die Zeit stehen geblieben zu sein. Vom herrschaftlichen Empfangsbereich geht's über eine Wendeltreppe zu einem mit roten Teppichen geschmückten Flur, von dem quietschende sechzehnte Holztüren in relativ schlicht eingerichtete Zimmer führen. Unter den hohen Decken wirken die antiken, leicht abgenutzten Möbel regelrecht winzig.

Convent de la Missió BOUTIQUE-HOTEL €€
(Karte S.62; ☑ 971 22 73 47; www.conventdelamissio.com; Carrer de la Missió 7, Palma de Mallorca; EZ 105–185 €, DZ 115–225 €, Suite 200–250 €; ✳ 🛜) In einem Viertel, in dem es wie in einem Bienenstock wimmelt, bietet dieses Hotel Zuflucht. Vom 16. Jh. bis 2003 diente das Gebäude als Kloster, und in den ganz und gar weißen Zimmern herrscht eine meditative Aura. Im Keller mit steinernen Wänden befindet sich ein romantischer Whirlpool im arabischen Stil, und auf der Dachterrasse oder im kunstvoll gestalteten Leseraum lässt es sich wunderbar entspannen.

Es Puig de Sant Pere

Hostal Pons PENSION €
(Karte S.56 f.; ☑ 971 72 26 58; www.hostalpons.com; Carrer del Vi 8, Palma de Mallorca; EZ 30 €, DZ 60–70 €, 3BZ 85 €; 🛜 🛗) Mitten im Herzen der Altstadt liegt diese hübsche, einfache familiengeführte Pension. Unten im grünen Innenhof schlummert eine Katze, oben befinden sich eine von Büchern gesäumte Lounge sowie Gästezimmer mit wackligen Betten und Fliesenböden., Die billigeren teilen sich Gemeinschaftsbäder. Friedlich zurückziehen kann man sich auf der Dachterrasse.

Hostal Apuntadores HOSTAL €
(Karte S.56 f.; ☑ 971 71 34 91; www.palma-hostales.com; Carrer dels Apuntadors 8, Palma de Mallorca; EZ 40–58 €, DZ 50–68 €; ✳ @ 🛜 🛗) Ihre kleinen Zimmer und die klumpigen Matratzen

macht die schnörkellose Unterkunft durch viel Sonnenlicht sowie eine Dachterrasse mit Blick auf die Kathedrale, auf der Drinks serviert werden, wieder wett. Einige Zimmer haben zudem Balkone mit Aussicht auf die Plaça de la Reina. Das Apuntadores liegt fast direkt an der Hauptstraße (Ohrstöpsel mitbringen). Auf Wunsch quetschen die Mitarbeiter noch ein Zustellbett ins Zimmer.

Puro Oasis Urbano
DESIGNHOTEL €€

(Karte S. 56 f.; ☎ 971 42 54 50; www.purohotel.com; Carrer de Montenegro 12, Palma de Mallorca; EZ 98–134 €, DZ 113–168 €, Suite 167–239 €; ✳@🛜🛆) Stylish bis zur Schmerzgrenze – so könnte man die Mischung aus Minimalismus à la Ibiza und Marrakescher Flair nennen. Der Palast aus dem 14. Jh. ist heute ein Designhotel mit 26 Zimmern, die einfarbig gestaltet mit riesigen Flachbild-Fernsehern und iPad-Docks ausgestattet sind. Am Tag laden die überdachten Liegen, der kleine Pool und der Puro-Beach-Club zum Entspannen ein, abends trifft sich ein aufgemotztes Publikum bei Cocktails in der Bar.

Hotel Palau Sa Font
HOTEL €€

(Karte S. 56 f.; ☎ 971 71 22 77; www.palausafont. com; Carrer dels Apuntadors 38, Palma de Mallorca; EZ inkl. Frühstück 72–95 €, DZ inkl. Frühstück 123–185 €; ✳@🛜🛆🛏) In einer ruhigen Seitenstraße versteckt sich in dieser frühere Palast aus dem 16. Jh., der über 19 minimalistisch dekorierte Zimmer verfügt. Eiserne Betten, Säulen aus unverputztem Stein und einzelne Farbtupfer in Form von blassgrünen Kopfteilen oder roten Stühlen sorgen für eine Atmosphäre, in der sich klösterlicher Frieden und moderner mediterraner Stil begegnen.

★ Hotel Tres
BOUTIQUE-HOTEL €€€

(Karte S. 56 f.; ☎ 971 71 73 33; www.hoteltres.com; Carrer dels Apuntadors 3, Palma de Mallorca; EZ 160–280 €, DZ 170–290 €, Suite 313–544 € ✳@🛜🛆) Das Hotel Tres vereint das Flair eines Stadtpalasts aus dem 16. Jh. mit frischem skandinavischen Design. Die coolen, minimalistischen Räume liegen um einen Innenhof mit einzelner Palme und haben Kuhhaut-Bänke, von anatomischen Zeichnungen inspirierte Drucke sowie nette Extras wie Rollschreibtische und Aromatherapie-Kosmetik von Durance. Auf der Dachterrasse kann man zum Sonnenuntergang ein Dampfbad nehmen und schwimmen, während die Kathedrale zu funkeln beginnt.

Die Zimmer 101, 201 und 206 haben eine Terrasse. Zur coolen Atmosphäre tragen auch die jungen, freundlichen Mitarbeiter bei.

Hotel San Lorenzo
HISTORISCHES HOTEL €€€

(Karte S. 56 f.; ☎ 971 72 82 00; www.hotelsanlorenzo. com; Carrer de Sant Llorenç 14, Palma de Mallorca; EZ 160–205 €, DZ 172–215 €, Suite 270 €; ✳🛜🛆) Dieses Hotel ist in einem wunderschön restaurierten Gebäude aus dem 17. Jh. untergebracht und liegt versteckt in der Altstadt. Es hat einen mallorquinischen Innenhof, eine eigene Bar, eine Dachterrasse mit Aussicht auf die Kathedrale und einen eleganten kleinen Garten mit Pool. Die Zimmer sind alle unterschiedlich gestaltet, manche warten mit alten Holzmöbeln und gekachelten Bädern auf, andere kommen in warmen Tönen und mit mallorquinischen Stoffen daher.

Passeig Marítim & Westliches Palma

Hotel Mirador
HOTEL €€

(Karte S. 66; ☎ 971 73 20 46; www.hotelmirador.es; Passeig Marítim 10, Palma de Mallorca; DZ 81–134 €, FZ 132–174 €; P ✳@🛜🛆) Die modernisierten Zimmer des Mirador sind in einer schnörkellosen Ästhetik gestaltet, die den Schwerpunkt auf klare Linien, Dunkelgrau- und Weißtöne sowie Marmorböden legt. Es gibt ein kleines Fitnessstudio und einen Wellnessbereich mit beheiztem Pool, Massagedüsen, Sauna und Hamam sowie eine Terrasse mit Hafenblick. Auf der Straße draußen kann recht viel los sein, deshalb sind die Doppelfenster ein Plus. Ins Zentrum sind es 20 Gehminuten.

Es Portitxol, Es Molinar & Ciutat Jardí

Hotel Portixol
BOUTIQUE-HOTEL €€€

(Karte S. 52; ☎ 971 27 18 00; www.portixol.com; Carrer de la Sirena 27, Palma de Mallorca; EZ 135–165 €, DZ 185–365 €, Suite 330–450 €; ✳@🛜🛆) Das hippe Hotel Portixol am Hafen lockt mit einer beruhigenden Fusion aus mediterranem und skandinavischen Stil. Die minimalistisch gestalteten Zimmer sind hell und luftig

---

UNTERKUNFT ONLINE BUCHEN

Weitere Hotelbeschreibungen von Lonely Planet Autoren gibt's unter http://lonelyplanet.com/hotels. Dort findet man unabhängige Kritiken und Empfehlungen zu den besten Unterkünften, außerdem kann man gleich online buchen.

UNTERKUNFT PASSEIG MARÍTIM & WESTLICHES PALMA

sowie mit häuslichem Komfort wie iPod-Docks, Nespresso-Kaffeemaschinen und DVD-Playern ausgestattet. Zudem haben die meisten Meerblick. Außerdem gibt's einen Pool im Freien, einen Fitnessraum und die ganze Bandbreite an Wellness-Anwendungen sowie eines der besten Restaurants Palmas.

WESTLICHES MALLORCA

Port d'Andratx & Sant Elm

Hostal Dragonera
B&B €
(☑971 23 90 86; http://hostaldragonera.es; Avinguda del Rei Jaume I 5, Sant Elm; EZ 46–50 €, DZ 58–68 €; ☺ Feb.–Okt.; ✳☎) Das freundliche, tadellose Hostal Dragonera liegt in Sant Elm direkt am Meer. Es hat eine tolle Aussicht und eine angenehm coole Atmosphäre. Die Zimmer sind recht klein und schlicht, aber sauber und hell; wir empfehlen Zimmer mit Meerblick vom Balkon (etwa 10 € mehr).

Hostal-Residencia Catalina Vera
PENSION €
(☑971 67 19 18; www.hostalcatalinavera.es; Carrer Isaac Peral 63, Port d'Andratx; EZ 60–65 €, DZ 65–85 €; P☎) Pablo und seine Familie sind die herzlichen Gastgeber in dieser Unterkunft, die einen Häuserblock vom Meer entfernt liegt. Die Zimmer sind einfach, aber makellos und mit einzelnen Stilmöbeln sowie einem Balkon oder einer Terrasse ausgestattet, teilweise mit Meerblick. Der Garten mit Kakteen und Jasmin ist in der im Sommer geschäftigen Hafenstadt eine ruhige Oase.

Estellencs

★ Petit Hotel Sa Plana
HOTEL €€
(☑971 61 86 66; www.saplana.com; Carrer de Eusebi Pascual, Estellencs; DZ inkl. Frühstück 95–125 €; ☺ Mitte Jan.–Nov.; ✳☎✱)) Jedes der fünf Zimmer in diesem reizenden alten Steinhaus wurde nach einem mediterranen Wind benannt und ist individuell ausgestattet, doch alle haben Böden aus Terrakottafliesen und Holzmöbel. Die familiengeführte Atmosphäre ist herzlich, der Hauswein köstlich und der strubbelige Garten ein schattiges Vergnügen. Es liegt abgeschieden am westlichen Stadteingang oberhalb der Hauptstraße.

Finca S'Olivar
LANDHOTEL €€
(☑971 61 85 93, 629 266035; www.fincaolivar.org; Carretera C-710 Km 93,5, Estellencs; Zi. 102–134 €,

DZ 102–120 €, 3BZ 130–154 €; P✳@☎✱✱) Was für eine Aussicht! Die Gebäude dieser renovierten steinernen Einsiedelei liegen zwischen Oliven-, Mandel- sowie Feigenhainen und bieten traumhafte Blicke über die Terrassen, die sich zum Meer hinunterziehen. Die einfachen, rustikalen Zimmern verfügen über Holzöfen oder Kamine und ruhige Terrasse, und der Infinity Pool, der wie der Rand der Welt wirkt, ist etwas ganz Besonderes. Die Oliven und würzigen Marmeladen des Hofes schmecken köstlich.

Banyalbufar

Hotel Sa Baronia
HISTORISCHES HOTEL €
(☑971 61 81 46; www.hbaronia.com; Carrer de Baronia 16, Banyalbufar; EZ/DZ/3BZ 55/72/95 €, HP 65/94/135 €; ☺ Ostern–Okt.; ☎✱✱) Das familiengeführte Baronia, ein weitläufiges Gebäude mit wirklich atemberaubendem Pool, wurde auf den Ruinen einer Festung aus der muslimischen Ära erbaut (ein Teil des Turms ist noch vorhanden). Die Zimmer sind schlicht und traditionell – eher wie bei einer Oma aus den 1950er-Jahre als bei einem Baron. Doch die Aussicht von den meisten Balkonen ist überwältigend, ob zum Meer hin oder aufs Dorf.

Son Borguny
HISTORISCHES HOTEL €€
(☑971 14 87 06; www.sonborguny.com; Carrer de Borguny 1, Banyalbufar; EZ/DZ 75/95 €, Suite 100–130 €; ☎) Penny sorgt dafür, dass sich die Gäste in diesem malerischen Stadthaus, das eine Querstraße von der Hauptstraße Banyalbufars liegt, wie zu Hause fühlen. Die attraktiven, zurückhaltenden Zimmer warten teilweise mit Steinwänden und Holzbalken auf, darüber hinaus bieten einige sogar einen Hauch von Meerblick. Das Frühstück, ein Büffet mit Eiern, frischem Obst, Aufschnitt und Saft, sorgt für die nötige Energie, um den Rest des Tages zu wandern.

★ Can Busquets
B&B €€
(☑971 14 86 24; http://hostalcanbusquets.com; Carrer Miramar 24, Banyalbufar; EZ 75, DZ 86–94 €, Suite 98–110 €; ✳☎✱) ✎ Im Can Busquets stimmt eigentlich alles: Die Begrüßung ist herzlich, die Gärten sind hübsch, und der Blick auf die Berge ist atemberaubend, besonders bei Sonnenuntergang. Die Zimmer im mallorquinischen Stil haben rustikale Elemente wie Deckenbalken und dekorative Fliesen. Überdurchschnittlich ist auch das Frühstück mit hausgemachten Marmeladen und Kuchen sowie Eiern von den Hühnern des nahe gelegenen Biohofes des Besitzers.

Esporles & Rundfahrt durchs Inland

La Posada del Marqués
HISTORISCHES HOTEL €€€
(☏971 61 12 30; www.posada-marques.com; Es Verger, Esporles; EZ/DZ/Suite 165/210/278 €;
🅿❄@🛜🏊♿) In dieser spektakulär inmitten der Berge um Esporles gelegenen Unterkunft kann man sich hervorragend vom Trubel der modernen Welt zurückziehen. Der Blick reicht weit über die Täler bis zu den Ebenen in der Ferne und die Zimmer in dem steinernen Herrenhaus aus dem 16. Jh. warten mit einer grandiosen barocken Einrichtung auf. Flachbildfernseher, DVD-Player und WLAN gibt's aber auch.

★Gran Hotel Son Net
LUXUSHOTEL €€€
(☏971 14 70 00; www.sonnet.es; Carrer del Castell de Son Net, Esporles; DZ 165-595 €, Suite 525-1475 €;
🅿❄@🛜🏊) Dieses preisgekrönte Herrenhaus aus dem 17. Jh. ist romantisch, ohne affektiert zu wirken, und so grandios wie der Blick auf die wilde Tramuntana: die handgearbeiteten mallorquinischen Stoffe in den Zimmern, die Himmelbetten und Whirlpools in den Suiten, die Cabanas am Pool und besonders das herausragende mediterrane Essen, serviert im prächtigen, von Steinwänden umgebenen Saal. In der Sammlung moderner Kunst finden sich sogar Originale von Warhol und Hockney. Die Finca produziert auf dem Gelände auch eigenen Wein, den Gäste bei Verkostungen probieren können.

Valldemossa

★Es Petit Hotel de Valldemossa
BOUTIQUE-HOTEL €€
(Karte S. 97; ☏971 61 24 79; www.espetithotel-valldemossa.com; Carrer d'Uetam 1, Valldemosa; EZ 117-158 €, DZ 130-175 €; ❄@🛜) Von wo könnte man Valldemossa besser bewundern als von einem Schaukelstuhl auf der Veranda dieses Familienwohnhauses, das in ein Boutique-Hotel umgewandelt wurde? Fünf der acht sonnigen, hohen Zimmer bieten eine herrliche Aussicht und der schattige Garten ist Welten vom Gewimmel der Cartuja-Besucher draußen entfernt. Frische Kuchen und Gebäck sorgen für ein köstliches süßes Frühstück.

Cases de Ca's Garriguer
LANDHOTEL €€
(☏971 61 23 00; www.casesdecasgarriguer.com; Carretera Valldemossa–Andratx Km 2,5, Valldemossa; EZ 140-150 €, DZ 160-200, 3BZ 210-250 €; ☺Mitte April–Okt.; 🅿❄🛜🏊♿) Die hinrei-

ßende steinerne Finca liegt auf einem erhöhten Plateau 3 km westlich von Valldemossa und punktet mit einer entspannten Atmosphäre und tollem Blick auf die Berge. Die Zimmer sind groß und hell, mit ihren Balken und steinernen Bögen sehr anmutig, zudem haben alle einen Balkon oder eine Terrasse. Der Pool ist gerade groß genug für eine kurze Abkühlung und es ist wunderbar ruhig.

Hotel Valldemossa
HISTORISCHES HOTEL €€€
(☏971 61 26 26; www.valldemossahotel.com; Ctra Vieja de Valldemossa, Valldemossa; Zi. 300-500 €; 🅿❄@🛜🏊) Einst gehörten die beiden Steinhäuser aus dem 19. Jh. zum Kloster, doch heute beherbergen sie ein Hotel. Die zwölf tadellosen Zimmer bieten eine luxuriöse Kombination aus antiken Möbeln, Kunst und modernem Komfort. Außerdem locken hier Himmelbetten, Pools im Innen- und Außenbereich sowie ein Wellnessbereich. Der Service ist so perfekt wie die gepflegten Gärten.

Deià & Umgebung

Hostal Villaverde
HOSTAL €
(☏971 63 90 37; www.hostalvillaverde.com; Carrer de Ramon Llull 19, Deià; EZ/DZ 58/77 €; ❄🛜) Dieses niedliche *hostal* im hügeligen Zentrum Deiàs bietet gemütliche Zimmer und ein prächtiges Tramuntana-Panorama von der Terrasse aus. Ein paar Doppelzimmer haben eigene Terrassen mit fantastischem Ausblick. Während die Gemeinschaftsbereiche vor Antiquitäten überquellen, sind die Zimmer einfach, aber gepflegt. Morgens werden die Gäste vom Krähen der Hähne und plätscherndem Wasser geweckt.

★Hostal Miramar
HOTEL €€
(☏971 63 90 84; http://pensionmiramar.com; Carrer de Ca'n Oliver, Deià; Zi. inkl. Frühstück 75-120 €; ☺März–Mitte Nov.; 🅿) Inmitten üppigen Grüns versteckt sich dieses Steinhaus aus dem 19. Jh. Es besitzt einen schattigen Garten und neun Zimmer. Im Laufe der Jahre waren verschiedene Künstler zu Gast und so sind die Wände des Frühstücksraums vor lauter Leinwänden kaum mehr zu sehen. Der Ausblick reicht von hier über Deiàs Kirche auf einem Hügel bis zum Meer dahinter. Die kleinen blitzblanken Zimmer sind mit antiken Möbeln eingerichtet.

S'Hotel des Puig
HISTORISCHES HOTEL €€
(☏971 63 94 09; www.hoteldespuig.com; Carrer des Puig 4, Deià; EZ 80-99 €, DZ 125-175 €, Suite 199-315 €; ☺Feb.–Nov.; 🅿❄🛜🏊) Hinter den uralten Steinwänden dieses Schmuckstücks

mitten in der Altstadt befinden sich acht Zimmer in gemäßigt modernem Stil, zudem lockt der nicht einsehbare Außenbereich mit Pool und hübscher Terrasse. Das „Haus auf dem Hügel" taucht in mehreren Büchern über Mallorca und sogar in einer Kurzgeschichte Robert von Ranke-Graves auf.

Hotel Costa d'Or
HOTEL €€

(☑ 971 63 90 25; www.hoposa.com; Lluc Alcari; EZ/ DZ inkl. Frühstück ab 88/158 €; ⊙ April–Okt.; P ✳ @ ⧂ ⊠) Abgelegen am Waldrand hoch über dem Meer residiert dieses Hotel mit Designer-Zimmern in einem Steingebäude. Zimmer mit Meerblick sind erheblich teurer, den gleichen Blick bieten aber das Restaurant, die Terrasse und der Pool. Ein fünfzehnminütiger Spaziergang führt zu einem kleinen Kiesstrand mit kristallklarem Wasser.

Sa Pedrissa
HISTORISCHES HOTEL €€€

(☑ 971 63 91 11; www.sapedrissa.com; Carretera de Valldemossa-Deià; EZ 180–350 €, DZ 210–350 €, Suite 350–490 €; P ✳ @ ⧂ ⊠) Eine großartige Wahl! Dieses atemberaubende Herrenhaus, das von Deià Richtung Inland auf einem hohen Felsen mit Blick auf die Küste thront, stammt wahrscheinlich aus dem 17. Jh. Der Service ist perfekt, der Blick von der Poolterrasse und von vielen Zimmern ist herrlich, und die Räume strahlen dezente Klasse aus.

La Residencia
HOTEL €€€

(☑ 971 63 90 11; www.hotel-laresidencia.com; Son Canals, Deià; EZ/DZ ab 316/519 €; ⊙ April–Okt.; P ✳ @ ⧂ ⊠) Im „Res", wie es von Stammgästen genannt wird, können Gäste die Nähe der Reichen und Berühmten genießen. Die frühere Villa aus dem 16. Jh. inmitten von 12 ha gepflegten Anlagen und Gärten liegt ein kurzes Stück vom Ortszentrum und bietet jeden erdenklichen Luxus: einzigartig gestaltete Zimmer, Tennisplätze, Wellnesscenter, zwei Pools im Freien, einen Skulpturengarten und ein großartiges Restaurant.

Sóller

Hostal Nadal
HOSTAL €

(Karte S.100; ☑ 971 63 11 80; Carrer de Romaguera 20, Sóller; EZ/DZ/3BZ 24/37/48 €, ohne Bad 20/ 29/39 €; ⧂) Billiger geht's auf der Insel nicht. Die Zimmer sind schnörkellos und schlicht, aber sauber, und der Innenhof lädt nach einem langen Wandertag zum Relaxen ein.

Ca's Curial
BOUTIQUE-HOTEL €€

(☑ 971 63 33 32; www.cascurial.com; Carrer de la Villalonga 23, Sóller; DZ 133–189, Suite 163–260 €;

P ✳ @ ⧂ ⊠ ⧊) Einen Katzensprung vom Zentrum Sóllers bietet dieses idyllisch gelegene Hotel neun Zimmer und Suiten, von denen die meisten einen eigenen Hof oder eine Terrasse haben. Die nach Orangen- und Zitronenbäumen duftenden Gärten laden zum Entspannen ein, im Pool kann man sich abkühlen. Es fällt wirklich schwer, diese Finca zu verlassen, um irgendetwas zu besichtigen. Zum Frühstück gibt's pikanten Orangensaft und Marmeladen vom eigenen Hof.

Hotel S'Ardeviu
HISTORISCHES HOTEL €€

(Karte S.100; ☑ 971 63 83 26; www.sollernet.com/ sardeviu; Carrer de Vives 14, Sóller; EZ 85–95 €, DZ 100–120 €; ⊙ Feb.–Nov.; ✳ ⧂) In einer kleinen Gasse im Herzen der Altstadt versteckt sich dieses Steinhaus aus dem 13. Jh. mit sieben ganz unterschiedlichen Zimmern. Einige haben weiß getünchte und mit Balken verzierte Wände, in anderen schaut man auf die Klinker. Das schöne Frühstücksbüfett mit Aufschnitt, frischem Obst und frisch gepresstem Saft wird im mit Palmen geschmückten Garten mit kleinem Brunnen serviert.

Ca'n Isabel
HOTEL €€

(Karte S.100; ☑ 971 63 80 97; www.canisabel.com; Carrer d'Isabel II 13, Sóller; EZ 90–120 €, DZ 115–145 €; ⊙ Mitte Feb.–Mitte Nov.; ✳ @ ⧂) Ein Haus aus dem 19. Jh. mit nur sechs Zimmern und einem hübschen Garten. Zwar mag die Dekoration des mit viel Sorgfalt eingerichteten Refugiums nicht jedermanns Sache sein, doch die Besitzer haben sie unfehlbar stilecht erhalten. Das „Romantische Zimmer" punktet mit einer prächtigen freistehenden Badewanne. Aber das Beste (und Teuerste) sind die wunderbaren Terrassen.

Ca'l Bisbe
HOTEL €€

(Karte S.100; ☑ 971 63 12 28; www.hotelcalbisbe. com; Carrer del Bisbe Nadal 10, Sóller; DZ 137–158 €, Suite 160–185 €; ⊙ März–Mitte Nov.; P ✳ @ ⧂ ⊠) Sicherlich wäre man der Bischof, der hier früher lebte, von dem neuen Pool in der schön restaurierten Pfarrwohnung aus dem 19. Jh. begeistert, wenn er auch vielleicht über das kleine Fitnessstudio die Stirn gerunzelt hätte. Die hübschen, geräumigen Zimmer sind überwiegend modern eingerichtet, die Gemeinschaftsbereiche überzeugen dagegen mit tollen Details wie Steinbogen und Kaminen.

★ Ca N'Aí
LANDHOTEL €€€

(☑ 971 63 24 94; www.canai.com; Camí de Son Sales 50, Sóller; Suite 150–310 €; P ✳ @ ⧂ ⊠ ⧊) Inmitten von Orangenhainen liegt das familiengeführte Ca N'Aí, eine göttliche Oase mit friedlichen Pools, Hängematten im Garten und Teichen voller Schildkröten. Die neun geräumigen Suiten bieten mit ihren hohen Decken, maurisch angehauchten Fliesen, antiken Möbeln und privaten Terrassen ländlichen Luxus vom Feinsten. Der von Kerzenlicht erleuchtete Hof des Restaurants garantiert ein romantisches Ambiente für ein Essen, zu dem Erzeugnisse der Finca mit besonderer Note serviert werden. Es liegt etwa 2 km nordwestlich vom Stadtzentrum.

Hotel Salvia — LUXUSHOTEL €€€
(Karte S.100; ☑ 971 63 49 36; www.hotelsalvia.com; Carrer de la Palma 18, Sóller; Suite 160–285 €; ☺ April–Nov.; ✳ 🢙 ☙) Fast wie Könige fühlen sich die Gäste dieser stattlichen Unterkunft aus dem 19. Jh. Patrick und Sasha haben das Haus mit erlesenem Geschmack restauriert: In den Suiten befinden sich hinreißende alte Fensterläden, die sich auf die Berge öffnen, und in den opulenten Bädern gibt's freistehende Badewannen. Hier bleibt nur eines zu tun: entspannen – ob nun im von Laternen erhellten Innenhof, im von Kronleuchtern erstrahlenden Salon oder am Pool, wo es nach den Jasmin- und Orangenbäumen duftet.

Port de Sóller

Hotel Citric Sóller — HOTEL €
(☑ 971 63 13 52; www.citrichotels.com; Camí del Far 15, Port de Sóller; EZ 29–63 €, DZ 31,50–105 €; 🢙) Wie von einem Logenplatz wirkt der Blick vom Zimmer auf die über der Bucht aufgehende Sonne – nicht schlecht für ein frisch renoviertes Budgethotel. Die Unterkunft liegt am südlichen, ruhigeren Ende der Bucht direkt am Ufer. Durch etwas Lindgrün werden die einfachen, weiß getünchten Zimmer aufgelockert. Am schönsten sind die Zimmer mit Balkon zum Meer. Das Frühstück kostet extra und ist nur mittelmäßig, am besten lässt man es weg.

Muleta de Ca S'Hereu — LANDHOTEL €€
(☑ 971 18 60 18; www.muletadecashereu.es; Camp de Sa Mar, Port de Sóller; EZ/DZ 90/140 €, Suite 165–180 €, Apt. 150–280 €; 🅿 ✳ @ 🢙 ☙ 🚶) Zwar quälen die kurvenreichen 1,8 km die Berge hinauf das Auto, doch der noble Landsitz von 1672 beeindruckt einfach jeden. Acht geräumige Zimmer und ein paar Apartments, von denen man teilweise das ferne Meer sieht, überzeugen mit zahlreichen Antiquitäten und viel Charme. Der Pool ist von Olivenhainen umringt, und geweckt wird man vielleicht vom Schreien der Esel.

★ **Espléndido Hotel** — HOTEL €€€
(☑ 971 63 18 50; www.esplendidohotel.com; Passeig Es Través 5, Port de Sóller; Zi. 170–420 €, Suite 300–750 €; ✳ 🢙 🢙 🚶) Diese fantastische Bauruine aus dem Jahr 1954 wurde in ein hippes Luxushotel am Wasser verwandelt, mit Inneneinrichtung im Vintage-Chic. In den besten Zimmern gehen die Terrassen direkt aufs Meer. Aufmerksame Extras helfen, den hohen Preis zu rechtfertigen, darunter kostenlose Getränke aus der Minibar und Nespresso-Maschinen. Drei Pools, ein Wellnesscenter, eine Cocktailbar und ein Bistro tun ihr Übriges.

Fornalutx

Ca'n Reus — HISTORISCHES HOTEL €€
(☑ 971 63 11 74; www.canreushotel.com; Carrer de l'Alba 26, Fornalutx; DZ 130–160 €, Suite 170 €; 🅿 ✳ @ 🢙 ☙) Ein gewisser Herr Reus, den der Orangenhandel mit Frankreich reich gemacht hatte, ließ dieses Anwesen im frühen 19. Jh. errichten. Heute ist es im Besitz von Briten und gilt als verlockender romantischer Unterschlupf. Die acht hellen Zimmer wurden unterschiedlich eingerichtet, mit antiken Möbeln und unverputzten Mauern, und locken mit schönen Aussichten. Kinder unter fünf Jahren sind hier nicht erwünscht.

Fornalutx Petit Hotel — BOUTIQUE-HOTEL €€
(☑ 971 63 19 97; www.fornalutxpetithotel.com; Carrer de l'Alba 22, Fornalutx; EZ 89–123 €, DZ 161–184 €; ☺ Mitte Feb.–Mitte Nov.; ✳ @ 🢙 ☙) Das geschmackvoll umgebaute ehemalige Kloster, das Fornalutx Petit Hotel, wird nicht nur als Boutique-Hotel, sondern auch als Kunstmuseum genutzt. Jedes der acht Zimmer ist nach einem zeitgenössischen mallorquinischen Maler benannt worden, dessen Bilder die Wände schmücken. Darüber hinaus dürfen Gäste die Sauna kostenlos nutzen und können sich auf der herrlichen Terrasse mit Aussicht auf das fruchtbare Tal entspannen.

Straße von Sóller nach Alaró

Refugi S'Hostatgeria — REFUGIO €
(☑ 971 18 21 12; www.castellalaro.cat; Alaró; pro Erw./Kind inkl. Frühstück 12/6 €, inkl. HP 24/14 €; ☺ Mai–Sept.; 🚶) Dieses Refugio am Castell d'Alaró bietet überwältigende Aussicht und ist der perfekte Ort, um alle Mittelalterfantasien von Rittern und Burgdamen auszuleben. Die einfachen Schlafsäle bieten Betten, den Schlafsack muss man selbst mitbringen.

Die Bar ist von 9 bis 23 Uhr geöffnet und bietet Sandwiches sowie Getränke an. Frühstück kostet 4 € zusätzlich, Abendessen 10 €.

Hotel Can Xim HOTEL €

(☎ 971 51 86 80; www.canxim.com; Plaça de la Vila 8, Alaró; EZ 60–80 €, DZ 80–100 €; P ✳ @ 🛜 🛖) Das familiengeführte Hotel wartet mit toller Lage und einem Blick direkt auf den Platz auf. Die Zimmer aben moderne Holzbalken und sind hell sowie geräumig. Allerdings mangelt es ihnen an Charakter. Für mallorquinische Standards aber sehr preiswert.

★ Alqueria Blanca LANDHOTEL €€

(☎ 971 14 84 00; www.alqueria-blanca.com; Carretera Palma–Sóller Km 13,6, Bunyola; EZ 135–145 €, DZ 155–165 €, Suite 185–205 €; ⊙ Jan–Nov; P ✳ 🛖) Dieser schöne Landsitz schlummert auf einer von Oliven und Pinien beschatteten Anlage. Vom Pool fällt der Blick aufs Tal. Die sechs Zimmer befinden sich im ältesten Gebäude, das früher eine arabische *alquería* (maurisches Gehöft) war. Die hohen Decken, Balken und besonders gedrechselten Betten spiegeln diese Vergangenheit wider. Ein seltsames Modernista-Gebäude, in dem heute der Frühstücksraum ist, kam 1906 hinzu.

Das Hotel liegt etwa 2 km westlich von Bunyola. Wer von Palma Richtung Norden fährt, biegt bei Km 13,6 nach Westen ab und folgt diesem Weg 700 m.

Finca Son Palou LANDHOTEL €€

(☎ 971 14 82 82; www.sonpalou.com; Plaça de l'Església, Orient; Zi. 126–159 €, mit Terrasse 165–211 €, Suite 185–230 €; ⊙ Mitte Jan.–Mitte Dez.; P ✳ @ 🛜 🛖) Hoch über den engen Gassen von Orient ruht dieses Landhotel auf einem romantischen Vorsprung. Die Zimmer sind mit Terrakottafliesen, Holzmöbeln und (teilweise) freiliegenden Balken traditionell, ohne ins Gekünstelte abzugleiten. Das sehr renommierte Restaurant verwendet Obst, Gemüse und Olivenöl aus eigenem Anbau. Vom Pool hat man einen schönen Bergblick.

NÖRDLICHES MALLORCA

Pollença

Hotel Desbrull BOUTIQUE-HOTEL €

(Karte S.118; ☎ 971 53 50 55; www.desbrull.com; Carrer del Marqués Desbrull 7, Pollença; EZ inkl. Frühstück 71–88 €, DZ inkl. Frühstück 77–99 €; ✳ 🛜) Das beste Preis-Leistungs-Verhältnis in der Stadt bieten die angenehm frischen, wenn

auch ziemlich kleinen Doppelzimmer in einem modernisierten Steinhaus. Weiß ist die dominierende Farbe, die jedoch durch bunte Akzente aufgelockert wird. Wem die modernen Kunstwerke an den Wänden gefallen, kann sie gleich kaufen. Das Hotel wird von einem freundlichen Geschwisterpaar geführt.

★ Posada de Lluc BOUTIQUE-HOTEL €€

(Karte S.118; ☎ 971 53 52 20; www.posadadelluc.com; Carrer del Roser Vell 11, Pollença; EZ 89–167 €, DZ 99–199 €, mit Terrasse 133–233 €; P ✳ @ 🛜 🛖) Früher diente das zweistöckige Stadthaus aus dem 15. Jh. im Zentrum Pollenças als Pilgerherberge, heute ist es eine einnehmende Bleibe mit sehr abwechslungsreich gestalteten Zimmern, viele davon mit Originalelementen wie Mauerwerk und Balken. Beeindruckender sind die Räumlichkeiten mit eigener Terrasse und Blick auf den Pool.

L'Hostal HOTEL €€

(Karte S.118; ☎ 971 53 52 82; www.hostalpollensa.com; Carrer del Mercat 18, Pollença; EZ 70–110 €, DZ 90–135 €; ✳ @ 🛜) Nur ein paar Schritte von der von Cafés gesäumten Plaça Major liegt das L'Hostal. Es bietet sechs helle Doppelzimmer mit unverputztem Mauerwerk, kräftigen Farbakzenten und moderner Kunst. Zudem punktet die komfortable Unterkunft im Stadtzentrum mit guten Preisen.

Hotel Son Sant Jordi HOTEL €€

(Karte S.118; ☎ 971 53 03 89; www.hotelsonsantjordi.com; Carrer de Sant Jordi 29, Pollença; EZ 68 €, DZ 72–270 €, Suite 108–270 €; P ✳ @ 🛜 🛖) In dem schönen alten Haus am gleichen Platz wie die Kapelle Oratori de Sant Jordi aus dem 16. Jh. locken elegante, lichtdurchflutete

Zimmer mit hohen Decken, Terrakottaböden, Himmelbetten und antiken Schaukelstühlen sowie ein erstaunlich großer Garten und ein kurviger Swimmingpool. Einzelzimmer sind nur in der Nebensaison zu haben.

Cala Sant Vincenç

★**Hostal Los Pinos** HOSTAL €
(☑971 53 12 10; www.hostal-lospinos.com; Urbanització Can Botana, Cala Sant Vicenç; EZ 33–46 €, DZ 66–88 €, FZ 98–114 €, alle inkl. Frühstück; ⏲Mai–Mitte Okt.; P❄✇🖥) Auf einer von Kiefern umgebenen Lichtung abseits der Straße zwischen Cala Molins und Cala Carbó thronen die beiden strahlend weißen Villen des Hostal Los Pinos. Teilweise bieten die herrlich großen Superior-Doppelzimmer Meerblick und haben separate Schlaf- und Wohnbereiche sowie Balkone. Die kleineren Einzelzimmer sind im traditionellen mallorquinischen Stil eingerichtet. Das Hostal ist friedlich und entspannt, liegt aber dennoch nur einen kurzen Spaziergang vom Strand.

Port de Pollença

★**Pensión Bellavista** PENSION €
(☑699 549 376, 971 86 46 00; www.pensionbellavista. com; Carrer Monges 14, Port de Pollença; EZ 35–45 €, DZ 55–65 €, 3BZ 75 €, 4BZ 80 €; 🛜🖥) Das Bellavista befindet sich in einem weitläufigen Haus, das seit 1931 Gäste begrüßt. Eine Wendeltreppe führt zu den einfachen Zimmern, die mit einzigartigen Darstellungen von Meereslebewesen in Form von Bildern und Lampen aufgepeppt sind. Die coole, groovige Terrasse lädt zum Chillen ein, das Frühstück wird im von Feigenbäumen beschatteten Garten serviert. Zur familiären Atmosphäre tragen auch die hier lebenden Katzen, Hunde und Schildkröten bei.

Hotel Sis Pins HOTEL €€
(☑971 86 70 50; www.hotelsispins.com; Passeig d'Anglada Camarasa 77, Port de Pollença; EZ 33–66 €, DZ 56–144 €; ⏲Feb.–Okt.; ❄@🛜) Ein Wahrzeichen aus den Anfangstagen des spanischen Küstentourismus: Das Hotel ist bereits seit 1952 gut im Geschäft und bietet altmodischen Charme und Service. Die Zimmer sind recht durchschnittlich, aber dafür günstig. Am besten sind die zum Meer hin.

Hostal Bahia HOTEL €€
(☑971 86 65 62; www.hoposa.es; Passeig Voramar 29, Port de Pollença; DZ 67–121 €, mit Meerblick 91–158 €; ⏲April–Okt.; ❄@🛜🖥) Das Bahia, eine Villa aus dem 19. Jh., die in ein Hotel verwandelt wurde, liegt an einem wunderbaren Uferabschnitt an der von Kiefern beschatteten Esplanade Pollencas. Bei einer kompletten Modernisierung im Jahr 2013 wurden auch die Zimmer aufgemotzt und mit Blauund Türkistönen verschönert; die besten haben Balkons mit Meerblick. Die Mitarbeiter nehmen sich regelrecht auseinander, um alle Wünsche zu erfüllen, und die Lage – ruhig, aber nah am Trubel – ist einfach perfekt.

Cap de Formentor

★**Hotel Formentor** HISTORISCHES HOTEL €€€
(☑971 89 91 00; www.barceloformentor.com; Platja de Formentor 3, Cap de Formentor; DZ 225–525 €, Suite 575–900 €; ⏲Mitte April–Okt.; P❄@🛜✇🖥) Seit es 1929 seine Türen öffnete, ist das elegante Hotel Formentor ein Klassiker der mallorquinischen Hotelszene. Das Haus am Meer hat schon Größen wie Grace Kelly, Winston Churchill, Michail Gorbatschow, John Wayne und den Dalai Lama beherbergt. Die Räume sind angenehm, allerdings in puncto Luxus nicht auf dem neuesten Stand, und die Doppelzimmer und Suiten auf der Meeresseite bieten einen Vorgeschmack aufs Paradies.

Von den Tennisplätzen, Pools und den Wegen durch den blumengeschmückten Garten mal abgesehen, ist das Hotel vor allem wegen seiner Lage so beliebt: Es hat den berühmten Formentor-Strand ganz für sich.

Alcúdia

★**Can Tem** BOUTIQUE-HOTEL €€
(Karte S.126; ☑971 54 82 73; www.hotelcantem. com; Carrer de l'Església 14, Alcúdia; EZ 75–80 €, DZ 90–125 €; ❄🛜) Das in einem Stadthaus aus dem 17. Jh. untergebrachte Can Tem ist ein echtes Boutique-Juwel. Es hat viel Flair, und den lichtdurchfluteten, weißen Zimmern gelingt das schwierige Kunststück, Originalelemente wie Balken und holzgeschnitzte Betten mit modernen Kunstwerken und eleganten Bädern zu kombinieren. Frisches Gebäck und selbst gebackener Kuchen versüßen das Frühstück, das im gepflasterten Innenhof serviert wird.

Petit Hotel Ca'n Simó BOUTIQUE-HOTEL €€
(Karte S.126; ☑971 54 92 60; www.cansimo.com; Carrer de Sant Jaume 1, Alcúdia; EZ 75–80 €, DZ 98–128 €; ❄@🛜✇) Rustikaler Charme prägt dieses stilvolle Hotel, das sich in einem reno

vierten Herrenhaus aus dem 19. Jh. befindet. Die sieben Doppelzimmer mit schmiedeeisernen Möbeln und Steinmauern haben alle einen ganz eigenen Charakter; die mit Whirlpool-Wannen und Himmelbetten sind besonders romantisch. Und irgendwie ist es noch gelungen, einen kleinen Innenpool, ein Spa und einen Fitnessraum unterzubringen.

Ca'n Pere
BOUTIQUE-HOTEL €€

(Karte S.126; ☑ 971 54 52 43; www.hotelcanpere. com; Carrer d'en Serra 12, Alcúdia; EZ 70–75 €, DZ 90–105 €, DZ mit Wellness-Bad & Terrasse 110–120 €; ❄ ⧈) Mit seinen Steinwänden und weißen Möbeln ist das in der Altstadt versteckte Ca'n Pere eine gute Unterkunft. In einigen Zimmern gibt's sogar moderne Himmelbett-Varianten. Die Zimmer mit Steinwänden, Spa und eigenem Balkon dürften im Norden Mallorcas zu den Bleiben mit dem besten Preis-Leistungs-Verhältnis gehören.

Port d'Alcúdia

Botel Alcúdia Mar
RESORT €€€

(☑ 971 89 72 15; www.botelalcudiamar.es; Passeig Marítim 1, Port d'Alcúdia; EZ 92–208 €, DZ 123–277 €; ☉ März–Okt.; 🅿 ❄ @ ⧈ ⛱ ♒) Es kommt nicht oft vor, dass wir Ferienhotels empfehlen – viele gleichen sich ja ohnehin wie ein Ei dem anderen –, doch dieses ragt deutlich über den Durchschnitt hinaus: einmal durch die Lage abseits des Gedränges, aber dennoch im Stadtzentrum, und dann mit seinen Gärten, Pools und Terrassen mit Meerblick. Die Zimmer sind nichts Besonderes, doch insgesamt fiel uns die Atmosphäre angenehm auf.

DAS INLAND

Santa Maria del Camí

★ Read's Hotel
LUXUSHOTEL €€€

(☑ 971 14 02 61; www.readshotel.com; Ca'n Moragues, Santa Maria; DZ ab 225 €, Suite 260–460 €; 🅿 ❄ @ ⧈ ⛱) Nordöstlich vom Zentrum Santa Marias befindet sich eines der erlesensten Landgüter Mallorcas. Das steinerne Herrenhaus liegt in einem perfekt gepflegten Garten mit dicken Palmen und beherbergt 23 Zimmer und Suiten mit Terrassen. Bei der Einrichtung wurde an nichts gespart, es sind z.B. Fernseher von Bang & Olufsen sowie Whirlpool-Wannen vorhanden. Entspannung bieten Innen- und Außenpools und ein Spa.

Die Weine vom eigenen Weingarten des Landguts passen wunderbar zum Essen der Blues Brasserie, die sich in einer Olivenpresse aus dem 18. Jh. befindet. Herr Read, der Besitzer des Hotels, und sein Hund Mr. Brown, sind ausgesprochen gute Gastgeber.

Santa Eugènia

Sa Torre
LANDHOTEL, APARTMENT €€

(☑ 971 14 40 11; www.sa-torre.com; Ma3020 Santa Maria–Sencelles Km 7, Santa Eugènia; Apt. 140, Frühstück 13 €; 🅿 ❄ @ ⧈ ⛱) Am Rand des winzigen Dorfes Ses Alqueries findet man dieses wunderbare Refugium. Die prächtige Finca, die seit 1560 in Familienbesitz ist, hat fünf geräumige Apartments für Selbstversorger, zwei herrlich ruhige Pools und ein renommiertes Weinkeller-Restaurant. Einige Apartments bieten Ausblick auf eine Gruppe Mandelbäume – ein Traum, wenn diese blühen.

Rund um Inca

★ Es Castell
LANDHOTEL €€

(☑ 971 87 51 54; www.fincaescastell.com; Carrer de Binibona, Binibona; EZ 110–120 €, DZ 130–180 €, Suite 170–200 €; 🅿 ❄ ⧈ ⛱) ♪ Wer in Binibona Ruhe und Frieden sucht, dessen Wünsche werden kurz hinter dem Örtchen noch weit übertroffen: Das 300 ha große Anwesen aus dem 11. Jh. liegt auf einer Anhöhe im Schatten der Berge. Es beherbert ein Grüppchen robuster Steinhäuser sowie zahlreiche Olivenbäume. Eine wirklich perfekte Oase.

Die einzige Geräuschkulisse auf dieser hinreißenden Finca sind das sanfte Summen der Zikaden und die Glocken der Schafe. Die angenehm rustikalen Zimmer sind mit Terrakottaböden, Holzmöbeln und Kommoden mit Marmorplatten eingerichtet. Der umweltfreundliche Ansatz des Hotels setzt sich auch beim Essen fort, das größtenteils aus eigenem Anbau oder vom lokalen Markt stammt.

Agroturisme Monnàber Vell
LANDHOTEL €€

(☑ 971 51 61 31; www.monnabervell.com; Campanet; EZ 107–133 €, DZ 114–166, Suite 141–206 €; ☉ Mitte Feb.–Mitte Dez.; 🅿 ❄ @ ⧈ ⛱) Die Lage dieses Landgutes inmitten von Feigen-, Mandel- sowie Johannisbrotbäumen und vor der Kulisse der Tramuntana ist Balsam für die Seele. Die Standard-Doppelzimmer sind ein klein wenig langweilig, doch dafür verströmen die Suiten mit unverputzten Steinen, Balken und Antiquitäten jede Menge Atmosphäre. Der Infinity Pool und der

Wellnessbereich sind unglaublich friedlich. Das Abendessen kostet zusätzliche 26 €.

Das Agroturisme Monnàber Vell befindet sich 3,5 km nördlich von Campanet; Einzelheiten zur Anfahrt entnimmt man am besten der Website.

Finca Hotel Albellons Parc Natural
PENSION €€

(📞971 87 50 69; www.albellons.es; Caimari, Binibona; EZ 120 €, DZ 160–200 €, Suite 220–240 € ⊙Mitte Feb.–Mitte Nov.; P❄@🌐🏊♿) Die Gäste dieses dezenten Refugiums in einem Bauernhaus, das 1 km nördlich von Binibona inmitten von Hügeln liegt, können sich über einen Panoramablick auf die Tramuntana und einen von Olivenbäumen gerahmten Pool freuen. Die zwölf Zimmer (sechs davon mit eigener Terrasse) sind alle mit Terrakottaböden, Holzdecken und rustikalen Stilmöbeln ausgestattet. Die 27 € für Halbpension lohnen sich für die leckere Hausmannskost.

Hotel Can Furiós
LANDHOTEL €€€

(📞971 51 57 51; www.can-furios.com; Camí Vell de Binibona 11, Binibona; EZ 132–180 €, DZ 165–225 €, Suite 190–310 €; ❄🌐🏊) Adrian und Suzy sind die freundlichen Gastgeber in dieser renovierten Villa aus dem 16. Jh., die immer wieder begeistert gelobt wird. Der romantische Unterschlupf lockt mit von Bougainvillea überwucherten Gärten, einem ruhigen Pool und einem Restaurant, das sich in einer umgebauten Olivenpresse aus dem 17. Jh. befindet. Steinwände, Balken und die eine oder andere Antiquität verleihen den Zimmern und Suiten, teilweise mit Himmelbetten und Terrassen, ein authentisches Flair.

Sineu

Hotel León de Sineu
HOTEL €€

(📞971 52 02 11; www.hotel-leondesineu.com; Carrer dels Bous 129, Sineu; DZ 90–150 €; ❄🌐🏊) Das Hotelgebäude aus dem 15. Jh. wurde lange als Weinkeller genutzt und hat viel von seinem traditionellen Aussehen bewahrt – selbst die uneinheitlich gefliesten Böden tragen zu dem Charme bei. Hinter dem Haus erstreckt sich über mehrere Ebenen der Garten mit Brunnen, Palmen, riesigen Sonnenblumen und einem Pool. Freundliche Angestellte und ein leckeres Frühstück sind das i-Tüpfelchen dieser wunderbaren Unterkunft.

Can Joan Capo Hotel
BOUTIQUE-HOTEL €€

(📞971 85 50 75; www.canjoancapo.com; Carrer de Degà Joan Rotger 4, Sineu; DZ 120–170 €, Suite 190–220 €, FZ 220–250 €; ❄🌐🏊♿) Sineus schickstes Hotel verfügt über sieben individuell eingerichtete Zimmer, etwa mit schweren Holz- oder schmiedeeisernen Möbeln. Nur die Balkendecken gibt's in allen Zimmern. Mit ihren strategisch platzierten alten Landwirtschaftswerkzeugen, friedlichen Nischen, hübschen Torbogen und terrassiertem Poolbereich dienen die Gemeinschaftsbereiche als Musterbeispiel für die Verwandlung eines alten Steinhauses in ein herrlich intimes Designer-Gebäude.

Algaida

Possessió Binicomprat
BOUTIQUE-HOTEL €€

(📞971 12 50 28; http://fincabinicomprat.com; Cami de Ses Vinyes, Algaida; DZ 138–149 €, Suite 150–158 €, Apt. 160–278 €; P❄🏊♿) Die Geschichte dieser Finca, seit 1511 im Besitz der Familie Moragues, reicht bis zur christlichen Rückeroberung im Jahr 1229 zurück. Sie ist genau so, wie man sich ländliche Refugien vorstellt: ein von Eichen umrahmter Pool, eine eigene Kapelle, Keller, Weingärten und Gemüsebeete. Die Zimmer vereinen geschickt Rustikalität mit Boutique-Chic, und die Suiten und Apartments haben Wohnzimmer mit Kamin.

Manacor

La Reserva Rotana
BOUTIQUE-HOTEL €€€

(📞971 84 56 85; www.reservarotana.com; Camí de Bendris Km 3, Manacor; DZ 150–255 €; ⊙Mitte Nov.–Mitte Feb.; P@🌐🏊♿) Inmitten 500 ha einer tadellos gepflegten Anlage 6 km nördlich von Manacor liegt diese luxuriöse Finca herrlich isoliert. Ein privater Golfplatz mit neun Löchern, ein Tennisplatz, ein Fitnessstudio, eine Sauna, ein eigener Weingarten und ein fabelhaftes Restaurant sorgen dafür, dass man das Hotel nicht ohne guten Grund verlässt. Die tollen Zimmer im Herrenhaus aus dem 17. Jh. sind im ländlichen Stil und mit vereinzelten Antiquitäten eingerichtet.

ÖSTLICHES MALLORCA

Artà

Hotel Casal d'Artà
HOTEL €

(Karte S.151; 📞971 82 91 63; www.casaldarta.de; Carrer de Rafael Blanes 19, Artà; EZ inkl. Frühstück 57–75 €, DZ inkl. Frühstück 88–96 €; ❄🌐) Ein wunderbares altes Herrenhaus im Herzen der Stadt. Die Dekoration mag altmodisch sein, doch alles hier wirkt hell und geräumig. Jedes Zimmer verströmt individuellen Charme: in einigen stehen Himmelbetten, andere haben eingelassene Badewannen. Außerdem lockt eine Dachterrasse voller Blumen und mit einem sprudelnden Brunen sowie einem unvergleichlichen Blick auf das Dorf.

★ **Jardi d´Artà**   BOUTIQUE-HOTEL €€
(Karte S.151; ☑971 83 52 30; www.hotel-arta.com; Carrer de l'Abeurador 21, Artà; DZ 125–165 €, Suite 180–375 €; ❄🖐🏠📶🏊) Als das Jardi d´Artà 2013 nach einer Komplettmodernisierung wieder eröffnete, legte es einen perfekten Start hin und wurde direkt zur beliebten Unterkunft. Stoffe in kräftigen Farbtönen verleihen den gepflegten Zimmern, die in Limonengrün gestaltet sind, einen Hauch von Glamour. Besonders gut gefielen uns der „Chapel Room", der in den Mauern einer ehemaligen Kapelle liegt, und der „Terrace Room", der auf den Garten hinausgeht, in dem Zitronen- und Orangenbäume duften.

Das Jardi d´Artà bezaubert mit seinem Blumengarten und den romantischen Eckchen. Es bietet einen Fitnessraum, ein Hamam und ein Restaurant, in dem der Koch Mika Drouin verspielt mediterrane und asiatische Küche kombiniert.

Hotel Sant Salvador   BOUTIQUE-HOTEL €€
(Karte S.151; ☑971 82 95 55; www.santsalvador. com; Carrer del Pou Nou 26, Artà; DZ 99–209 €; 🅿🖐@🏠🏊) Mit ihren Himmelbetten, prächtigen Stoffen, modernen Kunstwerken und antiken Möbeln spiegeln die acht Zimmer des luxuriösen Boutique-Hotels den gediegenen Charakter dieses restaurierten Herrenhauses wider. Der große Stolz des Hotels ist seine kurvenförmige Fassade, die ein Werk Gaudís sein soll. Neben einem Pool und einem üppigen Garten gibt's auch ein renommiertes Restaurant.

Can Moragues   LANDHOTEL €€
(Karte S.151; ☑971 82 95 09; www.canmoragues. com; Carrer del Pou Nou 12, Artà; EZ/DZ 98/135 €, Suite EZ/DZ 118/170 €; 🅿🖐@🏠🏊) Das fröhliche Hotel, ein ehemaliges Landhaus aus dem 18. Jh., verfügt über gemütliche, saubere Zimmer. Diese zollen mit Details wie den freigelegten Steinwänden und hölzernen Deckenbalken sowie mit ihrer Mischung aus modernen und traditionellen Einrichtungsgegenständen der ursprünglichen Architektur des Gebäudes Respekt. Gäste können am kleinen Pool und in der Sauna entspannen,

auf Wunsch arrangieren die freundlichen Besitzer auch Aktivitäten aller Art, von Reiten bis zu Mountainbiken.

Capdepera

★ **Cases de Son Barbassa**
BOUTIQUE-HOTEL €€€
(☑971 56 57 76; www.sonbarbassa.com; Camí de Son Barbassa, Capdepera; EZ 126–231 €, DZ 168–298 €; ❄Feb.–Nov.; 🅿🖐@🏠📶🏊) Ein Steinturm aus dem 16. Jh. wacht über dieses wundervolle, schon fast grandiose Landgut, das inmitten von Mandel-, Oliven- und Johannisbrotbäumen liegt. Die mit lokalen Steinen und Holz gestalteten Zimmer sind ländlicher Luxus pur, die Suiten verfügen über Badewannen mit Massagedüsen. Hier verbringt man gemächliche Tage rund um den Pool, der von bequemen Liegen und einem Whirlpool unter freiem Himmel gesäumt wird.

Eine gemütliche Ecke mit Kamin, ein herausragendes Restaurant samt Terrasse mit Bergblick und ein Garten voller duftender Kräuter, Lavendel und Rosen machen dieses Hotel zu einer tollen Zufluchtstätte vor dem Wahnsinn des Massentourismus der Küste.

Das Hotel liegt ganz in der Nähe der Straße zur Cala Mesquida und ist von der Hauptstraße zwischen Arta und Cala Ratjada ausgeschildert.

Cala Ratjada

Residence – The Sea Club   HOTEL, PENSION €€
(Karte S.156; ☑971 56 33 10; www.theseaclub.es; Avinguda de América 27, Cala Ratjada; EZ 55–82 €, DZ 115–175 €, FZ 155–195 €; ❄April–Okt.; 🏠🏊🏊) Etwas für Mallorca ganz Ungewöhnliches: Strandurlaub ohne den unpersönlichen Service mancher Massenhotels! Diese von Briten geführte Unterkunft an der Uferpromenade kann sich wirklich sehen lassen. Die 17 Zimmer in dem alten Kolonialhaus wurden liebevoll renoviert und strahlen viel Ruhe aus.

Hotel Cala Gat   HOTEL €€
(☑971 56 31 66; www.hotelcalagat.com; Carretera del Faro, Cala Ratjada; EZ 58–88 €, DZ 86–136 €; ❄April–Okt.; 🖐@) Das Hotel liegt in dichtem Wald an der Straße zum Leuchtturm und damit ein Stück weg vom Trubel im Zentrum. Es hat sogar einen eigenen reizenden kleinen Strand. Die Zimmer sind freundlich und modern, wenn auch nicht gerade aufregend. Insgesamt handelt es sich um eine tolle Kombination aus Frieden und Komfort.

Müssten wir uns für ein Strandhotels entscheiden, würden wir wohl dieses wählen.

Petit Hotel Ses Rotges BOUTIQUE-HOTEL €€
(Karte S.156; ☑971 56 31 08; www.sesrotges.com; Carrer de Rafael Blanes 21, Cala Ratjada; Zi. 85–150 €, Frühstück 20 €; ⊙April–Okt.; ❉ @) Diese stimmungsvolle Villa aus dem 18.Jh. hat mehr Charakter als viele andere Orte der Stadt. Die Geschichte des Hotels spiegelt sich in den Antiquitäten, Balken und Fliesenböden der Zimmer wider. Der Whirlpool, die Dachterrasse und der mit Bougainvillea bewachsene Innenhof sorgen für eine intime Atmosphäre, außerdem gibt's ein renommiertes Restaurant. Das Frühstück lohnt die zusätzliche Ausgabe, denn es bietet individuell zubereitete Eier, Räucherlachs, frisches Gebäck und Obst.

Porto Cristo & Umgebung

Es Picot LANDHOTEL €€
(☑637 737943; www.espicot.com; Camí de Sa Mola Km 3,6, Cales de Mallorca; Zi. 92–126 €; P ❉ 🛰 ❉) In ländlicher Einsamkeit, mit Aussicht auf den bewaldeten Hügel und bis hinunter zum Meer, ruht das Es Picot, eine zauberhafte Finca mit Pool und Garten. Letzterer ist so still, dass man fast eine Olive fallen hören könnte. Die einfach eingerichteten Zimmer haben rustikale Elemente wie Balken und Steinwände sowie eine Terrasse oder einen Balkon. Zum Frühstück gibt's Obst und Eier aus eigenem Anbau. Es liegt 5 km nordwestlich von Cales de Mallorca abseits der PM401.

Son Mas LANDHOTEL €€€
(☑971 55 87 55; www.sonmas.com; Carrer Porto Cristo–Portocolom, Camí de Son Mas; EZ 225–273 €, DZ 260–320 €) Diese romantische Finca, ein Bauernhaus aus dem 17.Jh., ist eine Klasse besser als die anonymen Pauschalhotels Porto Christos, dabei liegt sie nur fünf Fahrminuten von ihnen entfernt. Flure mit Gewölbedecken, subtil stilvolle Zimmer mit Balken und Himmelbetten, ein Pool zum Relaxen im Sommer, ein Kamin, an dem man es sich im Winter gemütlich machen kann, Wellness-Anwendungen – das ist Luxus, wie er im Buche steht.

Portocolom

Hostal Porto Colom HOSTAL €€
(☑971 82 53 23; www.hostalportocolom.com; Carrer d'en Cristòfol Colom 5, Portocolom; EZ 43–65 €,

DZ 60–112 €; ❉ 🛰) Direkt am Wasser bietet das Hostal Porto Colom luftige Zimmern in leuchtenden Gelb- und Blautönen (können nach einer Weile nerven). Alle Räume haben Parkettböden und große Betten. Sie sind anständig, aber nicht protzig. Das Restaurant und die Cocktailbar locken mit Meerblick.

SÜDLICHES MALLORCA

Cala Pi & Umgebung

Sa Bassa Plana LANDHOTEL €€
(☑971 12 30 03; www.sabassaplana.com; Carretera Cap Blanc Km 25,4, Cala Pi; EZ 58–74 €, DZ 71–99 €, Suite 106–135 €; P ❉ 🛰) Wer gerne auf einem bewirtschafteten Bauernhof unterkommen möchte, kann eines der zehn Doppelzimmer oder eine der zwölf Suiten (mit Kitchenette) des Sa Bassa Plana buchen. Die Räumlichkeiten sind nicht luxuriös, aber groß und komfortabel, zudem verfügen einige über antike Möbel und strahlen eine altmodische Eleganz aus. Halbpension ist ebenfalls möglich: 90 % der verwendeten Lebensmittel stammen vom eigenen Hof.

Sa Ràpita & Umgebung

★ **Can Canals** LANDHOTEL €€
(☑971 64 07 57; www.cancanals.es; Carretera Campos–Sa Ràpita Km 7, Ses Covetes; EZ 86–124 €, DZ 146–198 €; ⊙Feb.–Dez.; P ❉ 🛰 ❉ 🛰) Das Can Canals, eine beeindruckende rustikale Pension in der Nähe von Ses Covetes, bietet zwölf gut ausgestattete Zimmer in einem hinreißenden Bauernhaus und verströmt viel ländlichen mallorquinischen Charme. Alle Zimmer sind individuell gestaltet, doch Steinwände und Terrakottafliesen sind wiederkehrende Elemente. Auf dem Grundstück gibt's ein Spa und ein Wellnesscenter sowie Salzwasser- und Süßwasserpools.

Colònia de Sant Jordi

Hostal Colonial PENSION €
(☑971 65 52 78; www.hostal-colonial.com; Carrer de l'Enginier Gabriel Roca 9, Colònia de Sant Jordi; EZ 35–48 €, DZ 66–92 €, Apt. 60–110 €; ⊙Mitte März–Okt.; ❉ @ 🛰 ❉) Nur 50 m vom Strand entfernt liegt dieses nette, einfache familiengeführte Hotel. Es hat ein paar ordentliche, moderne Zimmer und Apartments, die in

frischen Blau- und Weißtönen gestaltet und mit kleinen Balkons oder Terrassen ausgestattet sind. Zur Pension gehört auch eine berühmte *gelateria*, und für die Gäste stehen Fahrräder zur Verfügung.

Ses Salines

★ Hotel Ca'n Bonico
HISTORISCHES HOTEL €€

(⌨ 971 64 90 22; www.hotelcanbonico.com; Plaça Sant Bartomeu 2, Ses Salines; EZ 124–139 €, DZ 168–198 €; ☺ Feb.–Okt.; ❄ @ 🛜 🛳) Das schöne alte Stadthaus stammt aus dem 13. Jh., was anhand der Bauweise des Verteidigungsturms (heute eine Bibliothek) und des ehemaligen Gefängnisses sichtbar wird. Darüber hinaus stammen die Besitzer des Hotels von den ursprünglichen Inhabern ab. Zum Hotel gehört ein friedlicher Pool. Die Zimmer verbinden schlichten weißen Minimalismus nahtlos mit historischen Elementen wie Balken und antiken Möbeln.

Santanyí

Hotel Cala Santanyí
HOTEL €€

(⌨ 971 16 55 05; www.hotelcalasantanyi.com; Carrer de Sa Costa dels Etics, Santanyí; EZ 115–132 €, DZ 160–204 €, Suite 190–230 €, Apt. 116–240 €; ☺ Mitte April–Anfang Nov.; ❄ @ 🛜 🛳 ⌨) Von außen wirkt diese Unterkunft wie viele andere mallorquinische Hotels am Meer, doch sie hat viele Vorzüge. Beispielsweise ist sie familiengeführt, was sich in der herzlichen Begrüßung und der Liebe zum Detail zeigt. Von den Zimmern und der Terrasse bietet sich ein wunderbarer Blick auf die Bucht; von den Apartments auf der anderen Straßenseite ist die Aussicht nicht so schön.

Cala Figuera

Hostal Mar Blau
HOSTAL €

(⌨ 971 64 52 27; www.marblau.eu; Carrer de la Iglesia 24, Cala Figuera; EZ 29–37 €, DZ 38–46 €, Apt. 84–104 €; ☺ April–Okt.; ❄ 🛜) Keine 300 m vom Hafen Cala Figueras liegt diese freundliche, besonders günstige Option. Die Zimmer sind blitzsauber, die teureren verfügen über Klimaanlage und Kühlschrank. Größere Unabhängigkeit bieten die komplett ausgestatteten Apartments (Mindestaufenthalt drei Tage), die teilweise Meerblick haben.

Hotel Villa Sirena
HOTEL €€

(⌨ 971 64 53 03; www.hotelvillasirena.com; Carrer de la Verge del Carme 37, Cala Figuera; EZ/DZ 63/83 €, 2-/4-Pers.-Apt. 86/135 €; ☺ Hotel April–Okt., Apt. ganzjährig; ❄ 🛳) Das angenehme Zwei-Sterne-Hotel auf einem Felsvorsprung am Ortsrand punktet mit einem beneidenswerten Blick aufs Meer. Die Zimmer sind zwar nichts Besonderes, doch dank der Extras wie einer luftigen Terrasse am Wasser trifft man mit dieser Bleibe eine gute Wahl. Die preisgünstigen Apartments auf der anderen Straßenseite sind für längere Aufenthalte ideal.

Portopetro

Blau PortoPetro
HOTEL €€€

(⌨ 971 64 82 82; www.blau-hotels.com; Avinguda des Far 12, Portopetro; EZ 150–250 €, DZ 200–330 €; ☺ März–Nov.; 🅿 ❄ @ 🛜 🛳 ⌨) Bei seiner Eröffnung 2005 sorgte die einzige Fünf-Sterne-Unterkunft der Gegend für Wirbel. Das schicke Hotel und Spa ist kein intimes Boutique-Hotel, doch die mehr als 300 Zimmer sind stilvoll, und zudem werden Aktivitäten aller Art angeboten – von privatem Segelunterricht bis zu Windsurfen. An der Südküste Mallorcas dürfte diese Bleibe wohl die beste ihrer Art sein.

Cala d'Or

★ Ca'n Bessol
LANDHOTEL €€

(⌨ 639 694910; www.canbessol.com; Carrer de la Sisena Volta 287, Cala d'Or; EZ 76–116 €, DZ 94–112 €, Apt. 118–178 €; ☺ Feb.–Nov.; 🅿 ❄ @ 🛜 🛳) In der Hochsaison wirkt diese familiengeführte Finca in Cala d'Or wie ein frischer Wind. Die vier romantischen Zimmer mit antiken Möbeln und rustikalen Balken gehen auf den Pool und den mit Palmen gesprenkelten Garten, in dem nur das Summen der Zikaden und das Gackern der Hähne die Stille stören. Es befindet sich am Rand von Cala d'Or, unweit der Hauptstraße zwischen S'Horta und Cala Ferrera.

Hotel Cala D'Or
HOTEL €€

(⌨ 971 65 72 49; www.hotelcalador.com; Avinguda de Bélgica 49, Cala d'Or; EZ 56,50–114 €, DZ 91–195 €; ☺ April–Okt.; ❄ 🛜 🛳) Das 1932 errichtete Haus wurde später als Kaserne genutzt. Heutzutage beherbergt das Gebäude ein empfehlenswertes Vier-Sterne-Hotel mit 95 Zimmern, die alle gut gepflegt sind und über Balkone samt Garten- oder Meerblick verfügen – Letztere sind eindeutig attraktiver. In der Hochsaison gilt ein Mindestaufenthalt von sieben Tagen.

Mallorca verstehen

Mallorca aktuell

Für Mallorca geht's bergauf! Die Insel hat die Auswirkungen der Finanzkrise besser gemeistert als viele andere Teile Spaniens. Sogar die jüngsten Korruptionsskandale konnten die positive Grundstimmung nicht trüben. Jedes Jahr landen rund 22,7 Mio. Besucher in Palma, der Wintertourismus ist im Aufschwung, ständig entstehen neue Hotels wie das Mallorca Rocks, und die wunderschöne Küste erfreut sich bei Jacht-verliebten Promis ungebremster Beliebtheit.

Die besten Filme

Die Strohpuppe (1963) Mit Sean Connery. Artà diente als Kulisse.

Der Magus (1968) Mit Anthony Quinn, Michael Caine und Candice Bergen. Soll auf einer griechischen Insel spielen, gedreht wurde aber auf Mallorca.

Ein Winter auf Mallorca (1969) Zeichnet Chopins und George Sands wenig erquicklichen Aufenthalt auf der Insel nach.

El Celo (2000) Mit Sadie Frost, Harvey Keitel und Lauren Bacall. Ein Privatlehrer unterrichtet auf Mallorca zwei Waisen.

Die besten Bücher

Mañana Mañana (Peter Kerr) Leben wie ein echter Mallorquiner – ein Leitfaden.

Bread and Oil: Majorcan Culture's Last Stand (Tomás Graves) Im Mittelpunkt steht Mallorcas Leidenschaft Nummer eins: das Essen.

Papa ante Palma: Mallorca für Fortgeschrittene (Stefan Keller) Eine witzige Geschichte über die Erfahrungen eines deutschen Einwanderers.

A Bull on the Beach (Anna Nicholas) Eine von mehreren lebendigen Erzählungen über das Leben einer Einwanderin im ländlichen Mallorca.

Wirtschaftskrise & Waldbrände

Während Spanien noch von der Rezession gelähmt ist, läuft das Geschäft auf Mallorca ausgezeichnet und die Aussichten sind auch weiterhin gut. Die Arbeitslosenquote nahm in letzter Zeit kontinuierlich ab, und die wirtschaftlichen Prognosen verbessern sich. Das bedeutet nicht, dass die Insel von der Krise verschont geblieben ist: Kürzlich meldete Radio One Mallorca, dass 85 % aller über 45-Jährigen seit Beginn der Krise ihren Job verloren haben, zudem führt die geplatzte Immobilienblase zu fallenden Häuserpreisen. Laut dem *Majorca Daily Bulletin* leiden Einheimische deswegen vermehrt unter Stress und Schlaflosigkeit.

Während Mallorca gegen die Finanzkrise gekämpft hat, setzten Waldbrände in den vergangenen Jahren der Natur und den Einsatzkräften erheblich zu. 2013 fielen in Peguera und in der Tramuntana nördlich von Andratx erneut 1800 ha Wald den Flammen zum Opfer. Aktuell läuft ein Wiederaufforstungsprogramm des Institut Balear de la Natura.

Korruptionsskandale & Partyexzesse

Mallorca hatte in letzter Zeit schlechte Presse. Die Eskapaden von Jaume Matas, dem einstigen Präsidenten der Balearen und früheren spanischen Umweltminister, füllten die Titelseiten. 2013 wurde er wegen Betrugs und Vorteilsgewährung zu neun Monaten Haft verurteilt. Noch brisanter ist der sogenannte Palma-Arena-Fall; dabei soll Iñaki Urdangarín, Herzog von Palma und Schwiegersohn des spanischen Königs, seine Position ausgenutzt und mittels gefälschter Rechnungen Millionen öffentlicher Gelder veruntreut haben. Urdangaríns Ansehen schaden zudem schlüpfrige E-Mails, die die spanische Zeitung *El Mundo* veröffentlicht hat. Bei Redaktionsschluss war der Fall noch nicht geklärt.

Gazetten und Fernsehprogramme berichten nur zu gerne über Magalufs schmutziges, feucht-fröhliches Partyimage. Während Calvià mit einem verschönerten Stadtbild und einer stärkeren Ausrichtung auf Outdoor-Aktivitäten sein Image wandeln möchte, musste der Urlaubsort im Südwesten 2013 mit Negativschlagzeilen kämpfen. Die BBC-Sendung *The Truth about Magaluf* berichtete im Januar von Alkoholexzessen, Schlägereien, Sexeskapaden und dem gefährlichen „Balconing". Im Juni beschrieb die *Bild am Sonntag* in der Reportage „Mallorcas dunkler Sommer" die Badia de Palma als Ort von billigen Prostituierten, Drogen und Taschendieben. Der örtliche Bürgermeister Manu Onieva war wenig begeistert und sprach von einseitiger Sensationspresse.

Imagewandel

Auch wenn nur ein oder zwei Urlaubsorte betroffen sind, warfen solche Berichte über die Jahre ein schlechtes Licht auf Mallorca. Haben Manu Onieva und andere Verantwortliche im Tourismussektor jedoch Erfolg, werden derartige Klischees langsam verschwinden. Sie verweisen auf positive Beispiele wie das neu eröffnete Mallorca Rocks, wo Europas Top-DJs vor entspanntem, gesittetem Publikum auflegen. Zudem fließen 3 Mio. € in eine umfassende Neugestaltung der Platja de Palma, und in Zukunft will man mit einem Alkoholverbot in der Öffentlichkeit sowie modernisierten Anlagen und Hotels eine wohlhabendere, ruhigere Klientel anlocken. Laut Álvaro Gijón, dem stellvertretenden Bürgermeister von Palma, ist der Partytourismus auf dem Rückzug. Im Juli 2013 sagte er im *Independent*: „Es ist nicht akzeptabel, dass sich Leute in der Öffentlichkeit übergeben und ihre Blase entleeren."

Ein weiteres großes Thema ist der Wintertourismus. Jedes Jahr verlängern sich die Öffnungszeiten der Hotels, womit die Insel eine attraktivere Klientel wie Wanderer, Radfahrer und Vogelbeobachter ansprechen möchte. Das Konzept geht auf: Immer mehr Reiseveranstalter bieten nun auch Aktivurlaub an. Magaluf bleibt das schwarze Schaf, kann die positive Entwicklung jedoch nicht aufhalten. Zwar ist die Party noch lange nicht vorbei, doch werden sich Besucher in Zukunft benehmen und auf den Geräuschpegel achten müssen.

BEVÖLKERUNG: **859 340**

BIP PRO KOPF: **21 151 €**

ARBEITSLOSENQUOTE (BALEAREN): **17,2 %**

AUF MALLORCA ABGEFERTIGTE FLUGPASSAGIERE (2012): **22,8 MIO.**

Gäbe es nur 100 Mallorquiner, wären …

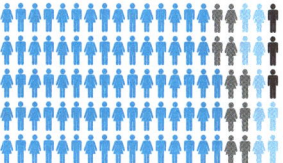

78 mallorquinisch
10 anderes
9 aus dem Festland Spanien
3 deutsch

Religiöse Gruppen
(% der Bevölkerung)

95 — römisch-katholisch

5 — andere

Einwohner pro km²

MALLORCA   DEUTSCHLAND

≈ 30 Personen

Geschichte

Durch seine Lage im Herzen von Europas meistumkämpftem Meer erlebte Mallorca große geschichtliche Ereignisse des Mittelmeerraums hautnah. Dies brachte der Insel ein ums andere Mal einschneidende Veränderungen. Doch trotz der Erfahrungen von Invasion, Krieg, Wohlstand und Hunger blieb sie bei großen historischen Umbrüchen meist außen vor.

Mallorcas Talayot-Stätten

....

Ses Païsses

....

Capocorb Vell

....

Necròpolis de Son Real

Museu Arqueològic de Son Fornés

Es Figueral de Son Real

....

Illot dels Porros

Mallorcas Geschichte beginnt mit einer Reihe ungeklärter Rätsel und einer Kultur, von deren Existenz nur noch *talayots* zeugen: Nach wie vor ziehen diese Wachtürme aus Stein Archäologen in ihren Bann. Die Angehörigen der Talayot-Kultur hatten bis zur Ankunft der Römer 200 v. Chr. die Insel für sich. Im römischen Mallorca herrsche größtenteils Frieden, bis 426 n. Chr. die Vandalen einfielen. Ihnen folgten ein Jahrhundert später die Byzantiner, aber erst muslimische Truppen sorgten für Wohlstand und ein friedliches Miteinander der Religionen. Ab dem frühen 9. Jh. herrschten sie über 300 Jahre lang. 1229 eroberte Jaume I. die Insel. Seitdem steht sie unter christlicher Hand. In den folgenden Jahrhunderten führte die arme Landbevölkerung ein mühseliges, von Not und Krankheit bestimmtes Leben in Abhängigkeit von abwesenden Gutsherren. Ohne eigenes Zutun beeinflussten Geschehnisse auf dem Festland auch die Geschicke Mallorcas, sei es bezüglich der Frage der königlichen Erbfolge oder des zerstörerischen Bürgerkriegs in den 1930er-Jahren.

Danach, insbesondere ab den 1960ern, erlebte Mallorca mit dem Einzug des Massentourismus einen radikalen Wandel, der die Insel aus ihrem provinziellen Tiefschlaf riss, ihr ungeahnten Wohlstand brachte und ein etwas erzwungenes kosmopolitisches Flair verpasste.

Die Talayot-Kultur

Vor nur 8 Mio. Jahren wurden die Balearen von der Iberischen Halbinsel getrennt. Ihre artenreiche Tierwelt lebte in herrlicher Abgeschiedenheit, bis sich in der Altsteinzeit vor 9000 bis 10 000 Jahren die ersten Menschen von der spanischen Küste aufmachten und auf Mallorca landeten.

Die frühesten Besiedlungsspuren auf der Insel stammen von etwa 7200 v. Chr. Über 6000 Jahre hinweg lebten verschiedene Gruppen oder Stämme als Jäger und Sammler in Höhlen oder anderen natürlichen Be-

TIMELINE	7200 v. Chr.	um 1200 v. Chr.	um 500 v. Chr.
	Nach Ansicht von Archäologen siedeln die ersten Menschen um 7200 v. Chr. auf Mallorca. Das zeigen Karbondatierungen von Funden, die man in der Cova de Canet bei Esporles entdeckt hat.	Kriegerische Stämme erobern Mallorca, Menorca, Korsika und Sardinien. Auf Mallorca und Menorca bezeichnet man sie heute nach den steinernen Türmen, die sie bauten, als Talayot-Kultur.	Phönizische Kaufleute lassen sich an der Küste nieder und haben bald Einfluss auf die ganze Insel. Balearische Krieger dienen als Söldner in Karthagos Armee.

hausungen. Um 2000 v. Chr. fingen sie an, Hünengräber zu bauen. Zu den Epizentren früher Hochkulturen zählte die Insel allerdings sicher nicht. In Ägypten errichtete man zur gleichen Zeit schon Pyramiden.

Um 1200 v. Chr. kamen kriegerische Stämme wahrscheinlich aus Kleinasien nach Mallorca und Menorca und überwältigten die einheimische Bevölkerung. Heute fasst man sie unter dem Begriff Talayot-Kultur zusammen, weil sie der Nachwelt Steinbauten mit rundem (manchmal auch quadratischem oder schiffsförmigem) Grundriss hinterließen. Diese zeugen von einer gut organisierten, hierarchischen Gesellschaft. Am meisten verbreitet waren runde, bis zu 6 m hohe *talayots,* die zwei Stockwerke hatten. Über ihren Zweck lässt sich nur spekulieren. Dienten sie als Machtsymbole oder als Grabmale örtlicher Stammesführer? Wurden sie als Speicher oder als Wehrtürme genutzt? Waren es religiöse Stätten? Auf der Insel verteilt gab es mindestens 200 Talayot-Dörfer. Dort fand man einfache Keramiken und Bronzegegenstände (Schwerter, Äxte, Halsschmuck).

Mallorca und Menorca wurden in der Antike als Gymnesias-Inseln bezeichnet, abgeleitet von dem griechischen Wort für „nackt" (anscheinend begnügten sich manche Insulaner mit einem Minimum an Kleidung). Die Gesellschaft der Talayot-Kultur setzte sich wohl aus einer herrschenden Elite, einer breiten bäuerlichen Schicht und Sklaven zusammen. Ob sie eine Schrift hatten, ist nicht bekannt.

Durch griechische und phönizische Händler kamen sie in Kontakt mit der Außenwelt. Vergebens versuchten die Karthager, auf Mallorca Fuß zu fassen, konnten aber immerhin Mallorquiner als Söldner gewinnen. Die mallorquinischen und menorquinischen Männer waren geschickt im Umgang mit der Schleuder (schon Kinder lernten, sie tödlich genau zu benutzen). Und da sich diese Steinschleuderkämpfer *(foners* auf Katalanisch) selbst Balearen nannten (wahrscheinlich abgeleitet vom altgriechischen Wort für „werfen"), hießen auch ihre Heimatinseln bald so. Die Krieger machten sich bald einen Namen als Söldner. In der karthagischen Armee beschossen sie den Feind mit Salven von 4 bis 6 cm dicken, ovalen Projektilen, bevor die Infanterie zum Sturm ansetzte. Beim Nahkampf trugen sie Dolche oder Kurzschwerter, jedoch so gut wie keine Rüstung. Sie waren dabei, als die Karthager im 5. Jh. v. Chr. die Griechen besiegten, und beteiligten sich auch an den Punischen Kriegen gegen Rom.

Manche Historiker sind der Meinung, dass die lustigen weiß-grün-roten Tonpfeifen namens *siurells* mit den Phöniziern auf die Insel kamen und alte Gottheiten darstellen. Klassische Motive sind Stiere, Reiter und Männer mit Hundeköpfen.

GESCHICHTE RÖMER, VANDALEN & BYZANTINER

GOTTHEITEN

Römer, Vandalen & Byzantiner

Als sich der römische Konsul Quintus Caecilius Metellus 123 v. Chr. der Küste Mallorcas näherte – wahrscheinlich bei Platja des Trenc im Süden –, kam er nicht unvorbereitet. Er wusste, dass die Krieger der Insel seine Schiffe mit schweren Steinen beschießen und versenken konnten, und hatte sich etwas einfallen lassen: Er erfand das erste gepanzerte Schiff, die Wände verstärkt mit dicken Tierhäuten und Leder. Die mallor-

123 v. Chr.	426 n. Chr.	534	707
Unter dem Vorwand, die Piraterie von den Balearen zu beenden, stürmt der römische Feldherr Quintus Caecilius Metellus, später Balearicus genannt, die Küste und erobert Mallorca und Menorca.	Die Vandalen, ein mitteleuropäischer Volksstamm, der marodierend durch Europa bis Nordafrika gezogen ist, zerstört die römische Stadt Pol·lèntia.	Belisarius erobert die Balearen im Namen des byzantinischen Kaisers Justinian, der bis zu seinem Tod 565 das Römische Reich im Mittelmeerraum wiederherzustellen versucht.	Muslimische Araber aus Nordafrika überfallen zum ersten Mal Mallorca. Vier Jahre später beginnt ihr Siegeszug auf der Iberischen Halbinsel.

quinischen Krieger waren völlig verblüfft, als sie nichts gegen die Flotte ausrichten konnten, und flüchteten landeinwärts. Innerhalb von zwei Jahren war die Insel befriedet.

Metellus holte etwa 3000 Siedler von der Iberischen Halbinsel und gründete zwei Garnisonen nach dem üblichen römischen Muster (mit den rechtwinklig angelegten Hauptstraßen *decumanus* und *cardus maximus*): Palmeria oder Palma und Pol·lèntia entwickelten sich schon bald zu den Hauptorten Mallorcas. Pol·lèntia, der bedeutendere der beiden, lag genau zwischen der Bucht von Pollença und der von Alcúdia im Nordosten.

Während sich Pol·lèntia mit schicken Gebäuden, Tempeln, einem Theater usw. schmückte (es wartet mit den meisten römischen Überresten Mallorcas auf), entdeckten manche Römer ihre Vorliebe fürs Landleben und bauten sich große Landhäuser. Heute kann man davon nichts mehr sehen, aber es ist verlockend, sie als Vorläufer der arabischen *alqueries* (Gutshöfe) und mallorquinischen *possessions* (Landsitze) einzuordnen.

Allmählich nahm die indigene Bevölkerung die Sprache und Sitten der Römer an, lebte jedoch weiterhin in ihren eigenen Dörfern. Für Plinius den Älteren stand mallorquinischer Wein dem italienischen in nichts nach, und auch Weizen und Schnecken von der Insel wurden sehr geschätzt.

Archäologische Funde wie die Überreste der frühchristlichen Basilika in Son Peretó aus dem 5. Jh. belegen, dass das Christentum im 4. Jh. auf die Insel gelangte. Schon damals zogen dunkle Wolken auf. Im 5. Jh. fielen schließlich Barbarenstämme in das Römische Reich ein. 426 überfielen die Vandalen (ein ostgermanischer Stamm, der plündernd durch römische Gebiete stürmte) die Balearen. Nachdem sie durch Spanien gezogen waren und in Nordafrika ihren Stützpunkt errichtet hatten, eroberten sie die Inseln 40 Jahre später erneut.

Die Vandalen bekamen ihre Strafe, als der byzantinische Kaiser Justinian beschloss, das Römische Reich wiederherzustellen. Sein unermüdlicher Feldherr Belisarius schlug die Vandalen 533 vernichtend in Nordafrika und eroberte ein Jahr später die Balearen. Nach Justinians Tod 565 ging es mit der byzantinischen Macht im westlichen Mittelmeer schnell bergab. Als sich die Muslime Anfang des 8. Jhs. über Nordafrika ausbreiteten, waren die Balearen eine unabhängige christliche Enklave.

Muslimische Herrschaft

Schlechtes Wetter zwang den arabischen Edelmann Isam al-Jaulani aus Al-Andalus (dem maurischen Spanien) 902, Schutz im Hafen von Palma zu suchen. Dort angekommen, fasste er den Plan, Mallorca und die übrigen Baleareninseln einzunehmen und dem Kalifat von Córdoba einzuverleiben. Wieder in Córdoba betraute der Kalif Abdallah ihn mit dieser Aufgabe, und so kehrte Al-Jaulani noch im selben Jahr oder 903 mit einem Landungstrupp zurück.

Ihren Wurzeln und ihrer kulturellen Unabhängigkeit sind die Katalanen vor allem durch die Sprache treu geblieben: Mallorquinisch, ein Dialekt des Katalanischen, hat sich seit der Eroberung 1229 weiterentwickelt. Unter Franco wurde Mallorquinisch aus der Öffentlichkeit verbannt, aber seit dessen Tod ist es für viele Mallorquiner wieder Ausdruck ihres Nationalstolzes.

Einen umfassenden Überblick über die antike vorrömische Geschichte Mallorcas bietet der *Guía Arqueológica de Mallorca* von Javier Arambau, Carlos Garrido und Vicenç Sastre.

869	903	1075
Normannen überfallen mallorquinische Ortschaften. 21 Jahre vorher hatten Araber aus dem muslimischen Spanien die Insel mit Billigung der dortigen Führer angegriffen und diese im Gegenzug verschont.	Muslimische Truppen nehmen Mallorca ein. Einheimische Christen leisten noch acht Jahre lang in Festungen auf der ganzen Insel Widerstand.	Mallorca wird ein unabhängiges *taifo* (Emirat), nachdem das Kalifat von Córdoba in mehrere Emirate zerfallen ist.

SIMON GREENWOOD/GETTY IMAGES ©

➜ Nachgestellte Normannenschlacht

Die Hafenstadt fiel prompt. Al-Jaulani wurde zum Wāli (Gouverneur) der Ostinseln von Al-Andalus ernannt, wie die Mauren die Balearen bezeichneten. Acht Jahre lang musste er sich jedoch mit christlichen Widerstandsnestern auf den Inseln herumschlagen. Als er 913 starb, hatte er die Inseln befriedet und angefangen, die einzige Stadt der Balearen zu erweitern und zu verschönern. Sie hieß nun Medina Mayurka (Stadt Mallorca).

Das nächste Jahrhundert war für Mallorca eine Blütezeit. Die Mauren unterteilten die Insel in zwölf Distrikte, führten hoch entwickelte Bewässerungsmethoden ein und schufen florierende Gutsbetriebe, sogenannte *alqueries*. Medina Mayurka entwickelte sich zu einer von Europas kosmo-

JUDEN AUF MALLORCA

Die ersten Juden kamen offenbar 70 n. Chr. nach Mallorca, im selben Jahr, als die Römer den jüdischen Tempel in Jerusalem zerstörten. Unter islamischer Herrschaft gedieh eine kleine jüdische Gemeinde in Medina Mayurka (maurischer Name für Palma). Das christliche Mallorca nach der Reconquista im Jahr 1229 war weniger tolerant.

Obwohl die mallorquinischen Juden von den meisten Berufen und öffentlichen Ämtern ausgeschlossen waren, schätzte man sie wegen ihrer Bildung und ihres Geschäftssinns. Jüdische Ärzte, Astronomen, Bankiers und Kaufleute sprachen meist fließend Katalanisch und/oder Spanisch, Latein, Hebräisch und Arabisch und erhielten oft wichtige Aufgaben.

Ende des 13. Jhs. lebten in Ciutat (Katalanisch für Palma) 2000 bis 3000 Juden in einem Viertel am Palau de l'Almudaina. Von dort verbannte man sie in den Call (Katalanisch für Ghetto) im Ostteil von Sa Calatrava, in die Gassen um den Carrer de Monti-Sion. Nachts wurde das Judenviertel verschlossen, und tagsüber mussten die Bewohner ein rot-gelbes rundes Abzeichen tragen. Ihre Synagoge wurde 1315 in die Kirche Monti-Sion umgewandelt, eine neue Synagoge bekamen sie erst 1373. 1391 wurden etwa 300 Juden bei einem antisemitischen Pogrom von aufständischen Bauern getötet.

1435 zwang man fast alle Juden der Insel, zum Christentum überzutreten, und wandelte ihre Synagogen in Kirchen um. Anfang des 16. Jhs. siedelte man sie zwangsweise vom Call Major in den Call Menor an der Carrer de Colom um. Inzwischen waren sie zwar Christen, standen aber unter dem Verdacht, heimlich jüdische Riten zu praktizieren, und waren somit beliebte Opfer der Inquisition. Das letzte Autodafé (Verbrennung von „Ketzern") solcher *judaizantes* fand 1691 statt; damals wurden drei Menschen auf dem Scheiterhaufen verbrannt.

Nach wie vor mied die christliche Bevölkerung die oftmals als *xuetes* (von *xua*, einem abfälligen Wort für Schweinefleisch) bezeichneten Juden. Erst im 19. Jh. verbesserte sich die Lage der Geächteten. Während dieser Zeit gingen unzählige Schriftsteller und Dichter aus solchen *xueta*-Familien hervor. Als die Nazis im Zweiten Weltkrieg Mallorca zur Auslieferung seiner jüdischen Bevölkerung aufforderten, weigerten sich angeblich die Kirchenoberhäupter. Die Nachfahren dieser Familien (die selbst Mitte des 20. Jhs. noch von vielen Mallorquinern ignoriert wurden) schätzt man heute auf etwa 15 000 bis 20 000.

1114–15	1148	1185	1203
Ein katalanisch-pisanisches Kreuzfahrerheer landet auf Mallorca, um die Piraterie zu beenden. Sie erobern 1115 Medina Mayurka (Palma) und befreien 30 000 christliche Sklaven.	Mallorca schließt ein Handelsabkommen mit Genua und Pisa, das den Italienern den mallorquinischen Markt öffnet und die Gefahr weiterer christlicher Angriffe auf die Insel verringert.	Mit dem Tod des muslimischen Herrschers Wāli Ishaq endet auf der Insel eine beispiellose Blütezeit, der Höhepunkt der Almoraviden-Herrschaft.	Die Almohaden vom spanischen Festland besiegen die Almoraviden in Medina Mayurka und übernehmen die Herrschaft über die Insel. Davon bleibt das Leben der Mallorquiner unbeeindruckt.

KARTEN

politischsten Städte. Ende des 12. Jhs. lebten hier 35 000 Einwohner, also fast genauso viele wie in Barcelona und London. Über den Ruinen eines römischen Kastells entstand der Palast Almudaina und an der Stelle, wo heute die Kathedrale von Palma steht, wurde eine Moschee errichtet. Mit dem Bau der Stadtmauern um das neue Viertel Rabad al-Jadid (ungefähr das heutige Es Puig de Sant Pere) erreichte die Stadt die Ausdehnung, die sie bis Ende des 14. Jhs. behalten sollte. Es war eine typische arabische Altstadt, eine mittelalterliche Medina wie in Marrakesch oder Fes. Von ihrem engen Gassengewirr, den sogenannten *estrets* (Engen), ist allerdings kaum etwas erhalten. Medina Mayurka pflegte enge Kontakte zur übrigen muslimischen Welt im westlichen Mittelmeerraum, obwohl die Emire (Prinzen) die Ostinseln ab 1075 unabhängig vom Festland regierten.

Al-Jaulanis Nachfolger widmeten sich mit viel Elan der Piraterie, die ab Anfang des 12. Jhs. zur Haupteinnahmequelle der Inseln wurde, und zogen damit den Zorn christlicher Kaufleute auf sich. So landete denn auch 1114 eine Flotte mit 500 Schiffen sowie 65 000 Pisanern und Katalanen auf Mallorca. Sie überzogen die Insel mit einem blutigen Krieg und eroberten im April des folgenden Jahres Medina Mayurka. Nach zehnmonatigen Kämpfen waren sie aber so ausgelaugt, dass sie Mallorca mit ihrer Kriegsbeute, Gefangenen und befreiten christlichen Sklaven verließen, als sie hörten, dass von Nordafrika eine muslimische Flotte anrückte.

Ab 1116 brach auf Mallorca eine neue Ära an, als die Almoraviden (ein Berberstamm aus Marokko) von Spanien aus die Herrschaft übernahmen. Insbesondere unter Wāli Ishaq, der von 1152 bis 1185 regierte, erlebten die Balearen eine weitere Blütezeit. 1203 eroberten Almohaden die Insel, nachdem sie Al-Andalus unter ihre Kontrolle gebracht hatten.

Diese blutigen Zwistigkeiten zwischen den islamische Dynastien blieben im christlichen Spanien nicht unbemerkt. Nach der vernichtenden Niederlage der Almohadenarmee in der Schlacht von Las Navas de Tolosa 1212 bekam die Reconquista (die Rückeroberung maurischer Gebiete durch christliche Könige) neuen Auftrieb. Bis 1250 eroberten die Christen Valencia, die Extremadura, Córdoba sowie Sevilla und verscheuchten die letzten Muslime aus Portugal. Kein Wunder, dass man Pläne schmiedete, auch die Balearen einzunehmen, zumal Mallorca weiterhin ein wichtiges Piratennest war, das die christliche Seefahrt ernsthaft störte.

Jaume I. El Conqueridor

Am 5. September 1229 brachen 155 Schiffe mit 1500 Rittern und 15 000 Fußsoldaten von den katalanischen Häfen Barcelona, Tarragona und Salou nach Mallorca auf. Jaume I. (1208–76, später der Eroberer genannt), energischer 21-jähriger König von Aragón und Katalonien, schwor, die Balearen einzunehmen und der muslimischen Piraterie dort ein Ende zu setzen. Er landete in Santa Ponça, rückte nach zwei kurzen Scharmützeln

September 1229	Dezember 1229	1267	1276
Katalanische Truppen unter Jaume I., König von Aragón, landen in Santa Ponça, besiegen die Muslime und belagern Medina Mayurka.	Jaume I. erobert die Stadt und lässt sie plündern. An Ostern des folgenden Jahres rafft eine Pestepidemie viele Einheimische und Besatzungssoldaten dahin.	Mallorcas Ikone und Quasi-Heiliger Ramon Llull hat eine Reihe von Visionen, die ihn endgültig zu einer der bedeutsamsten Persönlichkeiten der katalanischen Kultur machen.	Fast 50 Jahre nachdem er Mallorca unter christliche Herrschaft brachte, stirbt Jaume I. Die Insel wird zwischen seinen beiden Söhnen aufgeteilt – Jahrzehnte zerstörerischer Konflikte folgen.

auf Medina Mayurka vor und belagerte die Stadt. Am 31. Dezember durchbrachen die christlichen Truppen schließlich die Verteidigungslinien, stürmten die Stadt und plünderten sie erbarmungslos. In den folgenden Monaten jagte Jaume feindliche Truppen auf der ganzen Insel, stieß aber nur auf geringen Widerstand.

Er teilte Mallorca nach der Eroberung unter seinen Generälen und Verbündeten auf. Die arabischen *alqueries*, *rafals* (Weiler) und Dörfer bekamen neue *senyors* (Herren). Viele benannten sich um, manche behielten aber auch ihre arabischen Namen. Alle Orte, die mit „Bini" (Söhne) anfangen, gehören dazu. Einige nannten sich nach ihrem neuen Herrn und setzten nur das Possessivpronomen *son* oder *sa* vor dessen Namen. Die Verteilung der Beute legte Jaume im *Llibre del Repartiment* fest.

Zu seinen Prioritäten gehörten der rasche Bau von Kirchen, die Christianisierung der Einheimischen und die Entsendung von Siedlern aus Katalonien (vor allem aus der Umgebung von Gerona). Im ersten Jahrhundert nach der Eroberung lebte der größte Teil der Inselbevölkerung in Ciutat (Palma). Das übrige Gebiet, als Part Forana bezeichnet, war in 14 Bezirke unterteilt. Doch alle Macht auf Mallorca konzentrierte sich auf Ciutat. Die Verwaltungsgeschäfte führten sechs *jurats* (Magistraten).

Die christlichen katalanischen Siedler zwangen der Insel ihre Religion, ihre Sprache und ihre Sitten auf und die meisten muslimischen Einwohner wurden versklavt. Wer dieses Schicksal nicht akzeptieren wollte und nicht floh, hatte nur eine Alternative: dem Islam abzuschwören. Auch die jüdische Bevölkerung machte schwere Zeiten durch.

Im Part Forana entwickelten sich die *possessions* (Landgüter) zu Zentren der Landwirtschaft, die bald den Haupterwerbszweig der Insel ausmachte. Ihre Verwaltung unterstand einheimischen Gutsleitern, oft selbst reiche Bauern, die ihren – meist abwesenden – Adelsherren treu ergeben waren. Sie beschäftigten *missatges* (Landarbeiter) und *jornalers* (Tagelöhner), die nah an der Armutsgrenze lebten. Kleinbauern, die mit ihren Höfen ihren Lebensunterhalt oft nicht bestreiten konnten, traten ihr Land an die größeren Güter ab und wurden Tagelöhner.

Die Krone von Aragón

Nach dem Tod Jaumes I. 1276 wurde sein Herrschaftsgebiet unter seinen beiden Söhnen aufgeteilt, Jaume II. und Pere II.; in den folgenden Jahren stürzten sie und ihre Erben Mallorca in Machtstreitigkeiten. Ab 1349 unterstand das unabhängige Königreich Mallorca der Krone von Aragón, blieb aber relativ autonom.

Die Geschicke Mallorcas und besonders Palmas waren eng an Barcelona, die katalanische Residenzstadt des Königs von Aragón, geknüpft. Mitte des 15. Jhs. gehörten diese beiden Städte zu den reichsten des Mittelmeerraums (trotz einiger Rückschläge wie Pestepidemien). Allein Pal-

Als Teil der mediterranen Handelsrouten war Mallorca besonders anfällig für die Pest, deren verheerende Wirkung die Insel wiederholt traf und viele Einwohner das Leben kostete.

1343	1382	1391	1488
Pere III. von Aragón erobert Mallorca und die Königskrone von Jaume III. Sechs Jahre später stirbt Jaume III. in der Schlacht von Llucmajor bei dem Versuch, sie zurückzuerobern.	Das System Sac i Sort (Sack und Glück) wird eingeführt; dabei zog man die Namen der sechs Kandidaten für das Amt der *jurats* (Magistraten) für die folgenden zwölf Monate aus vier Beuteln.	Bauern und Tagelöhner plündern das jüdische Viertel von Palma und töten Hunderte Juden. Monate später werden alle Beteiligten aus Angst vor weiteren Unruhen ungestraft freigelassen.	Die Inquisition wird offiziell in Mallorca etabliert. In den folgenden Jahrzehnten werden Hunderte als Ketzer auf dem Scheiterhaufen verbrannt.

ma unterhielt 35 Konsulate und Handelsvertreter rund ums Mittelmeer. Den einheimischen Kaufleuten gehörte eine Handelsflotte von 400 Schiffen, und die mittelalterliche Börse, Sa Llotja, war ein lebendiges Handelszentrum.

Aber es war nicht alles rosig. Im Part Forana lebten die Landarbeiter von Hungerlöhnen, und 1374 war die Ernte so miserabel, dass die Menschen auf den Straßen tot umfielen. Erbarmungslos schlug die Armee Aufstände nieder, die immer wieder ausbrachen, z. B. 1391 (im selben Jahr, als wütende Landarbeiter das Judenviertel in Ciutat plünderten). Ein größerer Schock für die Herrschenden war die Revolte der Handwerkszünfte (Germania-Bruderschaften) 1521, die besonders durch die erdrückende Besteuerung der Unterschichten ausgelöst wurde. Diese zwang den Vizekönig (Mallorca gehörte inzwischen zum vereinigten Spanien unter Kaiser Carlos V.) zur Flucht. Im Oktober 1522 schickte Carlos die Armee, der es erst im März des folgenden Jahres gelang, die Ordnung wiederherzustellen.

Inzwischen war Mallorcas Handelsstern im Sinken und die Küste permanenten Attacken nordafrikanischer Piraten ausgesetzt. Davon zeugen die vielen *talayots* (Wehrtürme) auf der Insel. Aus dieser Zeit stammen auch einige der farbenprächtigsten Volksfeste Mallorcas wie Moros i Cristians in Pollença und Es Firó in Sóller. Da ab dem 17. Jh. auch Spanien immer mehr an Macht verlor, versank Mallorca in provinzieller Be-

> Eine der schönsten Beschreibungen der Insel ist in *Mallorca, L'Illa de la Calma* (Mallorca, die Insel der Stille, 1922) des katalanischen Malers Santiago Rusiñol nachzulesen. In dem Werk beleuchtet er auf kritische Weise das harte Landleben vieler Einheimischer.

DER MISSIONARISCHE SHAKESPEARE DER KATALANEN

Der Mystiker, Theologe und Universalgelehrte Ramon Llull (1232–1316) kam in Ciutat (Palma) de Mallorca zur Welt und führte zunächst ein relativ irdisches Leben. Er war Page am Hof Jaumes I. und wurde zum Majordomus des zukünftigen Königs von Mallorca, Jaume II., ausgebildet. Ramon haute mächtig auf den Putz, schrieb Liebesgedichte und genoss ein ausschweifendes Liebesleben.

Als ihm jedoch 1267 fünfmal der gekreuzigte Christus erschien, änderte er sein Leben von Grund auf. Er vertiefte sich ins Studium der Theologie, der Moralphilosophie und der Sprachen (Arabisch und Hebräisch) und gründete (mit Unterstützung Jaumes II.) ein Kloster in Miramar, um zukünftige Missionare in Theologie und östlichen Sprachen auszubilden. Mit dem glühenden Wunsch, Juden und Muslime zu bekehren, reiste er predigend durch ganz Europa, den Nahen Osten und Nordafrika. Gleichzeitig verfasste er unzählige Abhandlungen in Arabisch und Katalanisch und gilt heute als Begründer der katalanischen Literatur. 1295 schloss er sich den Franziskanern an und zog sich 1307 den Zorn der Muslime zu, als er vor nordafrikanischen Moscheen predigte. Manche behaupten, ein aufgebrachter Mob habe ihn in Tunesien gelyncht, andere erklären, er sei 1316 auf dem Weg in seine Heimat Mallorca gestorben. Sein Grab befindet sich in der Basílica de Sant Francesc in Palma. Ramon Lull wurde 1847 von Papst Pius IX. seliggesprochen

1521	1706	1773	1809
Bewaffnete Handwerker und Landarbeiter erheben sich im Germania-Aufstand gegen den Adel. Im Oktober 1522 schickt Carlos V. Truppen nach Alcúdia, um die Revolte niederzuschlagen.	Im Spanischen Erbfolgekrieg (1701–1715) erringt der österreichische Prätendent auf den spanischen Thron die Herrschaft über Mallorca. Neun Jahre später wird die Insel von Felipe V. besiegt.	Carlos III. erlaubt Palmas Juden die freie Wahl ihres Wohnsitzes und verbietet unter Strafe jede Form von Diskriminierung und Misshandlung der jüdischen Bevölkerung.	Tausende französische Soldaten geraten in Kriegsgefangenschaft und werden auf der Illa de Cabrera unter grauenhaften Bedingungen interniert. Erst 1814 lässt man die Überlebenden frei.

deutungslosigkeit. Im Spanischen Erbfolgekrieg (1703–15) stellte sich die Insel auf die Seite der Habsburger und machte sich damit nicht gerade beliebt bei dem letztlich siegreichen Bourbonenkönig Felipe V., der 1716 sämtliche Privilegien und die Autonomie Mallorcas abschaffte.

Piratenangriffe zwangen Mallorca fast das gesamte 18. Jh. über zur Wachsamkeit, bis die Insel 1785 die Erlaubnis erhielt, ungestraft zurückschlagen zu dürfen. Zur gleichen Zeit weilte der mallorquinische Franziskanermönch Fray Junípero Serra in Kalifornien, wo er Missionen (heute große Städte) wie San Francisco und San Diego gegründet hat.

Die Napoleonischen Kriege Anfang des 19. Jhs. hatten Auswirkungen auf Mallorca – Scharen katalanischer Flüchtlinge landeten auf der Insel, was zu wirtschaftlichen und sozialen Unruhen führte. In der zweiten Hälfte des Jahrhunderts begann der Aufstieg des Bürgertums, und die landwirtschaftliche Produktion nahm zu. 1875 wurde die erste Bahntrasse zwischen Palma und Inca eröffnet.

Mallorca während des Spanischen Bürgerkriegs

Die Wahlen 1931 brachten beispiellose Ergebnisse: Republikaner und Sozialisten errangen gemeinsam in Palma und Madrid eine absolute Mehrheit. Als dann die Confederatión Espanola de Derechas Autónomous (Spanische Konföderation der Autonomen Rechten) die Wahlen 1933 gewann, entließ sie Anfang 1934 alle linken Bürgermeister Mallorcas. Doch nachdem die Linke bei den dramatischen Wahlen 1936 einen haushohen Sieg errungen hatte, waren sie voller Euphorie wieder da.

Für viele Generäle war das der Tropfen, der das Fass zum Überlaufen brachte. Im Juli 1936 kam es unter der Führung des Generals Francisco Franco zum Aufstand gegen die republikanische Zentralregierung. Auf Mallorca stießen er und seine Anhänger nur auf geringe Gegenwehr. Am 19. Juli stürmten rebellierende Soldaten und rechte Falangisten das Rathaus und nahmen den linken Bürgermeister Emili Darder gefangen (er und andere Politiker wurden im Februar 1937 exekutiert). Im Nu besetzten sie wichtige Punkte in Palma, wobei kaum ein Schuss fiel. In einigen Orten des Part Forana gab es mehr Widerstand, der aber blutig niedergeschlagen wurde.

Mitte August schickte Francos Verbündeter Benito Mussolini italienische Truppen und Militärflugzeuge nach Mallorca. Die Insel diente als Hauptstützpunkt für italienische Luftangriffe: Von hier aus wurden im Laufe des Bürgerkriegs mit zunehmender Intensität Bombenangriffe auf Barcelona geflogen.

Am 9. August 1936 eroberte eine katalanisch-valencianische Truppe (offenbar ohne Genehmigung des Oberkommandos) Ibiza von Franco zurück und landete am 16. in Porto Cristo. Der ausbleibende Widerstand

Vom 16. bis 18. März 1938 flogen italienische Bomber von ihren Stellungen auf Mallorca 17 Luftangriffe auf Barcelona und töteten etwa 1300 Menschen. Anscheinend befahl Mussolini die Luftangriffe ohne Wissen des Oberkommandos der spanischen Nationalisten.

1837	April 1912	Juni 1922	19. Juli 1936
Ein Passagierdampfer nimmt den Liniendienst zwischen Barcelona und Palma auf. Zu den ersten Passagieren zählen 1838 George Sand und Frédéric Chopin.	Zwischen Palma und Sóller eröffnet die erste Eisenbahnlinie. Wegen der schlechten Straßen war es zuvor einfacher, von Sóller auf dem Seeweg nach Frankreich zu fahren als über Land nach Palma.	Im Juni 1922 verkehrt das erste Post-Flugboot zwischen Barcelona und Palma. Die Linie nutzt Flugboote, die in Hangars in Es Jonquet in Palma stehen.	Armee und rechte Milizen nehmen Mallorca für General Franco ein, während er die Militärrevolte gegen die republikanische Regierung in Madrid anführt.

verblüffte sie so, dass sie den Überraschungseffekt nicht zu ihrem Vorteil nutzten. Am 3. September startete ein nationalistischer Gegenangriff mit italienischer Luftunterstützung und drängte die glücklosen (und schlecht ausgerüsteten) Invasoren zurück ins Meer. Kurze Zeit später gaben die Republikaner auch Ibiza und Formentera wieder auf. Von den Balearen blieb nur Menorca während des gesamten Bürgerkrieges republikanisch.

Nach Francos Sieg 1939 sah das Leben auf Mallorca genauso aus wie im übrigen Spanien. Katalanisch war in allen öffentlichen Verlautbarungen, auf Straßenschildern, in Schulen usw. verboten. Von 1940 bis 1952 wurden Lebensmittel rationiert. Von den neun Bürgermeistern, die Palma von 1936 bis 1976 verwalteten, waren vier Militärs und die übrigen Konservative.

Zeit des Wirtschaftsaufschwungs

1950 landete der erste Charterflug auf Mallorcas kleinem Flugplatz. Damals ahnte niemand, was sich daraus entwickeln sollte. Im Zentrum von Palma gab es 1955 ein Dutzend Hotels und ein paar weitere am Meer in Richtung Cala Major.

Die 1960er- und 1970er-Jahre brachten mit dem Massentourismus eine wahre urbane Revolution. Das fast unkontrollierte Entstehen von Hochhausburgen an der Bucht von Palma und später an anderen Stränden der Insel war eine Folge der Politik der Franco-Regierung, Tourismus in Küstengebieten zu fördern. Viele der hässlicheren Unterkünft aus der damaligen Zeit sind inzwischen geschlossen oder zu Wohnungen und Büroflächen umgebaut worden.

Nach manchen Schätzungen haben die Inselbewohner heute den höchsten Lebensstandard Spaniens, allerdings basieren 80 % ihrer Wirtschaft auf dem Tourismus. Das hatte eine rücksichtslose Bautätigkeit auf den Inseln zur Folge und sorgte für Panikausbrüche, wenn eine Saison mal hinter den Erwartungen zurückblieb. Für diese Kurzsichtigkeit und die ungebremste Zerstörung der Hauptressource der Inseln – ihre herrliche Küstenlandschaft – hat sich der Begriff *balearización* eingebürgert.

Imagewandel

In den letzten Jahren hat sich im Tourismussektor auf Mallorca einiges getan. Langsam richtet sich der Fokus auf Nachhaltigkeit, Umweltbewusstsein und ganzjährige Aktivitäten. Den Zuständigen wird klar, dass undurchdachte Bauprojekte und anonyme Pauschalreise-Hotels nicht mehr zeitgemäß sind. Mallorca befreit sich von seinem Ruf, ein Ziel für Sauftourismus und günstige Absteigen zu sein – und das wird auch höchste Zeit.

Es hat sich gezeigt, dass Agrotourismus nicht nur eine vorübergehende Modeerscheinung ist, und immer mehr Fincas (bewirtschaftete Höfe)

Geschichts-tour

Bronzezeit / Talayot: Ses Païsses, Artà

Römisch: Pol·lèntia, Alcúdia

Maurisch: Banys Àrabs, Palma

Mittelalterlich: Die Altstadt von Alcúdia mit ihren Stadtmauern

Gotisch: Die Kathedrale von Palma

Renaissance / Barock: Palmas Villen und Patios

1. April 1939	1952	1960	1983
Franco verkündet in einer landesweit gesendeten Radioansprache seinen Sieg, drei Tage nachdem Madrid an nationalistische Truppen gefallen ist. Damit ist der fast dreijährige Bürgerkrieg vorbei.	Nach etwa zwölf Jahren endet die Lebensmittelrationierung der Nachkriegszeit. Viele Mallorquiner leben weiter in Armut, doch bald wird der Touristenboom die Insel für immer verändern.	Geschätzte 500 000 Urlauber reisen auf die Insel und markieren den Beginn des Massentourismus auf Mallorca. In den nächsten Jahrzehnten wird sich ihre Zahl verfünfzigfachen.	Acht Jahre nach dem Tod Francos erhalten die Balearen (und andere Regionen Spaniens) ihren autonomen Status.

EIN KÖNIGLICHER DILETTANT

Als 1915 die ersten Schlachten des Italienfeldzugs tobten, saß Erzherzog Ludwig Salvator frustriert auf Schloss Brandeis in Böhmen, schrieb unermüdlich, konnte wegen der Kämpfe aber nicht auf seine geliebten Balearen zurückkehren. Im Oktober starb er nach einer Beinoperation an einer Blutvergiftung.

Ludwig wurde 1847 in Florenz als vierter Sohn des Großherzogs Leopold II. geboren. Schon früh ging er auf Reisen und besuchte Städte in ganz Europa. Von Anfang an schrieb er über seine Reiseeindrücke. Sein erstes Buch erschien ein Jahr nach seinem ersten Besuch auf den Balearen 1867. Er kehrte 1871 nach Mallorca zurück, kaufte im folgenden Jahr Miramar und ließ sich auf der Insel nieder – eine Entscheidung, die mehr als ein Jahrhundert später auch viele Nordeuropäer treffen sollten.

Salvator war ein unermüdlicher Reisender, ein *culo inquieto* (rastloser Hintern), wie die Spanier sagen. Mit seiner privaten Dampfjacht *Nixe* (und ihren Nachfolgerinnen) und anderen Transportmitteln besuchte er entlegene Orte von Zypern bis Tasmanien. Kaum ein Jahr verging, in dem er kein Buch über seine Reisen und Studien veröffentlichte. Das bekannteste ist wohl sein mehrbändiges Werk *Die Balearen*. Mallorca blieb seine große Liebe und 1877 verlieh man ihm den Ehrentitel Adoptivsohn der Balearen. Vier Jahre später nahm die Royal Geographic Society in London ihn als Ehrenmitglied auf.

stellen sich auf Gäste ein. Sie bieten charmant-rustikale Unterkünfte in ruhiger Lage und leckere Mahlzeiten mit Zutaten aus eigenem Bio-Anbau. In Städten werden Herrenhäuser liebevoll zu Boutiquehotels umgestaltet. All dies hilft dem Imagewandel des Tourismus und führt dazu, dass Besucher Land, Leute und Kultur kennenlernen können.

Viele Badeorte klappen im Winter noch ihre Bürgersteige hoch, doch einige Hotels in kleineren Städten sind mittlerweile auch in der Nebensaison geöffnet. Hier steigen zunehmend Reisende ab, die für Outdoor-Aktivitäten nach Mallorca gekommen sind. Der Profiradsportler Bradley Wiggins trainiert regelmäßig in der Tramuntana für die Tour de France, und auch dank aktueller Presse wird immer bekannter, wie hervorragend sich Mallorca für Outdoor-Aktivitäten eignet. Abenteuersportveranstalter haben ein breit gefächertes Angebot, von geführten Wanderungen und Mountainbikefahren bis hin zu Canyoning, Höhlenklettern und Coasteering. Ihre Mission: zu zeigen, dass man hier nicht nur am Strand liegen kann, sondern dass die Insel das ganze Jahr über reizvoll ist.

Für eine Insel, die sich ihres nachhaltigen Tourismus' und ihrer einzigartigen Landschaften und Outdoor-Aktivitäten rühmt, war die Aufnahme der Serra de Tramuntana in die Liste der UNESCO-Kulturlandschaften 2011 das Sahnehäubchen. Die wilde Berglandschaft lockt nun noch mehr Touristen an als vorher, und das zu Recht.

Der 1997 von mallorquinischen Astronomen entdeckte „Asteroid 9900 Ramon Llull" verdankt seinen Namen dem großen mittelalterlichen Philosophen, Schriftsteller und Theologen der Insel.

Mai 2007	2009	Mai 2011	Juni 2011
Der mallorquinische Sozialist Francesc Antich beendet nach Regionalwahlen die Regierungszeit der konservativen Partido Popular durch eine Koalition, die eine restriktivere Baupolitik verspricht.	Bei Bombenanschlägen der baskischen Separatistenorganisation ETA während der Hauptsaison im Juli und August werden zwei Polizisten getötet und große Schäden angerichtet.	Die konservative Partei Partido Popular (PP) erobert die Macht zurück und gewinnt die absolute Mehrheit bei den Regionalwahlen. Dagegen verlieren die Königsmacher von 2007, die Unió Mallorquina, alle Sitze.	Die UNESCO nimmt die Serra de Tramuntana als Kulturlandschaft in die Liste der Welterbestätten auf.

Natur & Umwelt

**Jede der Baleareninseln hat ihren Reiz, doch mit Mallorca hat es Mutter Natur beson-
ders gut gemeint. Im Westen fallen Kalksteinklippen abrupt in verwinkelte Buchten vor
tiefblauem Meer ab. Bewaldete Hügel ragen im Hinterland über Wildblumenwiesen, Oli-
ven- und Zitronenhainen auf, und an der Südküste gibt es blütenweiße Strände – die
Schönheit der Insel zieht jeden in ihren Bann.**

Die Landschaft

Die größte Baleareninsel hat in etwa die Form eines Trapezes. Geologisch
gesehen sind die Balearen ein Ausläufer des Andalusischen Faltengebir-
ges auf dem spanischen Festland. Zunächst stürzt die Gebirgskette bis zu
1,5 km tief ins Mittelmeer ab und taucht dann in Form der Inseln Mallorca, Menorca, Ibiza und Formentera wieder auf. Zwischen den Inseln und
dem Festland liegt das Balearische oder Iberische Meer.

Küste

Immer wieder wird die Küstenlinie von kleinen Buchten unterbrochen.
Darüber hinaus gibt's drei große Meerbusen: Die im Süden gelegene Badia de Palma ist das am dichtesten besiedelte Gebiet der Insel, während
die beiden muschelförmigen Buchten Badia de Pollença sowie Badia
d'Alcúdia im Norden von zerklüfteten Landzungen (Cap de Formentor,
Cap des Pinar und Cap Ferrutx) begrenzt werden.

Steile Klippen und lauschige Buchten prägen das Bild im Süden Mallorcas . Hier befinden sich die beiden größten Inselsysteme von Mallorca,
die Illa de Sa Dragonera (bei Sant Elm) und die 19 Inseln des Parc Nacional Marítim-Terrestre de l'Arxipèlag de Cabrera (vor Colònia de Sant
Jordi).

Berge

Mallorcas auffälligstes geografisches Merkmal ist die 90 km lange Serra
de Tramuntana. Seit 2011 ist die spektakulär geformte Gebirgskette
UNESCO-Welterbe. Sie beginnt bei Andratx im Südwesten und erstreckt
sich bis zum Cap de Formentor im Norden. Ihre höchsten Gipfel sieht
man nordöstlich von Sóller. Die steilen Gebirgsflanken im Westen, die
abrupt an der Küste aufragen, wirken um einiges höher, als sie tatsächlich sind. Hinter ihnen verstecken sich zahlreiche Dörfer. Die Serra de
Tramuntana besteht größtenteils aus bewaldeten Hängen (z. T. mit ter-
rassenförmig angelegten Feldern) und nackten Kalksteingipfeln. Zudem
gibt's ein paar Nebengebirge wie die Serra d'Alfabia und Els Cornadors,
beide in der Nähe von Sóller.

Auf der anderen Seite der Insel verläuft die weniger hohe Serra de
Llevant vom Cap Ferrutx im Norden zum Cap de Ses Salines im Süden.
Sie dominiert den Parc Natural de la Península de Llevant nördlich von
Artà. Auch das Cabrera-Archipel gehört zur Serra de Llevant. Ihre höchste
Erhebung, das Santuari de Sant Salvador (509 m), ist leicht zugänglich.

Zwischen den beiden Gebirgsketten, im Zentrum der Insel, liegt die
große fruchtbare Ebene Es Pla.

Höhlen

Insbesondere an Mallorcas Ost- und Südküste haben Erosion, Meeresbrandung und Wasser aus den Bergen Höhlen ins Gestein gegraben. Bei den kleinsten handelt es sich um winzige brunnenartige Löcher, bei den größten um kilometerlange Tunnel mit Seen, Flüssen und faszinierenden Felsformationen. Obwohl sie unterirdisch verlaufen, befinden sich die meisten tatsächlich über dem Meeresspiegel. Am bekanntesten sind die Coves del Drac und die Coves dels Hams bei Porto Cristo, die Coves d'Artà an der Platja de Canyamel, die Coves de Campanet in Campanet und die Coves de Gènova bei Palma.

Wer einen besonders umfassenden Führer zu den Höhlen auf Mallorca sucht, sollte sich die Cuadernos de Espeleogía I und II von José Bermejo besorgen.

Tiere

Mallorcas Fauna ist zahlen- und artenmäßig recht überschaubar, doch dank der Unmengen von Vögeln gilt die Insel als eine der Topadressen für (Hobby-)Ornithologen im Mittelmeerraum.

An Land

Zu den faszinierendsten Tieren auf Mallorca gehören Wildziegen (Capra ageagrus hircus), die nur in der Serra de Tramuntana, am Cap des Pinar und im Parc Natural de la Península de Llevant noch häufiger vorkommen.

Außerdem hausen auf der Insel Wildkatzen (setzen den hiesigen Vögeln ordentlich zu), Frettchen, Hasen und Igel sowie große Populationen von Eidechsen, Schildkröten, Fröschen und Fledermäusen. Eidechsen vermehren sich prächtig, weil sie hier kaum natürliche Feinde haben. Die Illa de Sa Dragonera ist ebenso wie die Illa de Cabrera fest in ihrer Hand. Auf Letzterer sind 80 % der wenigen noch überlebenden Balearen-Eidechsen (Podarcis lilfordi) heimisch.

Darüber hinaus gibt's zahlreiche Spinnen, und es wurden auf Mallorca bereits mehr als 300 Mottenarten sowie 30 Schmetterlingsspezies katalogisiert.

MALLORCAS PARKS

Der Wildbestand auf Mallorca hat sich seit der Einrichtung von Wildschutzgebieten stabilisiert, die auch für Besucher zugänglich sind. Mittlerweile stehen 40 % der Insel offiziell unter Naturschutz.

PARK	MERKMALE	AKTIVITÄTEN	BESTE BESUCHSZEIT
Parc Nacional Marítim-Terrestre de l'Arxipèlag de Cabrera	Archipel aus 19 Inseln und Inselchen mit 130 endemischen Vogelarten und einer großen Artenvielfalt unter Wasser	Vogelbeobachtung, wandern, tauchen, schnorcheln, schwimmen	Ostern–Okt.
Parc Natural de S'Albufera	Feuchtgebiet mit 400 Pflanzen- und 230 Vogelarten, darunter zahlreiche Zugvögel unterwegs zwischen Europa und Afrika	Vogelbeobachtung (80 % der auf den Balearen registrierten Vögel sind hier zu finden), Fahrrad fahren	Frühling und Herbst
Parc Natural de Mondragó	Wogende Dünen, Wacholderhaine, Sumpfland und unberührte Strände nahe den Ferienorten an der Ostküste	Wandern, picknicken, schwimmen	Mai–Sept.
Parc Natural de la Península de Llevant	Flora und Fauna	Wandern, Vogelbeobachtung	Mai–Sept.
Parc Natural de Sa Dragonera	Zwei kleine Inselchen und die 4 km lange Illa de Sa Dragonera; vom Aussterben bedrohte Möwenpopulation	Schnorcheln, tauchen	Mai–Sept.

VOGELBEOBACHTUNG

Vögel kann man fast überall auf der Insel beobachten. Die besten Orte findet man an der Nord-, Ost- und Südküste.

Parc Natural de S'Albufera Mit 230 Arten, darunter Mariskensänger und Löffelenten, ist dieses sumpfige Terrain ein Paradies für Vogelfreunde. Es steht auf der Liste der international bedeutenden Feuchtgebiete nach der Ramsar-Konvention. Zwei Drittel der Arten, die permanent auf Mallorca leben bzw. überwintern, sind hier vertreten.

Parc Nacional Marítim-Terrestre de l'Arxipèlag de Cabrera Die geschützten Inseln werden von Wasser-, Zug- und Raubvögeln (Fischadler, die bedrohten Balearen-Sturmtaucher, Korallenmöwen, Gelbschnabel-Sturmtaucher, Eleonoren- und Wanderfalken) bevölkert.

Parc Natural de la Península de Llevant Nördlich von Artà sieht man viele Kormorane und Korallenmöwen.

Parc Natural de Mondragó Falken, Turteltauben und Wasservögel.

Embassament de Cúber Im Schatten des Puig Major de Son Torrella tummeln sich u. a. Greifvögel.

Vall de Bóquer Das felsige Tal in der Nähe von Port Pollença wird von Grasmücken, eurasischen Zwergohreulen, Rothühnern, Wanderfalken etc. bevölkert.

Cap de Formentor Auf der Halbinsel kann man Grasmücken, Blaumerlen, Felsenschwalben, Eleonorenfalken, Fahlsegler, Zugvögel und mit etwas Glück auch Balearen-Sturmtaucher sichten.

Meereslebewesen

Pottwale, Pilotwale und Finnwale kommen zum Fressen relativ nah an die Küste heran. Auch Große Tümmler, Weißstreifendelfine und andere Arten treiben sich in der Gegend herum. Taucher sehen in Mallorcas Gewässern häufig Barrakudas, Tintenfische, Muränen, Zackenbarsche, Kardinalbarsche, Riffbarsche, Seesterne, Seeigel, Schwämme und Korallen.

Vögel

Mallorca wartet mit größeren Feuchtgebieten auf und bietet sich aufgrund der Lage zwischen Afrika und Europa als Rastplatz für Zugvögel an. Gerade die Küstenregionen werden im Frühling und Herbst von Hunderten sowohl einheimischen als auch „durchreisenden" Vögeln angesteuert.

Da es über 200 Arten gibt, lässt sich unmöglich vorhersagen, welche man zu Gesicht bekommt. Sie wurden in drei Kategorien eingeteilt: sesshafte (leben das ganze Jahr über auf der Insel), saisonale (ziehen nach dem Brüten Richtung Süden weiter oder fliehen vor dem kalten Winter in Nordeuropa) und Zugvögel (legen auf der Insel einen kurzen Zwischenstopp ein).

Vom Aussterben bedrohte Arten

Durch Umweltschutz und Brutkontrollen in Mallorcas Naturparks geht's bedrohten Mittelmeervögeln, -schildkröten und -kröten inzwischen besser. Auf der Roten Liste stehen die Maurische Landschildkröte, die Hermann-Schildkröte und Vögel wie der Rotmilan.

Zu den Erfolgen zählt, dass die endemische Geburtshelferkröte seit 2006 nicht mehr als „stark gefährdet", sondern nur noch als „gefährdet" eingestuft wird. Für den Balearen-Sturmtaucher sieht es leider weniger gut aus: Der Wasservogel ist nach wie vor „stark gefährdet", so der Bericht von 2013.

Das Internetforum www.birdforum.net informiert darüber, wo man auf den Balearen gut Vögel beobachten kann. Ebenfalls empfehlenswert ist www.birdingin spain.com; einfach „Birding Mallorca" anklicken, dann findet man Links zu geführten Touren und eine Liste der Vogelarten, die man an verschiedenen Orten auf der Insel antreffen wird.

Pflanzen

Auf den Balearen gibt's mehr als 100 einheimische sowie jede Menge andere Pflanzenarten.

In den Bergen & Ebenen

Auf den Gipfeln der Serra de Tramuntana lässt sich die Bergvegetation weder von der Sonne noch vom Wind kleinkriegen. In der Regel wuchern die Pflanzen dicht am Boden oder direkt auf den Klippen. Die *Scabiosa cretica* mit ihren exotischen lilafarbenen Blüten klammert sich in Felsspalten fest, damit es ihre Wurzeln kühl und feucht haben.

Früher waren die Felshänge und Ebenen der Insel mit Eichenwäldern bedeckt, irgendwann wurden jedoch viele davon niedergebrannt bzw. abgeholzt, um Feldern und Äckern Platz zu machen. Heute gedeiht hier typische Buschlandflora (immergrüne Gewächse wie wilde Ölbäume und Zwergfächerpalmen, Rosmarin, Thymian und Lavendel), die mit wenig Wasser auskommt. Zudem entdeckt man Heidekraut, Ginster, Feigenkakteen (aus denen Marmelade gemacht wird) und 60 Orchideenarten. Zu den endemischen Pflanzen gehören die hübsche *Paeonia cambessedesii*, eine rosafarbene Pfingstrose, die im Schatten einiger Schluchten der Serra de Tramuntana blüht, und die kleeartige *Naufraga balearica,* die an den schattigen Hängen der Tramuntana zu finden ist.

Wälder & Farne

Wo die Eichenwälder überlebt haben, gedeihen außer Stein- und Kermeseichen kleinere, unauffälligere Pflanzen wie Veilchen, Erika und Ginster. Am interessantesten für Botaniker sind gefährdete einheimische Pflanzen wie der Balearen-Buchsbaum *(Buxux balearica)* und die Europäische Eibe *(Taxus baccata)* – dieser immergrüne Nadelbaum kann mehrere 100 Jahre alt werden. Ein Exemplar in Esporles hat angeblich über 2000 Jahre auf dem Buckel!

Farne, die es feucht mögen, wachsen vor allem in der Nähe von Höhlen, Schluchten und Flüssen; auf Mallorca gibt's über 40 Arten. In anderen feuchten Gegenden bilden importierte Bäume wie Pappeln, Ulmen und Eschen kleine Wälder.

An der Küste

An der Küste plagen sich die Pflanzen mit der ständigen Gischt, Salzablagerungen und heftigem Wind. Eine der beliebtesten Arten ist der dickblättrige Meerfenchel *(fonoll marí),* eine Vitamin-C-Bombe, die Seeleute vorbeugend gegen Skorbut verspeisten. Die stachligen Kissen der *Launaea cervicornis* und der *Senecio rodriguezii* – seinen violetten, kleinen Blüten verdankt er den Spitznamen *margalideta de la mar* (kleines Meeresgänseblümchen) – kommen ebenfalls häufig vor.

In den Feuchtgebieten, Sümpfen und Dünen Mallorcas entdeckt man zahlreiche Süßwasserpflanzen. Entengrütze ist sehr verbreitet, oftmals zusammen mit Binsen, Wasserschwertlilien, Riedgras und Minze. Für Pflanzen, die im Sand wachsen, gelten weiße oder blassgrüne Blätter als typisch. Ihr üppiges Wurzelgeflecht krallt sich im sandigen Boden fest.

Neptungras

So mancher Strandliebhaber ekelt sich vor Neptungras (Posidonia), das an den Küsten im Norden angespült und von einigen für Algen gehalten wird. Es handelt sich jedoch um Seegras, das die Erosion des Meeresbodens verhindert. Sein freigesetzter Sauerstoff unterstützt die Reinigung des Wassers, zieht viele Meereslebewesen an und verlangsamt die Erderwärmung durch Absorption von Kohlendioxid. Dicke Schichten an Land mögen zwar etwas unangenehm riechen, doch sind sie wichtig für den Lebensraum Meer und helfen, den Strand intakt zu halten.

Vögel: 430 Arten Europas von Peter Hayman und Rob Hume sowie *A Field Guide to the Birds of Britain and Europe (Peterson Field Guides)* von Roger Tory Peterson, Guy Mountfort und P.A.D. Hollom sind gute Naturführer.

The *Plants of the Balearic Islands* von Anthony Bonner ist der beste Führer zu Mallorcas Flora und ideale Lektüre für angehende Botaniker, die viel wandern möchten.

GRÜN IST DIE ZUKUNFT

Auf den ersten Blick erkennt man Mallorcas Potenzial bei der Gewinnung erneuerbarer Energien. Im Schnitt scheint an 300 Tagen die Sonne, und an der Küste weht konstant Wind. Doch trotz seiner natürlichen Ressourcen zögerte Mallorca bis vor Kurzem die Erzeugung von Ökoenergie hinaus.

Langsam findet ein Umdenken statt: 2011 hat Siemens die Initiative ergriffen und ein 244 km langes Unterseekabel zur Hochspannungs-Gleichstrom-Übertragung zwischen Palma und Valencia verlegt. So gelangt erneuerbare Energie vom spanischen Festland auf die Insel. Auch wenn die Entwicklung noch am Anfang steht, gibt es Hoffnung, dass die Insel in naher Zukunft den Großteil ihres Stroms aus erneuerbaren Quellen wie Wind, Sonne und Wasser gewinnen kann.

Umweltprobleme

In den 1960er- und 1970er-Jahren begann der hemmungslose Bauboom – und zwar leider auf Kosten von zahlreichen Vögeln und ihren Nistplätzen sowie von Pflanzen, Regenwasserabfluss und Wasserversorgung. Heutzutage hat die Regierung die Umwelt mehr im Blick als in den letzten Jahrzehnten, allerdings kommt es trotzdem immer wieder zu Streitigkeiten zwischen Umweltschützern und profitorientierten Unternehmern.

Anlass zur Sorge gibt jedoch vor allem die Ausbreitung importierter Pflanzen. Viele wurden zuerst in Gärten angepflanzt, fühlten sich aber offensichtlich so wohl auf der Insel, dass sie jetzt einheimische Arten verdrängen. Als Paradebeispiel gilt die *Carpobrotus edulis,* auch bekannt als Hottentottenfeige, die wegen ihrer langen, schlanken Blätter auch *patata frita* (Pommes frites) genannt wird. Diese robuste Pflanze erstickt die gesamte einheimische Konkurrenz.

Mallorcas Architektur

Mallorcas architektonische Vielfalt offenbart sich am besten in Palma. Von arabischen Bädern über Renaissanceanwesen der damaligen Aristokratie bis hin zu barocken *patis* (Patios) und Jugendstilhäusern ist alles dabei, ganz zu schweigen von der riesigen gotischen Kathedrale direkt am Meer. Doch das nächste Kapitel der Architektur muss erst noch geschrieben werden, weil die Welle der Innovation, die Spaniens zeitgenössische Architektur erfasst hat, bisher weitgehend an Mallorca vorbeigegangen ist.

Anfänge

An einigen archäologischen Stätten der Insel stößt man auf Überreste von sogenannten *talayots* (Wachtürme aus der Bronzezeit), allerdings ist über den Zweck der Bauwerke und das Leben der Bewohner nur wenig bekannt. Meistens waren die Siedlungen der Talayot-Kultur von hohen Steinmauern umringt, hinter denen sich zahlreiche Wohnhäuser und die besagten Türme versteckten. Letztere waren aus Stein und komplett ohne Mörtel gebaut. Die Türme dienten als Beobachtungstürme oder auch als Grabmäler. Die Talayot-Kultur bestand etwa bis zum Eintreffen der Römer im Jahr 123 v. Chr., doch viele der heute noch erhaltenen Bauwerke gehen bis 1000 v. Chr. zurück. Ses Païsses und Capocorb Vell sind die am besten erhaltenen Stätten der Talayot-Kultur.

Obwohl die Römer mehr als zwei Jahrhunderte über Mallorca herrschten und einen Ruf als große Baumeister genießen, hinterließen sie erstaunlich wenige Zeugnisse von ihrer Anwesenheit. Dass es auf Mallorca nur so wenige römische Ruinen gibt, liegt wahrscheinlich dar-

---

EINBLICK IN DIE ARCHITEKTUR

Patis Sich in den *patis* (Patios) von Palmas historischem Zentrum in die Renaissance zurückversetzen lassen.

Museu Regional d'Artà Hier erfährt man alles über *talayots* (Wachtürme).

Kathedrale von Palma Das gewaltige gotische Bauwerk wartet mit Strebebögen, hoch emporragenden Fialen und einem der größten Rosettenfenster der Welt auf.

Ses Païsses Eine der beeindruckendsten Tayalot-Stätten der Insel bei Artà.

Banys Àrabs Palmas arabische Bäder sind das wichtigste Zeugnis der muslimischen Herrschaft auf Mallorca.

Castell d'Alaró Die rätselhaften Ruinen einer mittelalterlichen Festung.

Ca'n Prunera Klassisches Beispiel einer Jugendstilvilla in Sóller.

Es Baluard Die moderne Galerie mit Oberlicht geht nahtlos in Palmas Ufermauern aus der Renaissance über.

Altstadt von Alcúdia Die mittelalterlichen Stadtmauern zählen zu den besterhaltenen der Insel.

an, dass die Römer im Gegensatz zu ihren Vorgängern das beste Land an der Küste besiedelten, das spätere Zivilisationen einfach neu bebauten. Mallorcas einzige erhaltene römische Stätte von Bedeutung, Pol·lèntia in Alcúdia im Norden der Insel, soll die größte römische Stadt gewesen sein.

Maurische Bauwerke

....

Banys Àrabs, Palma

....

Jardins d'Alfàbia, an der Straße von Sóller nach Alaró

....

Überreste der arabischen Stadtmauer aus dem 12. Jh. in Palma

....

Castell de Santueri, Felanitx

Das maurische Mallorca

Auch die Mauren, die immerhin drei Jahrhunderte die Macht innehatten, haben kaum Spuren hinterlassen – nicht zuletzt deshalb, weil die christlichen Eroberer ihre Moscheen ausnahmslos in Kirchen umwandelten. Die Kathedrale und die Església de Sant Miquel in Palma sind Beispiele hierfür: Von ihrer ursprünglichen Bestimmung ist nichts mehr zu sehen. Doch die neuen christlichen Herrscher besetzten nicht nur Moscheen und veränderten sie bis zur Unkenntlichkeit: Auch der Palau de l'Almudaina, der ursprünglich von den Römer errichtet worden war, wurde von mehreren maurischen Herrschern umgestaltet und schließlich der Sitz der königlichen (christlichen) Machthaber auf der Insel.

Eine weitere Besonderheit der islamischen Besetzung waren Festungen auf strategisch gelegenen Hügeln, allerdings konnten sie ebenfalls fast komplett erobert werden und wurden in den folgenden Jahrhunderten von den christlichen Herrschern umgebaut. Das Castell de Capdepera ist dafür das vielleicht eindrucksvollste Beispiel.

Mallorquinische Gotik

Die katalanische Variante der Gotik mit ihren breiten, niedrigen gewölbten Portalen und den nüchternen Ausschmückungen war nach der Eroberung durch die Katalanen zwangsläufig dominierend. Guillem Sagrera (um 1380–1456), ein katalanischer Baumeister und Bildhauer, der zuvor in Perpignan im heutigen Frankreich gearbeitet hatte, zog 1420 nach Mallorca. Dort sollte er den Bau der Kathedrale von Palma, das bedeutendste gotische Bauwerk der Insel, anleiten. Sagrera gilt als einer der größten Architekten und Bildhauer dieser Periode auf der Insel. Er entwarf eine der Kapellen der Kathedrale und das gotische Domkapitel und errichte darüber hinaus Sa Llotja, das zweite herausragende gotische Bauwerk Mallorcas.

Ebenso wie in anderen Regionen Spaniens waren während der gesamten gotischen Periode in einigen architektonischen Aspekten maurische Einflüsse sichtbar. Der Mudéjar-Stil zeigt sich nicht auf den ersten Blick an den Fassaden, doch immerhin sind einige schöne *artesonados* (Kassettendecken aus Holz) erhalten geblieben. Als herausragend gelten die Decken des Palau de l'Almudaina in Palma. Auch der wunderbare *artesonado* des Herrenhauses in den Jardins d'Alfàbia in Palma scheint ein maurisches Relikt zu sein.

Obwohl man zahlreiche *patis* in Palma besichtigen kann, sollten Architekturfans die Feierlichkeiten zu Fronleichnam nicht verpassen. Zu diesem Anlass sind nämlich viele der ansonsten nicht zugänglichen Innenhöfe der Stadt geöffnet. Oder man nimmt an der Palma-Führung „Höfe und Paläste" von Mallorca Rutes teil.

Renaissance & Barock

Die Baukunst der Renaissance folgte rationalen Ideen, die sich an der Architektur der klassischen Antike orientierten. An Mallorca ging diese Stil allerdings bis auf ein paar Ausnahmen wie das (später umgebaute) Hauptportal zur Kathedrale in Palma, das Gebäude Consolat de Mar und die überwiegend aus der Renaissance stammenden Uferbefestigungen vorbei. Das Monestir de Lluc ist zwar im Barockstil verziert, im Prinzip handelt es sich jedoch um ein spätes Renaissancegebäude, das vom Bildhauer und Architekten Jaume Blanquer (um 1578–1636) entworfen wurde.

Nachfolger dieses Stils war der für viele weitaus weniger attraktive kurvenreiche und moderate Barock, der auf der Insel nur selten solche Blüten trieb wie anderswo in Europa. Am häufigsten ist er in den großen Kirchen der Orte im Inland zu finden. Bei vielen dieser Bauten wurden

DORFARCHITEKTUR

Deià, Fornalutx, Biniaraix, Valldemossa, Banyalbufar, Orient – wie auf einer Perlenkette reihen sich diese Dörfer entlang der Straße durch die Serra de Tramuntana im Westen Mallorcas. Eines ist hübscher als das andere. Viele befinden sich an Felsschluchten über dem glitzernden Meer oder in Tälern inmitten von Oliven- und Zitronenhainen.

Sie bilden einen erstaunlichen Kontrast zu den Monstrositäten aus Beton, die in den Badeorten im Süden und Osten zu finden sind. In erster Linie liegt das daran, dass die Dörfer aus den hiesigen farblich weichen Steinen gebaut sind, die im warmen mediterranen Licht leuchten.

die vorgefundenen gotischen Strukturen umfangreich verändert – das gilt besonders für solche Elemente wie Tonnengewölbe, Rundbögen sowie die bauchigen oder geschwungenen Pfeiler und Säulen. Das Äußere der Kirchen kommt meistens ziemlich nüchtern daher (von der einen oder anderen pompösen Fassade mal abgesehen). Eine Ausnahme bilden die *retablos* (*retaules* auf Katalanisch), grandiose Altaraufsätze, bei denen die Bildhauer des Barocks ihrer Fantasie freien Lauf lassen konnten.

Aber die vielleicht schönsten Beispiele der mallorquinischen Variante des Barockstils sind die *patis* (Patios), die Palmas alte Villen schmücken. Die Innenhöfe wurden von islamisch-andalusischen und römischen Vorbildern inspiriert, trugen dem warmen mediterranen Klima Rechnung und repräsentieren Spaniens subtilste Barockformen. Obwohl dieser Stil dominiert, verraten einige vornehme Häuser in Palma auch Einflüsse der Renaissance, darunter die Fassade des Cal Marquès del Palmer. Wer davor steht, könnte denken, er sei im Florenz der Medici.

Modernisme

Gegen Ende des 19. Jhs. kam die katalanische Version des Jugendstils in Barcelona groß in Mode. Was damals auch immer in der Hauptstadt Kataloniens geschah, wirkte sich entscheidend auf die Architekturstile Mallorcas aus. Antoni Gaudí war der wichtigste Repräsentant des eklektischen Stils. Er leitete die Renovierung der Kathedrale in Palma und entwarf zudem die Kirche Sagrada Família in Barcelona. Schnell fand der Modernisme auf der Insel Anhänger unter Einheimischen und Katalanen. Sie ließen sich von der Natur und von der Vergangenheit (insbesondere von der Gotik und vom Mudéjar-Stil) inspirieren und entwickelten eine neue Freiheit sowie individuelle Kreativität.

Die Rückkehr der christlichen Herrschaft im Jahr 1229 kam für den romanischen Architekturstil auf Mallorca zu spät – er setzte sich nie durch. Ein Beispiel für diese Bauart ist der Palau de l'Almudaina in Palma.

Palma

Palma, das Zentrum vieler inselweiter Phänomene, ist auch die Hauptstadt des mallorquinischen Modernisme. Lluís Domènech i Montaner (1850–1923), ein Zeitgenosse Gaudís, war ebenfalls ein großer modernistischer Architekt, der sich im prächtigen früheren Grand Hotel, dem heutigen CaixaForum, verewigte.

Die geschwungene Fassade des Can Casasayas, das für die wohlhabende, durch ihre historische Konfiserie Confitería Frasquet berühmt gewordene Familie Casasayas errichtet wurde, gilt als typisch für diesen Architekturstil. In einer Hälfte des Hauses befinden sich Wohnungen, in der anderen sind Büros untergebracht. Ursprünglich sollten beide durch eine Brücke verbunden werden.

Eine weitere einflussreiche Persönlichkeit in der Geschichte des mallorquinischen Modernisme war Gaspar Bennàssar (1869–1933). Im Gegensatz zu vielen anderen katalanischen Architekten, die auf Mallorca arbeiteten, wurde Bennàssar in Palma geboren. Im Laufe seiner langen Karriere spielte er mit ganz verschiedenen Stilen, so auch mit dem Modernisme. Ein herausragendes Beispiel dafür ist das Almacenes El Águila, das 1908 auf dem Höhepunkt dieses Stils gebaut wurde. Alle drei Etagen sind unterschiedlich gestaltet, außerdem setzt die großzügige Verwendung von Schmiedeeisen an der Hauptfassade ein deutliches Zeichen für den Modernisme. Die Fassade des benachbarten Can Forteza Rey ist mit *trencadís* (Keramikscherben) verziert, die auch Gaudí häufig verwendete. Beim Can Carbella dagegen, das etwa aus derselben Periode stammt, überwiegt der Neomudéjar-Stil.

Der Sitz des Parlaments der Balearen befindet sich im Círculo Mallorquín, einem High-Society-Club am Carrer del Conquistador, den der Architekt Miquel Madorell i Rius (1869–1936) 1913 im modernistischen Stil restaurierte.

Sóller

Was die Fülle der Modernisme-Bauwerke betrifft, kann das provinzielle Sóller zwar nicht mit Palma konkurrieren, trotzdem wartet es mit einigen herausragenden Beispielen dieses Stils auf. Die meisten verdankt die Stadt Joan Rubió i Bellver, einem Schüler Antoni Gaudís. Sein augenfälligstes Werk ist zweifellos die ungewöhnliche, aus dem frühen 20. Jh. stammende modernistische Fassade der Església de Sant Bartomeu aus dem 18. Jh. Die angrenzende, extravagante Banco de Sóller gilt als typisches kühnes Beispiel für seinen Ansatz. Ganz in der Nähe weist das Ca'n Prunera – Museu Modernista eine charakteristische filigrane Steinfassade mit verhaltener schmiedeeiserner Dekoration auf. Für Mallorca ist das Gebäude auch deshalb ungewöhnlich, weil es Besuchern ermöglicht, hinter die Modernisme-Fassade zu schauen und die Einflüsse dieses Stils auf die Inneneinrichtung des frühen 20. Jhs. zu erleben.

Kunst & Kultur

Mallorca hat Künstler über Jahrhunderte inspiriert. Joan Miró liebte die Leuchtkraft des Lichts, die er so gekonnt auf Leinwand gebannt hat, und die lebende mallorquinische Legende Miquel Barceló hat viel Farbe in die Galerien des ganzen Landes gebracht. Wer heute die Insel bereist, stößt noch immer auf tief verwurzelte Kunst- und Kulturtraditionen, seien es die auf *festes* (Festen) gesungenen fröhlichen Balladen oder die Lederfabriken in Inca, wo u.a. die ausgefallenen Schuhe von Camper herstammen.

Literatur

Seit Jahrhunderten streben Mallorcas Schriftsteller nicht nur nach literarischer Exzellenz, sondern setzen sich außerdem dafür ein, die katalanische und mallorquinische Sprache als bedeutende Formen des kulturellen Ausdrucks zu fördern. Viele ihrer Werke wurden mittlerweile übersetzt, und wer nur ein paar davon liest, bekommt Einblicke in eine reiche literarische Szene, die außerhalb der katalanischsprachigen Welt nur wenig bekannt ist.

Über Autoren aus Mallorca oder aus Katalonien kann man sich auf www.escriptors.cat, der Website des Verbandes katalanischsprachiger Schriftsteller, informieren.

Inspiriert von einem Aufenthalt in dem damals wenig bekannten Ort Pollença, schrieb Agatha Christie 1936 den Kurzkrimi *Paradies Pollensa*, der später mit acht weiteren Kurzgeschichten in der Sammlung *Die mörderische Teerunde* veröffentlicht wurde.

Literarische Anfänge

In gewisser Hinsicht begründete der mittelalterliche Eroberer Jaume I. (1208–76) die mallorquinische Literatur, da er seine kühnen Taten im Werk *El Llibre dels Fets* (Das Buch der Heldentaten) verewigte – auf Katalanisch! Ramon Llull (1232–1316), der in Palma geborene Dichter und visionäre Prediger, machte diese Sprache zu einem ausdrucksvollen lite-

BÜCHER ÜBER MALLORCA

Mallorca gilt ausländischen Schriftstellern schon seit Langem als Inspirationsquelle und dient nicht nur als Standort kreativer Schreibprozesse, sondern auch als interessanter Themenlieferant. Einige empfehlenswerte Werke:

➡ *Im Tal der Orangen* (2000), *Mañana Mañana* (2001) und *Viva Mallorca* (2004) von dem Schotten Peter Kerr.

➡ *Geschichten aus dem anderen Mallorca* (1998) von Robert Graves.

➡ *Ein Winter auf Mallorca* (1839) von der französischen Schriftstellerin George Sand (ihr richtiger Name lautet Amandine-Aurore-Lucille Dupin).

➡ *Eine mallorquinische Reise. Mallorca 1929* (1929) von Gordon West.

➡ *Papa ante Palma: Mallorca für Fortgeschrittene* (2011) von Stefan Keller.

➡ *Die Insel des Zweiten Gesichts* (1953) von Albert Vigoleis Thelen (1903–89).

➡ *Das Mallorca-Komplott* (2001) von Guillem Frontera.

➡ *Tod auf der Insel* (2011) von Andreas Schnabel.

Anaïs Nins erotische Kurzgeschichte *Mallorca* spielt in Deià, wo die Autorin 1941 ein Jahr lang lebte. Die Erzählung erschien in dem Band *Das Delta der Venus* und handelt von einem einheimischen Mädchen, das sich auf ein erotisches Abenteuer mit einem ausländischen Paar einlässt und dafür einen hohen Preis zahlt.

rarischen Instrument. Obwohl er als umstrittene Persönlichkeit gilt, sind viele Menschen der Ansicht, dass er heiliggesprochen werden sollte (bisher hat es nur zur Seligsprechung gereicht). Zweifellos ist Llull der Vater der katalanischen Literatursprache.

Nur wenige Mallorquiner können mit seinen mittelalterlichen Texten etwas anfangen, wohingegen die meisten mindestens ein Gedicht des Theologen und Dichters Miquel Costa i Llobera (1854–1922) kennen. Dessen Werk *Die Pinie von Formentor* (1907) ist ein Loblied auf Mallorcas Landschaft und wird als das mallorquinische Gedicht schlechthin gefeiert.

Das 20. Jahrhundert

Miquel Bauçá (1940–2005) gilt als einer der größten Dichter der Insel. Der Poet lebte sehr zurückgezogen und schuf mit *Una Bella Història* (1962–85) eine bedeutende Anthologie. Llorenç Villalonga (1897–1980) stammte aus Palmas Oberschicht und studierte Medizin. Er gehört zu Mallorcas führenden Romanciers des 20. Jhs. Viele seiner Werke schildern den Niedergang des Landadels auf der Insel, so auch seine erfolgreichste Erzählung *Das Puppenkabinett des Senyor Bearn: Ein mallorquinischer Familienroman* (1952).

Baltasar Porcel (geboren 1937 in Andratx) wird als Begründer der zeitgenössischen mallorquinischen Literatur angesehen. *L'Emperador o l'Ull del Vent* (*Der Kaiser oder das Auge des Windes*, 2001) ist eine dramatische Erzählung über Tausende napoleonische Soldaten, die auf der Illa de Cabrera interniert waren.

Carme Riera (1948 in Palma geboren) hat eine beeindruckende Anzahl von Romanen, Kurzgeschichten, Drehbüchern und weiteren Texten verfasst, von denen einige auch in deutscher Übersetzung vorliegen. Ihr neuester Schmöker, *Der englische Sommer* (2006), handelt von einer frustrierten Immobilienmaklerin aus Barcelona, die einen Monat in einem britischen Provinznest verbringt, um Englisch zu lernen.

Guillem Frontera (geboren 1945 in Ariany) hat einige spannende Krimis wie *Das Mallorca-Komplott* (2001) geschrieben, in dem einem Detektiv der Urlaub auf der Insel aufgrund des Mordes an seiner Exfreundin verdorben wird.

Musik

Traditionelle Musik

Wie viele andere Regionen in Spanien wartet auch Mallorca mit einer Fülle von Volksliedern und Balladen in Mundart auf. Auf zahlreichen traditionellen *festes* (Feste) der Insel sind *xeremiers* zu hören. Dabei handelt es sich um Duos, bestehend aus einem Musiker, der *xeremia* (eine Art Dudelsack) spielt, sowie einem weiteren, der seinen Partner mit dem *flabiol* (eine hellklingende Flöte) begleitet. Auch jüngere Bands verschließen sich der traditonellen Musik nicht, allerdings präsentieren sie ihre mallorquinischen Songs oft in einer rockigen Variante.

Moderne Musik

Los Valldemossa, die in den Clubs von Palma mit jazzig interpretierten mallorquinischen Volksliedern auftraten, konnten auch international Erfolge feiern. Sie spielten z. B. häufig in London und gewannen 1969 den Eurovision Song Contest, was damals noch etwas zu bedeuten hatte. 2001 beendeten sie ihre Musikkarriere, ihre CDs werden jedoch noch immer gekauft.

Die berühmteste Liedermacherin der Insel ist Maria del Mar Bonet i Verdaguer (geboren 1947) aus Palma. Im Alter von 20 Jahren ging sie nach Barcelona und schloss sich der Bewegung Nova Cançó Catalana an, die katalanischsprachige Sänger und Bands förderte. Bonet schaffte ebenfalls den internationalen Durchbruch und wurde in erster Linie durch ihre Interpretationen mediterraner Folklore und französischer Chansons (Jacques Brel & Co.) sowie ihre Experimente mit Jazz und brasilianischer Musik bekannt.

Für einen komplett anderen Musikstil steht Concha Buika, deren Eltern aus Äquatorialguinea stammen. Sie wurde 1972 in Palma geboren und machte sich in den hiesigen Clubs mit ihrem ganz eigenen Musikstil, dessen Einflüsse von Hip-Hop über Flamenco bis zu Soul reichen, einen Namen. 2007 erschien ihre zweite CD, *Mi Niña Lola*, ein Jahr später folgte *Niña de Fuego* und 2009 wurde *El Ultimo Trago* veröffentlicht, die in Zusammenarbeit mit Chucho Valdés, einem kubanischen Jazzpianisten, entstand.

Die in Argentinien geborene und auf Mallorca lebende Sängerin Chenoa erlangte durch ihre Teilnahme an der Talentshow *Operación Triunfo* einen großen Bekanntheitsgrad. Seit 2002 veröffentlichte sie vier Alben und gehört heute zu den bedeutendsten Vertreterinnen des spanischen Latinpops.

Malerei & Bildhauerei

Die Anfänge

Nach der Wiedereroberung 1229 gehörte Mallorca zum katalanischen Einflussbereich unter der Krone von Aragón. Die strategisch günstige Lage der Insel an Seewegen förderte die Entstehung einer Kunstszene und lockte Maler vom Festland an, insbesondere aus Valencia.

Die frühesten Werke katalanischer Künstler aus dieser Epoche waren von der Gotik der Sieneser Schule in Italien beeinflusst. Später kamen Elemente aus dem weichen Stil der Spätgotik hinzu, vor allem durch den valencianischen Künstler Francesc Comes, der von 1390 bis 1415 auf Mallorca arbeitete.

Mitte des 15. Jhs. stachen Rafel Mòger (um 1424–70) und der Franzose Pere Niçard, der von 1468 bis 1470 auf Mallorca tätig war, besonders hervor. Sie schufen eines der wichtigsten Werke jener Zeit, das Altarbild Sant Jordi, das heute im Museu Diocesà in Palma zu sehen ist. Als herausragender Bildhauer dieser Epoche gilt Guillem Sagrera, der viele Details der Fischbörse Sa Llotja gestaltete.

Pere Terrencs (wirkte ca. 1479–1528) brachte von einem Studienaufenthalt in Valencia die Technik der Ölmalerei mit auf die Insel, die das Ende der Tempera bedeutete. Sein Stil war von Elementen der Spätgotik und der Renaissance geprägt, ähnlich wie der von Mateu López (gestorben 1581). Dieser stammte aus Córdoba und hatte in Valencia sein Handwerk im renommierten Atelier der bahnbrechenden Künstler Vicent Macip und Joan de Joanes (Joan Vicent Macip, 1523–79) gelernt. López kam 1544 nach Mallorca, wo er und sein Sohn bald zu den angesehensten Malern zählten.

Gaspar Oms (um 1540–1614) war Mallorcas herausragender Maler der Spätrenaissance. Die Familie Oms aus Valencia dominierte die Kunstszene der Insel während des gesamten 17. und 18. Jhs.

Miquel Bestard (1592–1633) schuf bedeutende Barockgemälde für Kirchen wie das Convento de Santa Clara und die Església de Monte-Sion in Palma. Guillem Mesquida Munar (1675–1747) malte neben sakralen Motiven auch Szenen aus der klassischen Mythologie.

19. & 20. Jahrhundert

Das 19. Jh. spülte eine Welle von Landschaftsmalern nach Mallorca. Viele kamen vom spanischen Festland, vor allem aus Katalonien, aber die Insel brachte auch eigene Maler hervor. Mehr als ein halbes Dutzend

KUNST & KULTUR MALEREI & BILDHAUEREI

Dass Ibiza nicht das Monopol auf mediterrane Clubklänge hat, beweist der Deutsche Daniel Vulic (DJ und Geschäftsführer eines Radiosenders auf Mallorca) mit seiner CD *Cool Vibes Volume 1* (2007), einer Zusammenstellung rein mallorquinischer Chill-out- und Clubmusik.

CLUB MUSIC

MIRÓ & MALLORCA

Joan Miró kam zwar in Barcelona zur Welt, wo er auch den Großteil seines Lebens verbracht hat, doch sein spirituelles Zuhause war Mallorca. Seit seinem Umzug auf die Insel Mitte der 1950er-Jahre blieb er dort verwurzelt. Sie diente ihm als endlose Quelle der Inspiration – der Horizont, die „beredte Stille", die Helligkeit des Lichts und die lebendigen Blautöne des Meeres, die sich z.B. in seinen Werken *Bleu I, II, III* (1961), einer dreiteiligen Serie in intensiven Farben, wiederfinden.

Das geschäftige Treiben des Marktes von Santa Catalina, die sichelförmigen maurischen Motive und die traditionelle mallorquinische Kunst (Körbe, Keramik und irdene Flöten der Bauern namens *siurells*) inspirierten seine immer ausdrucksstärkeren und abstrakteren Arbeiten. Hier konnte Miró durch die Straßen laufen, unbemerkt dem Organisten der Kathedrale lauschen und seine Anonymität genießen. Sein Studio am Stadtrand ließ ihm genügend Raum, um voll in seiner Kunst aufzugehen. „Ich erfinde nichts, alles ist hier! Deshalb muss ich hier leben!", schwärmte er. Und das tat er, bis er 1983 im Alter von 90 Jahren starb.

namhafter Künstler stammte aus Palma. Joan O'Neille Rosiñol (1828–1907) gilt als Begründer der Landschaftsmalerei Mallorcas. Er und seine jüngeren Zeitgenossen Ricard Anckermann Riera (1842–1907) und Antoni Ribas Oliver (1845–1911), beide in der Inselhauptstadt geboren, gehörten zu den ersten Malern, die sich in ihrer Arbeit mit Mallorca als künstlerischem Objekt befassten und die Insel auf romantische Weise darstellten. Die beiden Letzteren bannten vor allem Küstenlandschaften auf die Leinwand.

Ab 1890 entdeckten zahlreiche modernistische Maler Mallorca für sich und brachten neue Ideen mit. Manche von ihnen, darunter beispielsweise Santiago Rusiñol (1861–1931), hatten einige Zeit in Paris gelebt, wo sich damals die Avantgarde der Kunstszene traf. Begeistert schlossen sich Einheimische der Modernisme-Bewegung an. Eine Schlüsselfigur war der in Palma geborene Antoni Gelabert Massot (1877–1932), der seine Heimatstadt in Gemälden wie *Murada i Catedral a Entrada de Fosc* (1902–04) verewigte. Zu den weiteren Vertretern dieser Bewegung zählten Joan Fuster Bonnín (1870–1943) und Llorenç Cerdà i Bispal (1862–1955) aus Pollença.

Als bedeutendster Bildhauer der Insel gilt der früh verstorbene Llorenç Rosselló (1867–1902). Einige seiner Bronzeskulpturen sowie eine Auswahl von Werken vieler hier aufgelisteter Maler können im Es Baluard in Palma bewundert werden.

In den 1910er- und 1920er-Jahren fand der Symbolismus Eingang in die Formensprache lokaler Künstler. Joan Antoni Fuster Valiente (1892–1964) und Ramón Nadal (1913–99), zwei bedeutende mallorquinische Maler aus dieser Zeit, kommen beide gebürtig aus Palma.

Die besten Kunstmuseen
....
Es Baluard, Palma
....
Casa-Museu Dionís Bennàssar, Pollença
....
Ca'n Prunera – Museu Modernista, Sóller

Gegenwartskunst

Wichtigster Vertreter der mallorquinischen Gegenwartskunst ist Miquel Barceló (geboren 1957 in Felanitx), der zugleich als Lokalheld und Kunstikone gefeiert wird. Auf seiner Heimatinsel tat er sich besonders mit seinem umstrittenen Meisterwerk in Palmas Kathedrale hervor: Sein Keramikwandbild aus dem Jahr 2007 stellt das Wunder der Brotvermehrung dar. Der Künstler, der in Paris und im Stammesgebiet der Dogon in Mali lebt, hat ein Atelier in Neapel und war schon im Alter von 25 ein aufstrebender Star. Bekanntheit erlangte er vor allem durch seine Gemälde, wobei er schon seit Ende der 1990er-Jahre mit Keramik arbeitete. Die Umgestaltung der Kathedrale war für den Künstler ein Auftrag in einer bisher ungeahnten Größenordnung. Seine erste und bisher einzige

Ausstellung in Deutschland fand 2008 in Hannover statt, seine Werke waren allerdings schon als Teil anderer Ausstellungen zu sehen.

Weniger berühmt, aber nicht weniger produktiv ist Ferran García Sevilla (geboren 1949 in Palma). Typisch für seine Arbeiten sind Primärfarben sowie eine kraftvolle Formen- und Bildersprache. Seit Anfang der 1980er-Jahre stellt er seine Werke in Galerien überall in Europa aus. Joan Costa (1961 in Palma geboren) gehört zu den wichtigsten zeitgenössischen Bildhauern der Insel, versucht sich gelegentlich aber auch in der Malerei.

Die katalanische Ikone des 20. Jhs., Joan Miró (1893–1983), darf in dieser Aufzählung natürlich nicht fehlen. Mirós Mutter stammte aus Sóller, während der Künstler selbst die letzten 27 Jahre seines Lebens in Cala Major, gleich vor den Stadttoren Palmas, verbrachte. In einem riesigen Atelier produzierte Miró bis zu seinem Tod unermüdlich Gemälde, Keramiken, Skulpturen, Textilien und mehr. Dabei blieb er seinen Lieblingsmotiven – Frauen, Vögeln und dem Kosmos – immer treu.

Noch zu Lebzeiten Joan Mirós wurden zwei Stiftungen in seinem Namen gegründet. Die 1975 eröffnete Fundació Joan Miró hat ihren Sitz in Barcelona. 1981 kam die Fundació Pilar i Joan Miró a Mallorca hinzu, die seit 1992 ihren Stiftungssitz in einem Museum in Cala Major hat, in dem rund 2500 Werke Mirós zu sehen sind. Sein früheres Atelier *Son Boter* kann ebenfalls besichtigt werden. Sein ehemaliges Wohnhaus *Son Abrines* hingegen ist derzeit im Privatbesitz und Besuchern leider nicht zugänglich.

Kunsthandwerk

Der Tourismus hat zwar zur Überentwicklung der mallorquinischen Küste geführt, ging jedoch auch mit einer Renaissance des traditionellen Kunsthandwerks einher. In den wiedereröffneten Werkstätten werden u. a. Arbeiten aus Metall, Keramik, Papier, Glas und Leder sowie Schmuck produziert.

In der Tourismusbehörde Consell de Mallorca (sowie in deren Zweigstelle am Flughafen und in einigen der städtischen Touristeninformationen auf der Insel ist eine kleine, aber feine Broschüre mit 21 Herstellern von Kunsthandwerk erhältlich, die eine Vielzahl von Materialien verarbeiten.

Glaskunst

Die Ursprünge mallorquinischen Glashandwerks gehen auf das 2. Jh. v. Chr. zurück. Damals gehörten die Kunsthandwerker zu einem Netzwerk von Glasherstellern und -händlern, dessen Zentrum sich auf der Inselgruppe Murano bei Venedig befand. Im 18. Jh. erlebte die mallorquinische Glaskunst ihren Höhepunkt, danach verlor sie jedoch an Bedeutung. Für ihre Renaissance in der Mitte und gegen Ende des 20. Jhs. zeichnet die Familie Gordiola quasi im Alleingang verantwortlich; sie ist bereits seit dem 18. Jh. in der Glasverarbeitung tätig. Es gibt mehrere kleine Kunsthandwerksbetriebe, die mit Glas arbeiten, der größte Hersteller ist aber das Museu de Gordiola in der Nähe von Algaida, wo sich Besucher traditionelle Glasbläsertechniken ansehen können.

Lederwaren

Dank Mallorcas weltbekannter Schuhmarke Camper ist die lederverarbeitende Industrie der Insel heute für ihre Qualität bekannt. Obwohl sich kleinere traditionelle Hersteller im Konkurrenzkampf mit den größeren Unternehmen immer öfter geschlagen geben müssen, blickt der Industriezweig zweifellos auf eine Erfolgsgeschichte zurück. In Inca, der mallorquinischen Hauptstadt der Schuhproduktion, gibt's jede Menge Fabriken und Outlets.

Beste Kunst-hand-werksläden

Arte Artesania, Sóller

Estel@rt, Estellencs

Oliv-Art, Manacor

Teixits Vicens, Pollença

Típika, Palma

Die Industrie ist sich ihrer Bedeutung für den Tourismus auf Mallorca wohl bewusst und hat zwei nützliche Broschüren veröffentlicht, die man in manchen Touristeninformationen der Insel bekommen kann: *Mallorca Mapa Turístico – Ruta de Calzado* (Mallorca Touristenkarte – Schuhroute) und *Industry Tour of Majorcan Footwear – Guide to Footwear Manufacturers.*

Palma

- Markthalle Santa Cantalina S.66
  → Placa Progreso / Via Argentina
  ○ Bar Joan Frau, Di, Do, Sa mittags Paella

- Markthalle San Juan
  → Emperatriz Eugenia 6

Essen:
- Duke, Calle Soller 36, +34 971 07 1738 ①
- Ziva, Placa dela Navegacion 11a, Calle Protecto 1
  salute, smoothies wow, Sa Brunch S.66
- Simply delicious (israel. Hummus), Placa Na-
  vegación 5 (Tisch online?) Wrap to go S.66
- Amaya, Carrer de la Fabrica 8a, +34 971 095407 S.66
- Bros, Carrer de Cotones 54 S.66
- Patron Lunares, c/ Fabrica 30 S.66
- Rose Velvet Bakery, carrer missio 15 (F)
- La Mollenda, Carrer del Bisbe Campins 11 (F)
- Naan Calle Caro 16 S.
- Sumaq calle Cotones 44, Barrio de Santa Cata-
  lina S66

- Einkaufen:
  - Concept Store beconnected
    C. Cotones 58, Pl. Verge del Miracle 3, C.
    Damanto 2-7

Praktische Informationen

Allgemeine Informationen

Arbeiten auf Mallorca

EU-Bürger und Schweizer können in ganz Spanien problemlos arbeiten. Wenn man einen Vertrag hat, greift einem der Arbeitgeber normalerweise bei allen bürokratischen Formalitäten unter die Arme.

Viele Bars, Restaurants und andere Unternehmen gehören Ausländern und suchen in den Sommermonaten Aushilfen. Jobangebote für Kellner, Kindermädchen, Köche, Babysitter, Reinigungspersonal etc. stehen in lokalen fremdsprachigen Zeitungen.

Wer fließend Spanisch und eine andere gefragte Sprache spricht, kann übersetzen und dolmetschen. Englisch oder eine andere Fremdsprache zu unterrichten ist auch eine Option, wenn man die nötigen Qualifikationen hat. Jobangebote findet man im Internet, beispielsweise bei **Career Contact** (www.career -contact.de/laenderinfos/ spanien/uebersicht.php).

Ermäßigungen

Studenten, Senioren (über 65 Jahren), Familien und Jugendliche erhalten bei zahlreichen Sehenswürdigkeiten Ermäßigungen von 20 bis 50 %. Kinder unter 12 Jahren haben in Museen oft freien Eintritt.

Senioren: In vielen Museen und Sehenswürdigkeiten bekommt man Rabatt, gelegentlich auch bei öffentlichen Verkehrsmitteln.

Studentenausweise: Mit einer International Student Identity Card (ISIC; www. isic.org) sind bis zu 50 % Vergünstigung drin, z. B. bei Übernachtungen und Attraktionen.

Ausweise für Jugendliche: Mit der Euro<26 Card (www. euro26.org; in Spanien „Carnet Joven") bekommt man Preisnachlässe auf Verkehrsmittel, Sehenswürdigkeiten und Jugendherbergen.

Feiertage & Ferien

Spanier – und da bilden auch die Mallorquiner keine Ausnahme – machen schwerpunktmäßig in der Semana Santa (der Woche vor Ostern) sowie im August Urlaub. Gleichzeitig fällt halb Europa auf der Insel ein! Unterkünfte sind nun schwer aufzutreiben und der Verkehr bricht fast zusammen.

Es gibt auf Mallorca 14 offizielle Feiertage, wobei fast alle Städte noch mindestens einen weiteren zu Ehren ihres jeweiligen Schutzheiligen haben, nicht zu vergessen die zahlreichen traditionellen Festtage vieler Orte. Letztere sind nicht immer offiziell gelistet, aber natürlich trotzdem ein Grund zum Feiern.

Mallorcas wichtigste Termine:

Cap d'Any (Neujahr) 1. Januar

Epifania del Senyor (Dreikönigstag) 6. Januar; im Hafen von Palma wird die Ankunft der Heiligen Drei Könige nachgespielt, danach gibt's eine Prozession.

Dia de les Illes Balears (Tag der Balearen) 1. März

Dijous Santa (Gründonnerstag) März/April

Divendres Sant (Karfreitag) März/April

Diumenge de Pasqua (Ostersonntag) März/April

Festa del Treball (Tag der Arbeit) 1. Mai

L'Assumpció (Mariä Himmelfahrt) 15. August

Festa Nacional d'Espanya (Spanischer Nationalfeiertag) 12. Oktober

Tots Sants (Allerheiligen) 1. November

Dia de la Constitució (Tag der Verfassung) 6. Dezember

L'Immacula da Concepció (Unbefleckte Empfängnis) 8. Dezember

Nadal (Weihnachten) 25. Dezember

Segona Festa de Nadal (1. Weihnachtsfeiertag) 26. Dezember

Frauen unterwegs

Auf Mallorca zu reisen ist genauso unkompliziert wie überall sonst in der westlichen Welt. Dennoch kann es vorkommen, dass Frauen angestarrt werden, ihnen jemand hinterherpfeift oder sie sich überflüssige Kommentare anhören müssen Am besten einfach ignorieren. Augenkontakt und Flirten sind in Spanien ganz normal und nicht als Belästigung gemeint.

Spanische Frauen sind sehr stilbewusst und tun einiges dafür, um so gut wie möglich auszusehen. Oben ohne zu baden und knapp bekleidet herumzulaufen mag in den Ferienorten an der Küste in Ordnung sein, doch in den Städten und im Landesinneren ist etwas mehr Bedeckung angesagt.

Freiwilligenarbeit

Die meisten Möglichkeiten für Freiwilligenarbeit in Spanien gibt es auf dem Festland; bei **Go Abroad** (www.goabroad.com) kann man aber auch nach Projekten auf Mallorca schauen. Fincas (Landgüter) und Familien, die Arbeit und Unterkunft auf Basis von Freiwilligenarbeit anbieten, findet man auf **Work Away** (www.workaway.info).

Geld

Die spanische Währung ist der Euro. Wechselkurse siehe S.17.

Geldautomaten

→ Mit vielen Debit- und Kreditkarten wie Visa, Master-Card und Cirrus kann man bei den *cajeros automáticos* (Geldautomaten) Bargeld abheben.

→ Geldautomaten sind in Städten und größeren Urlaubsorten allgegenwärtig und rund um die Uhr zugänglich.

→ Viele Banken verlangen fürs Abheben im Ausland eine Gebühr von etwa 1,5 bis 2 %.

Kredit- & Debitkarten

Fast alle Läden akzeptieren Plastikgeld, allerdings muss man beim Bezahlen mit Karte oft den Pass oder Ausweis vorlegen. Am weitesten verbreitet sind Visa, MasterCard, American Express (Amex), Cirrus, Maestro, Plus, Diners Club und JCB. Verlorene oder gestohlene Karten meldet man bei **American Express** (☏900 814500), **Diners Club** (☏901 101011), **MasterCard** (☏900 971231) oder **Visa** (☏900 991124).

Steuern & Erstattungen

→ Nicht-EU-Bürger können sich die 21 % IVA (die spanische Mehrwertsteuer) erstatten lassen, wenn sie Waren im Wert von mehr als 90 € kaufen und innerhalb von drei Monaten aus der EU ausführen.

→ Dazu gibt's in den Läden bestimmte Formulare, die den Preis und die IVA für jeden Artikel ausweisen.

→ Bei der Ausreise muss das Formular dem Zoll am Flughafen oder im Hafen vorgelegt werden. Für mehr Infos siehe www.globalblue.com.

Trinkgeld

In den Preisen auf Speisekarten ist eine Servicepauschale enthalten. In der Regel hinterlassen die Leute etwas Kleingeld, wenn sie zufrieden waren: 5 % sollten reichen, 10 % sind sehr großzügig. Gepäckträger freuen sich über 1 €. Taxifahrer erwarten zwar kein Trinkgeld, doch natürlich wird es geschätzt, wenn man den Betrag aufrundet.

Reiseschecks

Im Zeitalter von Geldautomaten werden Reiseschecks zunehmend überflüssig. Wer sie mitnimmt, zahlt bei Banken und Wechselstuben eine Kommission. Beim Wechseln von Reiseschecks muss man den Ausweis oder Pass vorlegen.

Gesundheit

Mallorca-Urlauber müssen keine Gefahren für die Gesundheit befürchten. Die größten Probleme dürften Sonnenbrand, harmlose Insektenstiche, leichte Magenverstimmungen und Kater sein. Das Leitungswasser ist sicheres Trinkwasser, allerdings schmeckt es wegen seines hohen Natrium- oder Chlorgehalts oft scheußlich; abgefülltes Wasser ist billig.

Vor der Reise

VERSICHERUNG

Für EU-Bürger und Schweizer deckt die Europäische Krankenversicherungskarte (European Health Insurance Card, EHIC) die meisten medizinischen Leistungen ab (inzwischen mit der deutschen Krankenkassenkarte identisch). Sie gilt allerdings nur für Notfallbehandlungen und beinhaltet keinen Rücktransport nach Hause. Wer zusätzlich eine Auslandsreiseversicherung abschließt, muss darauf achten, ob sie z. B. den Rückflug nach einem Unfall miteinschließt. Außerdem sollte man rechtzeitig checken, ob die Versicherung den behandelnden Arzt direkt bezahlt oder die Kosten später erstattet. Ersteres ist natürlich viel praktischer, weil der Arzt im Ausland dann nicht aus der eigenen Tasche bezahlt werden muss.

EMPFOHLENE IMPFUNGEN

Für Mallorca sind keine Impfungen nötig. Die Weltgesundheitsorganisation empfiehlt jedoch trotzdem grundsätzlich einen Schutz gegen Diphtherie, Tetanus, Masern, Mumps, Röteln und Kinderlähmung (Polio).

Auf Mallorca

MEDIZINISCHE VERSORGUNG

→ Wer einen Krankenwagen braucht, wählt die ☏061.

→ Im Notfall wendet man sich am besten gleich an die *urgencia* (Ambulanz) im nächsten Krankenhaus. Das Hauptkrankenhaus der Insel ist das **Hospital Universitari Son Espases** (☎871 205000; www.hospitalsonespases.es; Carretera de Valldemossa 79) in Palma, größere Kliniken gibt es auch in Inca und Manacor.

→ Die medizinischen Angestellten in den Urlauberhochburgen am Meer sprechen meistens Englisch und Deutsch.

→ In *farmacias* (Apotheken) bekommt man Ratschläge und kann rezeptfreie Medikamente kaufen. Ist eine Apotheke geschlossen, steht an der Tür der Name der nächstgelegenen *farmacia de guardia* (Notfallapotheke).

GESUNDHEITSRISIKEN

→ Wer zu viel Flüssigkeit verliert, wird bald darauf an Hitzeerschöpfung leiden, die sich durch Kopfschmerzen, Schwindel und Erschöpfung bemerkbar macht. Dann muss man viel Wasser und/ oder Saft trinken.

→ Ein Hitzschlag ist um einiges gefährlicher. Er führt zu irrationalem, hyperaktivem Verhalten und schließlich zu Bewusstlosigkeit und sogar zum Tod. Hier ist schnelle Abkühlung angesagt – am besten den Körper mit Wasser besprtzen und Luft zufächeln.

→ Wer eine schwere Allergie gegen Bienen- oder Wespenstiche hat, sollte eine Adrenalinspritze o. Ä. dabeihaben.

→ In bewaldeten Gegenden muss man sich vor den haarigen, rotbraunen Raupen des Prozessionsspinners in Acht nehmen! Ihre Haare lösen bei Berührung eine heftige Hautallergie aus.

→ Einige spanische Tausendfüßler haben einen sehr üblen, aber nicht tödlichen Stachel. Vorsicht ist bei Tausendfüßlern mit deutlich erkennbaren Segmenten, z. B. schwarzen und gelben Streifen, geboten.

→ Im Sommer überschwemmen manchmal Quallen Mallorcas Strände. Essig, Eis und Bittersalz lindern den Schmerz. Wenn nichts davon zur Hand ist, sollte man die Stellen mit Salzwasser einreiben. Achtung: Süßwasser kann die Verbrennungen verschlimmern! Wer von einer Qualle erwischt wurde, steuert am besten sofort eine Station des Roten Kreuzes an (sind an fast allen größeren Stränden zu finden).

→ An vielen mallorquinischen Stränden schwirren Sandmücken herum. Ihre Stiche jucken meistens nur unerträglich, lösen manchmal aber auch eine seltene Hautkrankheit aus: die kutane Leishmaniose, eine erhabene Wunde um den Stich, die zu Gewebeverlust führen kann.

Internetzugang

→ Zahlreiche Cafés und Bars bieten kostenlosen drahtlosen Internetzugang (WLAN). Eventuell muss man beim Bestellen nach dem Passwort fragen.

→ Auch die meisten Hotels verfügen über WLAN, oft reicht der Empfang jedoch nicht über die Lobby hinaus.

→ Internetcafés kommen und gehen. Fremdenverkehrsämter informieren über die nächstgelegenen Läden. Die Preise liegen zwischen 1,50 und 3 € pro Stunde.

Karten

Inselkarten

Gute und übersichtliche Karten:

→ ADAC-Karte Mallorca, Ibiza (1:150 000)

→ Freytag & Berndt *Mallorca* (1:100 000)

→ Michelin Regionalkarte 579 Spanien: Mallorca – Ibiza – Menorca (1:140 000)

→ Marco Polo *Mallorca* (1:150 000)

Wanderkarten

→ Wanderkarten müssen einen Maßstab von mindestens 1:25 000 haben. Alles, was darüber liegt, kann man vergessen.

→ Alpina Editorial hat drei tolle Karten von der Serra de Tramuntana (*Mallorca Tramuntana Sud*, *Mallorca Tramuntana Central* und *Mallorca Tramuntana Nord*). Dazu gibt's je ein robustes Begleitheft mit detaillierten Beschreibungen der Wanderrouten. Die dritte ist nur auf Katalanisch und Deutsch.

→ Der *Kompass Wanderführer 5910 Mallorca* von Wolfgang Heizmann mit ebenfalls guten Wanderkarten.

→ *Wandern auf Mallorca* (DuMont) von Susanne Lipps enthält 35 Touren und zahlreiche Karten.

→ Das spanische **Centro Nacional de Información Geográfica** (CNIG; www.cnig. es) deckt einen großen Teil der Insel auf Blättern im Maßstab 1:25 000 ab.

Klima

Palma

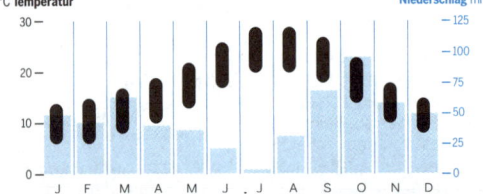

°C Temperatur · Niederschlag mm

PRAKTISCH & KONKRET

➜ **DVDs & Blu Rays** In Spanien gilt der Regionalcode 2 bzw. B.

➜ **Radio** Regionale Radiosender sind u.a. Radio Balear (www.radiobalear.net) und das englischsprachige Radio One Mallorca (www.radioonemallorca.com).

➜ **Rauchen** Rauchen ist in allen öffentlichen Gebäuden verboten.

➜ **Zeitungen** In den Urlaubsorten sind deutsch- und englischsprachige Zeitungen weit verbreitet. Große spanische Zeitungen sind u.a. das Mitte-links-Blatt *El País* (www.elpais.com) und die Mitte-rechts-Zeitung *El Mundo* (www.elmundo.es). Mallorquinische News stehen im *Diario de Mallorca* (www.diariodemallorca.es), in der *Ultima Hora* (www.ultimahora.es) und im englischsprachigen *Majorca Daily Bulletin* (www.majorcadailybulletin.com).

➜ Einige der genannten Karten erhält man bei **La Casa del Mapa** (Karte S. 56 f.; Carrer de Sant Domingo 11; ☺Mo 9.30–14, Di–Fr 9.30–19 Uhr) in Palma, ansonsten wird man in gut sortierten Buchhandlungen im Heimatland oder auch bei Onlineanbietern fündig.

Öffnungszeiten

Die Öffnungszeiten variieren im Laufe des Jahres. Hier sind die Öffnungszeiten während der Hochsaison aufgeführt, in der Zwischen- und Nebensaison sind sie in der Regel kürzer. Zudem schließen viele Restaurants und Hotels von Mitte Oktober bis Ostern gänzlich.

Banken Montag bis Freitag 8.30 bis 14 Uhr, einige auch Donnerstag 16 bis 19 Uhr und Samstag 9 bis 13 Uhr

Bars 19 bis 3 Uhr

Cafés 11 bis 1 Uhr

Clubs 24 bis 6 Uhr

Geschäfte Montag bis Freitag 10 bis 14 & 16.30 bis 19.30 (oder 17 bis 20) Uhr; große Supermärkte und Warenhäuser sind normalerweise von Montag bis Samstag von 10 bis 19 Uhr geöffnet.

Postämter Montag bis Freitag 8.30 bis 21.30 Uhr, Samstag 8.30 bis 14 Uhr

Restaurants Mittagessen gibt es in der Regel von 13 bis 15.30 Uhr, Abendessen von 19.30 bis 23 Uhr.

Post

Auf die spanische Post **Correos** (☎902 190197; www.correos.es) ist meist Verlass, auch wenn sie sich manchmal etwas Zeit lässt.

Porto

Sellos (Briefmarken) erhält man in *estancos* (Tabakläden; zu erkennen an einem „Tabacos"-Schild mit gelben Buchstaben auf braunem Grund) sowie auf Postämtern. Postkarten und Briefe bis 20 g kosten 0,75 € in andere europäische Länder und 0,90 € in den Rest der Welt. Eine ausführliche Preisliste für Einschreiben (*certificado*) und Expressversand (*urgente*) findet man auf der Website, wenn man den Button „Fee Calculator" anklickt.

Postsendungen

Die Versanddauer variiert, in der Regel benötigt normale Post ins westeuropäische Ausland jedoch bis zu einer Woche.

Rechtsfragen

➜ Per Gesetz ist jeder verpflichtet, immer ein Ausweisdokument mit Lichtbild bei sich zu führen, z. B. Pass, Personalausweis oder Führerschein.

➜ Die Alkoholgrenze liegt in Spanien bei 0,5 Promille. Bei Überschreiten dieser Grenze werden drastische Geldbußen (bis zu 1000 €) verhängt.

➜ Cannabis in sehr kleinen Mengen ist zum persönlichen Gebrauch erlaubt. In der Öffentlichkeit dürfen allerdings keine Drogen konsumiert werden.

➜ Wer verhaftet wird, bekommt einen kostenlosen Pflichtverteidiger (*abogado de oficio*) zur Seite gestellt. Es kann aber sein, dass dieser nur Spanisch (und den örtlichen Dialekt) spricht. Außerdem hat man das Recht auf einen Telefonanruf.

➜ Vor Gericht sind die Behörden dazu verpflichtet, einen Dolmetscher zur Verfügung zu stellen.

Reisen mit Behinderung

➜ Mallorca ist weit davon entfernt, barrierefrei zu sein, doch allmählich verbessert sich die Situation. Einige barrierefreie Museen, öffentliche Gebäude und Hotels zeigen, dass auch die Mallorquiner langsam umdenken. Hotels, die sich selbst behindertenfreundlich nennen, sind mit Vorsicht zu genießen: Oft bedeutet das nur breitere Türen in Zimmern und Bädern, eine Rampe zur Rezeption oder andere symbolische Gesten.

➜ Auf Kopfsteinpflasterstraßen oder in Bergstädten ist das Vorankommen beschwerlich.

➡ Die Stadtbusse in Palma und ein paar andere auf der Insel sind mit Rampen für Rollstühle ausgestattet. Taxiunternehmen verfügen z. T. über behindertengerechte Autos (im Voraus buchen!).

Organisationen

➡ **Associació Balear de Persones amb Discapacitat Física** (Asprom; Karte S. 52; ☑971 28 90 52; www.asprom.net; Carrer de Pasqual Ribot 6) Mallorcas Behindertenorganisation, allerdings mehr eine Lobby als eine Quelle für praktische Urlaubsinfos.

➡ **Discount Mobility** (☑966 44 58 12; www.mobilitymallorca.com) Verleiht Elektromobile für Behinderte.

➡ **Easy Rider** (☑606 543099, 971 54 50 57; www.easyrider mobilityhire.com) Der Anbieter in Port d'Alcúdia vermietet ebenfalls Elektromobile.
Mobility Scooters (☑971 13 25 38; www.mobilityscooters mallorca.com) Die Elektrorollstühle werden an Kunden auf der ganzen Insel verliehen.

Schwule & Lesben

Homosexualität ist in Spanien erlaubt. 2005 brachte José Luis Rodríguez Zapatero, Spaniens sozialistischer Präsident, das Fundament der konservativen Katholiken ins Wanken und führte die gleichgeschlechtliche Ehe ein. Auf Mallorca konzentriert sich die Schwulenszene in sowie rund um Palma.

Nützliche Quellen und Organisationen:

➡ **Ben Amics** (Karte S. 56 f.; ☑971 71 56 70; www.benamics.com; Carrer del Conquistador 2; ⊙9–15 Uhr) Mallorcas Dachverband für Schwule, Lesben und Transsexuelle.

➡ **Gay Mallorca** (www.gay-mallorca.blogspot.com) Wöchentlicher Veranstaltungskalender.

➡ **Guía Gay de España** (guia.universogay.com/palmademallorca) Bietet eine Liste nützlicher Adressen wie Cafés, Saunas, Nachtclubs und Restaurants.

➡ **Mallorca Gay Map** (www.mallorcagaymap.com) Praktischer Guide für schwulenfreundliche Attraktionen (Restaurants, Hotels, Clubs, etc.). Die gedruckte Version ist in manchen Touristeninformationen in Palma erhältlich.

Sicherheit

Bis auf ein paar Kleinkriminelle ist Mallorca ein sicheres Pflaster. Die meisten Traveller haben hier keinerlei Probleme, allerdings schadet es nicht, ein bisschen vorsichtig zu sein.

Diebstahl & Abzocke

➡ Diebstähle kommen vor allem in den größeren Ferienorten und in Palma vor. Man sollte aufpassen, während man sein Gepäck ins oder aus dem Hotel befördert. Vorsicht vor Taschendieben und Handtaschenräubern! Augen auf auch bei Frauen, die Blumen als Glücksbringer verkaufen (sie heißen *claveras*, weil sie meistens *claveles*, Nelken, anbieten). Wie sie es machen, ist nicht ganz klar – aber wer sich auf ein freundliches Schwätzchen einlässt, steht hinterher immer mit leeren Taschen da.

➡ Rucksäcke und Taschen sollte man immer fest im Griff haben. Was am Strand herumliegt, ist oft blitzartig weg, sobald sich der Besitzer umdreht.

➡ Wertsachen niemals unbeaufsichtigt in Mietwagen lassen!

➡ Wenn einem etwas gestohlen wurde, sollte man den Diebstahl zur Anzeige bringen. Wahrscheinlich wird man seine Sachen nie wiedersehen, doch die Versicherung verlangt diese formelle *denuncia*. Statt auf der Polizeiwache (*comisaría*) endlos Schlange zu stehen, können Bestohlene auch telefonisch in verschiedenen Sprachen (☑902 102112) oder online unter www.policia.es Anzeige erstatten („Denuncias" anklicken).

Sprachkurse

Palma wartet mit der größten Auswahl an Kursen auf. Sóller gilt als nette Alternative. Empfehlenswerte Anbieter:

➡ **Dialog** (Karte S. 62; ☑971 71 99 94; www.dialog-palma.com; Carrer del Carme 14, Palma; 2-wöchiger Kurs 395 €; ⊙Mo–Fr 9.30–14 & 16.30–20.30, Sa 10–14 Uhr)

➡ **Die Akademie** (Karte S. 56 f.; ☑971 71 82 90; www.dieakademie.com; Carrer d'en Morei 8, Palma; pro Woche 140–285 €; ⊙Mo–Fr 9–13.30 & 17–19.30 Uhr)

➡ **Estudi Lul·lià de Mallorca** (Karte S. 56 f.; ☑971 71 19 88; www.estudigeneral.com; Carrer de Sant Roc 4, Palma; ab 400 €)

➡ **Lengua Sóller** (Karte S. 100; ☑674 216677; www.lenguas-soller.es; Carrer de Vives 5, Sóller; ⊙Mo–Fr 11–13 & 17–20 Uhr)

Strom

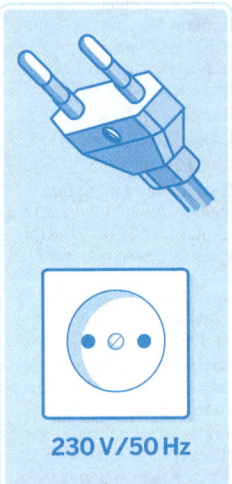

230 V / 50 Hz

Telefon

Von den blauen Telefonzellen kann man problemlos nach Spanien oder ins Ausland telefonieren. Sie schlucken Münzen, *tarjetas telefónicas* (Telefonkarten von der spanischen Telefongesellschaft Telefónica) und manchmal kann man auch Kreditkarten benutzen. Die billigste Option, vor allem für einen Anruf im Ausland, sind in der Regel aber Internettelefonate über Anbieter wie Skype.

Handys

Spanien hat ein GSM-900/1800-Mobilfunknetz, das mit den Netzen im restlichen Europa kompatibel ist. Mit Dreiband- oder Vierband-Handys dürfte es keine Probleme geben. In jeder größeren Einkaufsmeile verkaufen Läden *teléfonos móviles*. Die einfachsten Modelle sind ab ca. 80 € zu haben.

Telefonkarten

Verbilligte Telefonkarten privater Anbieter können sich für internationale Gespräche lohnen. Man bekommt sie in *estancos* (Tabakläden) sowie an Zeitungsständen und *locutorios* (Telefonzentren) in Palma und Ferienorten am Meer. Ein Preisvergleich lohnt sich.

Vorwahlen

Auf Mallorca sind alle Telefonnummern, auch die von Mobiltelefonen, neunstellig. Fast alle mallorquinischen Festnetznummern beginnen mit ☑971, ein paar wenige auch mit ☑871. Handynummern fangen immer mit einer 6 an.

Nationale kostenlose Nummern beginnen mit ☑900. Für Nummern mit ☑901 bis ☑905 am Anfang gelten verschiedene Tarife. Die ☑902 kommt sehr oft vor – für sie gilt der nationale Standardtarif, allerdings kann sie nur innerhalb Spaniens gewählt werden. In

eine ähnliche Kategorie fallen Nummern, die mit ☑800, ☑803, ☑806 und ☑807 beginnen.

Grundsätzlich besteht die Möglichkeit, über eine kostenlose Telefonnummer eine Vermittlung für R-Gespräche (*una llamada a cobro revertido*) in die Heimat anzurufen; einfach vor der Abfahrt die entsprechende Nummer notieren. In Spanien ist dieser Service für Anrufe innerhalb Europas unter ☑1008 und ins restliche Ausland unter ☑1005 zu erreichen; in der Regel wird Englisch gesprochen.

Toiletten

In Spanien sind Sitztoiletten Standard. Auf Mallorca gibt es kaum öffentliche Toiletten, außerdem dürfen in den meisten Restaurants und Bars nur zahlende Gäste aufs stille Örtchen – ist jedoch viel los, wird man wahrscheinlich nicht entdeckt.

Touristeninformation

➜ In fast jeder Stadt und jedem Urlaubsort Mallorcas gibt es eine Touristeninformation (*oficina de turismo* oder *oficina de información turística*), in der man Stadtpläne und Informationen bekommt.

➜ Die Touristeninformationen an der Küste sind meistens von Ostern oder Mai bis Oktober geöffnet – das allerdings nur erstaunlich kurz. Sind die Läden jedoch gerade geöffnet, so findet man in ihnen meist nützliche Infos und jede Menge gute Broschüren.

➜ In Palma gibt es städtische Touristeninformationen, die sich auf Palma und die nähere Umgebung konzentrieren. Die **Touristeninformation Consell de Mallorca** (Karte S.56 f.; ☑971 71 22 16; www. infomallorca.net; Plaça de la Reina 2; ⊙Mo–Fr 8–20, Sa

9–14 Uhr) deckt die gesamte Insel ab.

➜ Allgemeine Informationen zu den Balearen stehen auf der Website www.illesbalears.es.

Versicherung

➜ Eine Reiseversicherung, die Diebstahl, Verlust, Arztkosten und ausgefallene Flüge abdeckt, ist immer eine gute Idee.

➜ Man sollte unbedingt das Kleingedruckte lesen, denn einige Policen schließen „sehr riskante" Aktivitäten wie Tauchen und Canyoning aus.

➜ EU-Bürger und Schweizer haben Anspruch auf komplette medizinische Versorgung in Krankenhäusern (bei Vorlage der EHIC).

➜ Traveller sollten vorher klären, ob die Police Krankenwagentransport oder einen Rückflug im Krankheitsfall abdeckt.

➜ Im Versicherungsfall muss man unbedingt alle Unterlagen und Rechnungen aufbewahren.

➜ Unter www.lonelyplanet. com/travel-insurance gibt's eine internationale Reiseversicherung. Man kann sie jederzeit online abschließen, erweitern oder in Anspruch nehmen – auch von unterwegs.

➜ Infos zur Autoversicherung siehe S.230.

Visa

Spanien gehört zu den 26 Unterzeichnerländern des Schengen-Abkommens. Die 22 beteiligten EU-Staaten (bis auf Bulgarien, Zypern, Irland, Rumänien und Großbritannien) sowie Island, Norwegen und die Schweiz haben Personenkontrollen an gemeinsamen Grenzen abgeschafft.

Bei der Einreise nach Spanien sollte man Folgendes beachten:

Bürger der EU & der Schengen-Staaten benötigen kein Visum. Wenn man länger als 90 Tage im Land bleibt, muss man sich lediglich bei der Polizei melden.

Um in Spanien zu arbeiten & zu studieren benötigen EU-Bürger kein Visum.

Verlängerungen & Aufenthalt

Bürger aus EU-Ländern, Island, Norwegen und der Schweiz dürfen jederzeit ein- und ausreisen. Eine *tarjeta de residencia* (Aufenthaltsgenehmigung) brauchen sie nicht, allerdings sollten sie ihren Wohnsitz anmelden.

Zeit

Es gilt dieselbe Zeit (Mitteleuropäische Zeitzone, MEZ) wie in Deutschland, Österreich und der Schweiz. Am letzten Sonntag im März beginnt die Sommerzeit, dann werden die Uhren um eine Stunde vor- und am letzten Sonntag im Oktober wieder um eine Stunde zurückgestellt.

Zollbestimmungen

➡ Waren für den persönlichen Gebrauch dürfen weitgehend zollfrei aus anderen EU-Ländern nach Spanien eingeführt werden. Es gibt allerdings bestimmte Höchstmengen.

➡ Traveller aus Nicht-EU-Ländern dürfen 2 l Wein (oder 1 l Wein und 1 l Branntwein) sowie 200 Zigaretten oder 50 Zigarren oder 250 g Tabak zollfrei nach Spanien einführen.

Verkehrsmittel & -wege

AN- UND WEITERREISE

Fast alle Besucher landen am internationalen Flughafen von Palma. Von Orten an der spanischen Küste (Alicante, Barcelona, Denia und Valencia) und den Nachbarinseln Ibiza und Menorca fahren auch Fähren. Flüge und Touren gibt's auch online unter lonelyplanet.com/bookings.

Einreise

Pass

Deutsche, Österreicher und Schweizer benötigen einen gültigen Pass oder Personalausweis, um nach Spanien einzureisen. Diesen sollten sie stets mit sich führen.

Flugzeug

Flughäfen

Der **Flughafen von Palma de Mallorca** (PMI; ☑902 404704; www.aena-aeropuer

tos.es) liegt 8 km östlich von Palma. Im Sommer ist die Inselhauptstadt durch eine Art Luftbrücke mit ganz Europa verbunden: Charter- und Linienmaschinen, darunter viele Billigflieger, steuern Mallorca scharenweise an. 2012 wurden hier 22,7 Mio. Passagiere abgefertigt – damit war der Flughafen hinsichtlich der Passagierzahlen einer der wichtigsten Europas.
Die Ankunftshalle befindet sich im Erdgeschoss des Hauptterminals. Dort gibt's auch eine Touristeninformation, Wechselstuben, diverse Autovermietungen, Tourveranstalter und Büros für Hotelbuchungen. Zum Abflug geht's ein Stockwerk höher.

Fluggesellschaften

Beinahe alle europäischen Airlines fliegen nach Mallorca, dazu die meisten Billigflieger. Hier eine Auswahl:

➜ **Air Berlin** (www.airberlin. com) Fliegt von Deutschland und anderen europäischen Ländern hierher.

➜ **EasyJet** (www.easyjet.com) Fliegt u. a. von Basel, Genf, Berlin und Madrid.

➜ **Germanwings** (www.ger manwings.com) Von mehreren deutschen Städten.

➜ **Iberia** (www.iberia.es) Startet ebenso wie die Tochtergesellschaft Air Nostrum in vielen spanischen Städten.

➜ **Lufthansa** (www.lufthansa. com) Von allen größeren Flughäfen in Deutschland.

➜ **Niki** (www.flyniki.com) Von Dutzenden spanischen und europäischen Städten.

➜ **Ryanair** (www.ryanair. com) Verkehrt z. B. ab Frankfurt-Hahn und Düsseldorf (Weeze).

➜ **Vueling** (www.vueling.com) Bietet jede Menge Flüge vom spanischen Festland und von weiter her.

Tickets

Um günstige Tickets zu bekommen, muss man seine Reisezeit gut wählen – während der Schulferien schießen die Preise in die Höhe.

KLIMAWANDEL & REISEN

Fast jede Art der motorisierten Fortbewegung erzeugt CO_2 (die Hauptursache für die globale Erwärmung), doch Flugzeuge sind mit Abstand die schlimmsten Klimakiller – nicht nur wegen der großen Entfernungen und der entsprechend großen CO_2-Mengen, sondern auch weil sie diese Treibhausgase direkt in hohen Schichten der Atmosphäre freisetzen. Auf vielen Websites kann man mit speziellen „CO_2-Rechnern" ermitteln, wie das persönliche Emissionskonto nach einer Reise aussieht, und mit einer Spende für Umweltprojekte eine Art Wiedergutmachung leisten. Auch Lonely Planet spendet Gelder, wenn Mitarbeiter und Autoren auf Reisen gehen.

FÄHREN

NACH	VON	UNTERNEHMEN	PREIS	HÄUFIGKEIT	DAUER (STD.)	SCHLAFKABINE
Palma	Barcelona	Acciona Trasmediterránea, Baleària	Sitzplatz ab 49 €, Kabine ab 109 €	1–2-mal tgl.	7	ja
Palma	Denia	Baleària	Sitzplatz ab 49 €, Kabine 109 €	2-mal tgl.	2–5	ja
Palma	Ibiza (Ibiza City)	Acciona Trasmediterránea, Baleària	Sitzplatz ab 35 €	Fr & Sa	4	ja
Palma	Maó (Menorca)	Acciona Trasmediterránea	Sitzplatz ab 31 €	So	3½	ja
Palma	Valencia	Acciona Trasmediterránea, Baleària	Sitzplatz ab 49 €, Kabine ab 109 €	1-mal tgl.	8	ja
Port d'Alcúdia	Barcelona	Baleària	Sitzplatz ab 49 €, Kabine ab 115 €	1-mal tgl.	7	ja
Port d'Alcúdia	Ciutatella (Menorca)	Baleària	Sitzplatz ab 21,50 €	2-mal tgl.	1–2	nein

Am günstigsten fliegt man außerhalb der Spitzenzeiten (z.B. unter der Woche, in der Nebensaison und frühmorgens/spätabends).

➡ Auf den Webseiten der Fluggesellschaften nach Last-Minute-Angeboten schauen. Auf Seiten wie www.swoodoo.com, www.skyscanner.de und www.fluege.de kann man Flugpreise vergleichen. Vollzeitstudenten und alle unter 26-Jährigen ergattern manchmal verbilligte Tickets.

Übers Meer

Fähren nach Mallorca starten vom spanischen Festland sowie von Menorca, Ibiza und Formentera. Viele verkehren nur von Ostern bis Ende Oktober. Jene, die auch im Winter fahren, bieten in dieser Zeit weniger Verbindungen an. Auf längeren Strecken nehmen fast alle Gesellschaften auf Autodecks Fahrzeuge mit (gegen eine zusätzliche Gebühr; Reservierung im Voraus erforderlich). Reist man mit dem eigenen Auto, sollte man rechtzeitig zum Verladen am Hafen erscheinen. Die Preise schwanken je nach Saison stark; Richtwerte sind in der Tabelle oben gegeben.

Bei **Direct Ferries** (www.directferries.de) gibt's Infos zu Routen und Fahrpreisen.

Von und nach Mallorca sind u. a. folgende Fährunternehmen unterwegs:

➡ **Acciona Trasmediterránea** (📞902 454645; www.trasmediterranea.es)

➡ **Baleària** (📞902 160180; www.balearia.com)

➡ **Entre Islas y Canales** (📞902 100444; www.entreis lasycanales.com)

➡ **Iscomar** (📞902 119128; www.iscomar.com)

Geführte Touren

Weil die Insel ein unkompliziertes Reiseziel ist, gelten organisierte Touren nach Mallorca als unnötig. Einige Unternehmen bieten allerdings spezielle Ausflüge an, die sich für Outdoorfans lohnen können.

➡ **Birdingtours** (www.birdingtours.de) Vogelbeobachtungsurlaube.

➡ **Hipica Formentor** (www.alpakastall.net/reiten-mallorca) Mehrtagesritte im Norden

➡ **Mallorca Muntanya** (📞639 713212; www.mallorca muntanya.com) Trekkingtouren, vor allem in der Serra de Tramuntana.

➡ **Mallorca Sportiv** (www.mallorca-sportiv.de) Wanderund Radtouren.

➡ **Mar y Roc** (📞678196821; www.mallorca-wandern.de) Wandertrips für Gruppen.

UNTERWEGS VOR ORT

Auto & Motorrad

Im Allgemeinen sind die Straßen auf Mallorca hervorragend. Allerdings findet man im Norden und Westen der Insel noch ein paar haarsträubende Küstenstraßen, die nur unerschrockene Fahrer locken (z.B. bei Sa Calobra und Formentor). Die engen Straßen an abfallenden Felsen entlang sowie die durchs Inland eignen sich prima für Motorradtouren.

Die größte Straße der Insel ist die Autobahn Ma 13, die diagonal über die Insel verläuft und Palma im Westen mit Alcúdia im Norden verbindet. Die Ma 1 windet sich südwestlich von Palma nach Andratx.

Zwar kann man vor allem in der Hauptsaison große Teile der Insel mit Bus und Zug erkunden, jedoch hat man mit einem Auto deutlich mehr Möglichkeiten. Mit eigenem fahrbarem Untersatz lassen sich Naturparks, abgelegene Höhlen und ruhige Orte in den Bergen abseits der Menschenmengen erreichen.

Hat man kein Navi, lohnt sich der Kauf einer anständigen Landkarte, um auch einsamere Ecken besuchen zu können, z. B. die von Marco Polo im Maßstab 1:125 000.

Automobilclubs

Bei einer Panne ist es durchaus möglich, dass einem der nationale Automobilclub Spaniens, der **Real Automóvil Club de España** (RACE; ☎ 900 100 992; www. race.es; Calle de Eloy Gonzalo 32, Madrid) hilft. Darüber hinaus sollte jeder Fahrer die Notfallnummer der eigenen Versicherung kennen.

Benzin

Gasolineras (Tankstellen) findet man in allen größeren Städten und in den meisten großen Badeorten. Doch bevor man sich in abseits gelegene ländliche Gegenden aufmacht, sollte man besser volltanken. *Sin plomo* (bleifreies Benzin; 95 Oktan) und *gasóleo* (Diesel) sind hier genauso teuer wie im restlichen Europa.

Fast alle Tankstellen akzeptieren Kreditkarten.

Führerschein

Führerscheine aus EU-Ländern werden europaweit anerkannt. Alle anderen Traveller müssen sich zusätzlich einen zwölf Monate gültigen internationalen Führerschein besorgen.

Mieten

Die Preise für Mietwagen schwanken, doch ein günstiges Fahrzeug sollte man für 30 bis 60 € pro Tag bekommen. In einem Kompaktwagen kann es für Familien eng werden. Zusätzliche Fahrer und Rückgabe an einem anderen Ort kosten mehr. Extras wie Kindersitze (ca. 10 € pro Tag) sollten bei der Buchung angefragt werden. Wer einen Wagen mieten will, braucht einen gültigen Führerschein, muss älter als 21 Jahre sein und (zumindest bei den größeren Firmen) eine Kreditkarte vorlegen.

Viele Firmen versuchen, noch mehr Geld zu machen, indem sie 90 € für Benzin verlangen, anstatt den Fahrer aufzufordern, den Wagen vollgetankt zurückzubringen. Bevor man den Vertrag unterschreibt, sollte man deshalb immer sorgfältig das Kleingedruckte lesen!

Alle großen Autovermietungen sind auf der Insel vertreten. Am besten vor Ort oder auf Webseiten wie www. travelsupermarket.com die Preise vergleichen. Folgende Anbieter sind u.a. am Flughafen ansässig:

➜ **Avis** (☎ 902 110 261; www.avis.com)

➜ **Europcar** (☎ 902 105 055; www.europcar.com)

➜ **Gold Car** (☎ 902 119 726; www.goldcar.es)

➜ **Hertz** (☎ 971 789 670; www.hertz.com)

➜ **Sixt** (☎ 902 491 616; www.sixt.com)

Privatwagen

Der Fahrzeugschein für ein Privatfahrzeug gehört unbedingt ins Reisegepäck.

Fahrzeuge brauchen ein Nationalkennzeichen von dem Land, in dem sie gemeldet sind. In Spanien muss jeder Motorisierte für den Pannenfall ein Warndreieck, eine Warnweste und ein Erste-Hilfe-Kasten dabeihaben. Daneben sind aber auch Ersatzbirnen und ein Feuerlöscher empfehlenswert.

Verkehrsregeln

➜ **Geschwindigkeitsgrenzen** In bebauten Gegenden 50 km/h, auf Hauptstraßen 100 km/h und auf den vierspurigen Schnellstraßen nach Palma 120 km/h.

➜ **Gesetzliches Mindestalter für Autofahrer** 18 Jahre, **für Motorrad- und Motorrollerfahrer** 16 Jahre (ab 80 ccm) oder 14 Jahre (bis 50 ccm). Führerschein ist grundsätzlich Pflicht!

➜ **Kreisverkehr** Fahrzeuge, die schon im Kreisverkehr sind, haben Vorfahrt.

➜ **Motorradfahrer** müssen stets mit Licht fahren und bei Maschinen mit 125 ccm oder mehr einen Helm tragen.

➜ **Promillegrenze:** 0,5. Ist der Alkoholpegel zu hoch, kann man innerhalb von 24 Stunden verurteilt werden, eine Geldbuße aufgebrummt bekommen und seinen Führerschein loswerden. Schwere Verkehrssünden kosten bis zu 1000 €. Ausländer, die nicht auf Mallorca wohnen, müssen sofort bezahlen (gibt immerhin 30 % Rabatt).

➜ **Straßenseite** Rechtsverkehr.

➜ **Überholen** Spanische LKW-Fahrer blinken oft rechts, um dem Hintermann zu zeigen, dass das Überholen möglich ist (links wird geblinkt, wenn jemand überholen will, aber nicht frei ist).

Versicherung

➜ Ein Unfallmeldeformular kann Dinge bei einem Unfall vereinfachen. Zudem lohnt sich ein ADAC-Schutzbrief.

➜ In Spanien und ganz Europa braucht jeder eine Kfz-Haftpflichtversicherung.

➜ Autovermietungen bieten ebenfalls eine Mindestversicherung; dabei sollte man aber genauestens auf Haftungsgrenzen und Selbstbehalt sowie auf Haftungsbeschränkungen bei einem Unfall oder Schaden achten.

➜ Eine Teilkaskoversicherung, die Schäden am Fahrzeug

abdeckt, kostet in der Regel einen Aufpreis, sollte jedoch abgeschlossen werden.

➡ Eine mehrtägige oder einjährige Versicherung mit Selbstbehalt ist oft online günstiger zu bekommen.

Bus

Die Insel ist in fünf Zonen unterteilt. Busse mit 100er-Nummern verkehren im Südwesten, die 200er im Westen (bis Sóller), die 300er im Norden und dem größten Teil der Mitte, die 400er in einem Dreieck von der Mitte bis zur Ostküste und die 500er im Süden. Sie gehören einer Reihe kleinerer Unternehmen. **Transport de les Illes Balears** (TIB; ☏971 17 77 77; www.tib.org) informiert über Strecken und hat Fahrpläne von allen Linien.

Viele Orte sind von Palma aus mit Bussen erreichbar. Diese starten am oder nahe dem Busbahnhof **Estació Intermodal** (Karte S. 62; ☏971 17 77 77; www.tib.org; Plaça d'Espanya). Doch nicht alle Linien fahren regelmäßig, das gilt besonders an Wochenenden. Von November bis April werden die meisten Küstenorte zudem nur selten angesteuert, und ein paar Linien stellen den Verkehr sogar komplett ein (etwa die zwischen Ca'n Picafort und Sa Calobra oder Sóller).

Meist sind die Verbindungen zwar ausreichend, aber es kann mitunter ganz schön mühsam sein, abgelegene Städte zu erreichen. In der Serra de Tramuntana kommt man nur zeitweise mit dem Bus herum – und auch dann ist es nicht ganz einfach. Bus 200 fährt beispielsweise von Palma über Banyalbufar nach Estellencs. Mit Bus 210 geht's nach Valldemossa, dann (weniger oft) nach Deià und Sóller. Zwischen Estel-

lencs und Valldemossa gibt's keine Verbindung. Abgesehen von der oft frequentierten Strecke zwischen Palma und Valldemossa verkehren die Busse nur unregelmäßig.

In der Regel sind die Entfernungen nicht allzu groß. Kaum ein Bus braucht länger als zwei Stunden bis zum Ziel. Fahrpreise siehe Informationen bei An- & Weiterreise in den jeweiligen Unterwegs-Kapiteln.

Fahrrad

In den letzten Jahren hat sich Mallorca zu einem der beliebtesten europäischen Ziele für Fahrradfahrer entwickelt. In bergigen Gegenden, besonders an der West- und der Nordwestküste, kann das Radeln zwar ganz schön anstrengend sein, ansonsten ist die Insel aber relativ flach und lässt sich leicht erkunden. Wer will, bringt sein eigenes Rad mit oder leiht sich alternativ vor Ort eines aus. Einen Überblick zum Radfahren auf Mallorca bekommt man auf www.illesbalears.es („Sport und Tourismus" anklicken). Ebenfalls empfehlenswert ist die Webseite www.mallorca cycling.co.uk, auf der Touren nach Schwierigkeitsgrad sortiert sind.
In den ländlichen Gebieten sind jede Menge Routen ausgeschildert – meistens handelt es sich dabei um Nebenstraßen zwischen Städten und Dörfern.

Mieten

Professionelle Anbieter findet man rund um die großen Ferienorte sowie in Palma. Die Preise schwanken stark, in der Regel zahlt man aber zwischen 10 und 15 € pro Tag für ein City-Bike und zwischen 15 und 30 € für ein Mountainbike. Je länger die man ein Rad mietet, desto

günstiger sind die Tagessätze.

Nahverkehr

Die Inselhauptstadt hat ein eigenes öffentliches Verkehrsnetz, **EMT** (☏971 21 44 44; www.emtpalma.es). Das wichtigste Transportmittel sind Busse, es gibt aber auch eine neue U-Bahn-Linie vom Zentrum zur Universität.

Palma lässt sich prima per Fahrrad erkunden, das gilt vor allem für die Altstadt. Radwege sind jedoch nur dünn gesät (der Hauptweg führt an der Küste entlang). An Taxis und Taxiständen herrscht in Palma kein Mangel. Anderswo auf der Insel lässt sich nicht immer gleich eines auftreiben. In dem Fall bestellt man telefonisch einen Fahrer. Am besten erkundigt man sich im Hotel oder bei der örtlichen Touristeninformation nach empfehlenswerten Unternehmen.

Zug

An der Plaça d'Espanya in Palma de Mallorca beginnen zwei Zugstrecken; genaue Informationen erhält man bei **Transport de les Illes Balears** (TIB; ☏971 17 77 77; www.tib.org).
Eine führt Richtung Norden nach Sóller. Diese empfehlenswerte Panoramafahrt in alten Holzwaggons ist eine beliebte Tagestour. Die andere Strecke führt ins Inland nach Inca, wo sie sich nach Sa Pobla und Manacor gabelt. Mit dem Zug zu reisen kostet weniger als eine Busfahrt. Tagsüber verkehren die Bahnen häufig. Es gibt Pläne, die Linie Palma–Manacor bis nach Artà zu verlängern, doch wann das Ganze eingerichtet werden soll, ist ungewiss.

Sprache

Mallorca ist zweisprachig, zumindest auf dem Papier. Seitdem die Insel Anfang der 1980er-Jahre den Status einer autonomen Gemeinschaft erhalten hat, ist neben Spanisch wieder das einheimische Katalanisch (*català*) Amtssprache. Dennoch ist der Inseldialekt *mallorquí* noch lange nicht die Nummer eins unter den Sprachen auf Mallorca und den restlichen Balearen. Spanisch bleibt die Lingua franca, das gilt besonders für die Kommunikation zwischen Mallorquinern und anderen Spaniern oder Ausländern.

Von ihrer Aussprache sind viele Buchstaben ganz ähnlich wie im Deutschen. Das th in unserem Sprachführer muss wie ein gelispeltes „s" und das r mit einem starken Rollen gesprochen werden. Betonte Silben sind im Folgenden kursiv geschrieben.

Es gibt im Spanischen nur zwei grammatische Geschlechter für Substantive: männlich oder weiblich. Feminine Nomen enden in der Regel auf einem -a, maskuline auf einem -o. Die Endungen von Adjektiven hängen vom Geschlecht des dazugehörigen Substantivs ab. Kommen beide Formen vor, haben wir die Endungen mit einem Schrägstrich getrennt und beginnen mit der maskulinen Form, z. B. *perdido/a* (m/f).

Die informelle Anrede *tú* (du) und die höfliche Anrede *Usted* (Sie) sind mit den Abkürzungen „inf." und „höfl." gekennzeichnet.

GRUNDLAGEN

Hallo./Tschüs.	*Hola./Adiós.*	o·la/a·*djos*
Wie geht's?	*¿Qué tal?*	ke tal
Gut, danke.	*Bien, gracias.*	bjen gra·thjas
Entschuldigung.	*Perdón.*	per·*don*
Tut mir leid.	*Lo siento.*	lo *sjen*·to
Ja./Nein.	*Sí./No.*	si/no
Bitte.	*Por favor.*	por fa·*wor*
Danke.	*Gracias.*	gra·thjas
Gern geschehen.	*De nada.*	de *na*·da

NOCH MEHR SPANISCH?

Wer sich intensiver mit der Sprache beschäftigen möchte, legt sich am besten den praktischen *Sprachführer Spanisch* von Lonely Planet zu, den man z. B. unter **http://shop.lonelyplanet.de** bestellen kann.

Ich heiße ...
Me llamo ...   me *lja*·mo ...

Wie heißen Sie/heißt du?
¿Cómo se llama Usted?   *ko*·mo se *lja*·ma u·ste (höfl.)
¿Cómo te llamas?   *ko*·mo te *lja*·mas (inf.)

Sprechen Sie/sprichst du (Deutsch)?
¿Habla (alemán)?   a·bla (a·le·*man*) (höfl.)
¿Hablas (alemán)?   a·blas (a·le·*man*) (inf.)

Ich verstehe (nicht).
Yo (no) entiendo.   jo (no) en·*tjen*·do

ESSEN & TRINKEN

Ich würde gern einen Tisch reservieren.
Quisiera reservar   ki·*sje*·ra re·ser·*war*
una mesa.   u·na me·sa

Was würden Sie empfehlen?
¿Qué recomienda?   ke re·ko·*mjen*·da

Was ist in diesem Gericht?
¿Que lleva ese plato?   ke *lje*·wa e·se *pla*·to

Ich esse kein/e/en ...
No como ...   no *ko*·mo ...

Das war lecker!
¡Estaba buenísimo!   es·*ta*·ba bue·*ni*·si·mo

Bitte bringen Sie die Rechnung.
Por favor nos trae   por fa·*wor* nos *tra*·e
la cuenta.   la *kuen*·ta

Prost/Zum Wohl!
¡Salud!   sa·*lu*

Grundwortschatz

Abendessen	cena	*the*·na
Bar	bar	bar
Café	café	ka·*fe*
Essen	comida	ko·*mi*·da
Flasche	botella	bo·*te*·lja
Frühstück	desayuno	de·sa·*ju*·no
Gabel	tenedor	te·ne·*dor*
Glas	vaso	*ba*·so
Hauptgericht	segundo plato	se·*gun*·do *pla*·to
heiß (warm)	caliente	ka·*ljen*·te
Hochstuhl	trona	*tro*·na
kalt	frío	*fri*·o
Kindermenü	menú infantil	me·*nu* in·fan·*til*
Löffel	cuchara	ku·*tscha*·ra
Markt	mercado	mer·*ka*·do
Messer	cuchillo	ku·*tschi*·ljo
mit/ohne	con/sin	kon/sin
Mittagessen	comida	ko·*mi*·da
Restaurant	restaurante	res·tau·*ran*·te
Speisekarte (auf Deutsch/ Englisch)	menú (en alemán/ inglés)	me·*nu* (en a·le·*man*/ in·*gles*)
Supermarkt	supermercado	su·per·mer·*ka*·do
Teller	plato	*pla*·to
vegetarische Mahlzeit	comida vegetariana	ko·*mi*·da be·che·ta·*rja*·na
Vorspeise	aperitivos	a·pe·ri·*ti*·wos

Fisch & Fleisch

Ente	pato	*pa*·to
Fisch	pescado	pes·*ka*·do
Huhn	pollo	*po*·ljo
Kalb	ternera	ter·*ne*·ra
Lamm	cordero	kor·*de*·ro
Rindfleisch	carne de vaca	*kar*·ne de *ba*·ka
Schwein	cerdo	*ther*·do
Truthahn	pavo	*pa*·wo

Obst & Gemüse

Ananas	piña	*pi*·nja
Apfel	manzana	man·*tha*·na
Aprikose	albaricoque	al·ba·ri·*ko*·ke
Artischocke	alcachofa	al·ka·*tscho*·fa
Banane	plátano	*pla*·ta·no
Bohnen	judías	chu·*di*·as
Erbsen	guisantes	gi·*san*·tes
Erdbeere	fresa	*fre*·sa
Gemüse	verdura	ber·*du*·ra

Gurke	pepino	pe·*pi*·no
Karotte	zanahoria	tha·na·o·rja
Kartoffel	patata	pa·*ta*·ta
Kirsche	cereza	the·*re*·tha
Kohl	col	kol
Kürbis	calabaza	ka·la·*ba*·tha
Linsen	lentejas	len·*te*·chas
Mais	maíz	ma·*ith*
Nüsse	nueces	nue·thes
Obst	fruta	*fru*·ta
Orange	naranja	na·*ran*·cha
(rote/grüne) Paprika	pimiento (rojo/verde)	pi·*mjen*·to (ro·cho/ber·de)
Pfirsich	melocotón	me·lo·ko·*ton*
Pflaume	ciruela	thir·*ue*·la
Pilz	champiñón	tscham·pi·*njon*
Salat	lechuga	le·*tschu*·ga
Spargel	espárragos	es·*pa*·ra·gos
Spinat	espinacas	es·pi·*na*·kas
Tomate	tomate	to·*ma*·te
Traube	uvas	*u*·was
Wassermelone	sandía	san·*di*·a
Zitrone	limón	li·*mon*
Zwiebel	cebolla	the·*bo*·lja

Weitere Begriffe

Brot	pan	pan
Butter	mantequilla	man·te·*ki*·lja
Ei	huevo	*ue*·wo
Essig	vinagre	bi·*na*·gre
Honig	miel	mjel
Käse	queso	*ke*·so
Marmelade	mermelada	mer·me·*la*·da
Öl	aceite	a·*thej*·te
Reis	arroz	a·*roth*

Salz	*sal*	*sal*
Zucker	*azúcar*	*a·thu·kar*

Getränke

Bier	*cerveza*	*ther·we·tha*
Kaffee	*café*	*ka·fe*
Milch	*leche*	*le·tsche*
(Orangen-) Saft	*zumo (de naranja)*	*thu·mo (de na·ran·cha)*
Tee	*té*	*te*
(Mineral-) Wasser	*agua (mineral)*	*a·gua (mi·ne·ral)*
(Rot-)Wein	*vino (tinto)*	*bi·no (tin·to)*
(Weiß-)Wein	*vino (blanco)*	*bi·no (blan·ko)*

NOTFALL

Hilfe!
¡Socorro!   *so·ko·ro*

Geh weg!
¡Vete!   *be·te*

Rufen Sie einen Arzt!
¡Llame a un médico!   *lja·me a un me·di·ko*

Rufen Sie die Polizei!
¡Llame a la policía!   *lja·me a la po·li·thi·a*

Ich habe mich verlaufen.
Estoy perdido/a.   *es·toj per·di·do/a* (m/f)

SATZMUSTER

Die folgenden Satzteile kann man ganz einfach mit passenden Begriffen kombinieren:

Wann geht (der nächste Flug)?
¿Cuándo sale (el próximo vuelo)?   *kuan·do sa·le (el prok·si·mo bue·lo)*

Wo ist (die Haltestelle)?
¿Dónde está (la estación)?   *don·de es·ta (la es·ta·thjon)*

Wo kann ich (eine Fahrkarte kaufen)?
¿Dónde puedo (comprar un billete)?   *don·de pue·do (kom·prar un bi·lje·te)*

Haben Sie (eine Karte)?
¿Tiene (un mapa)?   *tje·ne (un ma·pa)*

Gibt es (eine Toilette)?
¿Hay (servicios)?   *ai (ser·wi·thjos)*

Ich hätte gern (einen Kaffee).
Quisiera (un café).   *ki·sje·ra (un ka·fe)*

Könnten Sie mir bitte (helfen)?
¿Puede (ayudarme), por favor?   *pue·de (a·ju·dar·me) por fa·wor*

Ich bin krank.
Estoy enfermo/a.   *es·toj en·fer·mo/a* (m/f)

Wo sind die Toiletten?
¿Dónde están los baños?   *don·de es·tan los ba·njos*

SHOPPEN & SERVICE

Ich würde gern ... kaufen.
Quisiera comprar ...   *ki·sje·ra kom·prar ...*

Darf ich das mal sehen?
¿Puedo verlo?   *pue·do ber·lo*

Wie viel kostet das?
¿Cuánto cuesta?   *kuan·to kues·ta*

Das ist zu/sehr teuer.
Es muy caro.   *es muj ka·ro*

Können Sie den Preis senken?
¿Podría bajar un poco el precio?   *po·dri·a ba·char un po·ko el pre·thjo*

In der Rechnung ist ein Fehler.
Hay un error en la cuenta.   *ai un e·ror en la kuen·ta*

Geldautomat	*cajero automático*	*ka·che·ro au·to·ma·ti·ko*
Kreditkarte	*tarjeta de crédito*	*tar·che·ta de kre·di·to*
Postamt	*correos*	*ko·re·os*
Touristeninformation	*oficina de turismo*	*o·fi·thi·na de tu·ris·mo*

UHRZEIT & DATUM

Wie spät ist es?
¿Qué hora es?   *ke o·ra es*

Es ist (10) Uhr.
Son (las diez).   *son (las djeth)*

Es ist halb (zwei).
Es (la una) y media.   *es (la u·na) i me·dja*

Morgen	*mañana*	*ma·nja·na*
Nachmittag	*tarde*	*tar·de*
Abend	*noche*	*no·tsche*
gestern	*ayer*	*a·jer*
heute	*hoy*	*oj*
morgen	*mañana*	*ma·nja·na*

Montag	*lunes*	*lu·nes*
Dienstag	*martes*	*mar·tes*
Mittwoch	*miércoles*	*mjer·ko·les*
Donnerstag	*jueves*	*chue·bes*
Freitag	*viernes*	*bjer·nes*
Samstag	*sábado*	*sa·ba·do*
Sonntag	*domingo*	*do·min·go*

UNTERKUNFT

Ich möchte ein Zimmer buchen.
Quisiera reservar una habitación.   *ki·sje·ra re·ser·war u·na a·bi·ta·thjon*

Wie viel kostet es pro Nacht/Person?
¿Cuánto cuesta por *kuan*·to *kues*·ta por
noche/persona? *no*·tsche/per·*so*·na

Badezimmer	*baño*	*ba*·njo
Bett	*cama*	*ka*·ma
Campingplatz	*terreno de cámping*	te·*re*·no de *kam*·ping
Doppelzimmer	*habitación doble*	a·bi·ta·*thjon do*·ble
Einzelzimmer	*habitación individual*	a·bi·ta·*thjon* in·di·vi·*dual*
Fenster	*ventana*	ben·*ta*·na
Hotel	*hotel*	o·*tel*
Jugend-herberge	*albergue juvenil*	al·*ber*·ge chu·we·*nil*
Klimaanlage	*aire acondicionado*	*ai*·re a·kon·di·thjo·*na*·do
Pension	*pensión*	pen·*sjon*

VERKEHRSMITTEL & -WEGE

Ich möchte nach ...
Quisiera ir a ... ki·*sje*·ra ir a ...
Um wie viel Uhr fährt er/sie/es ab/ kommt er/sie/es an?
¿A qué hora sale/ llega? a ke o·ra sa·le/ *lje*·ga
Ich möchte hier aussteigen.
Quiero bajarme aquí. *kje*·ro ba·*char*·me a·*ki*

1. Klasse	*primera clase*	pri·*me*·ra *kla*·se
2. Klasse	*segunda clase*	se·*gun*·da *kla*·se
Auto	*coche*	*ko*·tsche
Boot	*barco*	*bar*·ko
Bus	*autobús*	au·to·*bus*
einfache Fahrt	*ida*	*i*·da
Fahrkarte	*billete*	bi·*lje*·te
Fahrkarten-schalter	*taquilla*	ta·*ki*·lja
Fahrplan	*horario*	o·*ra*·rjo
Fahrrad	*bicicleta*	bi·thi·*kle*·ta

Schilder

Abierto	Offen
Cerrado	Geschlossen
Entrada	Eingang
Hombres	Herren
Mujeres	Damen
Prohibido	Verboten
Salida	Ausgang
Servicios/Aseos	Toiletten

Flugzeug	*avión*	a·*wjon*
gestrichen	*cancelado*	kan·the·*la*·do
Hin- & Rückfahrt	*ida y vuelta*	*i*·da i *buel*·ta
Motorrad	*moto*	*mo*·to
verspätet	*retrasado*	re·tra·*sa*·do
Zug	*tren*	tren

WEGWEISER

Wo ist ...?
¿Dónde está ...? *don*·de es·*ta* ...
Wie lautet die Adresse?
¿Cuál es la dirección? *kual* es la di·*rek*·thjon
Können Sie das bitte aufschreiben?
¿Puede escribirlo, *pue*·de es·kri·*bir*·lo
por favor? por *fa*·wor
Können Sie mir das (auf der Karte) zeigen?
¿Me lo puede indicar me lo *pue*·de in·di·*kar*
(en el mapa)? (en el *ma*·pa)

gegenüber ...	*frente a ...*	*fren*·te a ...
hinter ...	*detrás de ...*	de·*tras* de ...
links	*izquierda*	ith·*kjer*·da
nahe	*cerca*	*ther*·ka
neben ...	*al lado de ...*	al *la*·do de ...
rechts	*derecha*	de·*re*·tscha
vor ...	*enfrente de ...*	en·*fren*·te de ...
weit entfernt	*lejos*	*le*·chos

ZAHLEN

1	*uno*	*u*·no
2	*dos*	dos
3	*tres*	tres
4	*cuatro*	*kua*·tro
5	*cinco*	*thin*·ko
6	*seis*	sejs
7	*siete*	*sje*·te
8	*ocho*	o·*tscho*
9	*nueve*	*nue*·we
10	*diez*	djeth
20	*veinte*	*bejn*·te
30	*treinta*	*trejn*·ta
40	*cuarenta*	kua·*ren*·ta
50	*cincuenta*	thin·*kuen*·ta
60	*sesenta*	se·*sen*·ta
70	*setenta*	se·*ten*·ta
80	*ochenta*	o·*tschen*·ta
90	*noventa*	no·*ven*·ta
100	*cien*	thjen
1000	*mil*	mil

GLOSSAR

Die folgenden Wörter sind fast alle Kastilisch, was man überall auf der Insel versteht. Hinter den katalanischen Ausdrücken steht ein „(K)". Spezielle mallorquinische Varianten werden nicht genannt.

agroturisme (K) – ländlicher Tourismus
ajuntament (K) – Rathaus
alquería – Bauernhof aus muslimischer Zeit
avenida – Allee
avinguda (K) – siehe *avenida*

baño completo – voll ausgestattetes Badezimmer mit Toilette, Dusche und/oder Badewanne
Bodega – Weinkeller
bomberos – Feuerwehr

cala – Bucht
call (K) – jüdisches Viertel in Palma, Inca und einigen anderen Städten auf Mallorca
cambio – Wechsel; auch Geldwechsel
caña – kleines Glas Bier
canguro – Babysitter
capilla – Kapelle
carrer (K) – Straße
carretera – Schnellstraße
carta – Speisekarte
castell (K) – Burg
castellano – Kastilisch; beliebterer Ausdruck für die Nationalsprache als „español"
català – Katalanisch/Katalane; Mallorquinisch ist ein Dialekt des Katalanischen
celler – (K) zu einem Restaurant umgebauter Weinkeller
cervecería – Kneipe
comisaría – Polizeiwache
conquistador – Eroberer
converso – spanischer Jude, der sich im Mittelalter taufen ließ
correos – Postamt
cortado – kleiner schwarzer Kaffee mit etwas Milch
costa – Küste
cuenta – Rechnung, Scheck

ensaïmada (K) – mallorquinisches Gebäck
entrada – Eingang, Eintrittskarte
ermita – kleine Einsiedelei oder Kapelle auf dem Land
església (K) – siehe *iglesia*
estació (K) – siehe *estación*
estación – Bahnhof
estanco – Tabakladen

farmacia – Apotheke
faro – Leuchtturm
Fiesta – Fest, Feiertag oder Party
finca – Landgut

gasolina – Benzin
guardia civil – Militärpolizei

habitaciones libres – „Zimmer frei"
hostal – siehe *pensión*

iglesia – Kirche
IVA – *impuesto sobre el valor añadido* (Mehrwertsteuer)

lavabo – Waschbecken
librería – Buchladen
lista de correos – postlagernd
locutorio – Telefoncenter

marisquería – Fischlokal
menú del día – Tagesmenü
mercat (K) – Markt
mirador – Aussichtspunkt
Modernisme – vom Art Nouveau beeinflusster architektonischer und künstlerischer Stil, der auch als katalanischer Jugendstil bezeichnet wird
monestir (K) – Kloster
museo – Museum
museu (K) – siehe *museo*

objetos perdidos – Fundbüro
oficina de turismo – Touristeninformation; auch *oficina de información turística*
palacio – Palast, große Villa oder Adelshaus

palau (K) – siehe *palacio*
pensión – kleine, privat betriebene Unterkunft
plaça (K) – siehe *plaza*
platja (K) – siehe *playa*
playa – Strand
plaza – Platz
port (K) – siehe *puerto*
possessió (K) – typisch mallorquinischer Bauernhof
PP – Partido Popular (Volkspartei)
puente – Brücke
puerto – Hafen
puig (K) – Berggipfel

rambla – Allee oder Flussbett
refugis (K) – Hütten für Wanderer
retablo – Altarbild
retaule (K) – siehe *retablo*
robes de llengües (K) – traditionell gestreifte mallorquinische Stoffe

santuari (K) – Schrein oder Heiligtum, Einsiedelei
según precio del mercado – auf Speisekarten zu finden: „zum Marktpreis" (oft mit „spm" abgekürzt)
Semana Santa – die Karwoche vor Ostern
serra (K) – Bergkette
servicios – Toiletten

tafona (K) – traditionelle Ölpresse, die auf mallorquinischen Bauernhöfen verwendet wird
talayot (K) – prähistorischer Wachturm
tarjeta de crédito – Kreditkarte
tarjeta de residencia – Aufenthaltsgenehmigung
tarjeta telefónica – Telefonkarte
terraza – Terrasse; Straßencafé
torre – Turm
turismo – Limousine

urgencia – Notfall

Hinter den Kulissen

WIR FREUEN UNS ÜBER EIN FEEDBACK

Post von Travellern zu bekommen ist für uns ungemein hilfreich – Kritik und Anregungen halten uns auf dem Laufenden und helfen, unsere Bücher zu verbessern. Unser reiseerfahrenes Team liest alle Zuschriften genau durch, um zu erfahren, was an unseren Reiseführern gut und was schlecht ist. Wir können solche Post zwar nicht individuell beantworten, aber jedes Feedback wird garantiert schnurstracks an die jeweiligen Autoren weitergeleitet, rechtzeitig vor der nächsten Nachauflage.

Wer uns schreiben will, erreicht uns über **www.lonelyplanet.de/kontakt**.

Hinweis: Da wir Beiträge möglicherweise in Lonely Planet Produkten (Reiseführer, Websites, digitale Medien) veröffentlichen, ggf. auch in gekürzter Form, bitten wir um Mitteilung, falls ein Kommentar nicht veröffentlicht oder ein Name nicht genannt werden soll. Wer Näheres über unsere Datenschutzpolitik wissen will, erfährt das unter www.lonelyplanet.com/privacy.

DANK VON LONELY PLANET

Vielen Dank an folgende Traveller, die uns nach der letzten Auflage hilfreiche Tipps, Ratschläge und spannende Anekdoten geschickt haben: Anton Krivtsun, Frank Jansen, Helen Gallivan, Katrin Flatscher, Libya Charleson, Monika Zaboklicka, Pauline La Fleur, Peter Tasker, Phil Gillette, Romy Schwäbe, Samantha Rennie, Steven and Linda Alderson, Torsten Kempa.

DANK DER AUTOREN

Kerry Christiani

Ein herzliches *gràcies* an alle Mallorquiner, die mir geholfen haben, insbesondere an die Mitarbeiter der Touristeninformationen und von TIB. Vielen Dank an Antonia für das Apartment in Pollença, an Carmen Vila Altimir für ihre Tipps und die schöne Zeit sowie an die Leute, die ich interviewt habe: Kai und Julia von Kite and Bike, Meisterkoch Marc Fosh und der Mallorca-Rutes-Guide Mateu. Zu guter Letzt geht noch ein großes Dankeschön an meinen Ehemann Andy, der ein großartiger Reisebegleiter, ein versierter Kartenleser und geschickter Fahrer in den Bergen war.

QUELLENNACHWEISE

Klimakartendaten von Peel, M. C., Finlayson, B. L. & McMahon, T. A. (2007), „Updated World Map of the Köppen-Geiger Climate Classification", *Hydrology and Earth System Sciences*, 11, 1633-44.

Umschlagfoto: Valldemossa, Mallorca, Michele Falzone/AWL.

DIESES BUCH

Dies ist die 3. deutsche Auflage von *Mallorca*, basierend auf der 3. englischen Auflage, für die Kerry Christiani verantwortlich zeichnet. Die 2. Auflage wurde von Anthony Ham verfasst, die 1. von Damien Simonis und Sarah Andrews, mit Beiträgen von Sally Schafer. Dieser Reiseführer entstand im Auftrag des Lonely Planet Büros in London und wurde von folgenden Personen produziert:

Redaktionsleitung
Reiseziel Dora Whitaker, Joanna Cooke
Redaktionsleitung
Produkt Briohny Hooper
Chefkartograf
Anthony Phelan
Buchgestaltung
Wendy Wright
Leitende Redakteurin
Angela Tinson
Chefredaktion Claire Naylor, Karyn Noble
Redaktionsassistenz
Lauren Hunt, Kellie Langdon, Charlotte Orr, Erin Richards, Gabrielle Stefanos
Kartografieassistenz
James Leversha
Umschlaggestaltung
Naomi Parker
Redaktion Sprachführer
Branislava Vladisavljevic

Dank an Anita Banh, Joe Bindloss, Ryan Evans, Larissa Frost, Genesys India, Jouve India, Kate Mathews, Catherine Naghten, Martine Power, Ellie Simpson

Register

Kartenlegende

Sehenswertes

- Strand
- Vogelschutzgebiet
- Buddhistisch
- Burg/Festung
- Christlich
- Konfuzianisch
- Hinduistisch
- Islamisch
- Jainistisch
- Jüdisch
- Denkmal
- Museum/Historisches Gebäude
- Ruine
- Sento/Onsen
- Shintoistisch
- Sikhistisch
- Taoistisch
- Weingut/Weinberg
- Zoo/Tierschutzgebiet
- Andere Sehenswürdigkeit

Aktivitäten, Kurse & Touren

- Bodysurfen
- Tauchen
- Kanu-/Kajakfahren
- Kurs/Tour
- Skifahren
- Schnorcheln
- Surfen
- Schwimmen/Pool
- Wandern
- Windsurfen
- Andere Aktivität

Schlafen

- Hotel/Pension
- Campingplatz

Essen

- Restaurant

Ausgehen & Nachtleben

- Bar/Kneipe/Club
- Café

Unterhaltung

- Theater/Kino/Oper

Shoppen

- Geschäft/Einkaufszentrum

Praktisches

- Bank
- Botschaft/Konsulat
- Krankenhaus/Arzt
- Internet
- Polizei
- Post
- Telefon
- Toilette
- Touristeninformation
- Noch mehr Praktisches

Landschaften

- Strand
- Hütte/Unterstand
- Leuchtturm
- Aussichtspunkt
- Berg/Vulkan
- Oase
- Park
- Pass
- Rastplatz
- Wasserfall

Städte

- Hauptstadt
- Landeshauptstadt
- Stadt/Großstadt
- Ort/Dorf

Transport

- Flughafen
- Grenzübergang
- Bus
- Seilbahn/Standseilbahn
- Fahrradweg
- Fähre
- Metrostation
- Einschienenbahn
- Parkplatz
- Tankstelle
- S-Bahn-Station
- Taxi
- T-bane-/Tunnelbane-Station
- Bahnhof/Eisenbahn
- Straßenbahn
- Tube Station
- U-Bahn-Station
- Anderes Verkehrsmittel

Hinweis: Nicht alle Symbole kommen in den Karten dieses Reiseführers vor.

Verkehrswege

- Mautstraße
- Autobahn
- Hauptstraße
- Landstraße
- Verbindungsstraße
- Sonstige Straße
- Unbefestigte Straße
- Straße im Bau
- Platz/Fußgängerzone
- Stufen
- Tunnel
- Fußgängerbrücke
- Spaziergang/Wanderung
- Wanderung mit Abstecher
- Pfad/Wanderweg

Grenzen

- Staatsgrenze
- Bundesstaaten-/Provinzgrenze
- Umstrittene Grenze
- Regionale Grenze/Vorortgrenze
- Meeresschutzgebiet
- Klippen
- Mauer

Gewässer

- Fluss/Bach
- Periodischer Fluss
- Kanal
- Gewässer
- Trocken-/Salz-/Periodischer See
- Riff

Gebietsformen

- Flughafen/Start- & Landebahn
- Strand/Wüste
- Christlicher Friedhof
- Sonstiger Friedhof
- Gletscher
- Watt
- Park/Wald
- Sehenswertes Gebäude
- Sportanlage
- Sumpf/Mangroven

DIE LONELY PLANET STORY

Ein uraltes Auto, ein paar Dollar in den Hosentaschen und Abenteuerlust, mehr brauchten Tony und Maureen Wheeler nicht, als sie 1972 zu der Reise ihres Lebens aufbrachen. Diese führte sie quer durch Europa und Asien bis nach Australien. Nach mehreren Monaten kehrten sie zurück – pleite, aber glücklich –, setzten sich an ihren Küchentisch und verfassten ihren ersten Reiseführer *Across Asia on the Cheap*. Binnen einer Woche verkauften sie 1500 Bücher und Lonely Planet war geboren. Heute unterhält der Verlag Büros in Melbourne (Australien), London und Oakland (USA) mit über 600 Mitarbeitern und Autoren. Sie alle teilen Tonys Überzeugung, dass ein guter Reiseführer drei Dinge tun sollte: informieren, bilden und unterhalten.

DIE AUTORIN

Kerry Christiani

Kerrys Liebe zu Mallorca geht auf ihre Kindheit zurück, aber so richtig erwischte es sie erst, als sie im Sommer 1999 auf der Insel arbeitete und dort ihren heutigen Ehemann Andy kennenlernte. Glücklicherweise war er genauso begeistert von Mallorcas Bergwanderwegen, Küstenpfaden und einsamen Mönchsklöstern wie Kerry. Seitdem hat sie immer wieder eine Zeit lang in und um Pollença gelebt. Dieses Jahr kehrte sie wieder dorthin zurück und konnte den gesamten herrlichen Sommer auf der Insel genießen. Kerry hat einen Master-Abschluss in Spanisch und bereits über 20 Reiseführer verfasst, darunter zahlreiche für Lonely Planet. Sie schreibt regelmäßig für Zeitschriften und Webseiten, etwa bbc.com/travel und *Lonely Planet Traveller*. Außerdem berichtet sie über ihre Abenteuer auf Twitter unter @kerrychristiani.

Mehr zu Kerry erfährt man unter:
lonelyplanet.com/members/kerrychristiani

Lonely Planet Publications,
Locked Bag 1, Footscray,
Melbourne, Victoria 3011,
Australia

Verlag der deutschen Ausgabe:
MAIRDUMONT, Marco-Polo-Straße 1, 73760 Ostfildern,
www.lonelyplanet.de, www.mairdumont.com
info@lonelyplanet.de

Chefredakteurin deutsche Ausgabe: Birgit Borowski

Redaktion: Meike Etmann, Thomas Grimpe, Tina Steinhilber; Verlagsbüro Wais & Partner, Stuttgart
Mitarbeit: Janina Arnold
Übersetzung der 3. Auflage: Julie Bacher, Anne Cappel, Britt Maaß, Katja Weber
(An früheren Auflagen zusätzlich mitgewirkt: Ulrike Bischoff, Birgit Herbst, Ute Mareik, Jutta Ressel)
Technischer Support: Primustype, Notzingen

Mallorca
3. deutsche Auflage November 2014,
übersetzt von *Mallorca 3rd edition*, Juli 2014
Lonely Planet Publications Pty
Deutsche Ausgabe © Lonely Planet Publications Pty, November 2014
Fotos © wie angegeben 2014

Printed in China

Obwohl die Autoren und Lonely Planet alle Anstrengungen bei der Recherche und bei der Produktion dieses Reiseführers unternommen haben, können wir keine Garantie für die Richtigkeit und Vollständigkeit dieses Inhalts geben. Deswegen können wir auch keine Haftung für eventuell entstandenen Schaden übernehmen.

MIX
Papier aus verantwortungsvollen Quellen
FSC® C018236
FSC www.fsc.org